ERNST HAECKEL

DIE WELTRÄTSEL

ERNST HAECKEL

DIE WELTRÄTSEL

NIKOL
VERLAG

Titelabbildung: istockphoto.com
Covergestaltung: Thomas Jarzina, Holzkirchen
Printed in the Czech Republic
ISBN: 978-3-86820-036-2
www.nikol-verlag.de

VORWORT ZUR ERSTEN AUFLAGE

(1899)

Die vorliegenden Studien über *monistische Philosophie* sind für die denkenden, ehrlich die Wahrheit suchenden Gebildeten aller Stände bestimmt. Zu den hervorragenden Merkmalen des neunzehnten Jahrhunderts gehört das lebendige Wachstum des Strebens nach *Erkenntnis der Wahrheit* in weitesten Kreisen. Dasselbe erklärt sich einerseits durch die ungeheueren Fortschritte der wirklichen Naturerkenntnis in diesem merkwürdigsten Abschnitte der menschlichen Geschichte, andererseits durch den offenkundigen Widerspruch, in den dieselbe zur gelehrten Tradition der übernatürlichen „*Offenbarung*" geraten ist, und endlich durch die entsprechende Ausbreitung und Verstärkung des vernünftigen Bedürfnisses nach Verständnis der unzähligen neu entdeckten Tatsachen, nach klarer Erkenntnis ihrer Ursachen.

Den gewaltigen Fortschritten der empirischen Kenntnisse in unserem „*Jahrhundert der Naturwissenschaft*" entspricht keineswegs eine gleiche Klärung ihres theoretischen Verständnisses und jene höhere Erkenntnis des kausalen Zusammenhanges aller einzelnen Erscheinungen, die wir mit einem Worte *Philosophie* nennen. Vielmehr sehen wir, daß die abstrakte und größtenteils metaphysische Wissenschaft, welche auf unseren Universitäten seit Jahrhunderten als „Philosophie" gelehrt wird, weit davon entfernt ist, jene neu erworbenen Schätze der Erfahrungswissenschaft in sich aufzunehmen. Und mit gleichem Bedauern müssen wir auf der anderen Seite zugestehen, daß die meisten Vertreter der sogenannten „exakten Naturwissenschaft" sich mit der speziellen Pflege ihres engeren Gebietes, der Beobachtung und dem Versuche begnügen, dagegen die tiefere Erkenntnis des allgemeinen Zusammenhanges der beobachteten Er-

4*

scheinungen – d. h. eben Philosophie! – für überflüssig halten. Während diese reinen Empiriker „den Wald vor Bäumen nicht sehen", begnügen sich jene Metaphysiker mit dem bloßen Begriffe des Waldes, ohne seine Bäume zu sehen. Der Begriff der „*Naturphilosophie*", in welchem ganz naturgemäß jene beiden Wege der Wahrheitsforschung, die empirische und die spekulative Methode, zusammenlaufen, wird sogar noch heute in weiten Kreisen beider Richtungen mit Abscheu zurückgewiesen.

Dieser unnatürliche und verderbliche Gegensatz zwischen Naturwissenschaft und Philosophie, zwischen den Ergebnissen der Erfahrung und des Denkens, wird unstreitig in weiten gebildeten Kreisen immer lebhafter und schmerzlicher empfunden. Das bezeugt schon der wachsende Umfang der ungeheueren populären „naturphilosophischen" Literatur, die im Laufe des letzten halben Jahrhunderts entstanden ist. Das bezeugt auch die erfreuliche Tatsache, daß trotz jener gegenseitigen Abneigung der beobachtenden Naturforscher und der denkenden Philosophen dennoch hervorragende Männer der Wissenschaft aus beiden Lagern sich gegenseitig die Hand zum Bunde reichen und vereinigt nach der Lösung jener höchsten Aufgabe der Forschung streben, die wir kurz mit einem Wort als „*die Welträtsel*" bezeichnen.

Die Untersuchungen über diese „*Welträtsel*", welche ich in der vorliegenden Schrift gebe, können vernünftigerweise nicht den Anspruch erheben, eine vollständige *Lösung* derselben zu bringen; vielmehr sollen sie nur eine kritische *Beleuchtung* derselben für weitere gebildete Kreise geben und die Frage zu beantworten suchen, wie weit wir uns gegenwärtig deren Lösung genähert haben. *Welche Stufe in der Erkenntnis der Wahrheit haben wir am Ende des neunzehnten Jahrhunderts wirklich erreicht?* Welche Fortschritte nach diesem unendlich entfernten und doch so unvergleichlich wichtigem Ziele haben wir im Laufe desselben wirklich gemacht?

Die unermeßliche Ausdehnung, welche das menschliche Wissen infolge fortgeschrittener Arbeitsteilung in unserem Jahrhundert erlangt hat, läßt es schon heute unmöglich erscheinen, alle Zweige desselben mit gleicher Gründlichkeit zu umfassen und ihren inneren Zusammenhang einheitlich darzustellen. Selbst ein Genius ersten Ranges, der alle Gebiete der Wissenschaft gleichmäßig beherrschte und der die künstlerische Gabe ihrer einheitlichen Darstellung in vollem Maße besäße, würde doch nicht imstande sein, im Raume eines mäßigen Bandes ein umfassendes allgemeines Bild des ganzen „Kosmos" auszuführen. Mir selbst, dessen Kenntnisse in den verschiedenen Gebieten sehr ungleich und lückenhaft sind, konnte hier nur die Aufgabe zufallen, den allgemeinen Plan eines solchen Weltbildes zu entwerfen und die durchgehende *Einheit* seiner Teile nachzuweisen, trotz sehr ungleicher Ausführung derselben. Das vorliegende Buch über die Welträtsel trägt daher auch nur den Charakter eines „Skizzenbuches", in welchem *Studien* von sehr ungleichem Werte zu einem Ganzen zusammengefügt sind. Da die Niederschrift derselben zum Teil schon in früheren Jahren, zum anderen Teil aber erst in der letzten Zeit erfolgte, ist die Behandlung leider oft ungleichmäßig; auch sind mehrfache Wiederholungen nicht zu vermeiden gewesen; ich bitte, dieselben zu entschuldigen.

Indem ich hiermit von meinen Lesern mich verabschiede, spreche ich die Hoffnung aus, daß ich durch meine ehrliche und gewissenhafte Arbeit – trotz ihrer mir wohl bewußten Mängel – ein kleines Scherflein zur Lösung der „Welträtsel" beigetragen habe, und daß ich im Kampfe der Weltanschauungen manchem ehrlichen und nach reiner Vernunftserkenntnis ringenden Leser denjenigen Weg gezeigt habe, der nach meiner festen Überzeugung allein zur Wahrheit führt, den Weg der *empirischen Naturforschung* und der darauf gegründeten *monistischen Philosophie*.

Jena, 2. April 1899.

Ernst Haeckel

VORWORT ZUR ELFTEN AUFLAGE

(OKTOBER 1918)

Das vorliegende Buch über die Welträtsel erscheint hier in der ursprünglichen Form, welche vor zwanzig Jahren Veranlassung zu einer großen Zahl von Streitschriften gab, und nach der auch die meisten Übersetzungen (in 24 verschiedenen Sprachen) angefertigt wurden. Einen wesentlichen Ergänzungsband dazu lieferte 1904 mein Buch über die „*Lebenswunder*“. Einige andere ergänzende neuere Schriften von mir sind nachstehend verzeichnet.

Eine reiche Auswahl von Literaturnachweisen und zugleich die wertvollste Ergänzung meiner naturphilosophischen Arbeiten enthält die kürzlich erschienene „*Geschichte der Entwicklungslehre*“ von Dr. *Heinrich Schmidt* (Jena). Dieser erste Versuch, die fundamentale Bedeutung des Entwicklungsgedankens im Gesamtgebiete der Wissenschaften darzulegen und den inneren Zusammenhang in allen Teilen des menschlichen Forschens und Denkens nachzuweisen, verdient die höchste Beachtung, denn er überwindet die traditionelle mystische Schöpfungslehre durch die vernunftgemäße natürliche Entwicklungslehre und führt uns von der dualistischen und theologischen Dichtung zur monistischen und naturalistischen Welterkenntnis. Näheres über diese tiefgreifende Reformation der Philosophie enthält mein Vorwort zu der neuen gleichzeitig erscheinenden (16.) Auflage meiner Altenburger Rede über den „*Monismus* als Band zwischen Religion und Wissenschaft“.

Jena, 1. Oktober 1918

ERNST HAECKEL

ERSTES KAPITEL

STELLUNG DER WELTRÄTSEL

Allgemeines Kulturbild des neunzehnten Jahrhunderts

Der Kampf der Weltanschauungen

Monismus und Dualismus

„Freudig war, seit vielen Jahren,
Eifrig so der Geist bestrebt,
Zu erforschen, zu erfahren,
Wie Natur im Schaffen lebt,
Und es ist das ewig Eine,
Das sich vielfach offenbart;
Klein das Große, groß das Kleine,
Alles nach der eig'nen Art.
Immer wechselnd, fest sich haltend,
Nah und fern, und fern und nah;
So gestaltend, umgestaltend —
Zum Erstaunen bin ich da."

GOETHE

INHALT DES ERSTEN KAPITELS

Stand der menschlichen Kultur und Weltanschauung am Schlusse des 19. Jahrhunderts. Fortschritte der Naturerkenntnis, der organischen und anorganischen Naturwissenschaft. Substanzgesetz und Entwickelungsgesetz. Fortschritte der Technik und der angewandten Chemie. Stillstand auf anderen Kulturgebieten: Rechtspflege, Staatsordnung, Schule, Kirche. Konflikt zwischen Vernunft und Dogma. Anthropismus. Kosmologische Perspektive. Kosmologische Lehrsätze. Widerlegung des anthropistischen Größenwahns. Zahl der Welträtsel. Kritik der sieben Welträtsel. Wege zu ihrer Lösung. Tätigkeit der Sinne und des Gehirns. Induktion und Deduktion. Vernunft, Gemüt und Offenbarung. Philosophie und Naturwissenschaft. Empirie und Spekulation. Dualismus und Monismus.

LITERATUR

CHARLES DARWIN, Über die Entstehung der Arten im Thier- und Pflanzenreich durch natürliche Züchtung (London 1859). Stuttgart 1860. Siebente Auflage 1876.

JEAN LAMARCK, Zoologische Philosophie. 1809. (Deutsche Übersetzung von Arnold Lang. Leipzig 1879).

ERNST HAECKEL, Die Entwickelungsgeschichte der Organismen in ihrer Bedeutung für die Anthropologie und Kosmologie. Siebentes und achtes Buch der Generellen Morphologie. Berlin 1866.

CARL GUSTAV REUSCHLE, Philosophie und Naturwissenschaft. Bonn 1874.

KONRAD DIETERICH, Philosophie und Naturwissenschaft, ihr neuestes Bündniß und die monistische Weltanschauung. Stuttgart 1875.

HERBERT SPENCER, System der synthetischen Philosophie. Stuttgart 1875.

FRIEDRICH ÜBERWEG, Grundriß der Geschichte der Philosophie. Neunte Auflage, bearbeitet von Max Heinze. Berlin 1904.

CARUS STERNE, Werden und Vergehen. Eine Entwicklungsgeschichte des Naturganzen in gemeinverständlicher Fassung. Berlin. Sechste Auflage 1906.

ERNST HAECKEL, Natürliche Schöpfungsgeschichte. Gemeinverständliche wissenschaftliche Vorträge über die Entwickelungslehre. Mit 30 Tafeln. Berlin 1868. Elfte Auflage 1908.

OTTO GRAENZOW, Geschichte der Philosophie seit Kant. Charlottenburg 1906.

PAUL RÉE, Philosophie. (Erkenntnistheorie. Kant und Schopenhauer.) Berlin 1903.

FRITZ SCHULTZE, Stammbaum der Philosophie, 1890. Zweite Auflage, Leipzig 1899.

Am Schlusse des neunzehnten Jahrhunderts bietet sich dem denkenden und unbefangenen Beobachter eines der merkwürdigsten Schauspiele dar. Alle Gebildeten sind darüber einig, daß dasselbe in vieler Beziehung alle seine Vorgänger unendlich überflügelt und Aufgaben gelöst hat, welche in seinem Anfange unlösbar erschienen. Nicht nur die überraschenden theoretischen Fortschritte in der wirklichen Naturerkenntnis, sondern auch deren erstaunlich fruchtbare praktische Verwertung in Technik, Industrie, Verkehr usw. haben unserem ganzen modernen Kulturleben ein völlig neues Gepräge gegeben. Auf der anderen Seite haben wir aber auf wichtigen Gebieten des geistigen Lebens und der Gesellschaftsbeziehungen wenige oder gar keine Fortschritte gegen frühere Jahrhunderte aufzuweisen, oft sogar leider bedenkliche Rückschritte. Aus diesem offenkundigen Konflikte entspringt nicht nur ein unbehagliches Gefühl innerer Zerrissenheit und Unwahrheit, sondern auch die Gefahr schwerer Katastrophen auf politischem und sozialem Gebiete. Es erscheint daher nicht nur als das gute Recht, sondern auch als die heilige Pflicht jedes ehrlichen und von Menschenliebe beseelten Forschers, nach bestem Gewissen zur Lösung jenes Konfliktes und zur Vermeidung der daraus entspringenden Gefahren beizutragen. Dies kann aber nach unserer Überzeugung nur durch mutiges Streben nach *Erkenntnis der Wahrheit* geschehen und durch Gewinnung einer klaren, fest darauf gegründeten, *naturgemäßen Weltanschauung*.

FORTSCHRITTE DER NATURERKENNTNIS. Wenn wir uns den unvollkommenen Zustand der Naturerkenntnis im Anfang des neunzehnten Jahrhunderts vergegenwärtigen und ihn mit der glänzenden Höhe an dessen Schlusse vergleichen, so muß jedem Sachkundigen der Fortschritt innerhalb desselben erstaunlich groß erscheinen. Jeder einzelne Zweig der Naturwissenschaft darf sich rühmen, daß er innerhalb dieses Jahrhunderts – und besonders in dessen zweiter Hälfte – extensive und intensive Gewinne von größter Tragweite erzielt habe. In der mikroskopischen Kenntnis des Kleinsten, wie in der teleskopischen Erforschung des Größten haben wir jetzt unschätzbare Einsichten gewonnen, die vor hundert Jahren undenkbar erschienen. Die verbesserten Methoden der mikroskopischen und biologischen Untersuchungen haben uns nicht nur überall im Reiche der einzelligen Protisten eine „unsichtbare Lebenswelt“ voll unendlichen Formenreichtums offenbart, sondern auch in der winzigen kleinen Zelle den gemeinsamen „Elementarorganismus“ kennen gelehrt, aus dessen sozialen Zellverbänden, den Geweben, der Körper aller vielzelligen Pflanzen und Tiere ebenso wie der des Menschen zusammengesetzt ist. Diese anatomischen Kenntnisse sind von größter Tragweite; sie werden ergänzt durch den embryologischen Nachweis, daß jeder höhere vielzellige Organismus sich aus einer einzigen einfachen Zelle entwickelt, der „befruchteten Eizelle“. Die bedeutungsvolle, hierauf gegründete *Zellentheorie* hat uns erst das wahre Verständnis für die physikalischen und chemischen, ebenso wie für die psychologischen Prozesse des Lebens eröffnet, jene geheimnisvollen Erscheinungen, für deren Erklärung man früher eine übernatürliche „Lebenskraft“ oder ein „unsterbliches Seelenwesen“ annahm. Auch das eigentliche Wesen der Krankheit ist durch die damit verknüpfte Zellularpathologie dem Arzte erst klar und verständlich geworden.

Nicht minder gewaltig sind aber die Entdeckungen des neunzehnten Jahrhunderts im Bereiche der anorganischen Natur. Die Physik hat in allen Teilen ihres Gebietes, in der Optik und Akustik, in der Lehre vom Magnetismus und der Elektrizität, in der Mechanik und Wärmelehre die erstaunlichsten Fortschritte gemacht; und, was wichtiger ist, sie hat die *Einheit der Naturkräfte* im ganzen Universum nachgewiesen. Die mechanische Wärmetheorie hat gezeigt, wie eng dieselben zusammenhängen, und wie jede unter bestimmten Bedingungen sich direkt in die andere verwandeln kann. Die Spektralanalyse hat uns gelehrt, daß dieselben Stoffe, welche unseren Erdkörper und seine lebendigen Bewohner aufbauen, auch die Masse der übrigen Planeten, der Sonne und der entferntesten Fixsterne zusammensetzen. Die Astrophysik hat unsere Weltanschauung im großartigsten Maßstabe erweitert, indem sie uns im unendlichen Weltraum Millionen von kreisenden Weltkörpern nachgewiesen hat, größer als unsere Erde und gleich dieser in beständiger Umbildung begriffen, in einem ewigen Wechsel von „Werden und Vergehen". Die Chemie hat uns mit einer Masse von neuen, früher unbekannten Stoffen bekannt gemacht, die alle aus Verbindungen von wenigen unzerlegbaren Elementen (ungefähr neunzig) bestehen, und die zum Teil die größte praktische Bedeutung in allen Lebensgebieten gewonnen haben. Sie hat gezeigt, daß eines von diesen Elementen, der Kohlenstoff, der wunderbare Körper ist, welcher die Bildung der unendlich mannigfaltigen organischen Verbindungen bewirkt und somit die „chemische Basis des Lebens" darstellt. Alle einzelnen Fortschritte der Physik und Chemie stehen aber an theoretischer Bedeutung der Erkenntnis des gewaltigen Gesetzes nach, welches alle in einem gemeinsamen Brennpunkt vereinigt, des *Substanzgesetzes*. Indem dieses „*kosmologische Grundgesetz*" die ewige Erhaltung der Kraft und des Stoffes, die allgemeine Konstanz der Energie und der Materie im ganzen Weltall nachweist, ist es der sichere Leitstern geworden, der unsere monistische Philosophie durch das gewaltige Labyrinth der Welträtsel zu deren Lösung führt.

Da es unsere Aufgabe sein wird, in den folgenden Kapiteln eine allgemeine Übersicht über den jetzigen Stand unserer Naturerkenntnis und über ihre Fortschritte im neunzehnten Jahrhundert zu gewinnen, wollen wir hier nicht weiter auf eine Musterung der einzelnen Gebiete eingehen. Nur einen größten Fortschritt wollen wir noch hervorheben, welcher dem Substanzgesetz ebenbürtig ist, und welcher dasselbe ergänzt, die Begründung der *Entwickelungslehre*. Zwar haben einzelne denkende Forscher schon seit Jahrtausenden von „*Entwickelung*“ der Dinge gesprochen, daß aber dieser Begriff das *Universum* beherrscht, und daß die Welt selbst weiter nichts ist als eine ewige „Entwickelung der Substanz“, dieser gewaltige Gedanke ist ein Kind des neunzehnten Jahrhunderts. Erst in der zweiten Hälfte desselben gelangte er zu voller Klarheit und zu allgemeiner Anwendung. Das unsterbliche Verdienst, diesen höchsten philosophischen Begriff empirisch begründet und zu umfassender Geltung gebracht zu haben, gebührt dem großen englischen Naturforscher *Charles Darwin*; er lieferte uns 1859 den festen Grund für jene Abstammungslehre, welche der geniale französische Naturphilosoph *Jean Lamarck* schon 1809 in ihren Hauptzügen erkannt, und deren Grundgedanken unser größter deutscher Dichter und Denker, *Wolfgang Goethe*, schon 1799 prophetisch erfaßt hatte. Damit wurde uns zugleich der Schlüssel zur „Frage aller Fragen“ geschenkt, zu dem großen Welträtsel von der „Stellung des Menschen in der Natur“ und von seiner natürlichen Entstehung. Wenn wir heute, 1899, imstande sind, die Herrschaft des *Entwickelungsgesetzes* – und zwar der „*monistischen Genesis!*“ – im Gesamtgebiete der Natur klar zu erkennen und sie in Verbindung mit dem *Substanzgesetze* zur einheitlichen Erklärung aller Naturerscheinungen zu benutzen, so verdanken wir dies in erster Linie jenen drei genialen Naturphilosophen; sie leuchten uns deshalb als drei Sterne erster Größe unter allen anderen großen Männern des neunzehnten Jahrhunderts.

Diesen erstaunlichen Fortschritten unserer *theoretischen* Naturerkenntnis entspricht deren mannigfaltige *praktische* Anwendung auf allen Gebieten des menschlichen Kulturlebens. Wenn wir heute im „Zeitalter des Verkehrs“ stehen, wenn der internationale Handel und das

Reisen eine früher nicht geahnte Bedeutung erlangt haben, wenn wir mittelst Telegraph und Telephon die Schranken von Raum und Zeit überwunden haben, so verdanken wir das in erster Linie den technischen Fortschritten der Physik, besonders in der Anwendung der Dampfkraft und der Elektrizität. Wenn wir durch die Photographie mit größter Leichtigkeit das Sonnenlicht zwingen, uns in einem Augenblick naturgetreue Bilder von jedem beliebigen Gegenstand zu verschaffen, wenn wir in der Landwirtschaft und in den verschiedensten Gewerben erstaunlich praktische Fortschritte gemacht haben, wenn wir in der Medizin durch Chloroform und Morphium, durch antiseptische und Serumtherapie die Leiden der Menschheit unendlich gemildert haben, so verdanken wir dies der angewandten Chemie. Wie sehr wir durch diese und andere Erfindungen der Technik alle früheren Jahrhunderte überflügelt haben, ist so allbekannt, daß wir es hier nicht weiter auszuführen brauchen.

Fortschritte der sozialen Einrichtungen. Während wir so heute mit gerechtem Stolze auf die gewaltigen Fortschritte des neunzehnten Jahrhunderts in der Naturerkenntnis und deren praktischer Verwertung zurückblicken, so bietet sich uns leider ein ganz anderes und wenig erfreuliches Bild, wenn wir nun andere, nicht minder wichtige Gebiete dieses modernen Kulturlebens ins Auge fassen. Zu unserem Bedauern müssen wir da den Satz von *Alfred Wallace* unterschreiben: „Verglichen mit unseren erstaunlichen Fortschritten in den physikalischen Wissenschaften und ihrer praktischen Anwendung, bleibt unser System der Regierung, der administrativen Justiz, der Nationalerziehung und unsere ganze soziale und moralische Organisation in einem *Zustande der Barbarei*." Um uns von der Wahrheit dieser schweren Vorwürfe zu überzeugen, brauchen wir nur einen unbefangenen Blick mitten in unser öffentliches Leben hineinzuwerfen oder in den Spiegel zu blicken, den uns täglich unsere Zeitung, als das Organ der öffentlichen Meinung, vor Augen hält.

Unsere Rechtspflege. Beginnen wir unsere Rundschau mit der Justiz, dem „Fundamentum regnorum". Niemand wird behaupten können, daß deren heutiger Zustand mit unserer fortgeschrittenen Erkenntnis des Menschen und der Welt in Einklang sei. Keine Woche vergeht, in der wir nicht von richterlichen Urteilen lesen, über welche der „gesunde Menschenverstand" bedenklich das Haupt schüttelt; viele Entscheidungen unserer höheren und niederen Gerichtshöfe erscheinen geradezu unbegreiflich. Wir sehen davon ab, daß in vielen modernen Staaten – trotz der auf Papier gedruckten Verfassung – noch tatsächlich der Absolutismus herrscht, und daß manche „Männer des Rechts" nicht nach ehrlicher Überzeugung urteilen, sondern entsprechend dem „höheren Wunsche von maßgebender Stelle". Wir nehmen vielmehr an, daß die meisten Richter und Staatsanwälte nach bestem Gewissen urteilen und nur menschlich irren. Dann erklären sich wohl die meisten Irrtümer durch mangelhafte Vorbildung. Freilich herrscht vielfach die Ansicht, daß gerade die Juristen die höchste Bildung besitzen: werden sie ja doch gerade deshalb bei der Besetzung der verschiedensten Ämter vorgezogen. Allein diese vielgerühmte „juristische Bildung" ist größtenteils eine rein *formale*, keine reale. Das eigentliche Hauptobjekt ihrer Tätigkeit, den menschlichen Organismus und seine wichtigste Funktion, die Seele, lernen unsere Juristen nur oberflächlich kennen; das beweisen z. B. die wunderlichen Ansichten von „Willensfreiheit, Verantwortung" usw., denen wir täglich begegnen. Als ich einmal einem bedeutenden Juristen versicherte, daß die winzige kugelige Eizelle, aus der sich jeder Mensch entwickelt, lebendig sei, ebenso mit Leben begabt wie der Embryo von zwei oder sieben oder neun Monaten, fand ich nur ungläubiges Lächeln. Den meisten Studierenden der Jurisprudenz fällt es gar nicht ein, sich um *Anthropologie*, *Psychologie* und *Entwickelungsgeschichte* zu bekümmern, die ersten Vorbedingungen für richtige Beurteilung des Menschenwesens. Freilich bleibt dazu auch

„keine Zeit"; diese wird vielfach nur zu sehr durch das gründliche Studium von Bier und Wein in Anspruch genommen sowie das „veredelnde" Mensurenwesen. Der Rest der kostbaren Studienzeit aber ist notwendig, um die Hunderte von Paragraphen der Gesetzbücher zu erlernen, deren Kenntnis den Juristen zu allen möglichen Stellungen im heutigen Kulturstaate befähigt.

Unsere Staatsordnung. Das leidige Gebiet der Politik wollen wir hier nur ganz flüchtig streifen, da die unerfreulichen Zustände des modernen Staatslebens allbekannt und jedermann täglich fühlbar sind. Zum großen Teile erklären sich deren Mängel daraus, daß die meisten Staatsbeamten eben Juristen sind, Männer von ausgezeichneter formaler Bildung, aber ohne jene gründliche Kenntnis der Menschennatur, die nur durch vergleichende Anthropologie und monistische Psychologie erworben werden kann, – ohne jene Kenntnis der sozialen Verhältnisse, deren organische Vorbilder uns die vergleichende Zoologie und Entwickelungsgeschichte, die Zellentheorie und die Protistenkunde liefert. „Bau und Leben des sozialen Körpers", d. h. des *Staates*, lernen wir nur dann richtig verstehen, wenn wir naturwissenschaftliche Kenntnis von „Bau und Leben" der *Personen* besitzen, welche den Staat zusammensetzen, und der *Zellen*, welche jene Personen zusammensetzen. Wenn diese *unschätzbaren biologischen* und *anthropologischen Vorkenntnisse* unsere „Staatslenker" besäßen und unsere „Volksvertreter", die mit ihnen zusammenwirken, so würde unmöglich in den Zeitungen täglich jene entsetzliche Fülle von soziologischen Irrtümern und von politischer Kannegießerei zu lesen sein, welche unsere Parlamentsberichte und auch viele Regierungserlasse nicht gerade erfreulich auszeichnen.

Das schlimmste ist, wenn der moderne *Kulturstaat* sich der kulturfeindlichen *Kirche* in die Arme wirft, und wenn der bornierte Egoismus der Parteien, die Verblendung der kurzsichtigen Parteiführer die Hierarchie unterstützt. Dann entstehen so traurige Bilder, wie sie uns leider am Schlusse des neunzehnten Jahrhunderts der deutsche

Reichstag vor Augen führt: die Geschicke des gebildeten deutschen Volkes in der Hand des ultramontanen Zentrums, unter der Leitung des römischen Papismus, der sein ärgster und gefährlichster Feind ist. Statt Recht und Vernunft regiert dann Aberglaube und Verdummung. Unsere Staatsordnung kann nur dann besser werden, wenn sie sich von den Fesseln der Kirche befreit, und wenn sie durch allgemeine *naturwissenschaftliche* Bildung die Welt- und Menschenkenntnis der Staatsbürger auf eine höhere Stufe hebt. Dabei kommt es gar nicht auf die besondere *Staatsform* an. Ob Monarchie oder Republik, ob aristokratische oder demokratische Verfassung, das sind untergeordnete Fragen gegenüber der großen Hauptfrage: Soll der moderne Kulturstaat geistlich oder weltlich sein? soll er *theokratisch* durch unvernünftige Glaubenssätze und klerikale Willkür, oder soll er *nomokratisch* durch vernünftige Gesetze und bürgerliches Recht geleitet werden? Die Hauptaufgabe ist, unsere Jugend zu vernünftigen, vom Aberglauben befreiten Staatsbürgern heranzuziehen, und das kann nur durch eine zeitgemäße Schulreform geschehen.

Unsere Schule. Ebenso wie unsere Rechtspflege und Staatsordnung entspricht auch unsere Jugenderziehung durchaus nicht den Anforderungen, welche die wissenschaftlichen Fortschritte des neunzehnten Jahrhunderts an die moderne Bildung stellen. Die *Naturwissenschaft*, die alle anderen Wissenschaften so weit überflügelt, und welche, bei Licht betrachtet, auch alle sogenannten Geisteswissenschaften in sich aufgenommen hat, wird in unseren Schulen immer noch als Nebensache oder als Aschenbrödel in die Ecke gestellt. Dagegen erscheint unseren meisten Lehrern immer noch als Hauptaufgabe jene tote Gelehrsamkeit, die aus den Klosterschulen des Mittelalters übernommen ist; im Vordergrunde steht der grammatikalische Sport und die zeitraubende „gründliche Kenntnis" der klassischen Sprachen sowie der äußerlichen Völkergeschichte. Die Sittenlehre, der wichtigste Gegenstand der praktischen Philosophie, wird vernachlässigt und an ihre Stelle die kirchliche Konfession gesetzt. Der Glaube soll dem Wissen vorangehen; nicht jener wissenschaftliche Glaube, welcher uns zu einer monistischen Religion führt, sondern jener unvernünftige Aberglaube, der die Grundlage eines verunstalteten Christentums bildet. Während die großartigen Erkenntnisse der modernen Kosmologie und Anthropologie, der heutigen Biologie und Entwickelungslehre auf unseren höheren Schulen gar keine oder nur ganz ungenügende Verwertung finden, wird das Gedächtnis mit einer Unmasse von philologischen und historischen Tatsachen überladen, die weder für die theoretische Bildung noch für das praktische Leben von Nutzen sind. Aber auch die veralteten Einrichtungen und Fakultätsverhältnisse der Universitäten entsprechen der heutigen Entwickelungsstufe der monistischen Weltanschauung ebensowenig als die Unterrichtsleitung in den Gymnasien und in den niederen Schulen.

Unsere Kirche. Den Gipfel des Gegensatzes gegen die moderne Bildung und gegen deren Grundlagen, die vorgeschrittene Naturerkenntnis, erreicht unstreitig die Kirche. Wir wollen hier gar nicht vom ultramontanen Papismus sprechen oder von den orthodoxen evangelischen Richtungen, welche diesem in bezug auf Unkenntnis der Wirklichkeit und Lehre des krassesten Aberglaubens nichts nachgeben. Vielmehr versetzen wir uns in die Predigt eines liberalen protestantischen Pfarrers, der gute Durchschnittsbildung besitzt und der Vernunft neben dem Glauben ihr gutes Recht einräumt. Da hören wir neben vortrefflichen Sittenlehren, die mit unserer monistischen Ethik (im 19. Kapitel) vollkommen harmonieren, und neben humanistischen Erörterungen, die wir durchaus billigen, Vorstellungen über das Wesen von Gott und Welt, von Mensch und Leben, welche allen Erfahrungen der Naturforschung direkt widersprechen. Es ist kein Wunder, wenn Techniker und Chemiker, Ärzte und Philosophen, die gründlich über die Natur beobachtet und nachgedacht haben, solchen Predigten kein Gehör

5*

schenken wollen. Es fehlt eben unseren Theologen ebenso wie unseren Philologen, unseren Politikern ebenso wie unseren Juristen an jener *unentbehrlichen Naturerkenntnis*, welche sich auf die monistische Entwickelungslehre gründet, und welche bereits in den festen Besitzstand unserer modernen Wissenschaft übergegangen ist.

Konflikt zwischen Vernunft und Dogma. Aus diesen bedauerlichen, hier nur kurz angedeuteten Gegensätzen ergeben sich für unser modernes Kulturleben schwere Konflikte, deren Gefahr dringend zur Beseitigung auffordert. Unsere heutige Bildung, als Ergebnis der mächtig vorgeschrittenen Wissenschaft, verlangt ihr gutes Recht auf allen Gebieten des öffentlichen und privaten Lebens; sie wünscht die Menschheit mittelst der *Vernunft* auf jene höhere Stufe der Erkenntnis und damit zugleich auf jenen besseren Weg zum Glück erhoben zu sehen, welche wir unserer hoch entwickelten Naturwissenschaft verdanken. Dagegen sträuben sich aber mit aller Macht diejenigen einflußreichen Kreise, welche unsere Geistesbildung in betreff der wichtigsten Probleme in den überwundenen Anschauungen des Mittelalters zurückhalten wollen; sie verharren im Banne der traditionellen *Dogmen* und verlangen, daß die Vernunft sich unter diese „höhere Offenbarung" beugen solle. Das ist der Fall in weiten Kreisen der Theologie und Philologie, der Soziologie und Jurisprudenz. Die Beweggründe dieser letzteren beruhen zum größten Teile gewiß nicht auf reinem Egoismus und auf eigennützigem Streben, sondern teils auf Unkenntnis der realen Tatsachen, teils auf der bequemen Gewohnheit der Tradition. Von den drei großen Feindinnen der Vernunft und Wissenschaft ist die gefährlichste nicht die Bosheit, sondern die Unwissenheit und vielleicht noch mehr die Trägheit. Gegen diese beiden letzteren Mächte kämpfen selbst Götter dann noch vergebens, wenn sie die erstere glücklich überwunden haben.

Anthropismus. Eine der mächtigsten Stützen gewährt jener rückständigen Weltanschauung der *Anthropismus* oder die „*Vermenschlichung*“. Unter diesem Begriffe verstehe ich „jenen mächtigen und weit verbreiteten Komplex von irrtümlichen Vorstellungen, welcher den menschlichen Organismus in Gegensatz zu der ganzen übrigen Natur stellt, ihn als vorbedachtes Endziel der organischen Schöpfung und als ein prinzipiell von dieser verschiedenes, gottähnliches Wesen auffaßt. Bei genauerer Kritik dieses einflußreichen Vorstellungskreises ergibt sich, daß derselbe eigentlich aus drei verschiedenen Dogmen besteht, die wir als den *anthropozentrischen*, *anthropomorphischen* und *anthropolatrischen* Irrtum unterscheiden.“ I. Das *anthropozentrische Dogma* gipfelt in der Vorstellung, daß der Mensch der vorbedachte Mittelpunkt und Endzweck alles Erdenlebens – oder in weiterer Fassung der ganzen Welt – sei. Da dieser Irrtum dem menschlichen Eigennutz äußerst erwünscht, und da er mit den Schöpfungsmythen der drei großen *Mediterran-Religionen*, mit den Dogmen der *mosaischen*, *christlichen* und *mohammedanischen* Lehre innig verwachsen ist, beherrscht er auch heute noch den größten Teil der Kulturwelt. – II. Das *anthropomorphische Dogma* knüpft ebenfalls an die Schöpfungsmythen der drei genannten und anderer Religionen an. Es vergleicht die Weltschöpfung und Weltregierung Gottes mit den Kunstschöpfungen eines sinnreichen Technikers und mit der Staatsregierung eines weisen Herrschers. „Gott der Herr“ als Schöpfer, Erhalter und Regierer der Welt wird dabei in seinem Denken und Handeln durchaus menschenähnlich vorgestellt. Daraus folgt dann wieder umgekehrt, daß der Mensch gottähnlich ist. „Gott schuf den Menschen nach seinem Bilde.“ Die ältere naive Mythologie ist reiner *Homotheismus* und verleiht ihren Göttern Menschengestalt, Fleisch und Blut. Weniger vorstellbar ist die neuere mystische Theosophie, welche den persönlichen Gott als „unsichtbares Wesen“ verehrt und ihn doch nach Menschenart denken, sprechen und handeln läßt; sie gelangt dadurch zu dem paradoxen Begriff eines „gasförmigen Wirbeltieres“. – III. Das *anthropolatrische*

Dogma ergibt sich aus dieser Vergleichung der menschlichen und göttlichen Seelentätigkeit von selbst; es führt zu der göttlichen *Verehrung* des menschlichen Organismus, zum „anthropistischen Größenwahn". Daraus folgt wieder der hochgeschätzte „Glaube an die persönliche Unsterblichkeit der Seele", sowie das dualistische Dogma von der Doppelnatur des Menschen, dessen „unsterbliche Seele" den sterblichen Körper nur zeitweise bewohnt. Indem nun diese drei anthropistischen Dogmen mannigfach ausgebildet und der wechselnden Glaubensform der verschiedenen Religionen angepaßt wurden, erlangten sie im Laufe der Zeit eine außerordentliche Bedeutung und wurden zur Quelle der gefährlichsten Irrtümer. *Die anthropistische Weltanschauung*, die daraus entsprang, steht in unversöhnlichem Gegensatz zu unserer monistischen Naturerkenntnis; sie wird zunächst schon durch deren kosmologische Perspektive widerlegt.

Kosmologische Perspektive. Nicht allein die drei anthropistischen Dogmen, sondern auch viele andere Anschauungen der dualistischen Philosophie und der orthodoxen Religion offenbaren ihre Unhaltbarkeit, sobald wir sie aus der *kosmologischen Perspektive* unseres Monismus kritisch betrachten.

Wir verstehen darunter jene umfassende *Anschauung des Weltganzen*, welche wir vom höchsten erklommenen Standpunkt der monistischen Naturerkenntnis gewonnen haben. Da überzeugen wir uns von folgenden wichtigen, nach unserer Ansicht jetzt größtenteils bewiesenen „*kosmologischen Lehrsätzen*".

1. Das Weltall (Universum oder Kosmos) ist ewig, unendlich und unbegrenzt. 2. Die Substanz desselben mit ihren beiden Attributen (Materie und Energie) erfüllt den unendlichen Raum und befindet sich in ewiger Bewegung. 3. Diese Bewegung verläuft in der unendlichen Zeit als eine einheitliche Entwickelung, mit periodischem Wechsel von Werden und Vergehen, von Fortbildung und Rückbildung. 4. Die unzähligen Weltkörper, welche im

raumerfüllenden Äther verteilt sind, unterliegen sämtlich dem Substanzgesetz; während in einem Teile des Universums die rotierenden Weltkörper langsam ihrer Rückbildung und ihrem Untergang entgegengehen, erfolgt in einem anderen Teile des Weltraums Neubildung und Fortentwickelung. 5. Unsere Sonne ist einer von diesen unzähligen vergänglichen Weltkörpern, und unsere Erde ist einer von den zahlreichen vergänglichen Planeten, welche diese umkreisen. 6. Unsere Erde hat einen langen Abkühlungsprozeß durchgemacht, ehe auf derselben tropfbarflüssiges Wasser und damit die erste Vorbedingung organischen Lebens entstehen konnte. 7. Der dann folgende biogenetische Prozeß, die langsame Entwickelung und Umbildung zahlloser organischer Formen, hat viele Millionen Jahre (weit über hundert!) in Anspruch genommen. 8. Unter den verschiedenen Tierstämmen, welche sich im späteren Verlaufe des biogenetischen Prozesses auf unserer Erde entwickelten, hat der Stamm der Wirbeltiere im Wettlaufe der Entwickelung neuerdings alle anderen weit überflügelt. 9. Als der bedeutendste Zweig des Wirbeltierstammes hat sich erst spät (während der Triasperiode) aus niederen Reptilien und Amphibien die Klasse der Säugetiere entwickelt. 10. Der vollkommenste und höchst entwickelte Zweig dieser Klasse ist die Ordnung der Herrentiere oder Primaten, die erst im Beginne der Tertiärzeit (vor mindestens drei Millionen Jahren) durch Umbildung aus niedersten Zottentieren (Prochoriaten) entstanden ist. 11. Das jüngste und vollkommendste Ästchen des Primatenzweiges ist der Mensch, der erst gegen Ende der Tertiärzeit aus einer Reihe von Menschenaffen hervorgegangen ist. 12. Demnach ist die sogenannte „Weltgeschichte“ – d. h. der kurze Zeitraum von wenigen Jahrtausenden, innerhalb dessen sich die Kulturgeschichte des Menschen abgespielt hat, eine verschwindend kurze Episode in dem langen Verlaufe der organischen Erdgeschichte, ebenso wie diese selbst ein kleines Stück von der Geschichte unseres Planetensystems; und wie unsere

Mutter Erde ein vergängliches Sonnenstäubchen im unendlichen Weltall, so ist der einzelne Mensch ein winziges Plasmakörnchen in der vergänglichen organischen Natur.

Nichts scheint mir geeigneter als diese großartige *kosmologische Perspektive*, um von vornherein den Maßstab und den weitsichtigen Standpunkt festzusetzen, welchen wir zur Lösung der großen, uns umgebenden Welträtsel einhalten müssen. Denn dadurch wird nicht nur die maßgebende „Stellung des Menschen in der Natur“ klar bewiesen, sondern auch der herrschende *anthropistische Größenwahn* widerlegt, die Anmaßung, mit welcher der Mensch sich dem unendlichen Universum gegenüberstellt und als wichtigsten Teil des Weltalls verherrlicht. Diese grenzenlose Selbstüberhebung des eiteln Menschen hat ihn dazu verführt, sich als „Ebenbild Gottes“ zu betrachten, für seine vergängliche Person ein „ewiges Leben“ in Anspruch zu nehmen und sich einzubilden, daß er unbeschränkte „Freiheit des Willens“ besitzt. Der lächerliche Cäsarenwahn des Caligula ist eine spezielle Form dieser hochmütigen Selbstvergötterung des Menschen. Erst wenn wir diesen unhaltbaren Größenwahn aufgeben und in gebührender Bescheidenheit die naturgemäße kosmologische Perspektive einnehmen, können wir zur Lösung der „Welträtsel“ gelangen.

ZAHL DER WELTRÄTSEL. Der ungebildete Kulturmensch ist noch ebenso wie der rohe Naturmensch auf Schritt und Tritt von unzähligen Welträtseln umgeben. Je weiter die Kultur fortschreitet und die Wissenschaft sich entwickelt, desto mehr wird ihre Zahl beschränkt. Die *monistische Philosophie* wird schließlich nur ein einziges, allumfassendes Welträtsel anerkennen, das „*Substanzproblem*“. Immerhin kann es aber zweckmäßig erscheinen, auch eine gewisse Zahl von schwierigsten Problemen mit jenem Namen zu bezeichnen. In der berühmten Rede, welche *Emil du Bois-Reymond* 1880 in der Leibniz-Sitzung der Berliner Akademie der Wissenschaften hielt, unterscheidet er „*Sieben Welträtsel*“ und führt dieselben in nachstehender Reihenfolge auf: I. das

Wesen von Materie und Kraft, II. der Ursprung der Bewegung, III. die erste Entstehung des Lebens, IV. die (anscheinend absichtsvoll) zweckmäßige Einrichtung der Natur, V. das Entstehen der einfachen Sinnesempfindungen und des Bewußtseins, VI. das vernünftige Denken und der Ursprung der damit eng verbundenen Sprache, VII. die Frage nach der Willensfreiheit. Von diesen sieben Welträtseln erklärt der Rhetor der Berliner Akademie *drei* für ganz transzendent und unlösbar (das erste, zweite und fünfte); *drei* andere hält er zwar für schwierig, aber für lösbar (das dritte, vierte und sechste); bezüglich des siebenten und letzten „Welträtsels", welches praktisch das wichtigste ist, nämlich der Willensfreiheit, verhält er sich unentschieden.

Da mein *Monismus* sich von demjenigen des Berliner Rhetors wesentlich unterscheidet, da aber anderseits seine Auffassung der „sieben Welträtsel" großen Beifall in weiten Kreisen gefunden hat, halte ich es für zweckmäßig, gleich hier von vornherein zu denselben klare Stellung zu nehmen. Nach meiner Ansicht werden die drei „transzendenten" Rätsel (I, II, V) durch unsere Auffassung der *Substanz* erledigt (Kapitel 12); die drei anderen, schwierigen, aber lösbaren Probleme (III, IV, VI) sind durch unsere moderne *Entwickelungslehre* endgültig gelöst; das siebente und letzte Welträtsel, die Willensfreiheit, ist gar kein Objekt kritischer wissenschaftlicher Erklärung, da sie als reines *Dogma* nur auf Täuschung beruht und in Wirklichkeit gar nicht existiert.

LÖSUNG DER WELTRÄTSEL. Die Mittel und Wege, welche wir zur Lösung der großen Welträtsel einzuschlagen haben, sind keine anderen als diejenigen der reinen wissenschaftlichen Erkenntnis überhaupt, also erstens *Erfahrung* und zweitens *Schlußfolgerung*. Die wissenschaftliche Erfahrung erwerben wir uns durch Beobachtung und Experiment, wobei in erster Linie unsere Sinnesorgane, in zweiter die „inneren Sinnesherde" unserer Großhirnrinde tätig sind. Die mikroskopischen

Elementarorgane der ersteren sind die Sinneszellen, die der letzteren Gruppen von Seelenzellen. Die Erfahrungen, welche wir von der Außenwelt durch diese unschätzbarsten Organe unseres Geisteslebens erhalten haben, werden dann durch andere Gehirnteile in Vorstellungen umgesetzt und diese wiederum durch Assoziation zu Schlüssen verknüpft. Die Bildung dieser Schlußfolgerungen erfolgt auf zwei verschiedenen Wegen, die beide gleich wertvoll und unentbehrlich sind: *Induktion* und *Deduktion*. Die weiteren verwickelten Gehirnoperationen, die Bildung von zusammenhängenden Kettenschlüssen, die Abstraktion und Begriffsbildung, die Ergänzung des erkennenden Verstandes durch die plastische Tätigkeit der Phantasie, schließlich das Bewußtsein, das Denken und Philosophieren sind ebenso Funktionen der Ganglienzellen oder Neuronen der Großhirnrinde wie die vorhergehenden einfacheren Seelentätigkeiten. Alle zusammen vereinigen wir in dem höchsten Begriffe der *Vernunft*.

Vernunft, Gemüt und Offenbarung. Durch die Vernunft allein können wir zur wahren Naturerkenntnis und zur Lösung der Welträtsel gelangen. Die Vernunft ist das höchste Gut des Menschen und derjenige Vorzug, der ihn allein von den Tieren wesentlich unterscheidet. Allerdings hat sie aber diesen hohen Wert erst durch die fortschreitende Kultur und Geistesbildung, durch die Entwickelung der *Wissenschaft* erhalten. Der ungebildete Mensch und der rohe Naturmensch sind ebensowenig (oder ebensoviel) „vernünftig" wie die nächstverwandten Säugetiere (Affen, Hunde, Elefanten usw.). Nun ist aber in weiten Kreisen noch heute die Ansicht verbreitet, daß es außer der göttlichen Vernunft noch zwei weitere (ja sogar wichtigere!) Erkenntniswege gebe: Gemüt und Offenbarung. Diesem gefährlichen Irrtum müssen wir von vornherein entschieden entgegentreten. *Das Gemüt hat mit der Erkenntnis der Wahrheit gar nichts zu tun*. Was wir „Gemüt" nennen und hochschätzen, ist eine verwickelte Tätigkeit des Gehirns, welche sich aus Gefühlen der Lust und Unlust, aus Vorstellungen der Zuneigung und Abneigung, aus Strebungen des Begehrens und Fliehens zusammensetzt. Dabei können die verschiedensten anderen Tätigkeiten des Organismus mitspielen, Bedürfnisse der Sinne und der Muskeln, des Magens und der Geschlechtsorgane usw. Die Erkenntnis der Wahrheit fördern alle diese Gemütszustände und Gemütsbewegungen in keiner Weise; im Gegenteil stören sie oft die allein dazu befähigte Vernunft und schädigen sie häufig in empfindlichem Grade. Noch kein „Welträtsel“ ist durch die Gehirnfunktion des Gemütes gelöst oder auch nur gefördert worden. Dasselbe gilt aber auch von der sogenannten „*Offenbarung*“ und von den angeblichen, dadurch erreichten „*Glaubenswahrheiten*“; diese Phantasiegebilde beruhen sämtlich teils auf Dichtung, teils auf bewußter oder unbewußter Täuschung, wie wir im 16. Kapitel sehen werden.

Philosophie und Naturwissenschaft. Als einen der erfreulichsten Fortschritte zur Lösung der Welträtsel müssen wir es begrüßen, daß in neuerer Zeit immer mehr die beiden einzigen dazu führenden Wege: *Erfahrung und Denken* – oder *Empirie und Spekulation* – als gleichberechtigte und sich gegenseitig ergänzende Erkenntnismethoden anerkannt worden sind. Die Philosophen haben allmählich eingesehen, daß die reine Spekulation, wie sie z. B. *Plato* und *Hegel* zur *idealen* Weltkonstruktion benutzten, zur wahren Erkenntnis nicht ausreicht. Und ebenso haben sich anderseits die Naturforscher überzeugt, daß die bloße Erfahrung, wie sie z. B. *Baco* und *Mill* zur Grundlage der *realen* Weltanschauung erhoben, für deren Vollendung allein ungenügend ist. Denn die zwei großen Erkenntniswege, die sinnliche Erfahrung und das vernünftige Denken, sind zwei *verschiedene Gehirnfunktionen*: die erstere wird durch die Sinnesorgane und die zentralen Sinnesherde, die letztere durch die dazwischen liegenden Denkherde, die großen „Assozionszentren der Großhirnrinde“ vermittelt (vgl. Kapitel 7 und 10). Erst durch die vereinigte Tätigkeit beider entsteht wahre Erkenntnis.

Allerdings gibt es auch heute noch eine große Zahl von Kathederphilosophen, welche die Welt bloß aus ihrem Kopfe konstruieren wollen, und welche die empirische Naturerkenntnis schon deshalb verschmähen, weil sie die wirkliche Welt nicht kennen. Anderseits behaupten auch heute noch manche Naturforscher, daß die einzige Aufgabe der Wissenschaft das „tatsächliche Wissen, die objektive Erforschung der einzelnen Naturerscheinungen sei"; das „Zeitalter der Philosophie" sei vorüber, und an ihre Stelle sei die Naturwissenschaft getreten (*Virchow* 1893). Diese einseitige Überschätzung der Empirie ist ein ebenso gefährlicher Irrtum wie jene entgegengesetzte der Spekulation. Beide Erkenntniswege sind sich gegenseitig unentbehrlich. Die größten Triumphe der modernen Naturforschung, die Zellentheorie und die Wärmetheorie, die Entwickelungstheorie und das Substanzgesetz, sind *philosophische Taten*, aber nicht Ergebnisse der reinen *Spekulation*, sondern der vorausgegangenen, ausgedehntesten und gründlichsten *Empirie*.

Am Beginne des neunzehnten Jahrhunderts rief unser größter idealistischer Dichter, *Schiller*, den beiden streitenden Heeren, den Philosophen und Naturforschern, zu:

„Feindschaft sei zwischen Euch! Noch kommt das Bündnis zu frühe!
„Wenn Ihr im Suchen Euch trennt, wird erst die Wahrheit erkannt!"

Seitdem hat sich das Verhältnis zum Glück gründlich geändert; indem beide Heere auf verschiedenen Wegen nach demselben höchsten Ziele strebten, haben sie sich in demselben zusammengefunden und nähern sich im gemeinsamen Bunde immer mehr der Erkenntnis der Wahrheit. Wir sind endlich am Ende des neunzehnten Jahrhunderts zu jener *monistischen Erkenntnismethode* zurückgekehrt, welche schon an dessen Anfang von unserem größten realistischen Weltkenner und Dichter, *Goethe*, als die einzig naturgemäße anerkannt war.

Dualismus und Monismus. Alle verschiedenen Richtungen der Philosophie lassen sich, vom heutigen Standpunkte der Naturwissenschaft beurteilt, in zwei entgegengesetzte Reihen bringen, einerseits die *dualistische* oder zwiespältige, anderseits die *monistische* oder einheitliche Weltanschauung. Gewöhnlich ist die erstere mit theologischen und idealistischen Dogmen verknüpft, die letztere mit mechanistischen und realistischen Grundbegriffen. Der *Dualismus* (im weitesten Sinne) zerlegt das Universum in zwei ganz verschiedene Substanzen, die materielle Welt und den immateriellen Gott, der ihr als Schöpfer, Erhalter und Regierer gegenübersteht. Der *Monismus* hingegen (ebenfalls im weitesten Sinne begriffen!) erkennt im Universum nur eine einzige Substanz, die „Gott und Natur" zugleich ist; Körper und Geist (oder Materie und Energie) sind in ihr untrennbar verbunden. Der *extramundane* „persönliche" Gott des Dualismus (ein idealisierter Mensch!) führt notwendig zum anthropistischen *Theismus*; hingegen der *intramundane* Gott des Monismus (das allumfassende Weltwesen!) zum *Pantheismus*.

Materialismus und Spiritualismus. Sehr häufig werden auch heute noch die verschiedenen Begriffe *Monismus* und *Materialismus* und ebenso die wesentlich verschiedenen Richtungen des theoretischen und des praktischen Materialismus verwechselt. Da diese und andere ähnliche Begriffsverwirrungen höchst nachteilig wirken und zahlreiche Irrtümer veranlassen, wollen wir zur Vermeidung aller Mißverständnisse nur kurz noch folgendes bemerken: I. Unser *reiner Monismus* ist weder mit dem theoretischen *Materialismus* identisch, welcher den Geist leugnet und die Welt in eine Summe von toten Atomen auflöst, noch mit dem theoretischen *Spiritualismus* (neuerdings vielfach als *Energetik* bezeichnet), welcher die Materie leugnet und die Welt nur als eine räumlich geordnete Gruppe von Energien oder immateriellen Naturkräften betrachtet. II. Vielmehr sind wir mit *Goethe* der festen Überzeugung, daß „die Materie nie ohne Geist, der Geist nie ohne Materie existiert und wirksam sein kann". Wir halten fest an dem reinen und unzweideutigen Monismus von *Spinoza*: Die *Materie*, als die unendlich ausgedehnte Substanz, und der *Geist* (oder die Energie) als die empfindende oder denkende Substanz, sind die beiden fundamentalen *Attribute* oder Grundeigenschaften des allumfassenden göttlichen Weltwesens, der universalen *Substanz* (vgl. Kapitel 12).

TRINITÄT DER SUBSTANZ (Zusatz von 1908). Die Anknüpfung meines Monismus an die einheitliche pantheistische Weltanschauung von *Goethe* und an die „Identitätsphilosophie" von *Spinoza*, wie ich sie seit 1892 im Altenburger Vortrage über „Monismus" und eingehender 1899 in der ersten Auflage der „Welträtsel" versuchte, hat in dem letzten Dezennium zu zahlreichen widersprechenden Erörterungen Veranlassung gegeben. Ich glaube nun diese Widersprüche und Mißverständnisse großenteils lösen und zu einer befriedigenden Verständigung führen zu können, wenn ich den Begriff des „Geistes" (oder besser „Weltgeistes") in zwei Attribute zerlege, in *Energie* (oder „Kraft") und *Empfindung* (oder „Psychom"). Es ergibt sich dann jene „*Trinität der Substanz*" (– Die „Dreieinigkeit der Gottesnatur" –), welche ich 1904 im 19. Kapitel meiner „Lebenswunder" (Ergänzungsband zu den „Welträtseln") dargestellt habe (S. 520–527). Allerdings kann man auch die „Empfindung" als eine Form der Energie auffassen, wie viele Physiologen und die meisten Monisten wohl noch jetzt tun; die „spezifische Energie" der „Sinnesnerven", wie sie zuerst *Johannes Müller* lehrte, fällt dann unter den weiteren Energiebegriff. Aber klarer wird unsere Substanzvorstellung, wenn wir ihr *drei koordinierte Attribute* zuschreiben: *Materie* (das Raumerfüllende oder Ausgedehnte), *Energie* (oder „Kraft" im älteren Sinne, „Wille" im Sinne von *Schopenhauer*) und *Psychoma* (unbewußte Empfindung im weitesten Sinne).

Schon *Albrecht Rau* hat in seinem vortrefflichen Werk „Empfinden und Denken" (1896, S. 372) hervorgehoben, daß die „Wahrnehmung oder Empfindung ein ganz allgemeiner Vorgang in der Natur ist. Damit ist aber zugleich die Möglichkeit gegeben, das Denken selbst auf diesen allgemeinen Vorgang zurückzuführen". Eingehendere Betrachtungen darüber enthält das gedankenreiche Werk von *Ernst Mach*: „Analyse der Empfindungen und das Verhältnis des Physischen zum Psychischen". Auch *Naegeli* schreibt allen Atomen und Molekülen Empfindung zu und sagt dabei: „Der menschliche Geist ist nichts anderes als die höchste Entwickelung der geistigen Vorgänge, welche die Natur überall beleben und bewegen" (1877).

ZWEITES KAPITEL

UNSER KÖRPERBAU

Monistische Studien über menschliche und vergleichende Anatomie

Übereinstimmung in der gröberen und feineren Organisation des Menschen und der Säugetiere

---

„Wir mögen ein System von Organen vornehmen, welches wir wollen, die Vergleichung ihrer Modifikationen in der Affenreihe führt uns zu einem und demselben Resultate: daß die anatomischen Verschiedenheiten, welche den Menschen vom Gorilla und Schimpanse scheiden, nicht so groß sind als diejenigen, welche den Gorilla von den übrigen Affen trennen."

THOMAS HUXLEY (1863)

INHALT DES ZWEITEN KAPITELS

Grundlegende Bedeutung der Anatomie. Menschliche Anatomie. Hippokrates. Aristoteles. Galenus. Vesalius. Vergleichende Anatomie. George Cuvier. Johannes Müller. Carl Gegenbaur. Gewebelehre. Zellentheorie. Schleiden und Schwann. Kölliker. Virchow. Wirbeltiernatur des Menschen. Tetrapodennatur des Menschen. Säugetiernatur des Menschen. Plazentaliennatur des Menschen. Primatennatur des Menschen. Halbaffen und Affen. Katarrhinen. Papiomorphen und Anthropomorphen. Wesentliche Gleichheit im Körperbau des Menschen und der Menschenaffen.

LITERATUR

CARL GEGENBAUR, Lehrbuch der Anatomie des Menschen. 2 Bände. Leipzig 1883. Siebente Auflage 1899.

RUDOLF VIRCHOW, Gesammelte Abhandlungen zur wissenschaftlichen Medicin. I. Die Einheits-Bestrebungen. Frankfurt a. M. 1856.

JOHANNES RANKE, Der Mensch (mit über 1000 Abbildungen). Leipzig 1887.

ROBERT WIEDERSHEIM, Der Bau des Menschen als Zeugniß für seine Vergangenheit. Dritte Auflage. Leipzig 1903.

ROBERT HARTMANN, Die menschenähnlichen Affen und ihre Organisation im Vergleich zur menschlichen. Leipzig 1883.

ERNST HAECKEL, Anthropogenie oder Entwickelungsgeschichte des Menschen. XI. Die Wirbelthier-Natur des Menschen. Leipzig 1874. Sechste Auflage 1910.

THEODOR SCHWANN, Mikroskopische Untersuchungen über die Übereinstimmung in der Struktur und dem Wachsthum der Thiere und Pflanzen. Berlin 1839.

ALBERT KÖLLIKER, Handbuch der Gewebelehre des Menschen. (Für Ärzte und Studierende.) Leipzig 1852. Sechste Auflage 1889.

PHILIPP STÖHR, Lehrbuch der Histologie und der mikroskopischen Anatomie des Menschen. Elfte Auflage. Jena 1905.

PAUL TOPINARD, Anthropologie. Leipzig 1888.

ADOLF HEILBORN, Der Mensch. Sechs Vorlesungen über Anthropologie. 1904.

C. H. STRATZ, Naturgeschichte des Menschen. Grundriß der somatischen Anthropologie. Mit 243 Abbildungen. Stuttgart 1904.

LUDWIG HOPF, Das specifisch Menschliche in anatomischer, physiologischer und pathologischer Beziehung. Stuttgart 1907.

Alle biologischen Untersuchungen, alle Forschungen über die Gestaltung und Lebenstätigkeit der Organismen haben zunächst den sichtbaren Körper ins Auge zu fassen, an welchem uns die betreffenden morphologischen und physiologischen Erscheinungen entgegentreten. Dieser Grundsatz gilt ebenso für den *Menschen* wie für alle anderen belebten Naturkörper. Dabei darf sich die Untersuchung nicht mit der Betrachtung der äußeren Gestalt begnügen, sondern sie muß in das Innere derselben eindringen und ihre Zusammensetzung aus den gröberen und feineren Bestandteilen erforschen. Die Wissenschaft, welche diese grundlegende Untersuchung im weitesten Umfange auszuführen hat, ist die *Anatomie*.

MENSCHLICHE ANATOMIE. Die erste Anregung zur Erkenntnis des menschlichen Körperbaues ging naturgemäß von der Heilkunde aus. Da diese bei den ältesten Kulturvölkern gewöhnlich von den Priestern ausgeübt wurde, dürfen wir annehmen, daß diese höchsten Vertreter der damaligen Bildung schon im zweiten Jahrtausend vor Christus und früher über ein gewisses Maß von anatomischen Kenntnissen verfügten. Aber genauere Erfahrungen, gewonnen durch die Zergliederung von Säugetieren und von diesen übertragen auf den Menschen, finden wir erst bei den griechischen Naturphilosophen des sechsten und fünften Jahrhunderts v. Chr., bei *Empedokles* (von Agrigent) und *Demokritos* (von Abdera); vor allen aber bei dem berühmtesten Arzte des klassischen Altertums, bei *Hippokrates* (von Kos). Aus ihren und anderen Schriften schöpfte auch (im vierten Jahrh. v.Chr.) der große *Aristoteles*, der hochberühmte „Vater der Naturgeschichte“, gleich umfassend als Naturforscher wie als Philosoph. Nach ihm erscheint nur noch ein bedeutender Anatom im Altertum, der griechische Arzt *Claudius Galenus* (von Pergamus); er entfaltete im zweiten Jahrhundert n. Chr. in Rom unter Kaiser Marcus Aurelius eine reiche Praxis. Alle diese älteren Anatomen erwarben ihre Kenntnisse zum größten Teile nicht durch die Untersuchung des menschlichen Körpers selbst – die damals noch streng verboten war! –, sondern durch diejenige der menschenähnlichsten Säugetiere, besonders der *Affen*; sie waren also alle eigentlich schon „*vergleichende* Anatomen".

Das Emporblühen des *Christentums* und der damit verknüpften mystischen Weltanschauung bereitete der Anatomie, wie allen anderen Naturwissenschaften, den Niedergang. Die römischen *Päpste* waren vor allem bestrebt, die Menschheit in *Unwissenheit* zu erhalten und hielten die Kenntnis des menschlichen Organismus mit Recht für ein gefährliches Mittel der Aufklärung über unser wahres Wesen. Während des langen Zeitraums von dreizehn Jahrhunderten blieben die Schriften des *Galenus* fast die einzige Quelle für die menschliche Anatomie, ebenso wie diejenigen des *Aristoteles* für die gesamte Naturgeschichte. Erst als im sechzehnten Jahrhundert n. Chr. durch die *Reformation* die geistige Weltherrschaft des Papismus gebrochen und durch das neue Weltsystem des *Kopernikus* (1543) die damit verknüpfte geozentrische Weltanschauung zerstört wurde, begann auch für die Erkenntnis des menschlichen Körpers eine neue Periode des Aufschwungs. Die großen Anatomen *Vesalius* (aus Brüssel), *Eustachius* und *Fallopius* (aus Modena) förderten durch eigene gründliche Untersuchungen die genaue Kenntnis unseres Körperbaues so sehr, daß ihren zahlreichen Nachfolgern bezüglich der gröberen Verhältnisse hauptsächlich nur Einzelheiten festzustellen übrig blieben. Der ebenso kühne als geistreiche und unermüdliche *Andreas Vesalius* (dessen Familie, wie der Name sagt, aus Wesel stammte) ging bahnbrechend allen voran; er vollendete schon in seinem 28. Lebensjahre das große, einheitlich durchgeführte

Werk „De humani corporis fabrica", 1543; er gab der ganzen menschlichen Anatomie eine neue, selbständige Richtung und sichere Grundlage. Dafür wurde *Vesalius* später in Madrid – wo er Leibarzt Karls V. und Philipps II. war – von der Inquisition als Zauberer zum Tode verurteilt. Er rettete sich nur dadurch, daß er eine Reise nach Jerusalem antrat; auf der Rückreise erlitt er bei der Insel Zante Schiffbruch und starb hier im Elend, krank und aller Mittel beraubt.

VERGLEICHENDE ANATOMIE. Die Verdienste, welche unser neunzehntes Jahrhundert sich um die Erkenntnis des menschlichen Körperbaues erworben hat, bestehen vor allem in dem Ausbau von zwei neuen, überaus wichtigen Forschungsrichtungen, der „*vergleichenden Anatomie*" und der „*Gewebelehre*" oder der „mikroskopischen Anatomie". Was zunächst die erstere betrifft, so war sie allerdings schon von Anfang an mit der menschlichen Anatomie eng verknüpft gewesen; ja, die letztere wurde sogar so lange durch die erstere ersetzt, als die Sektion menschlicher Leichen für ein todeswürdiges Verbrechen galt – und das war sogar noch im fünfzehnten Jahrhundert der Fall! Aber die zahlreichen Anatomen der folgenden drei Jahrhunderte beschränkten sich größtenteils auf die genaue Untersuchung des menschlichen Organismus. Diejenige hochentwickelte Disziplin, die wir heute vergleichende Anatomie nennen, wurde erst im Jahre 1803 geboren, als der große französische Zoologe *George Cuvier* (aus Mömpelgard im Elsaß stammend) seine grundlegenden „Leçons sur l'Anatomie comparée" herausgab und darin zum ersten Male bestimmte Gesetze über den Körperbau des Menschen und der Tiere festzustellen suchte. Während seine Vorläufer – unter ihnen auch *Goethe* 1784 – hauptsächlich nur das Knochengerüst des Menschen mit demjenigen der übrigen Säugetiere eingehend verglichen hatten, umfaßte *Cuviers* weiter Blick die Gesamtheit der tierischen Organisation; er unterschied in derselben vier große, voneinander unabhängige Hauptformen oder Typen: Wirbeltiere (Vertebrata), Gliedertiere (Articulata), Weichtiere (Mollusca) und Strahltiere (Radiata). Für die „Frage aller Fragen“ war dieser Fortschritt insofern epochemachend, als damit klar die Zugehörigkeit des Menschen zum Typus der *Wirbeltiere* – sowie seine Grundverschiedenheit von allen anderen Typen – ausgesprochen war. Allerdings hatte schon der scharfblickende *Linné* in seinem ersten „Systema naturae“ (1735) einen bedeutungsvollen Fortschritt damit getan, daß er dem Menschen definitiv seinen Platz in der Klasse der *Säugetiere* (Mammalia) anwies; ja, er vereinigte sogar in der Ordnung der *Herrentiere* (Primates) die drei Gruppen der Halbaffen, Affcn und Menschen (Lemur, Simia, Homo). Aber es fehlte diesem kühnen, systematischen Griffe noch jene tiefere empirische Begründung durch die vergleichende Anatomie, die erst *Cuvier* herbeiführte. Diese fand ihre weitere Ausführung durch die großen vergleichenden Anatomen des neunzehnten Jahrhunderts, durch *Friedrich Meckel* (in Halle), *Johannes Müller* (in Berlin), *Richard Owen* und *Thomas Huxley* (in England), *Carl Gegenbaur* (in Jena, später in Heidelberg). Indem dieser letztere in seinen Grundzügen der vergleichenden Anatomie (1870) zum ersten Male die durch *Darwin* neu begründete Abstammungslehre auf jene Wissenschaft anwendete, erhob er sie zum ersten Range unter den biologischen Disziplinen. Die zahlreichen vergleichend-anatomischen Arbeiten von *Gegenbaur* sind, ebenso wie sein allgemein verbreitetes „Lehrbuch der Anatomie des Menschen“, gleich ausgezeichnet durch die gründliche empirische Kenntnis eines ungeheuren Tatsachenmaterials wie durch die umfassende Beherrschung desselben und seine philosophische Verwertung im Sinne der Entwickelungslehre. Seine vergleichende Anatomie der Wirbeltiere (1898) legt den unerschütterlichen Grund fest, auf welchem sich unsere Überzeugung von der Wirbeltiernatur des Menschen nach allen Richtungen hin klar und bestimmt beweisen läßt.

Gewebelehre (Histologie) und *Zellenlehre* (Cytologie). In ganz anderer Richtung als die vergleichende entwickelte sich im Laufe unseres Jahrhunderts die *mikroskopische Anatomie*. Schon im Anfange desselben (1802) unternahm ein französischer Arzt, *Bichat*, den Versuch, mittelst des Mikroskops die Organe des menschlichen Körpers in ihre einzelnen feineren Bestandteile zu zerlegen und die Beziehungen dieser verschiedenen *Gewebe* (Hista oder Tela) festzustellen. Aber dieser erste Versuch führte nicht weit, da ihm das gemeinsame Element für die zahlreichen verschiedenen Gewebe unbekannt blieb. Dies wurde erst 1838 für die Pflanzen in der *Zelle* von *Matthias Schleiden* (in Jena) entdeckt und gleich darauf auch für die Tiere von *Theodor Schwann* nachgewiesen, dem Schüler und Assistenten von *Johannes Müller* in Berlin. Zwei andere berühmte Schüler dieses großen und bahnbrechenden Meisters, *Albert Kölliker* und *Rudolf Virchow*, führten dann im sechsten Dezennium des neunzehnten Jahrhunderts (in Würzburg) die *Zellentheorie* und die darauf gegründete Gewebelehre für den gesunden und kranken Organismus des Menschen im einzelnen durch; sie wiesen nach, daß auch im Menschen, wie in allen anderen Tieren alle Gewebe sich aus den gleichen mikroskopischen Formbestandteilen, den *Zellen*, zusammensetzen, und daß diese „Elementarorganismen" die wahren, selbsttätigen Staatsbürger sind, die, zu Milliarden vereinigt, unseren Körper, den „Zellenstaat" aufbauen. Alle diese Zellen entstehen durch oft wiederholte Teilung aus einer einzigen, einfachen Zelle, aus der „*Stammzelle*" oder „befruchteten Eizelle" (Cytula). Die allgemeine Struktur und Zusammensetzung der Gewebe ist beim Menschen dieselbe wie bei den übrigen Wirbeltieren. Unter diesen zeichnen sich die Säugetiere, die jüngste und höchst entwickelte Klasse, durch gewisse besondere, spät erworbene Eigentümlichkeiten aus. So ist z. B. die mikroskopische Bildung der Haare, der Hautdrüsen, der Milchdrüsen, der Blutzellen bei den Mammalien ganz eigentümlich und verschieden von derjenigen der übrigen Vertebraten; der *Mensch* ist auch in allen diesen feinsten histologischen Beziehungen ein *echtes Säugetier*.

Die mikroskopischen Forschungen von *Albert Kölliker* und von *Franz Leydig* (ebenfalls in Würzburg) erweiterten nicht nur unsere Kenntnis vom feineren Körperbau des Menschen und der Tiere nach allen Richtungen, sondern sie wurden auch besonders wichtig durch die Verbindung der *Entwickelungsgeschichte der Zelle* und der Gewebe; sie bestätigten namentlich die wichtige Theorie von *Carl Theodor Siebold* (1845), daß die niedrigsten Tiere, die Infusorien und Rhizipoden, zeitlebens *einzellige Organismen* sind.

WIRBELTIER-NATUR DES MENSCHEN. Unser gesamter Körperbau zeigt sowohl in der gröberen als in der feineren Zusammensetzung den charakteristischen Typus der *Wirbeltiere* (Vertebrata). Diese wichtigste und höchst entwickelte Hauptgruppe des Tierreichs wurde in ihrer natürlichen Einheit zuerst 1801 von dem großen *Lamarck* erkannt; er faßte unter diesem Begriffe die vier höheren Tierklassen von *Linné* zusammen: Säugetiere, Vögel, Amphibien und Fische. Die beiden niederen Klassen: Insekten und Würmer, stellte er jenen als „*Wirbellose*“ (Invertebrata) gegenüber. *Cuvier* bestätigte (1812) die Einheit des Vertebratentypus und begründete sie fester durch seine vergleichende Anatomie. In der Tat stimmen alle Wirbeltiere, von den Fischen aufwärts bis zum Menschen, in allen wesentlichen Hauptmerkmalen überein; sie besitzen alle ein festes inneres Skelett, Knorpel- und Knochengerüst, und dieses besteht überall aus einer Wirbelsäule und einem Schädel; die verwickelte Zusammensetzung des letzteren ist zwar im einzelnen sehr mannigfaltig, aber im allgemeinen stets auf dieselbe Urform zurückzuführen. Ferner liegt bei allen Vertebraten auf der Rückenseite dieses Axenskelettes das „Seelenorgan“, das zentrale Nervensystem, in Gestalt eines Rückenmarks und eines Gehirns. Auch von diesem wichtigen *Gehirn* – dem Werkzeuge des Bewußtseins und aller höheren Seelentätigkeiten! – gilt dasselbe wie von der es umschließenden Knochenkapsel, dem *Schädel*; im einzelnen ist seine Ausbildung und Größe höchst mannigfaltig abgestuft, im großen und ganzen bleibt die charakteristische Zusammensetzung überall dieselbe.

Die gleiche Erscheinung zeigt sich nun auch, wenn wir die übrigen Organe unseres Körpers mit denen der anderen Wirbeltiere vergleichen: überall bleibt infolge von *Vererbung* die ursprüngliche Anlage und die relative Lagerung der Organe dieselbe, obgleich die Größe und Ausbildung der einzelnen Teile höchst mannigfaltig sich sondert, entsprechend der *Anpassung* an sehr verschiedene Lebensbedingungen. So sehen wir, daß überall das Blut in zwei Hauptröhren kreist, von denen die eine (Aorta) über dem Darm, die andere (Prinzipalvene) unter dem Darm verläuft, und daß durch Erweiterung der letzteren an einer ganz bestimmten Stelle das *Herz* entsteht; dieses „Ventralherz" ist für alle Wirbeltiere ebenso charakteristisch wie umgekehrt das Rückengefäß oder „Dorsalherz" für die Gliedertiere und Weichtiere. Nicht minder eigentümlich ist bei allen Vertebraten die frühzeitige Scheidung des Darmrohres in einen zur Atmung dienenden *Kopfdarm* (oder „Kiemendarm") und einen die Verdauung bewirkenden *Rumpfdarm* mit der Leber (daher „Leberdarm"); ferner die Gliederung des Muskelsystems, die besondere Bildung der Harn- und Geschlechtsorgane usw. In allen diesen anatomischen Beziehungen ist *der Mensch ein echtes Wirbeltier*.

Tetrapoden-Natur des Menschen. Mit der Bezeichnung *Vierfüßer* (Tetrapoda) hatte schon *Aristoteles* alle jene höheren, blutführenden Tiere belegt, welche sich durch den Besitz von zwei Beinpaaren auszeichnen. Später wurde dieser Begriff erweitert und mit der lateinischen Bezeichnung Quadrupeda vertauscht, nachdem *Cuvier* gezeigt hatte, daß auch die „zweibeinigen" Vögel und Menschen eigentlich Vierfüßer sind; er wies nach, daß das innere Knochengerüst der vier Beine bei allen höheren landbewohnenden Vertebraten, von den Amphibien aufwärts bis zum Menschen, ursprünglich in gleicher Weise aus einer bestimmten Zahl von Gliedern zusammengesetzt ist. Auch die „Arme" des Menschen, die „Flügel" der

Fledermäuse und Vögel, die Brustflossen der Robben und Waltiere zeigen denselben typischen Skelettbau wie die „Vorderbeine" der laufenden, eigentlich vierfüßigen Tiere.

Diese *anatomische Einheit* des verwickelten Knochengerüstes in den vier Gliedmaßen aller Tetrapoden ist *sehr wichtig*. Um sich wirklich davon zu überzeugen, braucht man bloß das Skelett eines Salamanders oder Frosches mit demjenigen eines Affen oder Menschen aufmerksam zu vergleichen. Da sieht man sofort, daß vorn der Schultergürtel und hinten der Beckengürtel aus denselben Hauptstücken zusammengesetzt ist wie bei den übrigen „Vierfüßern". Überall sehen wir, daß das erste Glied des eigentlichen Beines nur einen einzigen starken Röhrenknochen enthält (vorn den Oberarm, Humerus; hinten den Oberschenkel, Femur); dagegen wird das zweite Glied ursprünglich stets durch zwei Knochen gestützt (vorn Ellbogen, Ulna, und Speiche, Radius; hinten Wadenbein, Fibula, und Schienbein, Tibia). Vergleichen wir dann weiter den verwickelten Bau des eigentlichen Fußes, so überrascht uns die Wahrnehmung, daß die zahlreichen, denselben zusammensetzenden, kleinen Knochen ebenfalls überall ähnlich angeordnet und gesondert sind; vorn entsprechen sich in allen Klassen der Tetrapoden die drei Knochengruppen des Vorderfußes (oder der „Hand"): I. Handwurzel (Carpus), II. Mittelhand (Metacarpus) und III. fünf Finger (Digiti anteriores); ebenso hinten die drei Knochengruppen des Hinterfußes: I. Fußwurzel (Tarsus), II. Mittelfuß (Metatarsus) und III. fünf Zehen (Digiti posteriores). Sehr schwierig war die Aufgabe, alle diese zahlreichen kleinen Knochen, die im einzelnen höchst mannigfaltig gestaltet und umgebildet, teilweise oft verschmolzen oder verschwunden sind, auf eine und dieselbe Urform zurückzuführen sowie die Gleichwertigkeit der einzelnen Teile überall festzustellen. Diese wichtige Aufgabe wurde erst vollständig von *Carl Gegenbaur* gelöst. Er zeigte in seinen „Untersuchungen zur vergleichenden Anatomie der Wirbeltiere" (1864), wie diese charakteristische „fünfzehige Beinform“ der landbewohnenden Tetrapoden ursprünglich (erst in der Steinkohlenperiode) aus der vielstrahligen „Flosse“ (Brustflosse oder Bauchflosse) der älteren, wasserbewohnenden Fische entstanden ist. In gleicher Weise hatte derselbe in seinen berühmten „Untersuchungen über das Kopfskelett der Wirbeltiere“ (1872) den jüngeren Schädel der Tetrapoden aus der ältesten Schädelform der Fische abgeleitet, derjenigen der Haifische (Selachier).

Besonders bemerkenswert ist noch, daß die ursprüngliche, zuerst bei den alten Amphibien der Steinkohlenzeit entstandene *Fünfzahl der Zehen* an allen vier Füßen – die Pentadactylie – sich infolge strenger *Vererbung* noch beim Menschen bis auf den heutigen Tag konserviert hat. Selbstverständlich ist dementsprechend auch die typische Bildung der Gelenke und Bänder, der Muskeln und Nerven der zwei Beinpaare, in der Hauptsache dieselbe geblieben wie bei den übrigen „Vierfüßern“; auch in diesen *wichtigen Beziehungen ist der Mensch ein echter Tetrapode.*

SÄUGETIER-NATUR DES MENSCHEN. Die Säugetiere (Mammalia) bilden die jüngste und höchst entwickelte Klasse der Wirbeltiere. Sie sind zwar, ebenso wie die Vögel und Reptilien, aus der älteren Klasse der *Amphibien* abzuleiten, sie unterscheiden sich aber von allen diesen anderen Tetrapoden durch eine Anzahl von sehr auffallenden anatomischen Merkmalen. Äußerlich tritt vor allem die *Haarbedeckung* der Haut hervor sowie der Besitz von zweierlei Hautdrüsen: Schweißdrüsen und Talgdrüsen. Aus einer lokalen Umbildung dieser Drüsen an der Bauchhaut entstand dasjenige Organ, welches für die Klasse besonders charakteristisch ist und ihr den Namen gegeben hat, das „*Gesäuge*“ (Mammarium). Dieses Werkzeug der Brutpflege ist zusammengesetzt aus den *Milchdrüsen* (Mammae) und den „Mammartaschen“ (Falten der Bauchhaut); durch ihre Fortbildung entstanden die Zitzen oder „*Milchwarzen*“ (Masta), aus denen das junge Mammala die Milch seiner Mutter saugt. Im inneren Körperbau ist besonders bemerkenswert der

Besitz eines vollständigen *Zwerchfells* (Diaphragma), einer muskulösen Scheidewand, welche bei allen Säugetieren – und *nur* bei diesen! – die Brusthöhle von der Bauchhöhle gänzlich abschließt; bei allen übrigen Wirbeltieren fehlt diese Trennung. Durch eine Anzahl von merkwürdigen Umbildungen zeichnet sich auch der *Schädel* der Mammalien aus, besonders der Bau des Kieferapparates (Oberkiefer, Unterkiefer und Gehörknochen). Aber auch das Gehirn, das Geruchsorgan, das Herz, die Lungen, die inneren und äußeren Geschlechtsorgane, die Nieren und andere Körperteile zeigen bei den Säugetieren besondere Eigentümlichkeiten im gröberen und feineren Bau; diese alle vereinigt weisen unzweideutig auf eine frühzeitige Trennung derselben von den älteren Stammgruppen der Reptilien und Amphibien hin, welche *spätestens in der Triasperiode* – vor mindestens zwölf Millionen Jahren! – stattgefunden hat. In allen diesen wichtigen Beziehungen ist *der Mensch ein echtes Säugetier*.

PLAZENTALIEN-NATUR DES MENSCHEN. Die zahlreichen Ordnungen (12–33), welche die moderne systematische Zoologie in der Klasse der Säugetiere unterscheidet, werden schon seit 1816 (nach *Blainville*) in drei natürliche Hauptgruppen geordnet, welchen man den Wert von Unterklassen zuspricht: I. *Gabeltiere* (Monotrema), II. *Beuteltiere* (Marsupialia), III. *Zottentiere* (Placentalia). Diese drei Subklassen unterscheiden sich nicht nur in wichtigen Verhältnissen des Körperbaues und der Entwickelung, sondern entsprechen auch drei verschiedenen *historischen Bildungsstufen* der Klasse, wie wir später sehen werden. Auf die älteste Gruppe, die *Monotremen* der Triasperiode, sind in der Jurazeit die *Marsupialien* gefolgt, und auf diese erst in der Kreideperiode die *Plazentalien*. Zu dieser jüngsten Subklasse gehört auch der Mensch; denn er zeigt in seiner Organisation alle die Eigentümlichkeiten, durch welche sich sämtliche Zottentiere von den Beuteltieren und den noch älteren Gabeltieren unterscheiden. In erster Linie gehört dahin das eigentümliche Organ, welches der Plazentaliengruppe ihren Namen gegeben hat, der *Mutterkuchen* (Placenta). Dasselbe dient dem jungen, im Mutterleibe noch eingeschlossenen Mammalien-Embryo längere Zeit zur Ernährung; es besteht in blutführenden *Zotten*, welche von der Zottenhaut (Chorion) der Keimhülle auswachsen und in entsprechende Grübchen der Schleimhaut des mütterlichen Fruchtbehälters (Uterus) eindringen; hier wird die zarte Haut zwischen beiden Gebilden so sehr verdünnt, daß unmittelbar die ernährenden Stoffe aus dem mütterlichen Blute durch dieselbe hindurch in das kindliche Blut übertreten können. Diese vortreffliche, erst spät entstandene Ernährungsart des Keimes ermöglicht demselben einen längeren Aufenthalt und eine weitere Ausbildung in der schützenden Gebärmutter; sie fehlt noch den Implazentalien, den beiden älteren Subklassen der Beuteltiere und Gabeltiere. Aber auch durch andere anatomische Merkmale, insbesondere die höhere Ausbildung des Gehirns und den Verlust der Beutelknochen, erheben sich die Zottentiere über ihre Implazentalien-Ahnen. In allen diesen wichtigen Beziehungen ist *der Mensch ein echtes Zottentier*.

Primaten-Natur des Menschen. Die formenreiche Subklasse der Plazentaltiere wird neuerdings in eine große Zahl von *Ordnungen* geteilt; gewöhnlich werden deren 10–16 angenommen; wenn man aber die wichtigen, in neuester Zeit entdeckten, ausgestorbenen Formen gehörig berücksichtigt, steigt ihre Zahl auf mindestens 20–26. Zur besseren Übersicht dieser zahlreichen Ordnungen und zur tieferen Einsicht in ihren verwandtschaftlichen Zusammenhang ist es sehr wichtig, sie in natürliche größere Gruppen zusammenzustellen, denen ich den Wert von *Legionen* gegeben habe. In meinem neuesten Versuche das verwickelte Plazentalien-System phylogenetisch zu ordnen, habe ich zur Aufnahme der 26 Ordnungen acht solche Legionen aufgestellt und gezeigt, daß diese sich auf vier Stammgruppen zurückführen lassen. Diese letzteren sind wiederum auf eine gemeinsame älteste Stammgruppe aller Plazentalien zurückführbar, auf die fossilen

Urzottentiere, die Prochoriaten der Kreideperiode. Diese schließen sich unmittelbar an die Marsupialien-Ahnen der Juraperiode an. Als wichtigste Vertreter jener vier Hauptgruppen in der Gegenwart führen wir hier nur die Nagetiere, Huftiere, Raubtiere und Herrentiere an. Zur Legion der *Herrentiere* (Primates) gehören die drei Ordnungen der Halbaffen (Prosimiae), der echten Affen (Simiae) und der Menschen (Anthropi). Alle Angehörigen dieser drei Ordnungen stimmen in vielen wichtigen Eigentümlichkeiten überein und unterscheiden sich dadurch von den 23 übrigen Ordnungen der Zottentiere. Besonders zeichnen sie sich durch lange Beine aus, welche ursprünglich der kletternden Lebensweise auf Bäumen angepaßt sind. Hände und Füße sind fünfzehig und die langen Finger vortrefflich zum Greifen und zum Umfassen der Baumzweige geeignet; sie tragen entweder teilweise oder sämtlich Nägel (keine Krallen). Das Gebiß ist vollständig, aus allen vier Zahnreihen zusammengesetzt (Schneidezähne, Eckzähne, Lückenzähne, Backenzähne). Auch durch wichtige Eigentümlichkeiten im besonderen Bau des Schädels und des Gehirns unterscheiden sich die Herrentiere von den übrigen Zottentieren, und zwar um so auffälliger, je höher sie ausgebildet, je später sie in der Erdgeschichte aufgetreten sind. In allen diesen wichtigen anatomischen Beziehungen stimmt unser menschlicher Organismus mit demjenigen der übrigen *Primaten* überein: *der Mensch ist ein echtes Herrentier*.

Affen-Natur des Menschen. Eine unbefangene gründliche Vergleichung des Körperbaues der Primaten läßt zunächst in dieser höchst entwickelten Mammalienlegion zwei Ordnungen unterscheiden: *Halbaffen* (Prosimiae oder Hemipitheca) und *Affen* (Simiae oder Pitheca). Die ersteren erscheinen in jeder Beziehung als die niedere und ältere, die letzteren als die höhere und jüngere Ordnung. Die Gebärmutter der Halbaffen ist noch doppelt oder zweihörnig, wie bei allen übrigen Säugetieren; bei den Affen dagegen sind rechter und linker Fruchtbehälter völlig verschmolzen; sie bilden einen *birnförmigen Uterus*, wie ihn außerdem nur der Mensch besitzt. Wie bei diesem, so ist auch bei dem Affen am Schädel die Augenhöhle von der Schläfengrube durch eine knöcherne Scheidewand vollständig getrennt; bei den Halbaffen ist diese noch gar nicht oder nur unvollständig ausgebildet. Endlich ist bei den Halbaffen das große Gehirn noch glatt oder nur schwach gefurcht, verhältnismäßig klein; bei den Affen ist es viel größer, und besonders der graue Hirnmantel, das Organ der höheren Seelentätigkeiten, ist viel besser entwickelt; an seiner Oberfläche sind die charakteristischen Windungen und Furchen um so mehr ausgeprägt, je mehr er sich dem Menschen nähert. In diesen und anderen wichtigen Beziehungen, besonders auch in der Bildung des Gesichts und der Hände, zeigt der *Mensch alle anatomischen Merkmale der echten Affen.*

Katarrhinen-Natur des Menschen. Die formenreiche Ordnung der Affen wurde schon 1812 von *Geoffroy* in zwei natürliche Unterordnungen geteilt, die noch heute allgemein in der systematischen Zoologie angenommen sind: Westaffen (Platyrrhinae) und Ostaffen (Catarrhinae); erstere bewohnen ausschließlich die westliche, letztere die östliche Erdhälfte. Die amerikanischen *Westaffen* heißen „*Plattnasen*“ (Platyrrhinae) weil ihre Nase plattgedrückt, die Nasenlöcher seitlich gerichtet und deren Scheidewand breit ist. Dagegen sind die *Ostaffen*, welche die Alte Welt bewohnen, sämtlich „*Schmalnasen*“ (Catarrhinae); ihre Nasenlöcher sind wie beim Menschen nach unten gerichtet, da ihre Scheidewand schmal ist. Ein weiterer Unterschied beider Gruppen besteht darin, daß das Trommelfell bei den Westaffen oberflächlich, dagegen bei den Ostaffen tiefer, im Innern des Felsenbeins liegt; hier hat sich ein langer und enger knöcherner Gehörgang entwickelt, während dieser bei den Westaffen noch kurz und weit ist oder selbst ganz fehlt. Endlich zeigt sich ein sehr wichtiger und durchgreifender Gegensatz beider Gruppen darin, daß alle Katarrhinen die Gebißbildung des Menschen besitzen, nämlich 20 Milchzähne und 32 bleibende Zähne (in jeder Kieferhälfte 2 Schneidezähne,

1 Eckzahn, 2 Lückenzähne und 3 Mahlzähne). Die Platyrrhinen dagegen zeigen in jeder Kieferhälfte einen Lückenzahn mehr, also im ganzen 36 Zähne. Da diese anatomischen Unterschiede beider Affengruppen ganz allgemein und durchgreifend sind, und da sie mit der geographischen Verbreitung in den beiden getrennten Hemisphären der Erde zusammenstimmen, ergibt sich daraus die Berechtigung ihrer scharfen systematischen Trennung und weiterhin der daran geknüpften phylogenetischen Folgerung, daß seit sehr langer Zeit (seit mehr als einer Million Jahre) sich beide Unterordnungen in der westlichen und östlichen Hemisphäre getrennt voneinander entwickelt haben. Das ist für die Stammesgeschichte unseres Geschlechts überaus wichtig; denn der *Mensch* teilt alle Merkmale der *echten Katarrhinen*; er hat sich aus älteren ausgestorbenen Affen dieser Unterordnung in der Alten Welt entwickelt (wahrscheinlich im südlichen Asien).

Anthropomorphen-Gruppe. Die zahlreichen Formen der Katarrhinen, welche noch heute in Asien und Afrika leben, werden schon seit langer Zeit in zwei natürliche Sektionen geteilt; die geschwänzten *Hundsaffen* (Cynopitheca) und die schwanzlosen *Menschenaffen* (Anthropomorpha). Diese letzteren stehen dem Menschen viel näher als die ersteren, nicht nur in dem Mangel des Schwanzes und in der allgemeinen Gestaltung des Körpers (besonders des Kopfes), sondern auch durch besondere Merkmale, die an sich unbedeutend, aber wegen ihrer Beständigkeit wichtig sind. Das Kreuzbein ist bei den Menschenaffen, wie beim Menschen, aus fünf verschmolzenen Wirbeln zusammengesetzt, dagegen bei den Hundsaffen nur aus drei (seltener vier) Kreuzwirbeln. Im Gebiß der *Cynopitheken* sind die Lückenzähne (Praemolares) länger als breit, in demjenigen der *Anthropomorphen* breiter als lang; und der erste Mahlzahn (Molaris) zeigt bei den ersteren vier, bei den letzteren dagegen fünf Höcker. Ferner ist im Unterkiefer jederseits bei den Menschenaffen, wie beim Menschen, der äußere Schneidezahn breiter als der innere, bei den Hundsaffen umgekehrt schmäler. Endlich ist von besonderer Bedeutung die wichtige, erst 1890 durch *Selenka* festgestellte Tatsache, daß die Menschenaffen mit dem Menschen auch die eigentümlichen feineren Bildungsverhältnisse seiner scheibenförmigen Placenta, der Decidua reflexa und des Bauchstiels teilen (vgl. Kap. 4). Übrigens ergibt schon die oberflächliche Vergleichung der Körperform der heute noch lebenden Anthropomorphen, daß sowohl die asiatischen Vertreter dieser Gruppe (Orang und Gibbon), als die afrikanischen Vertreter (Gorilla und Schimpanse) dem Menschen im gesamten Körperbau näher stehen als sämtliche Cynopitheken. Unter diesen letzteren stehen namentlich die hundsköpfigen *Papstaffen* (Papiomorpha), die Paviane und Meerkatzen auf einer sehr tiefen Bildungsstufe. Der anatomische Unterschied zwischen diesen rohen Papstaffen und den höchst entwickelten Menschenaffen ist in jeder Beziehung – welches Organ man auch vergleichen mag! – größer als derjenige zwischen den letzteren und dem Menschen. Diese lehrreiche Tatsache wurde besonders eingehend (1883) von dem Anatomen *Robert Hartmann* begründet in seiner Schrift über „Die menschenähnlichen Affen und ihre Organisation im Vergleiche zur menschlichen“; er schlug daher vor, die Affenordnung in anderer Weise einzuteilen, in die beiden Hauptgruppen der *Primarier* (Menschen und Menschenaffen) und der eigentlichen Simien oder *Pitheken* (die übrigen Katarrhinen und alle Platyrrhinen). Jedenfalls ergibt sich daraus *die engste Verwandtschaft des Menschen mit den Menschenaffen*. Durch die interessanten Blutmischungs-Versuche von *Friedenthal* und *Uhlenhuth* ist neuerdings auch der physiologische Nachweis geliefert worden, daß dieselbe „*Blutsverwandtschaft*“ im strengsten Sinne des Wortes ist.

Die vergleichende Anatomie ergibt somit für den unbefangenen und kritischen Forscher die bedeutungsvolle Tatsache, daß der Körperbau des Menschen und der Menschenaffen nicht nur im höchsten Grade ähnlich,

7*

sondern in allen wesentlichen Beziehungen gleich ist. Dieselben 200 Knochen, in der gleichen Anordnung und Zusammensetzung, bilden unser inneres Knochengerüst; dieselben 300 Muskeln bewirken unsere Bewegungen; dieselben Haare bedecken unsere Haut; dieselben Gruppen von Ganglienzellen setzen den kunstvollen Wunderbau unseres Gehirns zusammen; dasselbe vierkammerige Herz ist das zentrale Pumpwerk unseres Blutkreislaufs; dieselben 32 Zähne setzen in der gleichen Anordnung unser Gebiß zusammen; dieselben Speicheldrüsen, Leber- und Darmdrüsen vermitteln unsere Verdauung; dieselben Organe der Fortpflanzung ermöglichen die Erhaltung unseres Geschlechts.

Allerdings finden wir bei genauer Vergleichung gewisse geringe Unterschiede in der *Größe* und *Gestalt* der meisten Organe zwischen dem Menschen und Menschenaffen; allein dieselben oder ähnliche Unterschiede entdecken wir auch bei der sorgfältigen Vergleichung der höheren und niederen Menschenaffen, ja sogar bei der exakten Vergleichung aller einzelnen Individuen unserer eigenen Rasse. Wir finden nicht zwei Personen in derselben, welche ganz genau dieselbe Größe und Form der Nase, der Ohren, der Augen usw. haben. Man braucht bloß aufmerksam in einer größeren Gesellschaft diese einzelnen Teile der menschlichen *Gesichts*bildung bei zahlreichen Personen zu vergleichen, um sich von der erstaunlichen Mannigfaltigkeit in deren spezieller Gestaltung, von der weitgehenden Variabilität der Speziesform zu überzeugen. Oft sind ja bekanntlich selbst Geschwister von so verschiedener Körperbildung daß ihre Abstammung von einem und demselben Elternpaare kaum glaublich erscheint. Alle diese *individuellen* Unterschiede beeinträchtigen aber nicht das Gewicht der *fundamentalen Gleichheit* im *Körperbau*; denn sie sind nur bedingt durch geringe Verschiedenheiten im *Wachstum* der einzelnen Teile.

DRITTES KAPITEL

UNSER LEBEN

Monistische Studien über menschliche und vergleichende Physiologie. Übereinstimmung in allen Lebensfunktionen des Menschen und der Säugetiere

---

„Niemals kann sich für die Physiologie ein anderes Erklärungsprinzip der körperlichen Lebenserscheinungen ergeben als für die Physik und Chemie bezüglich der leblosen Natur. Die Annahme einer besonderen „*Lebenskraft*" ist in jeder Form nicht nur durchaus überflüssig, sondern auch unzulässig. — Der Herd aller Lebensvorgänge und der Elementarbestandteil aller lebendigen Substanz ist die *Zelle*. Will daher die Physiologie die elementaren und allgemeinen Lebenserscheinungen erklären, so wird sie das nur erreichen als *Zellularphysiologie*."

MAX VERWORN (1894)

INHALT DES DRITTEN KAPITELS

Entwickelung der Physiologie im Altertum und Mittelalter. Galenus. Experiment und Vivisektion. Entdeckung des Blutkreislaufs durch Harvey. Lebenskraft (Vitalismus): Haller. Teleologische und vitalistische Auffassung des Lebens. Mechanistische und monistische Beurteilung der physiologischen Prozesse. Vergleichende Physiologie des neunzehnten Jahrhunderts: Johannes Müller. Zellularphysiologie: Max Verworn. Zellularpathologie: Virchow. Säugetierphysiologie. Übereinstimmung aller Lebenstätigkeiten beim Menschen und Affen.

LITERATUR

JOHANNES MÜLLER, Handbuch der Physiologie des Menschen. 2 Bände. Coblenz 1833. Vierte Auflage 1844.

RUDOLF VIRCHOW, Die Cellular-Pathologie in ihrer Begründung auf physiologische und pathologische Gewebelehre. Berlin 1858. Vierte Auflage 1871.

JACOB MOLESCHOTT, Kreislauf des Lebens. Physiologische Antworten auf Liebig's chemische Briefe. Mainz 1852. Fünfte Auflage 1886.

CARL VOGT, Physiologische Briefe für Gebildete aller Stände. Gießen 1854. Dritte Auflage 1861. Vierte Auflage 1874.

LUDWIG BÜCHNER, Physiologische Bilder. Leizpig 1875. Dritte Auflage 1886.

C. RADENHAUSEN, Isis. Der Mensch und die Welt. 4 Bände. Osiris. Weltgesetze in der Erdgeschichte. 3 Bände. Hamburg 1874.

ARNOLD DODEL, Aus Leben und Wissenschaft. (I. Leben und Tod. II. Natur-Verachtung und -Betrachtung. III. Moses oder Darwin.) Stuttgart 1896.

MAX VERWORN, Allgemeine Physiologie. Ein Grundriß der Lehre vom Leben. Jena 1894. Sechste Auflage 1915.

MAX KASSOWITZ, Allgemeine Biologie. Wien 1899.

JULIUS BERNSTEIN, Lehrbuch der Physiologie des thierischen Organismus, im Speciellen des Menschen. Stuttgart 1900.

ELIAS METSCHNIKOFF, Studien über die Natur des Menschen. Eine optimistische Philosophie. Leipzig 1904.

ERNST HAECKEL, Die Lebenswunder. Gemeinverständliche Studien über Biologische Philosophie. Stuttgart 1904.

Unsere Kenntnis vom menschlichen Leben hat sich erst innerhalb des neunzehnten Jahrhunderts zum Range einer selbständigen, wirklichen *Wissenschaft* erhoben; sie hat sich erst innerhalb desselben zu einem der vornehmsten, interessantesten und wichtigsten Wissenszweige entwickelt. Diese „Lehre von den Lebenstätigkeiten", die *Physiologie*, hat sich zwar frühzeitig der Heilkunde als eine wünschenswerte, ja notwendige Vorbedingung für erfolgreiche ärztliche Tätigkeit fühlbar gemacht, in engem Zusammenhang mit der Anatomie, der Lehre vom Körperbau. Aber sie konnte erst viel später und langsamer als diese letztere gründlich erforscht werden, da sie auf viel größere Schwierigkeiten stieß.

Der Begriff des *Lebens* als Gegensatz zum Tode ist natürlich schon sehr frühzeitig Gegenstand des Nachdenkens gewesen. Man beobachtete am lebenden Menschen wie an den lebendigen Tieren eine Anzahl von eigentümlichen Veränderungen, vorzugsweise *Bewegungen*, welche den „toten" Naturkörpern fehlten: selbständige Ortsbewegung, Herzklopfen, Atemzüge, Sprache usw. Allein die Unterscheidung solcher „organischen Bewegungen" von ähnlichen Erscheinungen bei anorganischen Naturkörpern war nicht leicht und oft verfehlt; das fließende Wasser, die flackernde Flamme, der wehende Wind, der stürzende Fels zeigten dem Menschen ganz ähnliche Veränderungen, und es war sehr natürlich, daß der naive Naturmensch auch diesen „toten Körpern" ein selbständiges Leben zuschrieb. Von den bewirkenden Ursachen konnte man sich ja bei den letzteren ebensowenig befriedigende Rechenschaft geben als bei den ersteren.

Menschliche Physiologie. Die ältesten wissenschaftlichen Betrachtungen über das Wesen der menschlichen

Lebenstätigkeiten treffen wir (ebenso wie diejenigen über den Körperbau des Menschen) bei den griechischen Naturphilosophen und Ärzten im sechsten und fünften Jahrhundert v. Chr. Die reichste Sammlung von bezüglichen, damals bekannten Tatsachen finden wir in der Naturgeschichte des *Aristoteles*: ein großer Teil seiner Angaben rührt wahrscheinlich von *Demokritos* und *Hippokrates* her. Die Schule des letzteren stellte auch bereits Erklärungsversuche an; sie nahm als Grundursache des Lebens bei Menschen und Tieren einen flüchtigen „*Lebensgeist*“ an (Pneuma), und *Erasistratus* (280 v. Chr.) unterschied bereits einen niederen und einen höheren Lebensgeist, das Pneuma zoticon im *Herzen* und das Pneuma psychicon im *Gehirn*.

Der Ruhm, alle diese zerstreuten Kenntnisse einheitlich zusammengefaßt und den ersten Versuch zu einem System der Physiologie gemacht zu haben, gebührt dem großen griechischen Arzte *Galenus*, dem ersten Anatomen des Altertums (vgl. S. 40). Bei seinen Untersuchungen über die *Organe* des menschlichen Körpers stellte er sich beständig auch die Frage nach ihren Lebenstätigkeiten oder *Funktionen*, und auch hierbei verfuhr er vergleichend und untersuchte vor allem die menschenähnlichsten Tiere, die *Affen*. Die Erfahrungen, die er hier gewonnen, übertrug er direkt auf den Menschen. Er erkannte auch bereits den hohen Wert des physiologischen *Experimentes*: bei Vivisektionen von Affen, Hunden und Schweinen stellte er verschiedene interessante Versuche an. Die *Vivisektionen* sind neuerdings nicht nur von unwissenden und beschränkten Leuten, sondern auch von wissensfeindlichen Theologen und von gefühlsseligen Gemütsmenschen vielfach auf das heftigste angegriffen worden; sie gehören aber zu den *unentbehrlichen Methoden* der Lebensforschung und haben uns unschätzbare Aufschlüsse über die wichtigsten Fragen gegeben; diese Tatsache wurde schon vor 1700 Jahren von *Galenus* erkannt.

Alle verschiedenen Funktionen des Körpers führte *Galenus* auf drei Hauptgruppen zurück, entsprechend den drei Formen des *Pneuma*, des Lebensgeistes oder „Spiritus“. Das Pneuma psychicon – die „Seele“ – hat ihren Sitz im *Gehirn* und den Nerven; sie vermittelt das Denken, Empfinden und den Willen (die willkürliche Bewegung); das Pneuma zoticon – das „Herz“ – bewirkt die „sphygmischen Funktionen“, den Herzschlag, Puls und die Wärmebildung; das Pneuma physicon endlich, in der *Leber* befindlich, ist die Ursache der sogenannten vegetativen Lebenstätigkeiten, der Ernährung und des Stoffwechsels, des Wachstums und der Fortpflanzung. Dabei legte er besonderes Gewicht auf die Erneuerung des Blutes in den Lungen und sprach die Hoffnung aus, daß es einst gelingen werde, aus der atmosphärischen Luft den Bestandteil auszuscheiden, welcher als Pneuma bei der Atmung in das Blut aufgenommen werde. Mehr als fünfzehn Jahrhunderte verflossen, ehe dieses Respirationspneuma – der Sauerstoff – durch *Lavoisier* entdeckt wurde. Ebenso wie für die Anatomie des Menschen, so blieb auch für seine Physiologie das großartige System des *Galenus* während des langen Zeitraums von dreizehn Jahrhunderten der Codex aureus, die unantastbare Quelle aller Kenntnisse. Der kulturfeindliche Einfluß des Christentums bereitete auch auf diesem wie auf allen anderen Gebieten der Naturerkenntnis die unüberwindlichsten Hindernisse. Vom dritten bis zum sechzehnten Jahrhundert trat kein einziger Forscher auf, der gewagt hätte, selbständig wieder die Lebenstätigkeiten des Menschen zu untersuchen und über den Bezirk des Systems von *Galenus* hinauszugehen. Erst im sechzehnten Jahrhundert wurden dazu mehrere bescheidene Versuche von angesehenen Ärzten und Anatomen gemacht (*Paracelsus*, *Servetus*, *Vesalius* u. a.). Aber erst im Jahre 1628 veröffentlichte der englische Arzt *Harvey* seine große Entdeckung des *Blutkreislaufs* und wies nach, daß das Herz ein Pumpwerk ist, welches durch regelmäßige, unbewußte Zusammenziehung seiner Muskeln die Blutwelle unablässig durch das kommunizierende Röhrensystem der Adern oder Blutgefäße treibt. Nicht minder wichtig waren *Harveys* Untersuchungen über die Zeugung der Tiere, infolge deren er den berühmten Satz aufstellte: Alles Lebendige entwickelt sich aus einem Ei" (omne vivum ex ovo).

Die mächtige Anregung zu physiologischen Beobachtungen und Versuchen, welche *Harvey* gegeben hatte, führte im sechzehnten und siebzehnten Jahrhundert zu einer großen Anzahl von Entdeckungen. Diese faßte der Gelehrte *Albrecht Haller* um die Mitte des achtzehnten Jahrhunderts zum ersten Male zusammen; in seinem großen Werke „Elementa physiologiae" begründete er den selbständigen Wert dieser Wissenschaft und nicht nur in ihrer Beziehung zur praktischen Medizin. Indem aber *Haller* für die Nerventätigkeit eine besondere „Empfindungskraft oder Sensibilität" und ebenso für die Muskelbewegung eine besondere „Reizbarkeit oder Irritabilität" als Ursache annahm, lieferte er mächtige Stützen für die irrtümliche Lehre von einer eigentümlichen „*Lebenskraft*" (Vis vitalis).

LEBENSKRAFT (VITALISMUS). Über ein volles Jahrhundert hindurch, von der Mitte des achtzehnten bis zur Mitte des neunzehnten Jahrhunderts, blieb in der Medizin und speziell in der Physiologie die alte Anschauung herrschend, daß zwar ein Teil der Lebenserscheinungen auf physikalische und chemische Vorgänge zurückzuführen sei, daß aber ein anderer Teil derselben durch eine besondere, davon unabhängige *Lebenskraft* (Vis vitalis) bewirkt werde. So verschiedenartig auch die besonderen Vorstellungen vom Wesen derselben und besonders von ihrem Zusammenhang mit der „Seele" sich ausbildeten, so stimmten doch alle darin überein, daß die Lebenskraft von den physikalisch-chemischen Kräften der gewöhnlichen „Materie" unabhängig und wesentlich verschieden sei; als eine selbständige, der anorganischen Natur fehlende „*Urkraft*" (Archaeus) sollte sie die ersteren in ihren Dienst nehmen. Nicht allein die Seelentätigkeit selbst, die Sensibilität der Nerven und die Irritabilität der Muskeln, sondern auch die Vorgänge der Sinnestätigkeit, der Fortpflanzung und Entwickelung erschienen allgemein so wunderbar und in ihren Ursachen so rätselhaft, daß es unmöglich sei, sie auf einfache physikalische und chemische Naturprozesse zurückzuführen. Da die freie Tätigkeit der Lebenskraft zweckmäßig und bewußt wirkte, führte sie in der Philosophie zu einer vollkommenen *Teleologie*. Besonders erschien diese unbestreitbar, seitdem selbst der „kritische" Philosoph *Kant* in seiner berühmten Kritik der teleologischen Urteilskraft zugestanden hatte, daß zwar die Befugnis der menschlichen Vernunft zur mechanischen Erklärung aller Erscheinungen unbeschränkt sei, daß aber die Fähigkeit dazu bei den Erscheinungen des organischen Lebens aufhöre; hier müsse man notgedrungen zu einem „zweckmäßig tätigen", also übernatürlichen Prinzip seine Zuflucht nehmen. Natürlich wurde der Gegensatz dieser *vitalen* Phänomene zu den *mechanischen* Lebenstätigkeiten um so auffälliger, je weiter man in der chemischen und physikalischen Erklärung der letzteren gelangte. Der Blutkreislauf und ein Teil der anderen Bewegungserscheinungen ließen sich auf mechanische Vorgänge, die Atmung und Verdauung auf chemische Prozesse gleich denjenigen in der anorganischen Natur zurückführen; dagegen bei den wunderbaren Leistungen der Nerven und Muskeln wie im eigentlichen „Seelenleben" schien das unmöglich, und auch das einheitliche Zusammenwirken aller dieser verschiedenen Kräfte im Leben des Individuums erschien damit unerklärbar. So entwickelte sich ein vollständiger physiologischer *Dualismus* – ein prinzipieller Gegensatz zwischen anorganischer und organischer Natur, zwischen mechanischen und vitalen Prozessen, zwischen materieller Kraft und Lebenskraft, zwischen Leib und Seele. Im Beginne des neunzehnten Jahrhunderts wurde dieser Vitalismus besonders durch *Louis Dumas* in Frankreich begründet. Eine schöne poetische Darstellung desselben hatte schon 1795 *Alexander Humboldt* in seiner Erzählung vom Rhodischen Genius gegeben (– wiederholt mit kritischen Anmerkungen in den „Ansichten der Natur" –). In neuester Zeit lebte er wieder auf als unhaltbarer „Neovitalismus".

Der Mechanismus des Lebens (monistische Physiologie). Schon in der ersten Hälfte des siebzehnten Jahrhunderts hatte der berühmte *Descartes*, fußend auf *Harveys* Entdeckung des Blutkreislaufes, den Gedanken ausgesprochen, daß der Körper des Menschen ebenso wie der Tiere eine komplizierte *Maschine* sei, und daß ihre Bewegungen nach denselben mechanischen Gesetzen erfolgen wie bei den künstlichen, vom Menschen für einen bestimmten Zweck gebauten Maschinen. Allerdings nahm *Descartes* trotzdem für den Menschen allein eine vollkommene Selbständigkeit der immateriellen Seele an und erklärte sogar deren subjektive Empfindung, das Denken, für das einzige in der Welt von dem wir unmittelbar ganz sichere Kenntnis besitzen („Cogito, ergo sum!"). Allein dieser Dualismus hinderte ihn nicht, im einzelnen die Erkenntnis der mechanischen Lebenstätigkeiten vielseitig zu fördern. Im Anschluß daran führte *Borelli* (1660) die Bewegungen des Tierkörpers auf rein physikalische Gesetze zurück, und gleichzeitig versuchte *Sylvius* die Vorgänge bei der Verdauung und Atmung als rein chemische Prozesse zu erklären; ersterer begründete in der Medizin eine *iatromechanische*, letzterer eine *iatrochemische* Schule. Allein diese vernünftigen Ansätze zu einer naturgemäßen mechanischen Erklärung der Lebenserscheinungen vermochten keine allgemeine Anwendung und Geltung zu erringen, und im Laufe des achtzehnten Jahrhunderts traten sie ganz zurück, je mehr sich der teleologische Vitalismus entwickelte. Eine endgültige Widerlegung des letzteren und Rückkehr zur ersteren bewirkte erst im vierten Dezennium des neunzehnten Jahrhunderts die neue *vergleichende* Physiologie.

Vergleichende Physiologie. Wie unsere Kenntnisse vom Körperbau des Menschen, so wurden auch diejenigen von seiner Lebenstätigkeit ursprünglich größtenteils nicht durch direkte Beobachtung am menschlichen Organismus selbst gewonnen, sondern an den nächstverwandten höheren Wirbeltieren, vor allen den *Säugetieren*. Insofern waren schon die ältesten Anfänge der menschlichen Anatomie und Physiologie „*vergleichend*". Aber die eigentliche „vergleichende Physiologie", welche das ganze Gebiet der Lebenserscheinungen von den niedersten Tieren bis zum Menschen hinauf im Zusammenhang erfaßt, ist erst eine Errungenschaft des neunzehnten Jahrhunderts; ihr großer Schöpfer war *Johannes Müller* in Berlin (geboren 1801 in Koblenz als Sohn eines Schuhmachers). Von 1833 bis 1858 entfaltete dieser vielseitigste und umfassendste Biologe des neunzehnten Jahrhunderts an der Berliner Universität volle 25 Jahre hindurch als Lehrer und Forscher eine Tätigkeit, die nur mit der vereinigten Wirksamkeit von *Haller* und *Cuvier* zu vergleichen ist. Fast alle großen Biologen, welche in den letzten 60 Jahren in Deutschland lehrten und wirkten, waren direkt oder indirekt Schüler von *Johannes Müller*. Ursprünglich ausgehend von der Anatomie und Physiologie des Menschen, zog derselbe bald alle Hauptgruppen der höheren und niederen Tiere in den Kreis seiner Vergleichung. Indem er zugleich die Bildung der ausgestorbenen Tiere mit den lebenden, den gesunden Organismus des Menschen mit dem kranken verglich, indem er wahrhaft philosophisch alle Erscheinungen des organischen Lebens zusammenzufassen strebte, erhob er sich zu einer bis dahin unerreichten Höhe der biologischen Erkenntnis.

Die wertvollste Frucht dieser umfassenden Studien von *Johannes Müller* war sein „Handbuch der Physiologie des Menschen" (in zwei Bänden und acht Büchern; 1833, vierte Auflage 1844). Dieses klassische Werk gab vielmehr als der Titel besagt; es ist der Entwurf zu einer umfassenden „*Vergleichenden Biologie*". Noch heute steht dasselbe in bezug auf Inhalt und Umfang des Forschungsgebietes unübertroffen da. Insbesondere sind darin die Methoden der Beobachtung und des Experimentes ebenso mustergültig angewendet wie die philosophischen Methoden der Induktion und Deduktion. Allerdings war *Müller* ursprünglich, gleich allen Physiologen seiner Zeit, Vitalist. Allein die herrschende Lehre von der Lebenskraft nahm bei ihm eine neue Form an und verwandelte sich allmählich in ihr prinzipielles Gegenteil. Denn auf allen Gebieten der Physiologie war *Müller* bestrebt, die Lebenserscheinungen mechanisch zu erklären; seine reformierte Lebenskraft steht nicht *über* den physikalischen und chemischen Gesetzen der übrigen Natur, sondern sie ist streng an dieselben *gebunden*; sie ist schließlich weiter nichts als das „*Leben*" selbst, d. h. die Summe aller Bewegungserscheinungen, die wir am lebendigen Organismus wahrnehmen. Überall war er bestrebt, dieselben mechanisch zu erklären, in dem Sinnes- und Seelenleben wie in der Tätigkeit der Muskeln, in den Vorgängen des Blutkreislaufes, der Atmung und Verdauung wie in den Erscheinungen der Fortpflanzung und Entwickelung. Die größten Fortschritte führte hier *Müller* dadurch herbei, daß er überall von den einfachsten Lebenserscheinungen der niederen Tiere ausging und Schritt für Schritt ihre allmähliche Ausbildung zu den höheren, bis zum höchsten, zum Menschen, hinauf verfolgte. Hier bewährte sich seine Methode der *kritischen Vergleichung* ebenso in der Physiologie wie in der Anatomie. *Johannes Müller* ist zugleich der einzige große Naturforscher geblieben, der diese verschiedenen Seiten der Forschung gleichmäßig ausbildete und gleich glänzend in sich vereinigte. Gleich nach seinem Tode zerfiel sein gewaltiges Lehrgebiet in vier verschiedene Provinzen, die jetzt fast allgemein durch vier oder noch mehr ordentliche Lehrstühle vertreten werden: menschliche und vergleichende Anatomie, pathologische Anatomie, Physiologie und Entwickelungsgeschichte. Man hat die Arbeitsteilung dieses ungeheuren Wissensgebietes, die jetzt (1858) plötzlich eintrat, mit dem Zerfall des Weltreiches verglichen, welches einst Alexander der Große vereinigt beherrscht hatte.

ZELLULAR-PHYSIOLOGIE. Unter den zahlreichen Schülern von *Johannes Müller*, welche teils schon bei Lebzeiten, teils nach seinem Tode die verschiedenen Zweige der Biologie mächtig förderten, war einer der glücklichsten (wenn auch nicht der bedeutendste!) *Theodor Schwann*. Als 1838 der geniale Botaniker *Schleiden* in Jena die *Zelle* als das gemeinsame Elementarorgan der Pflanzen erkannt und alle verschiedenen Gewebe des Pflanzenkörpers als zusammengesetzt aus Zellen nachgewiesen hatte, erkannte *Johannes Müller* sofort die außerordentliche Tragweite dieser bedeutungsvollen Entdeckung; er versuchte selbst, in verschiedenen Geweben des Tierkörpers, so z. B. in der Chorda dorsalis der Wirbeltiere, die gleiche Zusammensetzung nachzuweisen, und veranlaßte sodann seinen Schüler *Schwann*, diesen Nachweis auf alle tierischen Gewebe auszudehnen. Diese schwierige Aufgabe löste der letztere glücklich in seinen „Mikroskopischen Untersuchungen über die Übereinstimmung in der Struktur und dem Wachstum der Tiere und Pflanzen". (1839). Damit war der Grundstein für die *Zellentheorie* gelegt, deren fundamentale Bedeutung ebenso für die Physiologie wie für die Anatomie seitdem von Jahr zu Jahr zugenommen und sich immer allgemeiner bewährt hat. Daß auch die Lebenstätigkeit aller Organismen auf diejenige ihrer Gewebeteile, der mikroskopischen Zellen, zurückgeführt werden müsse, führten namentlich zwei andere Schüler von *Johannes Müller* aus, der scharfsinnige Physiologe *Ernst Brücke* in Wien und der berühmte Histologe *Albert Kölliker* in Würzburg. Der erstere bezeichnete die Zellen richtig als „*Elementarorganismen*" und zeigte, daß sie ebenso im Körper des Menschen wie aller anderen Tiere die einzigen aktuellen, selbständig tätigen Faktoren des Lebens sind. *Kölliker* erwarb sich besondere Verdienste nicht nur um die Ausbildung der gesamten Gewebelehre, sondern auch namentlich durch den Nachweis, daß das Ei der Tiere sowie die daraus entstehenden „Furchungskugeln" einfache Zellen sind.

So allgemein aber auch die hohe Bedeutung der Zellentheorie für alle biologischen Aufgaben erkannt wurde, so wurde doch die darauf gegründete *Zellularphysiologie* erst in neuester Zeit selbständig ausgebaut. Hier hat namentlich *Max Verworn* (in Bonn) sich ein hohes Verdienst erworben. In seinen „Psychophysiologischen Protistenstudien" (1889) hat derselbe auf Grund sinnreicher experimenteller Untersuchungen gezeigt, daß die von mir (1866) aufgestellte „*Theorie der Zellseele*“ durch das genaue Studium der einzelligen Protozoen vollkommen gerechtfertigt wird, und daß die „psychischen Vorgänge im Protistenreiche die Brücke bilden, welche die chemischen Prozesse in der unorganischen Natur mit dem Seelenleben der höchsten Tiere verbindet“. Weiter ausgeführt und gestützt auf die moderne Entwickelungslehre hat *Verworn* diese Ansichten in seiner „Allgemeinen Physiologie“. Er geht hier zum ersten Male wieder auf den umfassenden Standpunkt von *Johannes Müller* zurück, im Gegensatze zu den einseitigen und beschränkten Methoden jener modernen Physiologen, welche glauben, ausschließlich durch physikalische und chemische Experimente das Wesen der Lebenserscheinungen ergründen zu können. *Verworn* zeigte, daß nur durch die *vergleichende* Methode *Müllers* und durch das Vertiefen in die Physiologie der *Zelle* jener höhere Standpunkt gewonnen werden kann, der uns einen einheitlichen Überblick über das wundervolle Gesamtgebiet der Lebenserscheinungen gewährt; nur dadurch gelangen wir zu der Überzeugung, daß auch die sämtlichen Lebenstätigkeiten des Menschen denselben Gesetzen der Physik und Chemie unterliegen wie diejenigen aller anderen Tiere.

Zellular-Pathologie. Die fundamentale Bedeutung der Zellentheorie für alle Zweige der Biologie bewährte sich in der zweiten Hälfte des neunzehnten Jahrhunderts nicht allein in den großartigen Fortschritten der gesamten Morphologie und Physiologie, sondern auch besonders in der totalen Reform derjenigen biologischen Wissenschaft, welche vermöge ihrer Beziehungen zur praktischen Heilkunst von jeher die größte Bedeutung in Anspruch nahm, der *Pathologie* oder Krankheitslehre. Daß die Krankheiten des Menschen wie aller übrigen Lebewesen *Natur*erscheinungen sind und also gleich den übrigen Lebensfunktionen nur naturwissenschaftlich erforscht werden können, war ja schon vielen älteren Ärzten zur festen Überzeugung geworden. Auch hatten schon im siebzehnten Jahrhundert einzelne medizinische Schulen, die *Jatrophysiker* und *Jatrochemiker*, den Versuch gemacht, die Ursachen der Krankheiten auf bestimmte physikalische oder chemische Veränderungen zurückzuführen. Allein der damalige niedere Zustand der Naturwissenschaften verhinderte einen bleibenden Erfolg dieser berechtigten Bestrebungen. Daher blieben mehrere ältere Theorien, welche das Wesen der Krankheit in übernatürlichen oder mystischen Ursachen suchten, bis zur Mitte des neunzehnten Jahrhunderts in fast allgemeiner Geltung.

Erst um diese Zeit hatte *Rudolf Virchow*, ebenfalls ein Schüler von *Johannes Müller*, den glücklichen Gedanken, die Zellentheorie vom gesunden auch auf den kranken Organismus zu übertragen; er suchte in den feinen Veränderungen der kranken Zellen und der aus ihnen zusammengesetzten Gewebe die wahre Ursache jener gröberen Veränderungen, welche als bestimmte „Krankheitsbilder“ den lebenden Organismus mit Gefahr und Tod bedrohen. Besonders während der sieben Jahre seiner Lehrtätigkeit in Würzburg (1849–1856) führte *Virchow* diese große Aufgabe mit so glänzendem Erfolge durch, daß seine (1858 veröffentlichte) *Zellularpathologie* mit einem Schlage die ganze Pathologie und die von ihr gestützte praktische Medizin in neue, höchst fruchtbare Bahnen lenkte. Für unsere Aufgabe ist diese Reform der Medizin deshalb so bedeutungsvoll, weil sie uns zu einer monistischen, rein wissenschaftlichen Beurteilung der Krankheit führt. Auch der kranke Mensch, ebenso wie der gesunde, unterliegt denselben „ewigen ehernen Gesetzen“ der Physik und Chemie wie die ganze übrige organische Welt.

Mammalien-Physiologie. Unter den zahlreichen Tierklassen, welche die neuere Zoologie unterscheidet, nehmen die *Säugetiere* (Mammalia) nicht allein in morphologischer, sondern auch in physiologischer Beziehung eine ganz besondere Stellung ein. Da nun auch der Mensch seinem ganzen Körperbau nach zur Klasse der Säugetiere gehört

8*

(S. 47), müssen wir von vornherein erwarten, daß er auch den besonderen Charakter seiner Lebenstätigkeiten mit den übrigen Mammalien teilen wird. Und das ist in der Tat der Fall. Der Blutkreislauf und die Atmung vollziehen sich beim Menschen genau nach denselben Gesetzen und in derselben eigentümlichen Form, welche auch allen anderen Säugetieren – und *nur* diesen! – zukommt; sie ist bedingt durch den besonderen, feineren Bau ihres Herzens und ihrer Lungen. Nur bei den Mammalien wird alles Arterienblut aus der linken Herzkammer durch einen – und zwar den linken! – Aortenbogen in den Körper geführt, während dies bei den Vögeln durch den rechten und bei den Reptilien durch beide Aortenbögen bewirkt wird. Das Blut der Säugetiere zeichnet sich vor demjenigen aller anderen Wirbeltiere dadurch aus, daß aus ihren roten Blutzellen der Kern verschwunden ist (durch Rückbildung). Die Atembewegungen werden nur in dieser Tierklasse vorzugsweise durch das *Zwerchfell* vermittelt, weil dasselbe nur hier eine vollständige Scheidewand zwischen Brusthöhle und Bauchhöhle bildet. Ganz besonders wichtig aber ist für diese höchst entwickelte Tierklasse die Produktion der *Milch* in den Brustdrüsen (Mammae) und die besondere Form der Brutpflege, welche die Ernährung des Jungen durch die Milch der Mutter mit sich bringt. Da dieses Säugegeschäft auch andere Lebenstätigkeiten in der eingreifendsten Weise beeinflußt, da die Mutterliebe der Säugetiere aus dieser innigen Form der Brutpflege ihren Ursprung genommen hat, erinnert uns der Name der Klasse mit Recht an ihre hohe Bedeutung. In Millionen von Bildern, zum großen Teil von Künstlern ersten Ranges, wird „*die Madonna* mit dem Christuskinde" verherrlicht als das reinste und erhebendste Urbild der Mutterliebe; desselben Instinktes, dessen extremste Form die übertriebene Zärtlichkeit der Affenmutter darstellt.

Physiologie der Affen. Da unter allen Säugetieren die Affen im gesamten Körperbau dem Menschen am nächsten stehen, läßt sich von vornherein erwarten, daß dasselbe auch von ihren Lebenstätigkeiten gilt; und das ist in Wahrheit der Fall. Wie sehr die Lebensgewohnheiten, die Bewegungen, die Sinnesfunktionen, das Seelenleben, die Brutpflege der Affen sich denjenigen des Menschen nähern, weiß jedermann. Aber die wissenschaftliche Physiologie weist dieselbe bedeutungsvolle Übereinstimmung auch für andere weniger bekannte Erscheinungen nach, besonders die Herztätigkeit, die Drüsenabsonderung und das Geschlechtsleben. In letzterer Beziehung ist besonders merkwürdig, daß die geschlechtsreifen Weibchen bei vielen Affen-Arten einen regelmäßigen Blutabgang aus dem Fruchtbehälter erleiden, entsprechend der Menstruation (oder „Monatsregel") des menschlichen Weibes. Auch die Milchabsonderung aus der Brustdrüse und das Säugegeschäft geschieht bei den weiblichen Affen genau ebenso wie bei den Frauen.

Besonders interessant ist endlich die Tatsache, daß die *Lautsprache der Affen*, physiologisch verglichen, als Vorstufe zu der artikulierten menschlichen Sprache erscheint. Unter den heute noch lebenden Menschenaffen gibt es einige indische Arten, welche musikalisch sind: der Hylobates agilis und H. lar singen in vollkommen reinen und klangvollen, halben Tönen eine ganze Oktave. Für den unbefangenen Sprachforscher kann es heute keinem Zweifel mehr unterliegen, daß unsere hoch entwickelte Begriffssprache sich langsam und stufenweise aus der unvollkommenen Lautsprache unserer pliozänen Affenahnen entwickelt hat (Vergl. den 18. Vortrag meiner „Anthropogenie").

Neovitalismus (Zusatz von 1908). Gegen Ende des neunzehnten Jahrhunderts hat sich in der Physiologie eine neue Richtung entwickelt, welche die alte, um dessen Mitte glücklich überwundene Lehre von der „*Lebenskraft*" (S. 62) zu neuer Geltung bringen will und sich daher selbst als „Neovitalismus" bezeichnet. Indessen ergibt sich bei unbefangener Kritik dieses anspruchsvollen Begriffes, daß darunter sehr verschiedene Anschauungen vom „Leben" verstanden werden. Man kann in ganz berechtigter Weise von einer besonderen „*Lebenskraft*" sprechen, wenn man darunter alle diejenigen Erscheinungen zusammenfaßt, welche nach der gewöhnlichen Anschauung als eigentümliche, nur den Organismen zukommende Kraftformen (oder „Energie-Qualitäten") erscheinen, und welche den „Anorganen", den „leblosen Naturkörpern" fehlen. Da diese Erscheinungen ausschließlich am *Plasma* vorkommen und an dessen chemische Zusammensetzung gebunden sind, kann man dieses in gleichem Sinne als „*Lebensstoff*" bezeichnen. Aber die physiologische Chemie stellt zweifellos fest, daß diese merkwürdigen, in zahllosen veränderlichen Kombinationen auftretenden „Lebensstoffe" aus denselben Elementen aufgebaut sind, die auch in der anorganischen Natur überall vorkommen. In gleicher Weise überzeugt uns die physiologische Physik, daß alle jene eigentümlichen „Vitalen Prozesse", die vom Plasma ausgehen, nur eigentümliche Kombinationen und Variationen derselben physikalischen Kräfte oder Energieformen sind, die auch in der anorganischen Natur sich finden. Diese zulässige *mechanische* und *monistische* Auffassung der „Lebenskraft" fällt in das Bereich der *Physik* im weitesten Sinne (vergl. Kap. 20 meiner „Lebenswunder" (Tabelle 21).

Ganz verwerflich und unwissenschaftlich ist hingegen jener *dualistische* und *mystische* Neovitalismus, welcher die „Lebenskraft" als eine übernatürliche, von allen anderen Naturkräften oder physikalischen Energie-Formen prinzipiell verschiedene Erscheinung betrachtet; die sogenannte „Zielstrebigkeit" oder *Finalität* dieser teleologischen Hypothese widerspricht der „Naturgesetzlichkeit" oder wahren *Kausalität*, die wir sonst überall in der Natur finden. Das Widersinnige dieses *Dualismus* ergibt sich sofort, wenn wir sie vom höheren genetischen und kosmologischen Standpunkte betrachten. Sowohl zeitlich als räumlich verglichen erscheint das organische Leben (– das wir nur von unserem Planeten kennen! –) als ein *winziger Bruchteil* des unermeßlichen „kosmischen Lebens", welches seit undenklicher Zeit im unendlichen

Raume sich abspielt. – Nähere Ausführungen hierüber enthält Kap. 2 meiner „Lebenswunder“ (1904) und Kap. 4 meiner „Generellen Morphologie“ (1866). Von diesem letzteren, längst vergriffenen Werke ist 1906 ein teilweiser Abdruck erschienen unter dem Titel: „Prinzipien der generellen Morphologie der Organismen“.

VIERTES KAPITEL

UNSERE KEIMESGESCHICHTE

Monistische Studien über menschliche und vergleichende Ontogenie

Übereinstimmung in der Keimbildung und Entwickelung des Menschen und der Wirbeltiere

---

„Ist der Mensch etwas Besonderes? Entsteht er in einer ganz anderen Weise als ein Hund, Vogel, Frosch oder Fisch? Gibt er damit Denen Recht, welche behaupten, er habe keine Stelle in der Natur und keine wirkliche Verwandtschaft mit der niederen Welt tierischen Lebens? Oder entsteht er in einem ähnlichen Keim, und durchläuft er dieselben langsamen und allmählichen Modifikationen? Die Antwort ist nicht einen Augenblick zweifelhaft und ist für die letzten dreißig Jahre nicht zweifelhaft gewesen. Ohne Zweifel ist die Entstehungsweise und sind die früheren Entwickelungszustände des Menschen identisch mit denen der unmittelbar unter ihm in der Stufenleiter stehenden Tiere; — ohne allen Zweifel steht er in diesen Beziehungen den Affen viel näher als die Affen den Hunden."

THOMAS HUXLEY (1863)

INHALT DES VIERTEN KAPITELS

Ältere Keimesgeschichte. Präformationslehre. Einschachtelungslehre. Haller und Leibniz. Epigenesislehre. K. F. Wolff. Keimblätterlehre. Karl Ernst Baer. Entdeckung des menschlichen Eies. Remak. Kölliker. Eizelle und Keimzelle. Gasträatheorie. Protozoen und Metazoen. Eizelle und Samenzelle des Menschen. Oskar Hertwig. Empfängnis oder Befruchtung. Keimanlage des Menschen. Ähnlichkeit der Wirbeltierkeime. Die Keimhüllen des Menschen: Amnion, Serolemma und Allantois. Plazentabildung und Nachgeburt. Siebhaut und Nabelstrang. Die scheibenförmige Plazenta der Affen und des Menschen.

LITERATUR

CARL ERNST BAER, Über Entwickelungsgeschichte der Thiere. Beobachtung und Reflexion. 2 Bände. Königsberg 1828.

ALBERT KÖLLIKER, Grundriß der Entwickelungsgeschichte des Menschen und der höheren Thiere. (Für Studierende und Ärzte.) Zweite Auflage. Leipzig 1884.

ERNST HAECKEL, Studien zur Gasträa-Theorie. Jena 1872–1884.

OSCAR HERTWIG, Lehrbuch der Entwickelungsgeschichte des Menschen und der Wirbelthiere. 1886. Achte Auflage. Jena 1906.

JULIUS KOLLMANN, Lehrbuch der Entwickelungsgeschichte des Menschen. Jena 1898.

CHARLES DARWIN, Das Variieren der Thiere und Pflanzen im Zustande der Domestikation. 2 Bände. Stuttgart 1868. Dritte Auflage 1878.

ERNST HAECKEL, Anthropogenie. Gemeinverständliche wissenschaftliche Vorträge über Entwickelungsgeschichte des Menschen. Mit 30 Tafeln, 500 Textfiguren und 60 genetischen Tabellen. Erster Teil: Keimesgeschichte oder Ontogenie. Leipzig 1874. Sechste Auflage 1910.

ROBERT BONNET, Lehrbuch der Entwickelungsgeschichte. Mit 340 Abbildungen. Berlin 1907.

OSKAR HERTWIG, Elemente der Entwickelungslehre des Menschen und der Wirbeltiere. Mit 385 Abbildungen. Jena 1907.

ALEXANDER GURWITSCH, Atlas und Grundriß der Embryologie der Wirbeltiere und des Menschen. Mit 330 Abbildungen. München 1907.

JULIUS KOLLMANN, Handatlas der Entwickelungsgeschichte des Menschen. Mit 770 Abbildungen. Jena 1907.

In noch höherem Maße als die vergleichende Anatomie und Physiologie ist die *vergleichende Ontogenie, die Entwickelungsgeschichte des Einzeltieres* oder Individuums, ein Kind des neunzehnten Jahrhunderts. Wie entsteht der Mensch im Mutterleibe? Und wie entstehen die Tiere aus den Eiern? Wie entsteht die Pflanze aus dem Samenkorn? Diese inhaltschwere Frage hat zwar auch schon seit Jahrtausenden den denkenden Menschengeist beschäftigt; aber erst sehr spät, 1828, zeigte uns der Embryologe *Baer* die rechten Wege, um tiefer in die Kenntnis der geheimnisvollen Tatsachen der Keimesgeschichte einzudringen; und noch viel später, 1859, lieferte uns *Darwin* durch seine Reform der Deszendenztheorie den Schlüssel, mit dessen Hilfe wir die verschlossene Pforte ihres Verständnisses öffnen und zur Erkenntnis ihrer Ursachen gelangen können. Da ich diese hochinteressanten, aber auch schwierig zu verstehenden Verhältnisse schon in meiner *Keimesgeschichte des Menschen* (– im ersten Teile der Anthropogenie –, 1874) einer ausführlichen Darstellung unterzogen habe, beschränke ich mich hier auf eine kurze Zusammenfassung und Deutung nur der wichtigsten Erscheinungen. Wir wollen dabei zunächst einen historischen Rückblick auf die ältere *Ontogenie* und die damit verknüpfte Präformationstheorie werfen.

PRÄFORMATIONSLEHRE. *Ältere Keimesgeschichte* (vgl. den 2. Vortrag meiner „Anthropogenie"). Wie für die vergleichende Anatomie, so sind auch für die Entwickelungsgeschichte die klassischen Werke des *Aristoteles*, des vielseitigen „Vaters der Naturgeschichte", die älteste uns bekannte wissenschaftliche Quelle (im vierten Jahrhundert v. Chr.). Nicht allein in seiner großen Tiergeschichte, sondern auch in einer besonderen kleinen Schrift: „Fünf Bücher von der Zeugung und Entwickelung der Tiere“, erzählt uns der große Philosoph eine Menge von interessanten Tatsachen und stellt Betrachtungen über deren Bedeutung an; viele davon sind erst in unserer Zeit wieder zur Geltung gekommen und eigentlich erst wieder neu entdeckt worden. Natürlich sind aber daneben auch viele Fabeln und Irrtümer zu finden, und von der verborgenen Entstehung des Menschenkeimes war noch nichts Näheres bekannt. Aber auch in dem langen, folgenden Zeitraume von zwei Jahrtausenden machte die schlummernde Wissenschaft keine weiteren Fortschritte. Erst im Anfange des siebzehnten Jahrhunderts fing man wieder an, sich damit zu beschäftigen; der italienische Anatom *Fabricius ab Aquapendente* (in Padua) veröffentlichte 1600 die ältesten Abbildungen und Beschreibungen von Embryonen des Menschen und einiger höherer Tiere, und der berühmte *Marcello Malpighi* in Bologna, gleich bahnbrechend in der Zoologie wie in der Botanik, gab 1687 die erste zusammenhängende Darstellung von der Entstehung des Hühnchens im bebrüteten Ei.

Alle diese älteren Beobachter waren von der Vorstellung beherrscht, daß im Ei der Tiere, ähnlich wie im Samen der höheren Pflanzen, der ganze Körper mit allen seinen Teilen bereits fertig vorhanden sei, nur in einem so feinen und so durchsichtigen Zustande, daß man sie nicht erkennen könne; die ganze Entwickelung sei demnach nichts weiter als Wachstum oder „*Auswickelung*“ (Evolutio) der eingewickelten Teile (Partes involutae). Diese falsche Lehre, die bis zum Anfang des neunzehnten Jahrhunderts fast allgemein in Geltung blieb, nennen wir am besten die Vorbildungslehre oder *Präformationstheorie*; oft wird sie auch „Evolutionstheorie“ genannt; allein unter diesem Begriffe verstehen viele neuere Autoren, besonders in England, auch die ganz verschiedene Transformationstheorie.

Einschachtelungslehre (Skatulationstheorie). In engem Zusammenhange mit der Präformationslehre und in berechtigter Schlußfolge aus derselben entstand im siebzehnten Jahrhundert eine weitere Theorie, welche die denkenden Biologen lebhaft beschäftigte, die sonderbare „Einschachtelungslehre“. Da man annahm, daß im Ei bereits die Anlage des ganzen Organismus mit allen seinen Teilen vorhanden sei, mußte auch der Eierstock des jungen Keimes mit den Eiern der folgenden Generation darin vorgebildet sein, und in diesen wiederum die Eier der nächstfolgenden usw., in infinitum! Daraufhin berechnete der berühmte Physiologe *Haller*, daß der liebe Gott vor 6000 Jahren – am sechsten Tage seines Schöpfungswerkes – die Keime von 200000 Millionen Menschen gleichzeitig erschaffen und sie im Eierstock der ehrwürdigen Urmutter Eva kunstgerecht eingeschachtelt habe. Kein Geringerer als der hochangesehene Philosoph *Leibniz* schloß sich diesen Ausführungen an und verwertete sie für seine Monadenlehre; und da dieser zufolge sich Seele und Leib in ewig unzertrennlicher Gemeinschaft befinden, übertrug er sie auch auf die Seele; – „die Seelen der Menschen haben in deren Voreltern bis auf Adam, also seit dem Anfang der Dinge (!), immer in der Form organisierter Körper existiert“.

Epigenesislehre. Im November 1759 verteidigte in Halle ein junger 26jähriger Mediziner, *Kaspar Friedrich Wolff* (– der Sohn eines Berliner Schneiders –), seine Doktordissertation unter dem Titel „Theoria generationis“. Gestützt auf eine Reihe der mühsamsten und sorgfältigsten Beobachtungen wies er nach, daß die ganze herrschende Präformations- und Skatulationstheorie falsch sei. Im bebrüteten Hühnerei ist anfangs noch keine Spur vom späteren Vogelkörper und seinen Teilen vorhanden; vielmehr finden wir statt dessen oben auf der bekannten gelben Dotterkugel eine kleine, kreisrunde, weiße Scheibe. Diese dünne „*Keimscheibe*“ wird länglich rund und zerfällt dann in vier übereinanderliegende Schichten, die Anlagen der vier wichtigsten Organsysteme: zuerst die oberste, das Nervensystem, darunter die Fleischmasse (Muskelsystem), dann das Gefäßsystem mit dem Herzen und zuletzt der Darmkanal. Also, sagt *Wolff* richtig, besteht die Keimbildung nicht in einer Auswickelung vorgebildeter Organe, sondern in einer *Kette von Neubildungen*, einer wahren „Epigenesis"; ein Teil entsteht nach dem anderen, und alle erscheinen in einer einfachen Form, welche von der später ausgebildeten ganz verschieden ist; diese entsteht erst durch eine Reihe der merkwürdigsten Umbildungen. Obgleich nun diese große Entdeckung – eine der wichtigsten des achtzehnten Jahrhunderts! – sich unmittelbar durch Nachuntersuchung der beobachteten Tatsachen hätte bestätigen lassen, und obgleich die darauf gegründete „*Theorie der Generation*" eigentlich gar keine Theorie, sondern eine nackte *Tatsache* war, fand sie dennoch ein halbes Jahrhundert hindurch nicht die mindeste Anerkennung. Besonders hinderlich war die mächtige Autorität von *Haller*, der sie hartnäckig bekämpfte mit dem Dogma: Es gibt kein Werden! Kein Teil im Tierkörper ist vor dem anderen gemacht worden, und alle sind zugleich erschaffen." *Wolff*, der nach Petersburg gehen mußte, war schon lange tot, als die vergessenen, von ihm beobachteten Tatsachen von *Lorenz Oken* in Jena (1806) aufs neue entdeckt wurden.

Keimblätterlehre. Nachdem durch *Oken* die *Epigenesistheorie* von *Wolff* bestätigt und durch *Meckel* (1812), dessen wichtige Schrift über die Entwickelung des Darmkanals aus dem Lateinischen ins Deutsche übersetzt war, warfen sich in Deutschland mehrere junge Naturforscher mit großem Eifer auf die genauere Untersuchung der Keimesgeschichte. Der bedeutendste und erfolgreichste derselben war *Karl Ernst Baer*; sein berühmtes Hauptwerk erschien 1828 unter dem Titel: „Entwickelungsgeschichte der Tiere, Beobachtung und Reflexion." Nicht allein sind darin die Vorgänge der Keimbildung ausgezeichnet klar und vollständig beschrieben, sondern auch zahlreiche geistvolle Spekulationen daran geknüpft. Vorzugsweise ist zwar die Embryobildung des *Menschen* und der *Wirbeltiere* genau dargestellt, aber daneben auch die wesentlich verschiedene Ontogenie der niederen, wirbellosen Tiere berücksichtigt. Die zwei blattförmigen Schichten, welche in der runden Keimscheibe der höheren Wirbeltiere auftreten, zerfallen nach *Baer* zunächst in je zwei *Blätter*, und diese vier Keimblätter verwandeln sich in vier *Röhren*, die Fundamentalorgane: Hautschicht, Fleischschicht, Gefäßschicht und Schleimschicht. Durch sehr verwickelte Prozesse der Epigenesis entstehen daraus die späteren Organe, und zwar bei dem Menschen und bei allen Wirbeltieren in wesentlich gleicher Weise. Ganz anders verhalten sich darin die drei Hauptgruppen der wirbellosen Tiere, unter sich wieder sehr verschieden. Unter den vielen einzelnen Entdeckungen von *Baer* war eine der wichtigsten das menschliche Ei. Bis dahin hatte man beim Menschen, wie bei allen anderen Säugetieren, für Eier kleine Bläschen gehalten, die sich zahlreich im Eierstock finden. Erst *Baer* zeigte (1827), daß die wahren Eier in diesen Bläschen, den „Graafschen Follikeln“ eingeschlossen und viel kleiner sind, Kügelchen von nur 0,2 mm Durchmesser, unter günstigen Verhältnissen eben als Pünktchen mit bloßem Auge zu sehen. Auch entdeckte er zuerst, daß aus dieser kleinen Eizelle der Säugetiere sich zunächst eine charakteristische Keimblase entwickelt, eine *Hohlkugel* mit flüssigem Inhalt, deren Wand die dünne Keimhaut bildet (Blastoderma).

Eizelle und Samenzelle. Zehn Jahre, nachdem *Baer* der Embryologie durch seine Keimblätterlehre eine feste Grundlage gegeben, entstand für dieselbe eine neue wichtige Aufgabe durch die Begründung der *Zellentheorie* (1838). Wie verhalten sich das Ei der Tiere und die daraus entstehenden Keimblätter zu den Geweben und Zellen, welche den entwickelten Tierkörper zusammensetzen? Die richtige Beantwortung dieser inhaltschweren Frage gelang um die Mitte des neunzehnten Jahrhunderts zwei hervorragenden Schülern von *Johannes Müller: Robert Remak* in Berlin und *Albert Kölliker* in Würzburg. Sie wiesen nach, daß das Ei ursprünglich nichts anderes als eine einfache *Zelle* ist, und daß auch die zahlreichen Keimkörner oder „Furchungskugeln", welche durch wiederholte Teilung daraus entstehen, einfache Zellen sind. Aus diesen „Furchungszellen" bauen sich zunächst die Keimblätter auf und weiterhin durch Arbeitsteilung oder Differenzierung derselben die verschiedenen Organe. *Kölliker* erwarb sich dann fernerhin das große Verdienst, auch die schleimartige Samenflüssigkeit der männlichen Tiere als Anhäufung von mikroskopischen kleinen Zellen nachzuweisen. Die beweglichen stecknadelförmigen „Samentierchen" in derselben (Spermatozoa) sind nichts anderes als eigentümliche „*Geißelzellen*", wie ich (1886) zuerst an den Samenfäden der Schwämme nachgewiesen habe. Damit war für *beide* wichtige Zeugungsstoffe der Tiere, das männliche Sperma und das weibliche Ei, bewiesen, daß auch sie der Zellentheorie sich fügen; eine Entdeckung, deren hohe philosophische Bedeutung erst viel später, durch die genauere Erforschung der Befruchtungsvorgänge (1875), erkannt wurde (vgl. Vortrag 6–9 meiner „Anthropogenie", VI. Aufl. 1910).

Gasträatheorie. Alle älteren Untersuchungen über Keimbildung betrafen den Menschen und die höheren *Wirbeltiere*, vor allem aber den Vogelkeim: denn das Hühnerei ist das größte und bequemste Objekt dafür und steht jederzeit in beliebiger Menge zur Verfügung; man kann in der Brutmaschine sehr bequem (– wie bei der natürlichen Bebrütung durch die Henne –) das Ei ausbrüten und dabei stündlich die ganze Reihe der Umbildungen, von der einfachen Eizelle bis zum fertigen Vogelkörper, innerhalb drei Wochen beobachten. Auch *Baer* hatte nur für die verschiedenen Klassen der Wirbeltiere die Übereinstimmung in der charakteristischen Bildung der Keimblätter und in der Entstehung der einzelnen Organe aus derselben nachweisen können. Dagegen in den zahlreichen Klassen der *Wirbellosen* – also der großen Mehrzahl der Tiere – schien die Keimung in wesentlich verschiedener Weise abzulaufen, und den meisten schienen wirkliche Keimblätter ganz zu fehlen.

Erst um die Mitte des Jahrhunderts wurden solche auch bei einzelnen Wirbellosen nachgewiesen, so von *Kölliker* 1844 bei den Zephalopoden und von *Huxley* 1849 bei den Medusen. Besonders wichtig wurde sodann die Entdeckung von *Kowalewsky* (1866), daß das niederste Wirbeltier, der Lanzelot oder Amphioxus, sich genau in derselben, und zwar in einer sehr ursprünglichen Weise entwickelt wie ein wirbelloses, anscheinend ganz entferntes Manteltier, die *Seescheide* oder Ascidia. Auch bei verschiedenen Würmern, Sterntieren und Gliedertieren wies derselbe Beobachter eine ähnliche Bildung der Keimblätter nach. Ich selbst war damals (seit 1866) mit der Entwickelungsgeschichte der Spongien, Korallen, Medusen und Siphonophoren beschäftigt, und da ich auch bei diesen niedersten Klassen der vielzelligen Tiere überall dieselbe Bildung von zwei primären Keimblättern fand, gelangte ich zu der Überzeugung, daß dieser bedeutungsvolle Keimungsvorgang im ganzen Tierreiche im wesentlichen derselbe ist.

Besonders wichtig erschien mir dabei der Umstand, daß bei den Schwammtieren und bei den niederen Nesseltieren (Polypen, Medusen) der Körper lange Zeit hindurch oder selbst zeitlebens bloß aus zwei einfachen Zellenschichten besteht; bei den Medusen hatte diese schon *Huxley* (1849) mit den beiden primären Keimblättern der Wirbeltiere verglichen. Gestützt auf diese Beobachtungen und Vergleichungen stellte ich dann 1872 in meiner „Philosophie der Kalkschwämme" die „*Gasträatheorie*" auf, deren wesentlichste Lehrsätze folgende sind: I. Das ganze Tierreich zerfällt in zwei verschiedene Hauptgruppen, die einzelligen *Urtiere* (Protozoa) und die vielzelligen *Gewebetiere* (Metazoa); der ganze Organismus der *Protozoen* (Rhizopoden und Infusorien) bleibt zeitlebens eine einfache Zelle (seltener ein lockerer Zellverein, ohne Gewebebildung, ein Coenobium); dagegen der Organismus der *Metazoen* ist nur im ersten Beginn einzellig, später aus vielen Zellen zusammengesetzt, welche *Gewebe* bilden. II. Daher ist auch die Fortpflanzung und

9*

Entwickelung in beiden Hauptgruppen der Tiere wesentlich verschieden; die *Protozoen* vermehren sich gewöhnlich nur *ungeschlechtlich*, durch Teilung, Knospung oder Sporenbildung; sie besitzen noch keine echten Eier und kein Sperma. Die *Metazoen* dagegen sind in männliches und weibliches Geschlecht geschieden und vermehren sich vorwiegend *geschlechtlich*, mittelst echter Eier, welche vom männlichen Samen befruchtet werden. III. Daher entstehen auch nur bei den Metazoen wirkliche *Keimblätter* und aus diesen *Gewebe*, während solche den Protozoen noch ganz fehlen. IV. Bei allen Metazoen entstehen zunächst nur *zwei* primäre Keimblätter, und diese haben überall dieselbe wesentliche Bedeutung: aus dem äußeren *Hautblatt* entwickelt sich die äußere Hautdecke und das Nervensystem; aus dem inneren *Darmblatt* hingegen der Darmkanal und alle übrigen Organe. V. Die Keimform, welche überall zunächst aus dem befruchteten Ei hervorgeht, und welche allein aus diesen beiden primären Keimblättern besteht, nannte ich *Darmlarve* oder Becherkeim (Gastrula); ihr becherförmiger, zweischichtiger Körper umschließt ursprünglich eine einfache verdauende Höhle, den *Urdarm* (Progaster oder Archenteron), und dessen einfache Öffnung ist der *Urmund* (Prostoma oder Blastoporus). Dies sind die ältesten Organe des vielzelligen Tierkörpers, und die beiden Zellenschichten seiner Wand, einfache Epithelien, sind seine ältesten Gewebe; alle anderen Organe und Gewebe sind erst später (sekundär) daraus hervorgegangen. VI. Aus dieser Gleichartigkeit oder *Homologie der Gastrula* in sämtlichen Stämmen und Klassen der Gewebetiere zog ich nach dem biogenetischen Grundgesetze (Kap. V) den Schluß, daß *alle Metazoen ursprünglich von einer gemeinsamen Stammform abstammen, Gasträa*, und daß diese uralte (laurentische), längst ausgestorbene Stammform im wesentlichen die Körperform und Zusammensetzung der heutigen, durch *Vererbung* erhaltenen Gastrula besaß. VII. Dieser phylogenetische Schluß aus der Vergleichung der ontogenetischen Tatsachen wird auch dadurch gerechtfertigt, daß noch heute einzelne *Gasträaden* existieren (Pemmatodiscus, Orthonectiden, Cyemarien), sowie älteste Formen anderer Tierstämme, deren Organisation sich nur sehr wenig über diese letzteren erhebt (Olynthus unter den Spongien, Hydra, der gemeinsame Süßwasserpolyp, unter den Nesseltieren, Convoluta und andere Kryptocoelen, als einfachste Strudelwürmer, unter den Plattentieren). VIII. Bei der weiteren Entwickelung der verschiedenen Gewebetiere aus der Gastrula sind zwei verschiedene Hauptgruppen zu unterscheiden: Die älteren *Niedertiere* (Coelenteria oder Acoelomia) bilden noch keine Leibeshöhle und besitzen weder Blut noch After; das ist der Fall bei den Gasträaden, Spongien, Nesseltieren und Plattentieren. Die jüngeren *Obertiere* (Coelomaria oder Bilateria) hingegen besitzen eine eigene Leibeshöhle und meistens auch Blut und After; dahin gehören die *Wurmtiere* (Vermalia) und die höheren Tierstämme, welche sich aus diesen entwickelt haben, die Sterntiere, Weichtiere, Gliedertiere, Manteltiere und Wirbeltiere.

Das sind die wesentlichsten Lehrsätze meiner *Gasträatheorie*, deren ersten Entwurf (1872) ich später weiter ausgeführt und in einer Reihe von „Studien zur Gasträatheorie" (1873–1884) fester zu begründen mich bemüht habe. Obgleich dieselbe anfangs fast allgemein abgelehnt und während eines Dezenniums von zahlreichen Autoritäten heftig bekämpft wurde, ist sie doch gegenwärtig von allen sachkundigen Fachgenossen angenommen. Sehen wir nun, welche weitreichenden Schlüsse sich aus der Gasträatheorie und der vergleichenden Keimesgeschichte überhaupt für unsere Hauptfrage, die „Stellung des Menschen in der Natur", ergeben.

Eizelle und Samenzelle des Menschen. Das Ei des Menschen ist, wie das aller anderen Gewebetiere, eine einfache Zelle, und diese kleine kugelige Eizelle (von nur 0,2 mm Durchmesser) hat genau dieselbe charakteristische Beschaffenheit wie diejenige aller anderen lebendig gebärenden Säugetiere. Die kleine Plasmakugel ist nämlich von einer dicken, durchsichtigen, fein radial gestreiften Eihülle umgeben (Zona pellucida); auch das kleine, kugelige Keimbläschen (der Zellkern), das vom Zytoplasma (dem Zellenleib) eingeschlossen ist, zeigt dieselbe Größe und Beschaffenheit wie bei den übrigen Mammalien. Dasselbe gilt von den beweglichen *Spermien* oder Samenfäden des Mannes, den winzig kleinen, fadenförmigen Geißelzellen, welche sich zu Millionen in jedem Tröpfchen des schleimartigen *männlichen Samens* (Sperma) finden; sie wurden früher wegen ihrer lebhaften Bewegung für besondere „*Samentierchen*" (Spermatozoa) gehalten. Auch die Entstehung dieser beiden wichtigen Geschlechtszellen in der *Geschlechtsdrüse* (Gonade) ist ganz dieselbe beim Menschen und den übrigen Säugetieren; sowohl die Eier im Eierstock des Weibes (Ovarium) als die Samenfäden im Hoden oder Samenstock des Mannes (Spermarium) entstehen überall auf dieselbe Weise aus Zellen, welche ursprünglich vom *Zölom-Epithel* abstammen, von der Zellenschicht, welche die Leibeshöhle auskleidet.

Empfängnis oder Befruchtung (Conception, Foecundation). Der wichtigste Augenblick im Leben eines jeden Menschen wie jedes anderen Gewebetieres ist der Moment, in welchem seine individuelle Existenz beginnt; es ist der Augenblick, in welchem die Geschlechtszellen der beiden Eltern zusammentreffen und zur Bildung einer einzigen einfachen Zelle verschmelzen. Diese neue Zelle, die „befruchtete Eizelle", ist die individuelle *Stammzelle* (Cytula), aus deren wiederholter Teilung die Zellen der Keimblätter der Gastrula hervorgehen. Erst mit der Bildung dieser *Cytula*, also mit dem Vorgange der *Befruchtung* selbst, beginnt die *Existenz der Person*, des selbständigen Einzelwesens. Diese ontogenetische Tatsache ist *überaus wichtig*; denn aus ihr allein lassen sich die weitestreichenden Schlüsse ableiten. Zunächst folgt daraus die klare Erkenntnis, daß der Mensch, gleich allen anderen Gewebetieren, alle persönlichen Eigenschaften, körperliche und geistige, von seinen beiden Eltern durch

Vererbung erhalten hat, und weiterhin die inhaltschwere Überzeugung, daß die neue, so entstandene Person unmöglich Anspruch erheben kann, „*unsterblich*“ zu sein.

Die feineren Vorgänge bei der Empfängnis und der geschlechtlichen Zeugung überhaupt sind daher von allerhöchster Wichtigkeit; sie sind uns in ihren Einzelheiten erst seit 1875 bekannt geworden, seit *Oskar Hertwig*, mein damaliger Schüler und Reisebegleiter, in Ajaccio auf Korsika seine Untersuchungen über die Befruchtung der Tiereier an den Seeigeln begann. Er fand, daß das einzige wesentliche Ereignis bei der Befruchtung die Verschmelzung der beiden Geschlechtszellen und ihrer Kerne ist. Von den Millionen männlicher Geißelzellen, welche die weibliche Eizelle umschwärmen, dringt nur eine einzige in deren Plasmakörper ein. Die Kerne beider Zellen, der Spermakern und der Eikern, werden durch eine geheimnisvolle Kraft, die wir als eine chemische, dem Geruch verwandte *Sinnestätigkeit* deuten, zueinander hingezogen, nähern sich und verschmelzen miteinander. So entsteht durch die sinnliche Empfindung der beiden Geschlechtskerne, infolge von „*erotischem Chemotropismus*“, eine neue Zelle, welche die erblichen Eigenschaften beider Eltern in sich vereinigt. Der Spermakern überträgt die väterlichen, der Eikern die mütterlichen Charakterzüge auf die *Stammzelle*, aus der sich nun das Kind entwickelt; das gilt ebenso von den körperlichen wie von den geistigen Eigenschaften.

Keimanlage des Menschen. Die Bildung der Keimblätter durch wiederholte Teilung der Stammzelle, die Entstehung der Gastrula und der weiterhin aus ihr hervorgehenden Keimformen geschieht beim Menschen genauso wie bei den übrigen höheren Säugetieren; unter denselben eigentümlichen Besonderheiten, welche diese Gruppe vor den niederen Wirbeltieren auszeichnen. In früheren Perioden der Keimesgeschichte sind diese Spezialcharaktere der Plazentalien noch nicht ausgeprägt. Die bedeutungsvolle Keimform der *Chordula* oder „Chordalarve“, die zunächst aus der Gastrula entsteht, zeigt bei allen Vertebraten im wesentlichen die gleiche Bildung: ein einfacher gerader Achsenstab, die Chorda, geht der Länge nach durch die Hauptachse des länglich-runden, schildförmigen Körpers (des „Keimschildes“); oberhalb der Chorda entwickelt sich aus dem äußeren Keimblatt das Rückenmark, unterhalb das Darmrohr. Dann erst erscheinen zu beiden Seiten, rechts und links vom Achsenstab, die Ketten der „Urwirbel“, die Anlagen der Muskelplatten, mit denen die Gliederung des Wirbeltierkörpers beginnt. Vorn am Darm treten beiderseits die Kiemenspalten auf, die Öffnungen des Schlundes, durch welche ursprünglich bei unseren Fischahnen das vom Munde aufgenommene Atemwasser an den Seiten des Kopfes nach außen trat. Infolge zäher *Vererbung* treten diese *Kiemenspalten*, die nur bei den fischartigen, im Wasser lebenden Vorfahren von Bedeutung waren, auch heute noch beim Menschen wie bei allen übrigen Vertebraten auf; sie verschwinden später. Selbst nachdem schon am Kopfe die fünf Hirnblasen, seitlich die Anfänge der Augen und Ohren, sichtbar geworden, nachdem am Rumpfe die Anlagen der beiden Beinpaare in Form runder platter Knospen aus dem fischartigen Menschenkeim hervorgesproßt sind, ist dessen Bildung derjenigen anderer Wirbeltiere noch so ähnlich, daß man sie nicht unterscheiden kann.

Ähnlichkeit der Wirbeltierkeime. Die wesentliche Übereinstimmung in der äußeren Körperform und dem inneren Bau, welche die Embryonen des Menschen und der übrigen Vertebraten in dieser früheren Bildungsperiode zeigen, ist eine *embryologische Tatsache ersten Ranges*; aus ihr lassen sich nach dem biogenetischen Grundgesetze die wichtigsten Schlüsse ableiten. Denn es gibt dafür keine andere Erklärung als die Annahme einer *Vererbung* von einer gemeinsamen Stammform. Wenn wir sehen, daß in einem bestimmten Stadium die Keime des Menschen und des Affen, des Hundes und des Kaninchens, des Schweines und des Schafes zwar als höhere Wirbeltiere erkennbar, aber sonst nicht zu unterscheiden sind, so kann diese

Tatsache eben nur durch gemeinsame Abstammung erklärt werden. Und diese Erklärung erscheint um so sicherer, wenn wir die später eintretende Sonderung oder Divergenz jener Keimformen verfolgen. Je näher sich zwei Tierformen in der gesamten Körperbildung und also auch im natürlichen System stehen, desto länger bleiben sich auch ihre Embryonen ähnlich, und desto enger hängen sie auch im Stammbaum der betreffenden Gruppe zusammen, desto näher sind sie „stammverwandt". Daher erscheinen die Embryonen des Menschen und der Menschenaffen auch später noch höchst ähnlich, auf einer hoch entwickelten Bildungsstufe, auf welcher ihre Unterschiede von den Embryonen anderer Säugetiere sofort erkennbar sind. Ich habe diese bedeutungsvolle Tatsache sowohl in der natürlichen Schöpfungsgeschichte als in der Anthropogenie durch Zusammenstellung entsprechender Bildungsstufen von einer Anzahl verschiedener Wirbeltiere illustriert.

Die Keimhüllen des Menschen. Die hohe phylogenetische Bedeutung der eben besprochenen Ähnlichkeit tritt nicht nur bei Vergleichung der Vertebratenembryonen selbst hervor, sondern auch bei derjenigen ihrer Keimhüllen. Es zeichnen sich nämlich alle Wirbeltiere der drei höheren Klassen, Reptilien, Vögel und Säugetiere, vor den niederen Klassen durch die Bildung eigentümlicher Embyronalhüllen aus, des Amnion (Wasserhaut) und des Serolemma (seröse Haut). In diesen mit Wasser gefüllten Säcken liegt der Embryo eingeschlossen und ist dadurch gegen Druck und Stoß geschützt. Diese zweckmäßige Schutzeinrichtung ist wahrscheinlich erst während der permischen Periode entstanden, als die ältesten Reptilien (Proreptilien), die gemeinsamen Stammformen der *Amniontiere* oder Amnioten, vollständig an das Landleben sich anpaßten. Bei ihren direkten Vorfahren, den Amphibien, *fehlt* diese Hüllenbildung noch ebenso wie bei den Fischen; sie war bei diesen Wasserbewohnern überflüssig. Mit der Erwerbung dieser Schutzhüllen stehen bei allen Amnioten noch zwei andere Veränderungen in engem Zusammenhang, erstens der gänzliche Verlust der Kiemen (während die Kiemenbogen und die Spalten dazwischen als „rudimentäre Organe" sich forterben), und zweitens die Bildung der *Allantois*. Dieser blasenförmige mit Wasser gefüllte Sack wächst bei dem Embryo aller Amnioten aus dem Enddarm hervor und ist nichts anderes als die vergrößerte Harnblase der Amphibien-Ahnen. Aus ihrem innersten und untersten Teile bildet sich später die bleibende Harnblase der Amnioten, während der größere äußere Teil rückgebildet wird. Gewöhnlich spielt dieser eine Zeitlang eine wichtige Rolle als Atmungsorgan des Embryo, indem sich mächtige Blutgefäße auf seiner Wand ausbreiten. Sowohl die Entstehung der Keimhüllen (Amnion und Serolemma) als auch der Allantois geschieht beim Menschen genau ebenso wie bei allen anderen Amnioten und durch dieselben verwickelten Prozesse des Wachstums; *der Mensch ist ein echtes Amniontier*.

Die Plazenta des Menschen. Die Ernährung des menschlichen Keimes im Mutterleibe geschieht bekanntlich durch ein eigentümliches, äußerst blutreiches Organ, die sogenannte Plazenta, den *Aderkuchen* oder Blutgefäßkuchen. Dieses wichtige Ernährungsorgan bildet eine schwammige kreisrunde Scheibe von 16–20 cm Durchmesser, 3–4 cm Dicke und 1–2 Pfund Gewicht; sie wird nach erfolgter Geburt des Kindes abgelöst und als sogenannte „Nachgeburt" ausgestoßen. Die Plazenta besteht aus zwei wesentlich verschiedenen Teilen, dem *Fruchtkuchen* oder der kindlichen Plazenta (P. foetalis) und dem *Mutterkuchen* oder dem mütterlichen Gefäßkuchen (P. uterina). Dieser letztere enthält reich entwickelte Bluträume, welche ihr Blut durch die Gefäße der Gebärmutter zugeführt erhalten. Der Fruchtkuchen dagegen wird aus zahlreichen verästelten Zotten gebildet, welche von der Außenfläche der kindlichen Allantois hervorwachsen und ihr Blut von deren Nabelgefäßen beziehen. Die hohlen blutgefüllten Zotten des

Fruchtkuchens wachsen in die Bluträume des Mutterkuchens hinein, und die zarte Scheidewand zwischen beiden wird so sehr verdünnt, daß durch sie hindurch ein unmittelbarer Stoffaustausch der ernährenden Blutflüssigkeit erfolgen kann (durch Osmose).

Bei den älteren und niederen Gruppen der *Zottentiere* (Placentalia) ist die ganze Oberfläche der äußeren Fruchthülle (Chorion) mit zahlreichen kurzen Zotten bedeckt; diese „Chorionzotten" wachsen in grubenförmige Vertiefungen der Schleimhaut der Gebärmutter hinein und lösen sich bei der Geburt leicht von dieser ab. Das ist der Fall bei den meisten Huftieren (z. B. Schwein, Kamel, Pferd), bei den meisten Waltieren und Halbaffen; man hat diese Malloplazentalien als Indeciduata bezeichnet (mit diffuser Zottenhaut, Malloplacenta). Auch bei den übrigen Zottentieren und beim Menschen ist dieselbe Bildung anfänglich vorhanden. Bald aber verändert sie sich, indem die Zotten auf einem Teile des Chorion rückgebildet werden; auf dem anderen Teile entwickeln sie sich dafür um so stärker und verwachsen sehr fest mit der Schleimhaut des Uterus. Infolge dieser innigen Verwachsung löst sich bei der Geburt ein Teil der letzteren ab und wird unter Blutverlust entfernt. Diese hinfällige Haut oder *Siebhaut* (Decidua) ist eine charakteristische Bildung der höheren Zottentiere, die man deshalb als Deciduata zusammengefaßt hat; dahin gehören namentlich die Raubtiere, Nagetiere, Affen und Menschen. Bei den Raubtieren und einzelnen Huftieren (z. B. Elefanten) ist die Plazenta gürtelförmig (Zonoplacentalia), dagegen bei den Nagetieren, bei den Insektenfressern (Maulwurf Igel), bei den Affen und Menschen scheibenförmig (Discoplacentalia).

Noch bis zum Jahre 1890 glaubten die meisten Embryologen, daß sich der Mensch durch gewisse Eigentümlichkeiten in der Bildung seiner Plazenta auszeichne, namentlich durch den Besitz der sogenannten Decidua reflexa, sowie durch die besondere Bildung des Nabelstranges, welcher diese mit dem Keime verbindet; diese eigentümlichen Embryonalorgane sollten den übrigen Zottentieren, und insbesondere den Affen, fehlen. Der wichtige Nabelstrang oder die *Nabelschnur* (Funiculus umbilicalis) ist ein zylindrischer weicher Strang von 40–60 cm Länge und von der Dicke des kleinen Fingers (11–13 mm). Er stellt die Verbindung zwischen dem Embryo und dem Mutterkuchen her, indem er die ernährenden Blutgefäße aus dem Körper des Keimes in den Fruchtkuchen leitet; außerdem enthält er auch den Stiel der Allantois und des Dottersackes. Während nun der Dottersack bei menschlichen Früchten aus der dritten Woche der Schwangerschaft noch die größere Hälfte der Keimblase darstellt, wird er später bald rückgebildet, so daß man ihn früher bei reifen Früchten ganz vermißte; doch ist er als Rudiment noch immer vorhanden und auch bei der Geburt noch als winziges *Nabelbläschen* (Vesicula umbilicalis) nachzuweisen. Auch die blasenförmige Anlage der Allantois selbst wird beim Menschen frühzeitig rückgebildet, was mit einer etwas abweichenden Bildung des Amnion zusammenhängt, der Entstehung des sogenannten „*Bauchstiels*". Die komplizierten anatomischen und embryologischen Verhältnisse dieser Bildungen habe ich in meiner Anthropogenie (23. Vortrag) geschildert und illustriert.

Die Gegner der Entwickelungslehre wiesen mit großem Nachdruck auf diese „ganz besonderen Eigentümlichkeiten" der Fruchtbildung beim *Menschen* hin, durch die er sich von allen anderen Säugetieren unterscheiden sollte. Da wies 1890 *Emil Selenka* nach, daß dieselben sich auch bei den *Menschenaffen* finden, insbesondere beim Orang (Satyrus), während sie den niederen Affen noch fehlen. So bestätigte sich auch hier der *Pithekometrasatz* von *Huxley*: „Die Unterschiede zwischen den Menschen und den Menschenaffen sind geringer als diejenigen zwischen den letzteren und den niederen Affen." Die angeblichen „Beweise *gegen* die nahe Blutsverwandtschaft des Menschen und der Affen" ergaben sich bei genauer Untersuchung der tatsächlichen Verhältnisse auch hier wieder umgekehrt als wichtige Gründe *zugunsten* derselben.

Jeder Naturforscher, der mit offenen Augen in diese dunklen, aber höchst interessanten Labyrinthgänge unserer Keimesgeschichte tiefer eindringt, und der imstande ist, sie kritisch mit derjenigen der übrigen Säugetiere zu vergleichen, wird in denselben die bedeutungsvollsten Lichtträger für das Verständnis unserer Stammesgeschichte finden. Denn die verschiedenen Stufen der Keimbildung werfen als *palingenetische* Vererbungsphänomene ein helles Licht auf die entsprechenden Stufen unserer Ahnenreihe, gemäß dem biogenetischen Grundgesetze. Aber auch die *zänogenetischen* Anpassungserscheinungen, die Bildung der vergänglichen Embryonalorgane – der charakteristischen Keimhüllen und vor allem der Plazenta – geben uns ganz bestimmte Aufschlüsse über unsere nahe *Stammverwandtschaft mit den Primaten*.

FÜNFTES KAPITEL

UNSERE STAMMESGESCHICHTE

Monistische Studien über Ursprung und Abstammung des Menschen von den Wirbeltieren, zunächst von den Herrentieren

„Die allgemeinen Grundzüge des Primatenstammbaums von den ältesten eozänen Halbaffen bis zum Menschen hinauf liegen innerhalb der Tertiärzeit klar vor unseren Augen; da gibt es kein wesentliches ‚fehlendes Glied' mehr. — Die *Abstammung des Menschen* von einer ausgestorbenen tertiären *Primatenkette* ist keine vage Hypothese mehr, sondern sie ist eine *historische Tatsache*. Die unermeßliche Bedeutung, welche diese sichere Erkenntnis vom Primatenursprung des Menschen besitzt, liegt klar vor den Augen jedes unbefangenen und konsequenten Denkers."

Cambridge-Vortrag
über unsere gegenwärtige Kenntnis vom Ursprung des Menschen (1898).

INHALT DES FÜNFTEN KAPITELS

Ursprung des Menschen. Mythische Schöpfungsgeschichte. Moses und Linné. Die Schöpfung der konstanten Arten. Katastrophenlehre, Cuvier. Transformismus, Goethe (1790). Deszendenztheorie, Lamarck (1809). Selektionstheorie, Darwin (1859). Stammesgeschichte (Phylogenie) (1866). Stammbäume. Generelle Morphologie. Natürliche Schöpfungsgeschichte. Systematische Philogenie. Biogenetisches Grundgesetz. Anthropogenie. Abstammung des Menschen vom Affen. Pithekoidentheorie. Der fossile Pithekanthropus von Dubois (1894).

LITERATUR

CHARLES DARWIN, Die Abstammung des Menschen und die geschlechtliche Zuchtwahl. 2 Bände. Stuttgart 1871. Dritte Auflage 1875.

THOMAS HUXLEY, Zeugnisse für die Stellung des Menschen in der Natur. Braunschweig 1863.

CARL VOGT, Vorlesungen über den Menschen, seine Stellung in der Schöpfung und in der Geschichte der Erde. Gießen 1863.

ERNST HAECKEL, Anthropogenie. Gemeinverständliche wissenschaftliche Vorträge über Entwickelungsgeschichte des Menschen. Zweiter Teil. Stammesgeschichte oder Phylogenie. Leipzig 1874. Sechste Auflage 1910.

CARL GEGENBAUR, Vergleichende Anatomie der Wirbelthiere, mit Berücksichtigung der Wirbellosen. 2 Bände. Leipzig 1898.

CARL ZITTEL, Grundzüge der Paläontologie. München 1895.

ERNST HAECKEL, Systematische Stammesgeschichte des Menschen (7. Kapitel der „Systematischen Phylogenie der Wirbelthiere"). Berlin 1895.

LUDWIG BÜCHNER, Der Mensch und seine Stellung in der Natur, in Vergangenheit, Gegenwart und Zukunft. Dritte Auflage. Leipzig 1899.

I. G. VOGT, Die Menschwerdung. Die Entwickelung des Menschen aus der Hauptreihe der Primaten. Leipzig 1882.

ROBERT WIEDERSHEIM, Der Bau des Menschen als Zeugniß für seine Vergangenheit. Freiburg 1888. Dritte Auflage 1902.

GUSTAV SCHWALBE, Die Vorgeschichte des Menschen. Braunschweig 1904.

ERNST HAECKEL, Ueber unsere gegenwärtige Kenntniß vom Ursprung des Menschen. (Vortrag in Cambridge.) Bonn 1898. Zwölfte Auflage 1916.

Der jüngste unter den großen Zweigen am lebendigen Baume der Biologie ist diejenige Naturwissenschaft, welche wir *Stammesgeschichte* oder *Phylogenie* nennen. Sie hat sich noch weit später und unter viel größeren Schwierigkeiten entwickelt als ihre natürliche Schwester, die Keimesgeschichte oder Ontogenie. Diese letztere hatte zur Aufgabe die Erkenntnis der geheimnisvollen Vorgänge, durch welche sich die organischen *Individuen*, die Einzelwesen der Tiere und Pflanzen, aus dem Ei entwickeln. Die Stammesgeschichte hingegen hat die viel dunklere und schwierigere Frage zu beantworten: „Wie sind die organischen *Spezies* entstanden, die einzelnen Arten der Tiere und Pflanzen?“

Die *Ontogenie* (sowohl Embryologie als Metamorphosenlehre) konnte zur Lösung ihrer naheliegenden Aufgabe zunächst unmittelbar den empirischen Weg der *Beobachtung* betreten; sie brauchte nur Tag für Tag und Stunde für Stunde die sichtbaren Umbildungen zu verfolgen, welche der organische Keim innerhalb kurzer Zeit während der Entwickelung aus dem Ei erfährt. Viel schwieriger war von vornherein die entfernt liegende Aufgabe der *Phylogenie*; denn die langsamen Prozesse der allmählichen Umbildung, welche die Entstehung der Tier- und Pflanzenarten bewirken, vollziehen sich unmerklich im Verlaufe von Jahrtausenden und Jahrmillionen; ihre unmittelbare Beobachtung ist nur in sehr engen Grenzen möglich, und der weitaus größte Teil dieser historischen Vorgänge kann nur indirekt erschlossen werden: durch kritische *Reflexion*, durch vergleichende Benutzung von empirischen Urkunden, welche sehr verschiedenen Gebieten angehören, der Paläontologie, Ontogenie und Morphologie. Dazu kam noch das gewaltige Hindernis,

10*

welches der natürlichen Stammesgeschichte allgemein durch althergebrachte Vorurteile, besonders die enge Verknüpfung der „Schöpfungsgeschichte“ mit übernatürlichen Mythen und religiösen Dogmen bereitet wurde; es ist daher begreiflich, daß die wissenschaftliche Existenz der wahren Stammesgeschichte unter schweren Kämpfen errungen und gesichert werden mußte.

Mythische Schöpfungsgeschichte. Alle ernstlichen Versuche, welche bis zum Beginne des neunzehnten Jahrhunderts zur Beantwortung des Problems von der Entstehung der Organismen unternommen wurden, blieben in dem mythologischen Labyrinth der übernatürlichen Schöpfungssagen stecken. Einzelne Bemühungen hervorragender Denker, sich von diesem zu emanzipieren und zu einer natürlichen Auffassung zu gelangen, blieben erfolglos. Die mannigfaltigsten Schöpfungsmythen entwickeln sich bei allen älteren Kulturvölkern im Zusammenhang mit der Religion, und während des Mittelalters war es naturgemäß das zur Herrschaft gelangte Christentum, welches die Beantwortung der Schöpfungsfrage für sich in Anspruch nahm. Da die Bibel als die unerschütterliche Basis des christlichen Religionsgebäudes galt, wurde die ganze Schöpfungsgeschichte dem ersten Buche *Moses* entnommen. Auf dieses stützte sich auch noch der große schwedische Naturforscher *Carl Linné*, als er 1735 in seinem grundlegenden „Systema Naturae“ den ersten Versuch zu einer systematischen Ordnung, Benennung und Klassifikation der unzähligen verschiedenen Naturkörper unternahm. Als bestes, praktisches Hilfsmittel derselben führte er die bekannte doppelte Namengebung oder binäre Nomenklatur ein; jeder einzelnen Art oder Spezies von Tieren und Pflanzen gab er einen besonderen Artnamen und stellte diesem einen allgemeinen Gattungsnamen voran. In einer *Gattung* (Genus) wurden die nächstverwandten *Arten* (Species) zusammengestellt; so z. B. vereinigte *Linné* in dem Genus Hund (Canis) als verschiedene Spezies den Haushund (Canis familiaris), den Schakal (Canis aureus), den Wolf (Canis lupus), den

Fuchs (Canis vulpes) u. a. Diese binäre Nomenklatur erwies sich bald so praktisch, daß sie allgemein angenommen wurde und bis heute in der zoologischen und botanischen Systematik allgemein gültig ist.

Höchst verhängnisvoll aber wurde für die Wissenschaft das theoretische *Dogma*, welches schon von *Linné* selbst mit seinem praktischen Speziesbegriffe verknüpft wurde. Die erste Frage, welche sich dem denkenden Systematiker aufdrängen mußte, war natürlich die Frage nach dem eigentlichen Wesen des Spezies-*Begriffes*, nach Inhalt und Umfang desselben. Und gerade diese Fundamentalfrage beantwortete sein Schöpfer in naivster Weise in Anlehnung an den allgemein gültigen mosaischen Schöpfungsmythus: „Species tot sunt diversae, quot diversaes formas ab initio creavit infinitum ens." (– Es gibt so viel verschiedene Arten, als im Anfange vom unendlichen Wesen verschiedene Formen erschaffen worden sind. –) Mit diesem theosophischen Dogma war jede natürliche Erklärung der Artentstehung abgeschnitten. *Linné* kannte nur die gegenwärtig existierende Tier- und Pflanzenwelt; er hatte keine Ahnung von den viel zahlreicheren ausgestorbenen Arten, welche in den früheren Perioden der langen Erdgeschichte unseren Erdball in wechselnder Gestaltung bevölkert hatten.

Erst im Anfange des neunzehnten Jahrhunderts wurden diese fossilen Tiere durch *Cuvier* näher bekannt. Er gab in seinem berühmten Werke über die fossilen Knochen der vierfüßigen Wirbeltiere (1812) die erste genaue Beschreibung und richtige Deutung zahlreicher Petrefakten. Zugleich wies er nach, daß in den verschiedenen Perioden der Erdgeschichte eine Reihe von ganz verschiedenen Tierbevölkerungen aufeinander gefolgt war. Da nun *Cuvier* hartnäckig an *Linnés* Lehre von der absoluten Beständigkeit der Spezies festhielt, glaubte er deren Entstehung nur durch die Annahme erklären zu können, daß eine Reihe von großen Katastrophen und von wiederholten Neuschöpfungen in der Erdgeschichte aufeinander gefolgt sei; im Beginne jeder großen Erdrevolution sollten alle lebenden Geschöpfe vernichtet und am Ende derselben eine neue Bevölkerung erschaffen worden sein. Obgleich diese Katastrophentheorie von *Cuvier* zu den absurdesten Folgerungen führte und auf den nackten Wunderglauben hinauslief, gewann sie doch bald allgemeine Geltung und blieb bis auf *Darwin* (1859) in der Biologie herrschend.

TRANSFORMISMUS. *Goethe*. Daß die herrschenden Vorstellungen von der absoluten Beständigkeit und übernatürlichen Schöpfung der organischen Arten tiefer denkende Forscher nicht befriedigen konnten, ist leicht einzusehen. Daher finden wir denn schon in der zweiten Hälfte des achtzehnten Jahrhunderts einzelne hervorragende Geister mit Versuchen beschäftigt, zu einer naturgemäßen Lösung des großen „Schöpfungs-Problems" zu gelangen. Allen voran war unser größter Dichter und Denker *Wolfgang Goethe* durch seine vieljährigen und eifrigen morphologischen Studien bereits vor mehr als hundert Jahren zu der klaren Einsicht in den inneren Zusammenhang aller organischen Formen und zu der festen Überzeugung eines gemeinsamen natürlichen Ursprungs gelangt. In seiner berühmten „Metamorphose der Pflanzen" (1790) leitete er alle verschiedenen Formen der Gewächse von einer Urpflanze ab und alle verschiedenen Organe derselben von einem Urorgane, dem Blatt. In seiner Wirbeltheorie des Schädels versuchte er zu zeigen, daß die Schädel aller verschiedenen Wirbeltiere – mit Inbegriff des Menschen! – in gleicher Weise aus bestimmt geordneten Knochengruppen zusammengesetzt seien, und daß diese letzteren nichts anderes seien als umgebildete Wirbel. Gerade seine eingehenden Studien über vergleichende Osteologie hatten *Goethe* zu der festen Überzeugung von der Einheit der Organisation geführt; er hatte erkannt, daß das Knochengerüst des Menschen nach demselben Typus zusammengesetzt sei wie das aller übrigen Wirbeltiere – „geformt nach einem Urbilde, das nur in seinen sehr beständigen Teilen mehr oder weniger hin und her weicht und sich noch täglich durch Fortpflanzung aus- und umbildet". – Diese Umbildung oder Transformation läßt *Goethe* durch die beständige Wechselwirkung von zwei gestaltenden Bildungskräften geschehen, einer inneren Zentripetalkraft des Organismus, dem „Spezifikationstrieb", und einer äußeren Zentrifugalkraft, dem Variationstrieb oder der „Idee der Metamorphose"; erstere entspricht dem, was wir heute *Vererbung*, letztere dem, was wir *Anpassung* nennen. Wie tief *Goethe* durch diese naturphilosophischen Studien über „Bildung und Umbildung organischer Naturen" in deren Wesen eingedrungen war, und inwiefern er demnach als der bedeutendste Vorläufer von *Darwin* und *Lamarck* betrachtet werden kann, ist aus den interessanten Stellen seiner Werke zu ersehen, welche ich im vierten Vortrage der Natürlichen Schöpfungsgeschichte zusammengestellt habe. In meinem Vortrage über „Die Naturanschauung von *Darwin*, *Goethe* und *Lamarck*" (Eisenach 1882) habe ich dies näher begründet. Indessen kamen doch diese naturgemäßen Entwickelungs-Ideen von *Goethe* ebenso wie ähnliche (ebenda zitierte) Vorstellungen von *Kant*, *Oken*, *Treviranus* und anderen Naturphilosophen im Beginne des neunzehnten Jahrhunderts nicht über gewisse allgemeine Überzeugungen hinaus. Es fehlte ihnen noch der große Hebel, dessen die „natürliche Schöpfungsgeschichte" zu ihrer Begründung durch die Kritik des *Speziesdogmas* bedurfte, und diese verdanken wir erst *Lamarck*.

Deszendenztheorie oder Abstammungslehre. *Lamarck* (1809). Den ersten eingehenden Versuch zu einer wissenschaftlichen Begründung des Transformismus unternahm im Beginne des neunzehnten Jahrhunderts der große französische Naturphilosoph *Jean Lamarck*, der bedeutendste Gegner seines Kollegen *Cuvier* in Paris. Schon 1802 hatte derselbe in seinen „Betrachtungen über die lebenden Naturkörper" die bahnbrechenden Ideen über die Unbeständigkeit und Umbildung der Arten ausgesprochen, welche er dann 1809 in den zwei Bänden seines tiefsinnigsten Werkes, der Philosophie zoologique, eingehend begründete. Hier führte *Lamarck* zum ersten Male – gegenüber dem herrschenden Speziesdogma – den richtigen Gedanken aus, daß die organische *„Art oder Spezies“* eine *künstliche Abstraktion* sei, ein Begriff von relativem Werte, ebenso wie die übergeordneten Begriffe der Gattung, Familie, Ordnung und Klasse. Er behauptete ferner, daß alle Arten veränderlich und im Laufe sehr langer Zeiträume aus älteren Arten durch Umbildung entstanden seien. Die gemeinsamen Stammformen, von denen dieselben abstammen, waren ursprünglich ganz einfache und niedere Organismen; die ersten und ältesten entstanden durch Urzeugung. Während durch *Vererbung* innerhalb der Generationsreihen der Typus sich beständig erhält, werden anderseits durch *Anpassung*, durch Gewohnheit und Übung der Organe, die Arten allmählich umgebildet. Auch unser menschlicher Organismus ist auf dieselbe natürliche Weise durch Umbildung aus einer Reihe von affenartigen Säugetieren entstanden. Für alle diese Vorgänge, wie überhaupt für alle Erscheinungen in der Natur und im Geistesleben, nimmt *Lamarck* ausschließlich *mechanische*, physikalische und chemische Vorgänge als wahre, bewirkende Ursachen an. Seine geistvolle Philosophie zoologique enthält die Elemente für ein rein monistisches Natursystem auf Grund der Entwickelungslehre. Ich habe diese Verdienste *Lamarcks* im vierten Vortrage meiner Anthropogenie und im fünften *Vortrage* der natürlichen Schöpfungsgeschichte eingehend erörtert.

Man hätte erwarten sollen, daß dieser großartige Versuch, die Abstammungslehre oder Deszendenztheorie wissenschaftlich zu begründen, alsbald den herrschenden Mythus von der Speziesschöpfung erschüttert und einer natürlichen Entwickelungslehre Bahn gebrochen hätte. Indessen vermochte *Lamarck* gegenüber der konservativen Autorität seines großen Gegners *Cuviers* ebensowenig durchzudringen, wie zwanzig Jahre später sein Kollege und Gesinnungsgenosse *Géoffroy St. Hilaire*. Die berühmten Kämpfe, welche dieser Naturphilosoph 1830 im

Schoße der Pariser Akademie mit *Cuvier* zu bestehen hatte, endigten mit einem vollständigen Siege des letzteren. Die mächtige Entfaltung, welche zu jener Zeit das empirische Studium der Biologie fand, die Fälle von interessanten Entdeckungen auf den Gebieten der vergleichenden Anatomie und Physiologie, die Begründung der Zellentheorie und die Fortschritte der Ontogenie gaben den Zoologen und Botanikern einen solchen Überfluß von dankbarem Arbeitsmaterial, daß darüber die schwierige und dunkle Frage nach der Entstehung der Arten ganz vergessen wurde. Man beruhigte sich bei dem althergebrachten Schöpfungsdogma. Selbst nachdem der große englische Naturforscher *Charles Lyell* 1830 in seinen Prinzipien der Geologie die abenteuerliche Katastrophentheorie von *Cuvier* widerlegt und für die anorganische Natur unseres Planeten einen natürlichen und kontinuierlichen Entwickelungsgang nachgewiesen hatte, fand sein einfaches Kontinuitäts-Prinzip auf die organische Natur keine Anwendung. Die Anfänge der natürlichen Phylogenie, welche in *Lamarcks* Werken verborgen lagen, wurden ebenso vergessen, wie die Keime zu einer natürlichen Ontogenie, welche 50 Jahre früher (1759) *Caspar Friedrich Wolff* in seiner Theorie der Generation gegeben hatte. Hier wie dort verfloß ein volles halbes Jahrhundert, ehe die bedeutendsten Ideen über natürliche Entwickelung die gebührende Anerkennung fanden. Erst nachdem *Darwin* 1859 die Lösung des Schöpfungsproblems von einer ganz anderen Seite angefaßt und den reichen, inzwischen angesammelten Schatz von empirischen Kenntnissen glücklich dazu verwertet hatte, fing man an, sich auf *Lamarck*, als seinen bedeutendsten Vorgänger, wieder zu besinnen.

SELEKTIONSTHEORIE. *Darwin* (1859). Der beispiellose Erfolg von *Charles Darwin* ist allbekannt; er läßt ihn heute, wenn nicht als den größten, so doch als den wirkungsvollsten Naturforscher des neunzehnten Jahrhunderts erscheinen. Denn kein anderer von den zahlreichen großen Geisteshelden dieses merkwürdigen Zeitraums hat in einem einzigen klassischen Werke einen so gewaltigen, so tiefgehenden und so umfassenden Erfolg erzielt, wie *Darwin* 1859 mit seinem berühmten Hauptwerk: „Über die Entstehung der Arten im Tier- und Pflanzenreich durch natürliche Züchtung oder Erhaltung der vervollkommneten Rassen im Kampfe ums Dasein." Gewiß hat die Reform der vergleichenden Anatomie und Physiologie durch *Johannes Müller* der ganzen Biologie eine neue, fruchtbare Epoche eröffnet, gewiß waren die Begründung der Zellentheorie durch *Schleiden* und *Schwann*, die Reform der Ontogenie durch *Baer*, die Begründung des Substanzgesetzes durch *Robert Mayer* und *Helmholtz* wissenschaftliche Großtaten ersten Ranges; aber keine von ihnen hat nach Tiefe und Ausdehnung eine so gewaltige, unser ganzes menschliches Wissen umgestaltende Wirkung ausgeübt wie *Darwins* Theorie von der natürlichen Entstehung der Arten. Denn damit war ja das mystische „*Schöpfungs-Problem*" gelöst und mit ihm die inhaltsschwere „Frage aller Fragen", das Problem vom wahren Wesen und von der Entstehung des Menschen selbst.

Vergleichen wir die beiden großen Begründer des Transformismus, so finden wir bei *Lamarck* überwiegende Neigung zur *Deduktion* und zum Entwurfe eines vollständigen monistischen Naturbildes, bei *Darwin* hingegen vorherrschende Anwendung der *Induktion* und das vorsichtige Bemühen, die einzelnen Teile der Deszendenztheorie durch Beobachtung und Experiment möglichst sicher zu begründen. Während der französische Naturphilosoph den damaligen Kreis des empirischen Wissens weit überschritt und eigentlich das Programm der zukünftigen Forschung entwarf, hatte der englische Experimentator umgekehrt den großen Vorteil, das eingehende Erklärungsprinzip für eine Masse von empirischen Kenntnissen zu begründen, die bis dahin unverstanden sich angehäuft hatten. So erklärt es sich, daß der Erfolg von *Darwin* ebenso überwältigend, wie derjenige von *Lamarck* verschwindend war. *Darwin* hatte aber nicht allein das große Verdienst, die allgemeinen Ergebnisse der verschiedenen biologischen Forschungskreise in dem gemeinsamen Brennpunkte des Deszendenzprinzips zu sammeln und dadurch einheitlich zu erklären, sondern er entdeckte auch in dem *Selektionsprinzip* jene direkte Ursache der Transformation, welche *Lamarck* noch gefehlt hatte. Indem *Darwin* als praktischer Tierzüchter die Erfahrungen der künstlichen Zuchtwahl auf die Organismen im freien Naturzustande anwendete und in dem „*Kampf ums Dasein*" das auslesende Prinzip der natürlichen Zuchtwahl entdeckte, schuf er seine bedeutungsvolle Selektionstheorie, den eigentlichen *Darwinismus* (vergl. hierüber *Arnold Lang*, Zur Charakteristik der Forschungswege von *Lamarck* und *Darwin*. Jena 1889).

STAMMESGESCHICHTE (PHYLOGENIE) (1866). Unter den zahlreichen und wichtigen Aufgaben, welche *Darwin* der modernen Biologie stellte, erschien als eine der nächsten die Reform des zoologischen und botanischen *Systems*. Wenn die unzähligen Tier- und Pflanzenarten nicht durch übernatürliche Wunder „erschaffen", sondern durch natürliche Umbildung „entwickelt" waren, so ergab sich das „*natürliche System*" derselben als ihr *Stammbaum*. Den ersten Versuch, das System in diesem Sinne umzugestalten, unternahm ich selbst (1866) in meiner „*Generellen Morphologie der Organismen*". Der erste Band dieses Werkes (Allgemeine Anatomie) behandelte die „mechanische Wissenschaft von den entwickelten Formen", der zweite Band (Allgemeine Entwickelungsgeschichte) diejenige von den „entstehenden Formen". Die systematische Einleitung in die letztere bildet eine „Genealogische Übersicht des natürlichen Systems der Organismen". Bis dahin hatte man unter „*Entwickelungsgeschichte*" sowohl in der Zoologie als in der Botanik ausschließlich diejenigen der organischen *Individuen* verstanden (Embryologie und Metamorphosenlehre). Ich begründete dagegen die Ansicht, daß dieser *Keimes*-Geschichte (Ontogenie) als zweiter, gleichberechtigter und eng verbundener Zweig die *Stammes*-Geschichte (Phylogenie) gegenüberstehe.

Beide Zweige der Entwickelungsgeschichte stehen nach meiner Auffassung im engsten kausalen Zusammenhang; dieser beruht auf der Wechselwirkung der Vererbungs- und Anpassungsgesetze; er fand seinen präzisen und umfassenden Ausdruck in meinem *„biogenetischen Grundgesetze“*.

NATÜRLICHE SCHÖPFUNGSGESCHICHTE (1868). Da die neuen, in der „Generellen Morphologie“ niedergelegten Anschauungen trotz ihrer streng wissenschaftlichen Fassung bei den sachkundigen Fachgenossen sehr wenig Beachtung und noch weniger Beifall fanden, versuchte ich, den wichtigsten Teil derselben in einem kleineren, mehr polulär gehaltenen Werke einem größeren, gebildeten Leserkreise zugänglich zu machen. Dies geschah 1868 in der „Natürlichen Schöpfungsgeschichte“ (Gemeinverständliche wissenschaftliche Vorträge über die Entwickelungslehre im allgemeinen und diejenige von Darwin, Goethe und Lamarck im besonderen). Wenn der gehoffte Erfolg der „Generellen Morphologie“ weit unter meiner berechtigten Erwartung blieb, so ging umgekehrt derjenige der „Natürlichen Schöpfungsgeschichte“ weit über dieselbe hinaus. Es erschienen im Laufe von 34 Jahren zehn umgearbeitete Auflagen und zwölf verschiedene Übersetzungen von derselben. Trotz seiner großen Mängel hat dieses Buch doch viel dazu beigetragen, die Grundgedanken unserer modernen Entwickelungslehre in weiteren Kreisen zu verbreiten. Allerdings konnte ich meinen Hauptzweck, die phylogenetische Umbildung des natürlichen Systems, dort nur in allgemeinen Umrissen andeuten. Indessen habe ich die ausführliche, dort vermißte Begrürdung des phylogenetischen Systems später in einem größeren Werke nachgeholt, in der *„Systematischen Phylogenie“* (Entwurf eines natürlichen Systems der Organismen auf Grund ihrer Stammesgeschichte). Der erste Band derselben (1894) behandelt die Protisten und Pflanzen, der zweite (1896) die wirbellosen Tiere, der dritte (1895) die Wirbeltiere. Die *Stammbäume* der kleineren und größeren Gruppen sind hier so weit ausgeführt, als es mir meine Kenntnis der drei großen „Stammesurkunden“ damals gestattete, der Paläontologie, Ontogenie und Morphologie.

Biogenetisches Grundgesetz. Den engen, ursächlichen Zusammenhang, welcher nach meiner Überzeugung zwischen den beiden Zweigen der organischen Entwickelungsgeschichte besteht, hatte ich schon in der Generellen Morphologie (am Schlusse des fünften Buches) als einen der wichtigsten Begriffe des Transformismus hervorgehoben und einen präzisen Ausdruck dafür in mehreren „Thesen von dem Kausalnexus der biontischen und der phyletischen Entwickelung“ gegeben: „*Die Ontogenesis ist eine kurze und schnelle Rekapitulation der Phylogenesis*, bedingt durch die physiologischen Funktionen der Vererbung (Fortpflanzung) und Anpassung (Ernährung)“. Schon *Darwin* hatte (1859) die große Bedeutung seiner Theorie für die Erklärung der Embryologie betont, und *Fritz Müller* hatte dieselbe (1864) an dem Beispiele einer einzelnen Tierklasse, der Krustazeen, erläutert, in der geistvollen kleinen Schrift: „*Für Darwin*“ (1864). Ich selbst habe dann die allgemeine Geltung und die fundamentale Bedeutung jenes biogenetischen Grundgesetzes in einer Reihe von Arbeiten nachzuweisen versucht, insbesondere in der Biologie der Kalkschwämme (1872) und in den „Studien zur Gasträatheorie“ (1873 bis 1884). Die dort aufgestellte Lehre von der Homologie der Keimblätter, sowie von den Verhältnissen der Palingenie (*Auszugsgeschichte*) und der Zenogenie (*Störungsgeschichte*) ist seitdem durch zahlreiche Arbeiten anderer Zoologen bestätigt worden; durch sie ist es möglich geworden, die natürlichen Gesetze der *Einheit* in der mannigfaltigen Keimesgeschichte der Tiere nachzuweisen; für ihre Stammesgeschichte ergibt sich daraus die gemeinsame Ableitung von einer einfachsten ursprünglichen Stammform.

Anthropogenie (1874). Der weitschauende Begründer der Abstammungslehre, *Lamarck*, hatte schon 1809 richtig erkannt, daß dieselbe allgemeine Geltung besitze, und daß also auch der *Mensch*, als das höchstentwickelte Säugetier, von demselben Stamme abzuleiten sei wie alle anderen Mammalien, und diese weiter hinauf von demselben älteren Zweige des Stammbaumes wie die übrigen Wirbeltiere. Er hatte auch schon auf die Vorgänge hingewiesen, durch welche die *Abstammung des Menschen vom Affen*, als dem nächstverwandten Säugetiere, wissenschaftlich erklärt werden könne. *Darwin*, der naturgemäß zu derselben Überzeugung gelangt war, ging in seinem Hauptwerk (1859) über diese anstößigste Folgerung seiner Lehre absichtlich hinweg und hat dieselbe erst später (1871) in seinem Werke über „Die Abstammung des Menschen und die geschlechtliche Zuchtwahl" geistreich ausgeführt. Inzwischen hatte aber schon sein Freund *Huxley* (1863) jenen wichtigen Folgeschluß der Abstammungslehre sehr scharfsinnig erörtert in seiner berühmten kleinen Schrift über die „Zeugnisse für die Stellung des Menschen in der Natur". An der Hand der vergleichenden Anatomie und Ontogenie und gestützt auf die Tatsachen der Paläontologie zeigte *Huxley*, daß die „Abstammung des Menschen vom Affen" eine notwendige Konsequenz des Darwinismus sei, und daß eine andere wissenschaftliche Erklärung von der Entstehung des Menschengeschlechtes überhaupt nicht gegeben werden könne. Diese Überzeugung teilte auch damals schon *Carl Vogt*, sowie *Carl Gegenbaur*, der bedeutendste Vertreter der vergleichenden Anatomie, welcher diese wichtige Wissenschaft durch die konsequente und scharfsinnige Anwendung der Deszendenztheorie auf eine höhere Stufe erhoben hat.

Als weitere Folgerung dieser *Pithekoidentheorie* (oder „Affenabstammungslehre" des Menschen) ergab sich die schwierige Aufgabe, nicht nur die nächstverwandten *Säugetier-Ahnen* des Menschen in der Tertiärzeit zu erforschen, sondern auch die lange Reihe der älteren tierischen Vorfahren, welche in früheren Zeiträumen der Erdgeschichte gelebt und während ungezählter Jahrmillionen sicht entwickelt hatten. Die hypothetische

Lösung dieser großen historischen Aufgabe hatte ich schon 1866 in der Generellen Morphologie zu beginnen versucht; weiter ausgeführt habe ich dieselbe 1874 in meiner *Anthropogenie* (I. Teil: Keimesgeschichte, II. Teil: Stammesgeschichte). Die sechste umgearbeitete Auflage dieses Buches (1910) enthält diejenige Darstellung der Entwickelungsgeschichte des Menschen, welche bei dem gegenwärtigen Zustande unserer Urkunden-Kenntnis sich dem fernen Ziele der Wahrheit nach meiner persönlichen Auffassung am meisten nähert; ich war dabei stets bemüht, alle drei empirischen Urkunden, die *Paläontologie*, *Ontogenie* und *Morphologie* (oder vergleichende Anatomie), möglichst gleichmäßig und im Zusammenhange zu benutzen. Sicher werden die hier gegebenen Deszendenz-Hypothesen im einzelnen durch spätere phylogenetische Forschungen vielfach ergänzt und berichtigt werden; aber ebenso sicher steht für mich die Überzeugung, daß der dort entworfene Stufengang der menschlichen Stammesgeschichte im großen und ganzen der Wahrheit entspricht. Denn die *historische Reihenfolge der Wirbeltierversteinerungen* entspricht vollständig der morphologischen Entwickelungsreihe, welche uns die vergleichende Anatomie und Ontogenie enthüllt: auf die silurischen Fische folgen die devonischen Lurchfische, die karbonischen Amphibien, die permischen Reptilien und die mesozoischen Säugetiere; von diesen erscheinen wiederum zunächst in der Trias die niedersten Formen, die Gabeltiere (Monotremen), dann im Jura die Beuteltiere (Marsupialien) und darauf in der Kreide die ältesten Zottentiere (Placentalien). Von diesen letzteren treten wieder zunächst in der ältesten Tertiärzeit (Eocaen) die niedersten Primatenahnen auf, die Halbaffen; darauf (in der Miozänzeit) die echten Affen, und zwar von den Katarrhinen zuerst die Hundsaffen (Cynopitheken), später die Menschenaffen (Anthropomorphen); aus einem Zweige dieser letzteren ist während der Pliozänzeit der sprachlose *Affenmensch* entstanden (Pithecanthropus alalus) und aus diesem endlich der sprechende Mensch.

Viel schwieriger und unsicherer als diese Kette unserer *Wirbeltier-Ahnen* ist diejenige der vorhergehenden wirbellosen Ahnen zu erforschen; denn von ihren weichen skelettlosen Körpern kennen wir keine versteinerten Überreste; die Paläontologie kann uns hier keinerlei Zeugnis liefern. Um so wichtiger werden hier die Urkunden der vergleichenden Anatomie und Ontogenie. Da der menschliche Keim denselben Chordula-Zustand durchläuft wie der Embryo aller anderen Wirbeltiere, da er sich ebenso aus zwei Keimblättern einer Gastrula entwickelt, schließen wir nach dem biogenetischem Grundgesetze auf die frühere Existenz entsprechender Ahnenformen (Vermalien, Gastraeaden). Vor allem wichtig aber ist die fundamentale Tatsache, daß auch der Keim des Menschen, gleich demjenigen aller anderen Tiere, sich ursprünglich aus einer einfachen Zelle entwickelt; denn diese *Stammzelle* (Cytula) – die „befruchtete Eizelle" – weist zweifellos auf eine entsprechende einzellige Stammform hin, ein uraltes (laurentisches) *Protozoon*.

Für unsere *monistische Philosophie* ist es übrigens zunächst ziemlich gleichgültig, wie sich im einzelnen die Stufenreihe unserer tierischen Vorfahren noch sicherer feststellen lassen wird. Für sie bleibt als *sichere historische Tatsache* die folgenschwere Erkenntnis bestehen, daß der *Mensch zunächst vom Affen abstammt*, weiterhin von einer langen Reihe niederer Wirbeltiere. Die logische Begründung dieses Pithekometra-Satzes habe ich schon 1866 im siebenten Buche der „Generellen *Morphologie*" betont (S. 427): „Der Satz, daß der Mensch sich aus niederen Wirbeltieren, und zwar zunächst aus echten Affen, entwickelt hat, ist ein spezieller Deduktionsschluß, welcher sich aus dem generellen Induktionsgesetze der Deszendenztheorie mit absoluter Notwendigkeit ergibt."

Von größter Bedeutung für die definitive Feststellung und Anerkennung dieses fundamentalen *Pithekometra-Satzes* sind die *paläontologischen Entdeckungen* der letzten drei Dezennien geworden; insbesondere haben uns die überraschenden Funde von zahlreichen ausgestorbenen

Säugetieren der Tertiärzeit in den Stand gesetzt, die Stammesgeschichte dieser wichtigsten Tierklasse, von den niedersten, eierlegenden Monotremen bis zum Menschen hinauf, in ihren Grundzügen klarzulegen. Die vier Hauptgruppen der *Zottentiere* oder Placentalia, die formenreichen Legionen der Raubtiere, Nagetiere, Huftiere, und Herrentiere, erscheinen durch tiefe Klüfte getrennt, wenn wir nur die heute noch lebenden Epigonen als Vertreter derselben ins Auge fassen. Diese Klüfte werden aber vollkommen ausgefüllt und die scharfen Unterschiede der vier Legionen gänzlich verwischt, wenn wir ihre tertiären, ausgestorbenen Vorfahren vergleichen, und wenn wir bis in die eozäne Geschichts-Dämmerung der ältesten Tertiärzeit hinabsteigen (mindestens drei Millionen Jahre zurückliegend!). Da finden wir die große Unterklasse der Zottentiere, die heute mehr als 2500 Arten umfaßt, nur durch eine sehr geringe Zahl von kleinen und unbedeutenden „Urzottentieren" vertreten; und in diesen Mallotherien erscheinen die Charaktere jener vier divergenten Legionen so gemischt und verwischt, daß wir sie vernünftigerweise nur als *gemeinsame Vorfahren* derselben deuten können. Die ältesten Raubtiere (Ictopsales), die ältesten Nagetiere (Esthonychales), die ältesten Huftiere (Condylarthrales) und die ältesten Herrentiere (Lemuravales) besitzen alle im wesentlichen dieselbe Bildung des Knochengerüstes und dasselbe *typische Gebiß* der ursprünglichen Plazentalien, mit 44 Zähnen (in jeder Kieferhälfte drei Schneidezähne, ein Eckzahn, vier Lückenzähne und drei Mahlzähne); sie zeichnen sich alle durch die geringe Größe und unvollkommene Bildung ihres Gehirns aus (besonders des wichtigsten Teiles, der Großhirnrinde, die sich erst später bei den miozänen und pliozänen Epigonen zum wahren „Denkorgane" entwickelt hat); sie haben alle kurze Beine und fünfzehige Füße, die mit der flachen Sohle auftreten (Plantigrada). Bei manchen dieser ältesten Zottentiere der Eozänzeit war es anfangs zweifelhaft, ob man sie zu den Raubtieren oder Nagetieren, zu den Huftieren oder

Herrentieren stellen sollte; so sehr nähern sich hier unten diese vier großen, später so sehr verschiedenen Legionen der Plazentalien bis zur Berührung. Unzweifelhaft folgt daraus ihr gemeinsamer Ursprung aus einer einzigen Stammgruppe. Diese Prochoriata oder Mallotheria lebten schon in der vorhergehenden Kreideperiode (vor mehr als drei Jahrmillionen!) und sind wahrscheinlich in der Juraperiode aus einer Gruppe von insektenfressenden *Beuteltieren* (Amphitheria) durch Ausbildung einer primitiven Placenta diffusa entstanden, einer Zottenhaut einfachster Art.

Die wichtigsten aber von allen neueren paläontologischen Entdeckungen, welche die Stammesgeschichte der Zottentiere aufgeklärt haben, betreffen unseren eigenen Stamm, die Legion der Herrentiere (Primates). Früher waren versteinerte Reste derselben äußerst selten. Noch *Cuvier*, der große Gründer der Paläontologie, behauptete bis zu seinem Tode (1832), daß es keine Versteinerungen von Primaten gäbe; zwar hatte er selbst schon den Schädel eines eozänen Halbaffen (Adapis) beschrieben, ihn aber irrtümlich für ein Huftier gehalten. In den letzten beiden Dezennien sind aber gut erhaltene, versteinerte Skelette von Halbaffen und Affen in ziemlicher Zahl entdeckt worden; darunter befinden sich alle die wichtigen Zwischenglieder, welche eine zusammenhängende Ahnenkette von den ältesten Halbaffen bis zum Menschen hinauf überzeugend darstellen.

Der berühmteste und interessanteste von diesen fossilen Funden ist der *versteinerte Affenmensch von Java*, welchen der holländische Militärarzt *Eugen Dubois* 1891 entdeckt hat, der vielbesprochene Pithecanthropus erectus. Er ist in der Tat das vielgesuchte „Missing link", das angeblich „fehlende Glied" in der Primatenkette, welche sich ununterbrochen vom niedersten katarrhinen Affen bis zum höchst entwickelten Menschen hinaufzieht. Ich habe die hohe Bedeutung, welche dieser merkwürdige Fund besitzt, ausführlich erörtert in dem Vortrage „Über unsere gegenwärtige Kenntnis vom Ursprung des Menschen", welchen ich am 26. August 1898 auf dem vierten Internationalen Zoologenkongreß in Cambridge gehalten habe. Der Paläontologe, welcher die Bedingungen für Bildung und Erhaltung von Versteinerungen kennt, wird die Entdeckung des Pithekanthropus als einen besonders glücklichen Zufall betrachten. Denn als Baumbewohner kommen die Affen nach ihrem Tode (wenn sie nicht zufällig ins Wasser fallen) nur selten unter Verhältnisse, welche die Erhaltung und Versteinerung ihres Knochengerüstes gestatten. Durch den Fund dieses fossilen Affenmenschen von Java ist also auch von seiten der *Paläontologie* die „Abstammung des Menschen vom Affen" ebenso klar und sicher bewiesen, wie es früher schon durch die Urkunden der *vergleichenden Anatomie und Ontogenie* geschehen war; wir besitzen jetzt in der Tat alle wesentlichen Urkunden unserer Stammesgeschichte.

Zusatz (1908). Im Laufe des letzten Jahrzehnts sind über die „Affenabstammung" des Menschen und insbesondere über seine Beziehungen zu dem fossilen Pithecanthropus zahlreiche Abhandlungen veröffentlicht worden. Vielfach wird darin versucht, die hohe Bedeutung des „Affenmenschen" von Java herabzudrücken, indem man entweder seine unzweifelhafte morphologische Zwischenstellung zwischen dem Menschen und den bekannten lebenden Menschenaffen leugnet oder seine Existenz in der Tertiärzeit bestreitet. Während die einen Gegner ihn bloß als einen großen Gibbon (*Hylobates*) gelten lassen wollen, betrachten ihn die anderen als Überrest einer diluvialen Menschenrasse, die für die Affenabstammung nichts beweise. Das schließliche Ergebnis dieser widersprechenden Ansichten ist die Bestätigung unserer Auffassung, daß der Pithecanthropus wirklich eines der gesuchten „Zwischenglieder" zwischen Mensch und Affe darstelle.

Anderseits ist von mehreren Anthropologen der Versuch gemacht worden, die Verwandtschaft des Menschen nicht nur mit den Affen und Halbaffen, sondern auch mit allen anderen bekannten Säugetieren zu leugnen und seine Herkunft von einer langen Reihe gänzlich unbekann-

11*

ter ausgestorbener Säugetiere abzuleiten. Einige Dilettanten, welche die vergleichende Anatomie und Ontogenie dieser Klasse nicht genügend kennen, wollen sogar den Menschen als die ursprünglichste Form der Säugetiere hinstellen und alle anderen durch Rückbildung (– im Sündenfall? –) davon ableiten. Alle diese phantastischen Hypothesen werden anatomisch durch den Pithekometra-Satz von *Huxley* widerlegt und physiologisch durch die interessanten Experimente von *Friedenthal* und *Uhlenhuth*, welche den direkten Beweis der wahren *Blutsverwandtschaft* des Menschen und der Menschenaffen geliefert haben. (Vgl. meine Berliner Vorträge über den „Kampf um die Entwickelungsgedanken", 1905, S. 60.)

Auch die *fossilen Menschenreste* aus der Diluvialzeit, insbesondere die viel umstrittenen Schädel aus dem Neandertal (1856), aus den belgischen Knochenhöhlen von Spy (1886) und von Krapina (1899) sind neuerdings in ihrer phyletischen Bedeutung richtig gewürdigt worden. Der Anatom *Gustav Schwalbe* in Straßburg hat durch sehr sorgfältige und kritische Untersuchungen 1904 nachgewiesen, daß sie als Reste einer ausgestorbenen Art von *Urmenschen* (*Homo primigenius*) zu betrachten sind, welche zwischen dem tertiären *Pithecanthropus* und dem lebenden *Homo sapiens* genau in der Mitte steht. Weitere Beweise dafür habe ich selbst 1908 geliefert in meiner Abhandlung über „Unsere Ahnenreihe" (*Progonotaxis hominis*, – Festschrift zur 350jährigen Jubelfeier der Universität Jena, mit 6 Tafeln).

SECHSTES KAPITEL

DAS WESEN DER SEELE

Monistische Studien über den Begriff der Psyche
Aufgaben und Methoden der wissenschaftlichen Psychologie
Psychologische Metamorphosen

„Die psychologischen Unterschiede zwischen dem Menschen und den Menschenaffen sind geringer als die entsprechenden Unterschiede zwischen den Menschenaffen und den niedrigsten Affen. Und diese psychologische Tatsache entspricht genau dem anatomischen Befunde, welchen uns die betreffenden Unterschiede im Bau der *Großhirnrinde*, des wichtigsten ‚*Seelenorgans*', darbieten. — Wenn nun auch heute noch in den weitesten Kreisen die Menschenseele als ein besonderes ‚*Wesen*' betrachtet und als wichtigstes Zeugnis gegen die verrufene ‚*Abstammung des Menschen vom Affen*' in den Vordergrund gestellt wird, so erklärt sich das einerseits aus dem tiefen Zustande der sogenannten ‚Psychologie', anderseits aus dem weit verbreiteten *Aberglauben* an die Unsterblichkeit der Seele."

Cambridge-Vortrag
(Über unsere gegenwärtige Kenntnis vom Ursprung des Menschen, 1898)

INHALT DES SECHSTEN KAPITELS

Fundamentale Bedeutung der Psychologie. Begriff und Methoden derselben. Gegensätze der Ansichten darüber. Dualistische und monistische Psychologie. Verhältnis zum Substanzgesetz. Begriffsverwirrung. Psychologische Metamorphosen (Kant, Virchow, Du Bois-Reymond). Erkenntniswege der Seelenkunde. Introspektive Methode (Selbstbeobachtung). Exakte Methode (Psychophysik). Vergleichende Methode (Tierpsychologie). Psychologischer Prinzipienwechsel (Wundt). Völkerpsychologie und Ethnographie (Bastian). Ontogenetische Psychologie (Preyer). Phylogenetische Psychologie (Darwin, Romanes).

LITERATUR

Julien Lamettrie, Naturgeschichte der Seele. Haag 1745.

Johannes Müller, Sinne und Seelenleben. 5. und 6. Buch der Physiologie des Menschen. Coblenz 1840.

Herbert Spencer, Principien der Psychologie. Stuttgart 1881.

John Romanes, Die geistige Entwickelung im Tierreich und im Menschen. Leipzig 1885–1893.

Wilhelm Wundt, Grundriß der Psychologie. Leipzig 1898. Achte Auflage 1907.

Theodor Ziehen, Leitfaden der physiologischen Psychologie. Jena 1891. Siebente Auflage 1906.

Albrecht Rau, Empfinden und Denken. Eine physiologische Untersuchung über die Natur des menschlichen Verstandes. Gießen 1896.

Paul Carus, The Soul of Man. An Investigation of the facts of physiological and experimental Psychology. Chicago 1891.

August Forel, Gehirn und Seele (Vortrag in Wien). Bonn 1894. Zehnte Auflage 1907.

Paul Flechsig, Gehirn und Seele. Leipzig 1894.

Adalbert Svoboda, Der Seelenwahn. Geschichtliches und Philosophisches. Leipzig 1886.

Hermann Kroell, Der Aufbau der menschlichen Seele. 1900. Die Seele im Lichte des Monismus. Straßburg 1902.

Fritz Schultze, Psychologie der Naturvölker. Eine natürliche Schöpfungsgeschichte menschlichen Vorstellens, Wollens und Glaubens. Leipzig 1900.

Die Erscheinungen, welche man allgemein unter dem Begriffe des *Seelenlebens* oder der psychischen Tätigkeit zusammenfaßt, sind unter allen uns bekannten Phänomenen einerseits die wichtigsten und interessantesten, andererseits die verwickelsten und rätselhaftesten. Da die Naturerkenntnis selbst, die Aufgabe unserer vorliegenden philosophischen Studien, ein Teil des Seelenlebens ist, und da mithin auch die Anthropologie, ebenso wie die Kosmologie, eine richtige Erkenntnis der „*Psyche*" zur Voraussetzung hat, so kann man die *Psychologie*, die wirklich wissenschaftliche Seelenlehre, auch als das Fundament und als die Voraussetzung aller anderen Wissenschaften ansehen; von der anderen Seite betrachtet, ist sie wieder ein Teil der Philosophie oder der Physiologie oder der Anthropologie.

Die große Schwierigkeit ihrer naturgemäßen Begründung liegt nun aber darin, daß die Psychologie wiederum die genaue Kenntnis des menschlichen Organismus voraussetzt und vor allem das *Gehirn* als des wichtigsten *Organs* des Seelenlebens.

Die Mehrzahl der sogenannten „Psychologen" besitzt jedoch von diesen anatomischen Grundlagen der Psyche nur sehr unvollständige oder gar keine Kenntnis, und so erklärt sich die bedauerliche Tatsache, daß in keiner anderen Wissenschaft so widersprechende und unhaltbare Vorstellungen über ihren eigenen Begriff und ihre wesentliche Aufgabe herrschen wie in der Psychologie. Diese Konfusion ist in den letzten drei Dezennien um so fühlbarer hervorgetreten, je mehr die großartigen Fortschritte der Anatomie und Physiologie unsere Kenntnis vom Bau und von den Funktionen des wichtigsten Seelenorgans erweitert haben.

METHODEN DER SEELENFORSCHUNG. Nach meiner Überzeugung ist das, was man die „*Seele*" nennt, in Wahrheit eine *Naturerscheinung*; ich betrachte daher die Psychologie als einen Zweig der Naturwissenschaft – und zwar der *Physiologie*. Demzufolge muß ich von vornherein betonen, daß wir für dieselbe keine anderen Forschungswege zulassen können als für alle übrigen Naturwissenschaften; d. h. in erster Linie die *Beobachtung* und das Experiment, in zweiter Linie die *Entwickelungsgeschichte* und in dritter Linie die metaphysische *Spekulation*, welche durch induktive und deduktive Schlüsse möglichst dem unbekannten „*Wesen*" der Erscheinung sich zu nähern sucht. Mit Bezug auf die prinzipielle Beurteilung desselben aber müssen wir zunächst gerade hier den Gegensatz der dualistischen und der monistischen Ansicht scharf ins Auge fassen.

DUALISTISCHE PSYCHOLOGIE. Die allgemein herrschende Auffassung des Seelenlebens, welche wir bekämpfen, betrachtet Seele und Leib als zwei verschiedene „*Wesen*". Diese beiden Wesen können unabhängig voneinander existieren und sind nicht notwendig aneinander gebunden. Der organische *Leib* ist ein sterbliches *materielles* Wesen, chemisch zusammengesetzt aus lebendigem Plasma und den von diesem erzeugten Verbindungen (Plasmaprodukten). Die *Seele* hingegen ist ein unsterbliches, *immaterielles* Wesen, ein spirituelles Agens, dessen rätselhafte Tätigkeit uns völllg unbekannt ist. Diese triviale Auffassung ist als solche rein spiritualistisch und ihr prinzipielles Gegenteil im gewissen Sinne materialistisch. Sie ist zugleich transzendent und *supranaturalistisch*; denn sie behauptet die Existenz von Kräften, welche ohne materielle Basis existieren und wirksam sind; sie fußt auf der Annahme, daß außer und über der Natur noch eine „geistige Welt" existiert, eine immaterielle Welt von der wir durch Erfahrung nichts wissen und unserer Natur nach nichts wissen können.

Diese hypothetische „*Geisteswelt*", die von der materiellen Körperwelt ganz unabhängig sein soll, und auf deren Annahme das ganze künstliche Gebäude der dualistischen Weltanschauung ruht, ist lediglich ein Produkt der dichtenden Phantasie, und dasselbe gilt von dem mystischen, eng mit ihr verknüpften Glauben an die „Unsterblichkeit der Seele", dessen wissenschaftliche Unhaltbarkeit wir nachher noch besonders dartun müssen (im 11. Kapitel). Wenn die in diesem Sagenkreise herrschenden Glaubensvorstellungen wirklich begründet wären, so müßten die betreffenden Erscheinungen *nicht* dem *Substanzgesetze* unterworfen sein; diese einzige Ausnahme von dem höchsten kosmologischen Grundgesetze müßte aber erst sehr spät im Laufe der organischen Weltgeschichte eingetreten sein, da sie nur die „Seele" des Menschen und der höheren Tiere betrifft. Auch das Dogma des „freien Willens", ein anderes wesentliches Stück der dualistischen Psychologie, ist mit dem universalen Substanzgesetze ganz unvereinbar.

MONISTISCHE PSYCHOLOGIE. Die natürliche Auffassung des Seelenlebens, wechle wir vertreten, erblickt dagegen in demselben eine Summe von Lebenserscheinungen, welche gleich allen anderen an ein bestimmtes materielles Substrat gebunden sind. Wir wollen diese materielle Basis aller psychischen Tätigkeit, ohne welche dieselbe nicht denkbar ist, vorläufig als *Psychoplasma* bezeichnen, und zwar deshalb, weil sie durch die chemische Analyse überall als ein Körper nachgewiesen ist, welcher zur Gruppe der *Plasmakörper* gehört, d. h. jener eiweißartigen Kohlenstoffverbindungen, welche sämtlichen Lebensvorgängen zugrunde liegen. Bei den höheren Tieren, welche ein Nervensystem und Sinnesorgane besitzen, ist aus dem *Psychoplasma* durch Differenzierung das *Neuroplasma*, die Nervensubstanz, entstanden. Unsere Auffassung ist in *diesem* Sinne *materialistisch*. Sie ist aber zugleich *empirisch* und *naturalistisch*; denn unsere wissenschaftliche Erfahrung hat uns noch keine Kräfte kennen gelehrt, welche der materiellen Grundlage entbehren, und keine „geistige Welt", welche außer der Natur und über der Natur stünde.

Gleich allen anderen Naturerscheinungen sind auch diejenigen des Seelenlebens dem obersten, alles beherrschenden *Substanz-Gesetze* unterworfen; es gibt auch in diesem Gebiete keine einzige Ausnahme von diesem höchsten kosmologischen Grundgesetze (vgl. Kap. 12). Die Vorgänge des niederen Seelenlebens bei den einzelligen Protisten und bei den Pflanzen – aber ebenso auch bei den niederen Tieren –, ihre Reizbarkeit, ihre Reflexbewegungen, ihre Empfindlichkeit und ihr Streben nach Selbsterhaltung, sind unmittelbar bedingt durch physiologische Vorgänge in dem *Plasma* ihrer Zellen, durch physikalische und chemische Veränderungen, welche teils auf *Vererbung*, teils auf *Anpassung* zurückzuführen sind. Aber ganz dasselbe müssen wir auch für die höheren Seelentätigkeiten der höheren Tiere und des Menschen behaupten, für die Bildung der Vorstellungen und Begriffe, für die wunderbaren Phänomene der Vernunft und des Bewußtseins; denn diese letzteren haben sich phylogenetisch aus jenen ersteren entwickelt, und nur der höhere Grad der Integration oder Zentralisation, der Assozison oder Vereinigung der früher getrennten Funktionen, erhebt sie zu dieser erstaunlichen Höhe.

Begriffe der Psychologie. In jeder Wissenschaft gilt mit Recht als erste Aufgabe die klare *Begriffsbestimmung* des Gegenstandes, den sie zu erforschen hat. In keiner Wissenschaft aber ist die Lösung dieser ersten Aufgabe so schwierig als in der Seelenlehre, und diese Tatsache ist um so merkwürdiger, als die *Logik*, die Lehre von der Begriffsbildung, selbst nur ein Teil der Psychologie ist. Wenn wir alles vergleichen, was über die Grundbegriffe der Seelenkunde von den angesehensten Philosophen und Naturforschern aller Zeiten gesagt worden ist, so ersticken wir in einem Chaos der widersprechendsten Ansichten. Was ist denn eigentlich die „*Seele*“? Wie verhält sie sich zum „*Geist*“? Welche Bedeutung hat eigentlich das „*Bewußtsein*“? Wie unterscheiden sich „*Empfindung*“ und „*Gefühl*“? Was ist der „*Instinkt*“? Wie verhält sich der „*freie Wille*“? Was ist „*Vorstellung*“?

Welcher Unterschied besteht zwischen „*Verstand* und *Vernunft*"? Und was ist eigentlich „*Gemüt*"? Welche Beziehung besteht zwischen allen diesen „Seelenerscheinungen und dem *Körper*"? Die Antworten auf diese und viele andere sich daran anschließenden Fragen lauten so verschieden als möglich; nicht allein gehen die Ansichten der angesehensten Autoritäten darüber weit auseinander, sondern auch eine und dieselbe *wissenschaftliche* Autorität hat oft im Laufe ihrer eigenen psychologischen Entwickelung ihre Ansicht vollständig verändert. Sicher hat diese „*psychologische* Metamorphose" vieler Denker nicht wenig zu der *kolossalen Konfusion der Begriffe* beigetragen, welche in der Seelenlehre mehr als in jedem anderen Gebiete der Erkenntnis herrscht.

Psychologische Metamorphosen. Das interessanteste Beispiel solchen totalen Wechsels der objektiven und subjektiven psychologischen Anschauungen liefert wohl der einflußreichste Führer der deutschen Philosophie, *Immanuel Kant*. Der unbefangene, wirklich *kritische Kant* war zu der Überzeugung gelangt, daß die drei *Großmächte des Mystizismus* – „Gott, Freiheit und Unsterblichkeit" – im Lichte der „*reinen Vernunft*" unhaltbar erscheinen; der gläubige, *dogmatische Kant* dagegen fand, daß diese drei Hauptgespenster „Postulate der *praktischen* Vernunft" und als solche unentbehrlich sind. Je mehr neuerdings die angesehene Schule der *Neokantianer* den „Rückgang auf *Kant*" als einzige Rettung aus dem entsetzlichen Wirrwarr der modernen Metaphysik predigt, desto klarer offenbart sich der unleugbare und unheilvolle Widerspruch zwischen den Grundanschauungen des kritischen und des dogmatischen *Kant*; wir kommen später auf diesen Dualismus zurück.

Ein interessantes Beispiel ähnlicher tiefgehender Wandelung bieten zwei der berühmtesten Naturforscher, *R. Virchow* und *E. Du-Bois-Reymond*; die Metamorphose ihrer psychologischen Grundanschauungen darf um so weniger übersehen werden, als beide Berliner Biologen mehr als 40 Jahre hindurch an der größten Universität

Deutschlands eine höchst bedeutende Rolle gespielt und sowohl direkt wie indirekt einen tiefgreifenden Einfluß auf das moderne Geistesleben geübt haben. *Rudolf Virchow*, der verdienstvolle Begründer der Zellularpathologie, war in der besten Zeit seiner wissenschaftlichen Tätigkeit, um die Mitte des neunzehnten Jahrhunderts (und besonders während seines Würzburger Aufenthalts von 1849–1856) reiner *Monist*; er galt damals als einer der hervorragendsten Vertreter jenes neu erwachenden „*Materialismus*", der im Jahre 1855 besonders durch zwei berühmte, fast gleichzeitig erschienene Werke eingeführt wurde: *Ludwig Büchner*: Kraft und Stoff, und *Carl Vogt*: Köhlerglaube und Wissenschaft. Seine allgemeinen biologischen Anschauungen von den Lebensvorgängen im Menschen – sämtlich als mechanische Naturerscheinungen aufgefaßt! – legte damals *Virchow* in einer Reihe ausgezeichneter Artikel in den ersten Bänden des von ihm herausgegebenen Archivs für pathologische Anatomie nieder. Wohl die bedeutendste unter diesen Abhandlungen und diejenige, in welcher er seine damalige *monistische Weltanschauung* am klarsten zusammenfaßte, ist die Arbeit über „Die Einheitsbestrebungen in der wissenschaftlichen Medizin" (1849). Es geschah gewiß mit Bedacht und mit der Überzeugung ihres philosophischen Wertes, daß *Virchow* 1856 dieses „medizinische Glaubensbekenntnis" an die Spitze seiner „Gesammelten Abhandlungen zur wissenschaftlichen Medizin" stellte. Er vertritt darin ebenso klar als bestimmt die fundamentalen Prinzipien unseres heutigen Monismus, wie ich sie hier mit Bezug auf die Lösung der „Welträtsel" darstelle; er verteidigt die alleinige Berechtigung der Erfahrungswissenschaft, deren einzige zuverlässige Quellen Sinnestätigkeit und Gehirnfunktion sind; er bekämpft ebenso entschieden den anthropologischen Dualismus, jede sogenannte Offenbarung und jede „Transzendenz" mit ihren zwei Wegen: „Glauben und Anthropomorphismus". Vor allem betont er den monistischen Charakter der Anthropologie, den untrennbaren Zusammenhang von Geist und

Körper, von Kraft und Materie; am Schlusse seines Vorworts spricht er (S. 4) den Satz aus: „Ich habe die Überzeugung, daß ich mich niemals in der Lage befinden werde, den Satz von der *Einheit des menschlichen Wesens* und seine Konsequenzen zu verleugnen." Leider war diese „Überzeugung" ein schwerer Irrtum; denn 28 Jahre später vertrat *Virchow* ganz entgegengesetzte prinzipielle Anschauungen. Es geschah dies in der vielbesprochenen Rede über „Die Freiheit der Wissenschaft im modernen Staate", die er 1877 auf der Naturforscherversammlung in München hielt, und deren Angriffe ich in meiner Schrift „Freie Wissenschaft und freie Lehre" (1878) zurückgewiesen habe. (Letzte Auflage 1907.)

Ähnliche Widersprüche in bezug auf die wichtigsten philosophischen Grundsätze wie *Virchow* hat auch *Emil Du Bois-Reymond* gezeigt und damit den lauten Beifall der dualistischen Schulen und vor allem der Ecclesia militans errungen. Je mehr dieser berühmte Rhetor der Berliner Akademie im allgemeinen die Grundsätze unseres Monismus vertrat, je mehr er selbst zur Widerlegung des Vitalismus und der transzendenten Lebensauffassung beigetragen hatte, desto lauter war das Triumphgeschrei der Gegner, als er 1872 in seiner wirkungsvollen *Ignorabimus*-Rede das „Bewußtsein" als ein unlösbares Welträtsel hingestellt und als eine übernatürliche Erscheinung den anderen Gehirnfunktionen gegenübergestellt hatte. Ich komme später (im 10. Kapitel) darauf zurück.

Objektive und subjektive Psychologie. Die ganze eigentümliche Natur vieler Seelenerscheinungen, und vor allem des Bewußtseins, bedingt gewisse Abänderungen und Modifikationen unserer naturwissenschaftlichen Untersuchungsmethoden. Besonders wichtig ist hier der Umstand, daß zu der gewöhnlichen, *objektiven*, *äußeren* Beobachtung noch die *introspektive Methode* treten muß, die *subjektive*, *innere* Beobachtung, welche die Spiegelung unseres „Ich" im Bewußtsein bedingt. Von dieser „unmittelbaren Gewißheit des Ich" gingen die meisten Psychologen aus: „Cogito, ergo sum!" „*Ich denke, also bin ich.*" Wir werden daher zunächst auf diesen Erkenntnisweg und dann erst auf die anderen, ihn ergänzenden Methoden einen Blick werfen.

Introspektive Psychologie (Selbstbeobachtung der Seele). Der weitaus größte Teil aller derjenigen Kenntnisse, welche seit Jahrtausenden in unzähligen Schriften über das menschliche Seelenleben niedergelegt sind, beruht auf introspektiver Seelenforschung, d. h. auf *Selbstbeobachtung*, und auf Schlüssen, welche wir aus der Assozion und Kritik dieser subjektiven, „inneren Erfahrungen" ziehen. Für einen wichtigen Teil der Seelenlehre ist dieser introspektive Weg überhaupt der einzig mögliche, vor allem für die Erforschung des *Bewußtseins*; diese Gehirnfunktion nimmt daher eine ganz eigentümliche Stellung ein und ist mehr als jede andere die Quelle unzähliger philosophischer Irrtümer geworden. (Vgl. Kap. 10.) Es ist aber ganz ungenügend und führt zu ganz unvollkommenen und falschen Vorstellungen, wenn man diese Selbstbeobachtung unseres Geistes als die wichtigste oder überhaupt als die einzige Quelle seiner Erkenntnis betrachtet, wie es von zahlreichen und angesehenen Philosophen geschehen ist. Denn ein großer Teil der wichtigsten Erscheinungen im Seelenleben, vor allem die *Sinnesfunktionen* (Sehen, Hören, Riechen usw.), ferner die *Sprache*, kann nur auf demselben Wege erforscht werden wie jede andere Lebenstätigkeit des Organismus, nämlich erstens durch gründliche anatomische Untersuchung ihrer *Organe*, und zweitens durch exakte physiologische Analyse der davon abhängigen *Funktionen*. Um diese „äußere Beobachtung" der Seelentätigkeit auszuführen und dadurch die Ergebnisse der „inneren Beobachtung" zu ergänzen, bedarf es aber gründlicher Kenntnisse in Anatomie und Histologie, Ontogenie und Physiologie des Menschen. Von diesen unentbehrlichen Grundlagen der Anthropologie haben nun die meisten sogenannten „*Psychologen*" gar keine oder nur höchst unvollkommene Kenntnis; sie sind daher nicht imstande, auch nur von ihrer eigenen Seele eine genügende Vorstellung zu erwerben. Dazu kommt noch der schlimme Umstand, daß die hochverehrte eigene Seele dieser Psychologen gewöhnlich die einseitig ausgebildete (wenn auch in ihrem spekulativen Sport sehr hoch entwickelte!) Psyche eines *Kulturmenschen* höchster Rasse darstellt, also das letzte *Endglied* einer langen phyletischen Entwickelungsreihe, deren zahlreiche ältere und niedere Vorläufer für ihr richtiges Verständnis unentbehrlich sind. So erklärt es sich, daß der größte Teil der gewaltigen psychologischen Literatur heute wertlose Makulatur ist. Die introspektive Methode ist gewiß höchst wertvoll und unentbehrlich, sie bedarf aber durchaus der Mitwirkung und Ergänzung durch die übrigen Methoden.

Exakte Psychologie. Je reicher im Laufe des neunzehnten Jahrhunderts sich die verschiedenen Zweige des menschlichen Erkenntnisbaumes entwickelt, je mehr sich die verschiedenen Methoden der einzelnen Wissenschaften vervollkommnet haben, desto mehr ist das Bestreben gewachsen, dieselben *exakt* zu gestalten, d. h. die Erscheinungen möglichst genau *empirisch* zu untersuchen und die daraus abzuleitenden Gesetze tunlichst scharf, wo möglich *mathematisch* zu formulieren. Letzteres ist aber nur bei einem kleinen Teile des menschlichen Wissens erreichbar, vorzüglich in jenen Wissenschaften, bei denen es sich in der Hauptsache um meßbare Größenbestimmungen handelt; in erster Linie der Mathematik, sodann der Astronomie, der Mechanik, überhaupt einem großen Teile der Physik und Chemie. Diese Wissenschaften werden daher auch als *exakte Disziplinen* im engeren Sinne bezeichnet. Dagegen ist es nicht richtig und führt nur irre, wenn man oft alle Naturwissenschaft als „exakte" betrachtet, und anderen, namentlich den historischen und den „Geisteswissenschaften" gegenüberstellt. Denn ebensowenig wie diese letzteren kann auch der größere Teil der Naturwissenschaften wirklich exakt behandelt werden; ganz besonders gilt dies von der Biologie und in dieser wieder von der Psychologie. Da diese letztere nur ein Teil der Physiologie ist, muß sie im allgemeinen deren fundamentale Erkenntniswege teilen. Sie muß die tatsächlichen Erscheinungen des Seelenlebens möglichst genau *empirisch* ergründen, durch Beobachtung und durch Experiment; und sie muß dann die Gesetze der Psyche aus diesen durch induktive und deduktive Schlüsse ableiten und möglichst scharf formulieren. Allein eine *mathematische* Formulierung derselben ist aus leicht begreiflichen Gründen nur sehr selten möglich; sie ist mit großem Erfolge nur bei einem Teile der Sinnesphysiologie ausgeführt; dagegen für den weitaus größten Teil der Gehirnphysiologie ist sie nicht anwendbar.

Psychophysik. Ein kleiner Teil der Psychologie, welcher der erstrebten „exakten" Untersuchung zugänglich erscheint, ist seit dem Jahr 1860 mit großer Sorgfalt studiert und zum Range einer besonderen Disziplin erhoben worden unter der Bezeichnung *Psychophysik*. Die Begründer derselben, die Physiologen *Theodor Fechner* und *Ernst Heinrich Weber* in Leipzig, untersuchten zunächst genau die Abhängigkeit der Empfindungen von den äußeren, auf die Sinnesorgane wirkenden Reizen und besonders das quantitative Verhältnis zwischen Reizstärke und Empfindungsintensität. Sie fanden, daß zur Erregung einer Empfindung eine bestimmte minimale Reizstärke erforderlich ist (die „Reizschwelle"), und daß ein gegebener Reiz immer um einen gewissen Betrag (die „Unterschiedsschwelle") geändert werden muß, ehe die Empfindung sich merklich verändert. Für die wichtigsten Sinnesempfindungen (Gesicht, Gehör, Druckempfindung) gilt das Gesetz, daß ihre Änderung derjenigen der Reizstärke proportional ist. Aus diesem empirischen „Weberschen Gesetz" leitete *Fechner* durch mathematische Operationen sein „psychophysisches Grundgesetz" ab, wonach die Empfindungsintensitäten in arithmetrischer Progression wachsen sollen, hingegen die Reizstärke in geometrischer Progression. Indessen ist dieses Fechnersche Gesetz, ebenso wie andere psychophysische „Gesetze", mehrfach angegriffen und als „nicht exakt" bezweifelt worden.

Jedenfalls hat die moderne „Psychophysik" die hohen Erwartungen, mit denen sie anfänglich begrüßt wurde, nicht entfernt erfüllt; das Gebiet ihrer möglichen Anwendung ist nur sehr beschränkt. Indessen hat sie prinzipiell insofern hohen Wert, als dadurch die strenge Geltung physikalischer Gesetze auf einem, wenn auch nur sehr kleinen Gebiete des sogenannten „Geisteslebens" dargetan wurde – eine Geltung, welche von der materialistischen Psychologie schon längst für das ganze Gebiet des Seelenlebens prinzipiell in Anspruch genommen war. Die „exakte Methode" hat sich auch hier, wie auf vielen anderen Gebieten der Physiologie, als unzureichend und wenig fruchtbar erwiesen; sie ist zwar überall im Prinzip zu erstreben, aber leider in den meisten Fällen nicht anwendbar. Viel ergiebiger sind die vergleichende und die genetische Methode.

Vergleichende Psychologie. Die auffällige Ähnlichkeit, welche im Seelenleben des Menschen und der höheren Tiere – besonders der nächstverwandten Säugetiere – besteht, ist eine altbekannte Tatsache. Die meisten Naturvölker machen noch heute zwischen beiden psychischen Erscheinungsreihen keinen wesentlichen Unterschied, wie schon die allgemein verbreiteten Tierfabeln, die alten Sagen und die Vorstellungen von der Seelenwanderung beweisen. Auch die meisten Philosophen des klassischen Altertums waren davon überzeugt und entdeckten zwischen der menschlichen und tierischen Psyche keinen wesentlichen qualitativen, sondern nur quantitative Unterschiede. Selbst *Plato*, der zuerst den fundamentalen Unterschied von Leib und Seele behauptete, ließ in seiner Seelenwanderung eine und dieselbe Seele (oder „Idee") durch verschiedene Tier- und Menschenleiber hindurch wandern. Erst das Christentum, welches den Unsterblichkeitsglauben auf das engste mit dem Gottesglauben verknüpfte, führte die prinzipielle Scheidung zwischen der unsterblichen Menschenseele und der sterblichen Tierseele durch. In der dualistischen Philosophie gelangte sie vor allem durch den Einfluß von *Descartes* (1643) zur Geltung;

12*

er behauptete, daß nur der Mensch eine wahre „Seele" und somit Empfindung und freien Willen besitze, daß hingegen die Tiere Automaten, Maschinen ohne Willen und Empfindung seien. Seitdem wurde von den meisten Psychologen – namentlich auch von *Kant* – das Seelenleben der Tiere ganz vernachlässigt und das psychologische Studium auf den Menschen beschränkt; die menschliche, meistens rein introspektive Psychologie entbehrte der befruchtenden Vergleichung und blieb daher auf demselben niederen Standpunkt stehen, welchen die menschliche Morphologie einnahm, ehe sie *Cuvier* durch die Begründung der vergleichenden Anatomie zur Höhe einer „philosophischen Naturwissenschaft" erhob.

Tierpsychologie. Das wissenschaftliche Interesse für das Seelenleben der Tiere wurde erst in der zweiten Hälfte des achtzehnten Jahrhunderts neu belebt, im Zusammenhang mit den Fortschritten der systematischen Zoologie und Physiologie. Besonders anregend wirkte die Schrift von *Reimarus*: Allgemeine Betrachtungen über die Triebe der Tiere (Hamburg 1760). Indessen eine tiefere wissenschaftliche Erforschung wurde erst möglich durch die fundamentale Reform der Physiologie, welche wir dem großen Berliner Naturforscher *Johannes Müller* verdanken. Dieser geistvolle Biologe, das ganze Gebiet der organischen Natur, Morphologie und Physiologie, gleichmäßig umfassend, führte zuerst die *exakten Methoden* der Beobachtung und des Versuches im gesamten Gebiete der Physiologie durch und verknüpfte sie zugleich in genialer Weise mit den *vergleichenden Methoden*; er wendete dieselben ebenso auf das Seelenleben im weitesten Sinne an (auf Sprache, Sinne, Gehirntätigkeit) wie auf alle übrigen Lebenserscheinungen. Das sechste Buch seines „Handbuchs der Physiologie des Menschen" (1840) handelt speziell „Vom Seelenleben" und enthält auf achtzig Seiten eine Fülle der wichtigsten psychologischen Betrachtungen.

In den letzten fünfzig Jahren ist eine große Anzahl von Schriften über vergleichende Psychologie der Tiere erschienen, großenteils veranlaßt durch den mächtigen Anstoß, welchem 1859 *Charles Darwin* durch sein Werk über den Ursprung der Arten gab, und durch die Einführung der *Entwickelungstheorie* in das psychologische Gebiet. Einige der wichtigsten dieser Schriften verdanken wir *Romanes* und *I. Lubbock* in England, *W. Wundt*, *L. Büchner*, *G. H. Schneider*, *Fritz Schulze* und *August Forel* in Deutschland, *Alfred Espinas* und *E. Jourdan* in Frankreich, *Tito Vignoli*, *Morselli* u. a. in Italien.

In Deutschland gilt gegenwärtig als einer der bedeutendsten Psychologen *Wilhelm Wundt* in Leipzig; er besitzt vor den meisten anderen Philosophen den unschätzbaren Vorzug einer gründlichen *zoologischen*, *anatomischen* und *physiologischen* Bildung. Früher Assistent und Schüler von *Helmholtz*, hatte sich *Wundt* frühzeitig daran gewöhnt, die Grundgesetze der Physik und Chemie im gesamten Gebiete der Physiologie geltend zu machen, also auch im Sinne von *Johannes Müller* in der Psychologie, als einem Teilgebiete der letzteren. Von diesen Gesichtspunkten geleitet, veröffentlichte *Wundt* 1863 wertvolle „Vorlesungen über die Menschen- und Tierseele". Er liefert darin, wie er selbst in der Vorrede sagt, den *Nachweis*, daß der Schauplatz der wichtigsten Seelenvorgänge in der *unbewußten Seele* liegt, und er eröffnet uns „einen Einblick in jenen *Mechanismus*, der im unbewußten Hintergrund der Seele die Anregungen verarbeitet, die aus den äußeren Eindrücken stammen". Was mir aber besonders wichtig und wertvoll an *Wundts* Werk erscheint, ist, daß er „hier zum ersten Male das *Gesetz der Erhaltung der Kraft auf das psychische Gebiet ausdehnt* und dabei eine Reihe von Tatsachen der Elektrophysiologie zur Beweisführung benutzt" (l. c. p. VIII).

Dreißig Jahre später veröffentlichte *Wundt* (1892) eine zweite, wesentlich verkürzte und gänzlich umgearbeitete Auflage seiner „Vorlesungen über die Menschen und Tierseele". Die wichtigsten Prinzipien der ersten Auflage sind in dieser zweiten völlig aufgegeben, und der *monistische* Standpunkt der ersteren ist mit einem rein *dualistischen* vertauscht. *Wundt* selbst sagt in seiner Vorrede zur zweiten Auflage, daß er sich erst allmählich von den fundamentalen Irrtümern der ersten befreit habe, und daß er „diese Arbeit schon seit Jahren als eine *Jugendsünde* betrachten lernte“; sie „lastete auf ihm als eine Art *Schuld*, der er, so gut es gehen mochte, ledig zu werden wünschte“. In der Tat sind die wichtigsten Grundanschauungen der Seelenlehre in den beiden Auflagen von *Wundts* weit verbreiteten „Vorlesungen“ völlig entgegengesetzt; in der ersten Auflage rein monistisch und materialistisch, in der zweiten Auflage rein dualistisch und spiritualistisch. Dort wird die *Psychologie* als *Naturwissenschaft* behandelt, nach denselben Grundsätzen wie die gesamte Psychologie, von der sie nur ein Teil ist; dreißig Jahre später ist für ihn die Seelenlehre eine reine *Geisteswissenschaft* geworden, deren Prinzipien und Objekte von denjenigen der Naturwissenschaft völlig verschieden sind. Den schärfsten Ausdruck findet diese Bekehrung in seinem Prinzip des *psychophysischen Parallelismus*, wonach zwar einem „jeden psychischen Geschehen irgendwelche physische Vorgänge entsprechen“, beide aber völlig unabhängig voneinander sind und *nicht in natürlichem Kausalzusammenhang stehen*. Dieser vollkommene *Dualismus* von Leib und Seele, von Natur und Geist hat begreiflicherweise den lebhaften Beifall der herrschenden Schulphilosophie und wird von ihr als ein bedeutungsvoller Fortschritt gepriesen, um so mehr, als er von einem angesehenen Naturforscher bekannt wird, der früher die entgegengesetzten Anschauungen unseres modernen *Monismus* vertrat. Da ich selbst auf diesem letzteren, „beschränkten“ Standpunkt seit mehr als vierzig Jahren stehe und mich trotz aller bestgemeinten Anstrengungen nicht von ihm habe losmachen können, muß ich natürlich die „Jugendsünden“ des jungen Physiologen *Wundt* für die richtige Naturerkenntnis halten und sie gegen die entgegengesetzten Grundanschauungen des alten Philosophen *Wundt* energisch verteidigen.

Sehr interessant ist der totale *philosophische Prinzipienwechsel*, der uns hier wieder bei *Wundt* wie früher bei *Kant*, *Virchow*, *Du Bois-Reymond*, aber auch bei *Karl Ernst Baer* und bei anderen begegnet. In ihrer Jugend umfassen diese kühnen und talentvollen Naturforscher das ganze Gebiet ihrer biologischen Forschung mit weitem Blick und streben eifrig nach einem einheitlichen, natürlichen Erkenntnisgrunde; in ihrem Alter haben sie eingesehen, daß dieser nicht vollkommen erreichbar ist, und deshalb geben sie ihn lieber ganz auf. Zur Entschuldigung dieser psychologischen Metamorphose können sie natürlich anführen, daß sie in der Jugend die Schwierigkeiten der großen Aufgabe übersehen und die wahren Ziele verkannt hätten; erst mit der reiferen Einsicht des Alters und der Sammlung vieler Erfahrungen hätten sie sich von ihren Irrtümern überzeugt und den wahren Weg zur Quelle der Wahrheit gefunden. Man kann aber auch umgekehrt behaupten, daß die großen Männer der Wissenschaft in jüngeren Jahren unbefangener und mutiger an ihre schwierige Aufgabe herantreten, daß ihr Blick freier und ihre Urteilskraft reiner ist; die Erfahrungen späterer Jahre führen vielfach nicht nur zur Bereicherung, sondern auch zur Trübung der Einsicht, und mit dem Greisenalter tritt allmählich Rückbildung ebenso im Gehirn wie in anderen Organen ein. Jedenfalls ist diese erkenntnisreiche Metamorphose an sich eine lehrreiche psychologische Tatsache; denn sie beweist mit vielen anderen Formen des „Gesinnungswechsels“, daß die höchsten Seelenfunktionen ebenso wesentlichen individuellen Veränderungen im Laufe des Lebens unterliegen wie alle anderen Lebenstätigkeiten.

VÖLKERPSYCHOLOGIE. Für die fruchtbare Ausbildung der vergleichenden Seelenlehre ist es höchst wichtig, die kritische Vergleichung nicht auf Tier und Mensch im allgemeinen zu beschränken, sondern auch die mannigfaltigen *Abstufungen* im Seelenleben derselben nebeneinander zu stellen. Erst dadurch gelangen wir zur klaren Erkenntnis der langen *Stufenleiter* psychischer Entwickelung, welche ununterbrochen von den niedersten, einzelligen Lebensformen bis zu den Säugetieren und an deren Spitze bis zum Menschen hinaufführt. Auch innerhalb des Menschengeschlechtes selbst sind jene Abstufungen sehr beträchtlich und die Verzweigungen des „Seelenstammbaumes" höchst mannigfaltig. Der psychische Unterschied zwischen dem rohesten Naturmenschen der niedersten Stufe und dem vollkommensten Kulturmenschen der höchsten Stufe ist kolossal, viel größer als gemeinhin angenommen wird. In der richtigen Erkenntnis dieser Tatsache hat besonders in der zweiten Hälfte des neunzehnten Jahrhunderts die „*Anthropologie der Naturvölker*" (*Waitz*) einen lebhaften Aufschwung genommen und die vergleichende Ethnographie eine hohe Bedeutung für die Psychologie gewonnen. Leider ist nur das massenhaft gesammelte Rohmaterial dieser Wissenschaft noch nicht genügend kritisch durchgearbeitet. Welche unklaren und mystischen Vorstellungen hier noch herrschen, zeigt z. B. der sogenannte „*Völkergedanke*" des bekannten Reisenden *Adolf Bastian*, der die größten Verdienste als Begründer des Berliner „Museums für Völkerkunde" besitzt, aber als fruchtbarer Schriftsteller ein Monstrum von kritikloser Kompillation und konfuser Spekulation darstellt. Sehr lehrreich ist dagegen die kritisch vergleichende „Psychologie der Naturvölker" von *Fritz Schultze* (Leipzig 1900).

Ontogenetische Psychologie. Am meisten vernachlässigt und am wenigsten angewendet unter allen Methoden der Seelenforschung ist bis auf den heutigen Tag die *Entwickelungsgeschichte der Seele*; und doch ist gerade dieser selten betretene Pfad derjenige, der uns am kürzesten und sichersten durch den dunklen Urwald der psychologischen Vorurteile, Dogmen und Irrtümer zu der klaren Einsicht in viele der wichtigsten Seelenfragen führt. Wie in jedem anderen Gebiete der organischen Entwickelungsgeschichte, so stelle ich auch hier zunächst die beiden Hauptzweige derselben gegenüber, die ich zuerst 1866 unterschieden habe: die Keimesgeschichte (Ontogenie) und die Stammesgeschichte (Phylogenie). Die *Keimesgeschichte der Seele*, die individuelle oder biontische Psychogenie, untersucht die allmähliche und stufenweise Entwickelung der Seele in der einzelnen Person und strebt nach Erkenntnis der Gesetze, welche dieselbe ursächlich bedingen. Für einen wichtigen Abschnitt des menschlichen Seelenlebens ist hier schon seit Jahrtausenden sehr viel geschehen; denn die rationelle *Pädagogik* mußte sich ja frühzeitig die Aufgabe stellen, theoretisch die stufenweise Entwickelung und Bildungsfähigkeit der kindlichen Seele kennenzulernen, deren harmonische Ausbildung und Leitung sie praktisch durchzuführen hatte.

Allein die meisten Pädagogen waren einseitige Idealisten und dualistische Philosophen; sie gingen daher an ihre Aufgabe von vornherein mit den althergebrachten Vorurteilen der spiritualistischen Psychologie. Erst seit wenigen Dezennien ist dieser dogmatischen Richtung gegenüber auch in der Schule die naturwissenschaftliche Methode zu größerer Geltung gelangt; man bemüht sich jetzt mehr, auch in der Beurteilung der Kindesseele die Grundsätze der Entwickelungslehre zur Anwendung zu bringen. Das individuelle Rohmaterial der kindlichen Seele ist ja bereits durch *Vererbung* von Eltern und Voreltern qualitativ von vornherein gegeben; die Erziehung hat die schöne Aufgabe, dasselbe durch intellektuelle Belehrung und moralische Erziehung, also durch *Anpassung*, zur reichen Blüte zu entwickeln. Für die Kenntnis unserer frühesten psychischen Entwickelung hat erst *Wilhelm Preyer* (1882) den Grund gelegt in seiner interessanten Schrift: „Die Seele des Kindes, Beobachtungen über die geistige Entwickelung des Menschen in den ersten Lebensjahren“. Für die Erkenntnis der späteren Stufen und Metamorphosen der individuellen Psyche bleibt noch sehr viel zu tun; die richtige, kritische Anwendung des biogenetischen Grundgesetzes beginnt auch hier, sich als klarer Leitstern des wissenschaftlichen Verständnisses zu bewähren (vgl. *Hermann Kroell*, Der Aufbau der menschlichen Seele, 1900).

Phylogenetische Psychologie. Eine neue, fruchtbare Periode höherer Entwickelung begann für die Psychologie wie für alle anderen biologischen Wissenschaften, als vor fünfzig Jahren *Charles Darwin* die Grundsätze der Entwickelungslehre auf sie anwendete. Das siebente Kapitel seines epochemachenden Werkes über die Entstehung der Arten (1859) ist dem *Instinkt* gewidmet; es enthält den wertvollen Nachweis, daß die Instinkte der Tiere, gleich allen anderen Lebenstätigkeiten, den allgemeinen Gesetzen der historischen Entwickelung unterliegen. Die speziellen Instinkte der einzelnen Tierarten werden durch *Anpassung* umgebildet, und diese „erworbenen Abänderungen" werden durch *Vererbung* auf die Nachkommen übertragen. Bei ihrer Erhaltung und Ausbildung spielt die natürliche *Selektion* durch den Kampf „ums Dasein" ebenso eine züchtende Rolle wie bei der Transformation jeder anderen physiologischen Tätigkeit. Später hat *Darwin* in mehreren Werken diese fundamentale Ansicht weiter ausgeführt und gezeigt, daß dieselben Gesetze „geistiger Entwickelung" durch die ganze organische Welt hindurch walten, beim Menschen ebenso wie bei den Tieren und bei diesen ebenso wie bei den Pflanzen. Die *Einheit der organischen Welt*, die sich aus ihrem gemeinsamen Ursprung erklärt, gilt also auch für das gesamte Gebiet des Seelenlebens, vom einfachsten, einzelligen Organismus bis hinauf zum Menschen.

Die weitere Ausführung von *Darwins* Psychologie und ihre besondere Anwendung auf alle einzelnen Gebiete des Seelenlebens verdanken wir dem englischen Naturforscher *George Romanes*. Leider wurde er durch allzu frühen Tod an der Vollendung des großen Werkes gehindert, welches alle Teile der vergleichenden Seelenkunde gleichmäßig im Sinne der monistischen Entwickelungslehre ausbauen sollte. Die beiden Teile dieses Werkes, welche erschienen sind, gehören zu den wertvollsten Erzeugnissen der gesamten psychologischen Literatur. Denn getreu den Prinzipien unserer modernen monistischen Naturforschung sind darin erstens die wichtigsten *Tatsachen* zusammengefaßt und geordnet, welche seit Jahrtausenden durch Beobachtung und Experiment auf dem Gebiete der vergleichenden Seelenlehre empirisch festgestellt wurden; zweitens sind dieselben mit *objektiver Kritik* geprüft und zweckmäßig gruppiert, und drittens ergeben sich daraus diejenigen *Vernunftschlüsse* über die wichtigsten allgemeinen Fragen der Psychologie, welche allein mit den Grundsätzen unserer modernen monistischen Weltanschauung vereinbar sind. Der erste Band von *Romanes* Werk (440 S., Leipzig 1885) führt den Titel: „Die geistige Entwickelung im Tierreich" und stellt die ganze lange Stufenreihe der psychischen Entwickelung im Tierreiche von den einfachsten Empfindungen und Instinkten der niedersten Tiere bis zu den vollkommensten Erscheinungen des Bewußtseins und der Vernunft bei den höchststehenden Tieren im natürlichen Zusammenhang dar. Es sind darin auch viele Mitteilungen aus hinterlassenen Manuskripten „über den Instinkt" von *Darwin* mitgeteilt, und zugleich ist eine „vollständige Sammlung von allem, was derselbe auf dem Gebiete der Psychologie geschrieben hat", gegeben.

Der zweite und der wichtigste Teil von *Romanes* Werk behandelt „die geistige Entwickelung beim Menschen und den Ursprung der menschlichen Befähigung" (430 S., Leipzig 1893). Der scharfsinnige Psychologe führt darin den überzeugenden Beweis, „*daß die psychologische Schranke zwischen Tier und Mensch überwunden ist*" (!); das begriffliche Denken und Abstraktionsvermögen des Menschen hat sich allmählich aus den nicht begrifflichen Vorstufen des Denkens und Vorstellens bei den nächstverwandten Säugetieren entwickelt. Die höchsten Geistestätigkeiten des Menschen, *Vernunft, Sprache und Bewußtsein,* sind aus den niederen Vorstufen derselben in der Reihe der *Primaten-Ahnen* (Affen und Halbaffen) hervorgegangen. Der Mensch besitzt keine einzige „Geistestätigkeit", welche ihm ausschließlich eigentümlich ist; sein ganzes Seelenleben ist von demjenigen der nächstverwandten Säugetiere nur dem *Grade*, nicht der *Art* nach, nur quantitativ, nicht qualitativ verschieden.

Den Leser meines Buches, welcher sich für diese hochwichtigen „Seelenfragen" interessiert, verweise ich auf das grundlegende Werk von *Romanes*. Ich stimme fast in allen Anschauungen und Überzeugungen vollständig mit ihm und mit *Darwin* überein; wo sich etwa scheinbare Unterschiede zwischen diesen Autoren und zwischen meinen früheren Ausführungen finden, da beruhen sie entweder auf einer unvollkommenen Ausdrucksform meinerseits oder auf einem unbedeutenden Unterschiede in der Anwendung der Grundbegriffe. Übrigens gehört es ja zu den charakteristischen Merkmalen dieser „Begriffswissenschaft", daß über die wichtigsten Grundbegriffe der Psychologie die angesehensten Philosophen oft ganz verschiedene Ansichten haben.

Zusatz (1908). Während die herrschende dualistische Psychologie, unbekümmert um die modernen Fortschritte der Biologie, fortfährt, ihre „unsterbliche Seele" als ein besonders mystisches Wesen zu behandeln, ist 1904 ein wichtiges Werk erschienen, welches der naturgemäßen monistischen Seelenlehre eine feste Stütze gibt. *Richard Semon* hat in einem gedankenreichen Buche über „*Die Mneme* als erhaltenes Prinzip im Wechsel des organischen Geschehens" den physiologischen Beweis geführt, daß die Vorgänge der *Reproduktion* beim Gedächtnis und bei der Vererbung identisch sind. Schon 1870 hatte der Physiologe *Ewald Hering* „das Gedächtnis als eine allgemeine Funktion der organischen Materie" hingestellt. Sodann hatte ich selbst 1875 in meiner Abhandlung über die „*Perigenesis* der Plastidule" durch jenen genialen Gedanken die „Vererbung erworbener Eigenschaften" zu erklären versucht. Aber erst *Semon* ist es gelungen, durch eine gründliche physiologische Analyse die Identität jener analogen Reproduktions-Prozesse klar zu beweisen.

SIEBENTES KAPITEL

STUFENLEITER DER SEELE

Monistische Studien über vergleichende Psychologie

Die psychologische Skala. Psychoplasma und Nervensystem

Instinkt und Vernunft

„Die wundervollste aller Naturerscheinungen, die wir herkömmlich mit dem einen Worte ‚*Geist*' oder ‚*Seele*' bezeichnen, ist eine ganz allgemeine Eigenschaft des Lebendigen. In aller lebendigen Materie, in allem Protoplasma müssen wir die ersten Elemente des Seelenlebens annehmen, die einfache Empfindungsform der *Lust* und *Unlust*, die einfache Bewegungsform der *Anziehung* und *Abstoßung*. Nur sind die Stufen der Ausbildung und Zusammensetzung dieser ‚Seele' in den verschiedenen lebendigen Geschöpfen verschieden; sie führen uns von der stillen *Zellseele* durch eine lange Reihe aufsteigender Zwischenstufen allmählich bis zur bewußten und vernünftigen *Menschenseele* hinauf."

„*Zellseelen und Seelenzellen*" (1878)

INHALT DES SIEBENTEN KAPITELS

Psychologische Einheit der organischen Natur. Materielle Basis der Psyche (Psychoplasma). Skala der Empfindungen. Skala der Bewegungen. Skala der Reflexe. Einfache und zusammengesetzte Reflexe. Reflextat und Bewußtsein. Skala der Vorstellungen. Unbewußte und bewußte Vorstellungen. Skala des Gedächtnisses. Unbewußtes und bewußtes Gedächtnis. Assozion der Vorstellungen. Instinkte. Primäre und sekundäre Instinkte. Skala der Vernunft. Sprache. Gemütsbewegungen und Leidenschaften. Wille. Freiheit des Willens.

LITERATUR

CHARLES DARWIN, Der Ausdruck der Gemüthsbewegungen bei dem Menschen und den Thieren. Stuttgart 1872.

WILHELM WUNDT, Vorlesungen über die Menschen- und Thier-Seele. Leipzig 1863. (Zweite, ganz umgearbeitete Auflage 1892.)

FRITZ SCHULTZE, Vergleichende Seelenkunde. Leipzig 1897.

LUDWIG BÜCHNER, Aus dem Geistesleben der Thiere, oder Staaten und Thaten der Kleinen. Berlin 1877. Vierte Auflage 1897.

– Liebe und Liebesleben in der Thierwelt. Berlin 1879. Zweite Auflage 1885.

ALFRED ESPINAS, Die thierischen Gesellschaften. Eine vergleichend-psychologische Untersuchung. Braunschweig 1879.

TITO VIGNOLI, Über das Fundamental-Gesetz der Intelligenz im Thierreich. Versuch einer vergleichenden Psychologie. Leipzig 1879.

C. LLOYD MORGAN, Animal life and intelligence. London 1890.

WILHELM BÖLSCHE, Das Liebesleben in der Natur. Eine Entwickelungsgeschichte der Liebe. Leipzig 1898.

JOHN ROMANES, Die geistige Entwickelung im Thierreich und beim Menschen. Leipzig 1885–1893.

AUGUST FOREL, Das Gedächtnis und seine Abnormitäten. Zürich 1855.

RICHARD SEMON, Die Mneme als erhaltendes Princip im Wechsel des organischen Geschehens 1904. Leipzig. Dritte Auflage 1911.

Die großartigen Fortschritte, welche die Psychologie in der zweiten Hälfte des neunzehnten Jahrhunderts mit Hilfe der Entwickelungslehre gemacht hat, gipfeln in der Anerkennung der *psychologischen Einheit der organischen Welt.* Die vergleichende Seelenlehre, im Vereine mit der Ontogenie und Phylogenie der Psyche, hat uns zu der Überzeugung geführt, daß das organische Leben in allen Abstufungen, vom einfachsten, einzelligen Protisten bis zum Menschen hinauf, aus denselben elementaren Naturkräften sich entwickelt, aus den physiologischen Funktionen der Empfindung und Bewegung. Die Hauptaufgabe der wissenschaftlichen Psychologie wird daher künftig nicht, wie bisher, die ausschließlich subjektive und introspektive Zergliederung der höchst entwickelten Philosophenseele sein, sondern die objektive und vergleichende Untersuchung der langen Stufenleiter, auf welcher sich der menschliche Geist allmählich aus einer langen Reihe von niederen tierischen Zuständen entwickelt hat. Die schöne Aufgabe, die einzelnen Stufen dieser psychologischen Skala zu unterscheiden und ihren ununterbrochenen phylogenetischen Zusammenhang nachzuweisen, ist erst in den letzten Dezennien des neunzehnten Jahrhunderts ernstlich in Angriff genommen worden, vor allem in dem ausgezeichneten Werke von *Romanes* (vgl. S. 140). Wir beschränken uns hier auf die kurze Besprechung einiger der allgemeinsten Fragen, welche uns die Erkenntnis jener bedeutungsvollen Stufenleiter vorlegt.

Materielle Basis der Psyche. Alle Erscheinungen des Seelenlebens ohne Ausnahme sind verknüpft mit materiellen Vorgängen in der lebendigen Substanz des Körpers, im *Plasma* oder *Protoplasma.* Wir haben jenen

Teil des letzteren, der als der unentbehrliche Träger der Psyche erscheint, als *Psychoplasma* bezeichnet (als „Seelensubstanz" im monistischen Sinne), d. h., wir erblicken darin kein besonderes „Wesen", sondern wir betrachten die *Psyche als Kollektivbegriff für die gesamten psychischen Funktionen des Plasma*. „Seele" ist in diesem Sinne ebenso eine physiologische Abstraktion wie der Begriff „Stoffwechsel" oder „Zeugung". Beim Menschen und den höheren Tieren ist das Psychoplasma, zufolge der vorgeschrittenen Arbeitsteilung der Organe und der Gewebe, ein differenzierter Bestandteil des Nervensystems, des *Neuroplasma* der Ganglienzellen und ihrer leitenden Ausläufer, der Nervenfasern. Bei den niederen Tieren dagegen, die noch keine gesonderten Nerven und Sinnesorgane besitzen, ist das Psychoplasma noch nicht zur selbständigen Differenzierung gelangt, ebenso wie bei den Pflanzen. Bei den einzelligen Protisten endlich ist das Psychoplasma entweder identisch mit dem ganzen lebendigen *Protoplasma* der einfachen Zelle oder mit einem Teile desselben. In allen Fällen, ebenso auf dieser niedersten wie auf jener höchsten *Stufe* der psychologischen Skala, ist eine gewisse *chemische* Zusammensetzung des Psychoplasma und eine gewisse *physikalische* Beschaffenheit desselben unentbehrlich, wenn die „Seele" fungieren oder arbeiten soll. Das gilt ebenso von der elementaren Seelentätigkeit der plasmatischen Empfindung und Bewegung bei den Protozoen wie von den zusammengesetzten Funktionen der Sinnesorgane und des Gehirns bei den höheren Tieren und an ihrer Spitze dem Menschen. Die Arbeit des Psychoplasma, die wir „Seele" nennen, ist stets mit Stoffwechsel verknüpft.

Skala der Empfindungen. Alle lebendigen Organismen ohne Ausnahme sind empfindlich; sie unterscheiden die Zustände der umgebenden Außenwelt und reagieren darauf durch gewisse Veränderungen in ihrem Innern. Licht und Wärme, Schwerkraft und Elektrizität, mechanische Prozesse und chemische Vorgänge in der Umgebung wirken als „*Reize*" auf das empfindliche

Psychoplasma und rufen Veränderungen in seiner molekularen Zusammensetzung hervor. Als Hauptstufen seiner *Empfindlichkeit* oder Sensibilität unterscheiden wir im allgemeinen folgende fünf Grade: I. Auf den untersten Stufen der Organisation ist das ganze *Psychoplasma* als solches empfindlich und reagiert auf die einwirkenden Reize, so bei den niedersten Protisten, bei vielen Pflanzen und einem Teile der unvollkommensten Tiere. II. Auf der zweiten Stufe beginnen sich an der Oberfläche des Körpers einfachste indifferente *Sinneswerkzeuge* zu entwickeln, in Form von Plasmahaaren und Pigmentflecken, als Vorläufer von Tastorganen und Augen; so bei einem Teile der höheren Protisten, aber auch bei vielen niederen Tieren und Pflanzen. III. Auf der dritten Stufe haben sich aus diesen einfachen Grundlagen durch *Differenzierung spezifische Sinnesorgane* entwickelt, mit eigentümlicher Anpassung: die chemischen Werkzeuge des Geruchs und des Geschmacks, die physikalischen Organe des Tastsinnes und Wärmesinnes, des Gehörs und Gesichts. Die „spezifische Energie" dieser höheren Sensillen ist keine ursprüngliche Eigenschaft derselben, sondern durch funktionelle Anpassung und progressive Vererbung stufenweise erworben. IV. Auf der vierten Stufe tritt die Zentralisation oder *Integration des Nervensystems* und damit zugleich diejenige der Empfindung ein; durch Assozion der früheren isolierten oder lokalisierten Empfindungen entstehen Vorstellungen, die zunächst noch unbewußt bleiben, so bei vielen niederen und höheren Tieren. V. Auf der fünften Stufe entwickelt sich durch Spiegelung der Empfindungen in einem Zentralteile des Nervensystems die höchste psychische Funktion, die *bewußte Empfindung;* so beim Menschen und den höheren Wirbeltieren, wahrscheinlich auch bei einem Teile der höheren wirbellosen Tiere (Gliedertiere).

Skala der Bewegungen. Alle lebendigen Naturkörper ohne Ausnahme sind *spontan* beweglich, im Gegensatze zu den starren und unbeweglichen Anorganen (Kristallen), d. h., es finden im lebendigen *Psychoplasma*

13*

Lageveränderungen der Teilchen aus inneren Ursachen statt, welche in dessen chemischer Konstitution selbst begründet sind. Diese aktiven vitalen Bewegungen sind zum Teil direkt durch Beobachtung wahrzunehmen, zum anderen Teil aber nur indirekt aus ihren Wirkungen zu erschließen. Wir unterscheiden fünf Abstufungen derselben.

I. Auf der untersten Stufe des organischen Lebens, bei Chromazeen, vielen Protophyten und niederen Metaphyten, nehmen wir nur jene *Wachstums*-Bewegungen wahr, welche allen Organismen gemeinsam zukommen. Dieselben geschehen gewöhnlich so langsam, daß man sie nicht unmittelbar beobachten, sondern nur indirekt aus ihrem Resultate erschließen kann, aus der Veränderung in Größe und Gestalt des wachsenden Körpers. II. Viele Protisten, namentlich einzellige Algen aus den Gruppen der Diatomeen und Desmidiazeen, bewegen sich kriechend oder schwimmend durch *Sekretion* fort, durch einseitige Ausscheidung einer schleimigen Masse. III. Andere, im Wasser schwebende Organismen, z. B. viele Radiolarien, Siphonophoren, Ktenophoren u. a., steigen auf und nieder, indem sie ihr *spezifisches Gewicht* verändern, bald durch Osmose, bald durch Absonderung oder Ausstoßung von Luft. IV. Viele Pflanzen, besonders die empfindlichen Sinnpflanzen (Mimosen) und andere Leguminosen, führen Bewegungen von Blättern oder anderen Teilen mittelst *Turgorwechsels* aus, d. h., sie verändern die Spannung des Zellinhalts und damit auch dessen Druck auf die umschließende elastische Zellenwand. V. Die wichtigsten von allen organischen Bewegungen sind die *Kontraktionserscheinungen*, d. h. Gestaltsveränderungen der Körperoberfläche, welche mit gegenseitiger Lageverschiebung ihrer Teilchen verbunden sind; sie verlaufen stets mit zwei verschiedenen Zuständen oder Phasen der Bewegung: der *Kontraktionsphase* (Zusammenziehung) und der *Expansionsphase* (Ausdehnung). Als vier verschiedene Formen der Plasmakontraktion werden unterschieden Va: die *amöboiden* Bewegungen (bei Rhizopoden, Blutzellen, Pigmentzellen usw.); Vb: die ähnlichen *Plasmaströmungen* im Innern von abgeschlossenen Zellen; Vc: die *Flimmerbewegung* (Geißelbewegung und Wimperbewegung) bei Infusorien, Spermien, Flimmerepithelzellen, und endlich Vd: die Muskelbewegung (bei den meisten Tieren).

SKALA DER REFLEXE (reflektorische Erscheinungen, Reflexbewegungen usw.). Die elementare Seelentätigkeit, welche durch die Verknüpfung von Empfindung und Bewegung entsteht, nennen wir (im weitesten Sinne!) *Reflex* oder *reflektive Funktion* (reflektorische Leitung), besser *Reflextat*. Die Bewegung – gleichviel welcher Art – erscheint hier als die unmittelbare Folge des *Reizes*, welcher die Empfindung hervorgerufen hat; man hat sie daher auch im einfachsten Falle (bei Protisten) kurz als „*Reizbewegung*" bezeichnet. Alles lebende Plasma besitzt Reizbarkeit (Irritabilität). Jede physikalische oder chemische Veränderung der umgebenden Außenwelt kann unter Umständen auf das Psychoplasma als Reiz wirken und eine Bewegung hervorrufen oder „auslösen". Wir werden später sehen, wie der wichtige physikalische Begriff der *Auslösung* die einfachsten organischen Reflextaten unmittelbar anschließt an ähnliche mechanische Bewegungsvorgänge in der anorganischen Natur (z. B. bei der Explosion von Pulver durch einen Funken, von Dynamit durch einen Stoß). Wir unterscheiden in der Skala der Reflexe folgende sieben Stufen:

I. Auf der untersten Stufe der Organisation, bei den niedersten Protisten, lösen die Reize der Außenwelt (Licht, Wärme, Elektrizität usw.) im indifferenten *Protoplasma* nur jene unentbehrlichen inneren Bewegungen des Wachstums und Stoffwechsels aus, welche allen Organismen gemeinsam und für ihre Erhaltung unentbehrlich sind. Dasselbe gilt auch für die meisten Pflanzen.

II. Bei vielen frei beweglichen Protisten (besonders Amöben, Heliozoen und überhaupt den Rhizopoden) rufen äußere Reize an jeder Stelle der nackten Oberfläche des einzelligen Körpers äußere Bewegungen desselben hervor, die sich in der Gestaltsveränderung, oft auch in der Ortsveränderung äußern (amöboide Bewegung, Pseudopodienbildung, Ausstrecken und Einziehen von Scheinfüßchen); diese unbestimmten, veränderlichen Fortsätze des Plasma sind noch keine beständigen Organe. In gleicher Weise äußert sich die allgemeine organische Reizbarkeit als *indifferenter Reflex* auch bei den empfindlichen „Sinnpflanzen" und den niedersten Metazoen; bei diesen vielzelligen Organismen können die Reize von einer Zelle zur anderen fortgeleitet werden, da alle Zellen durch feine Ausläufer zusammenhängen.

III. Viele Protisten, namentlich höher entwickelte Protozoen, sondern an ihrem einzelligen Körper bereits zweierlei Organelle einfachster Art: sensible Tastorgane und motorische Bewegungsorgane. Beide Werkzeuge sind direkte äußere Fortsätze des Protoplasma; der Reiz, welcher die ersteren trifft, wird unmittelbar durch das Psychoplasma des einzelligen Körpers zu den letzteren fortgeleitet und bewirkt deren Zusammenziehung. Besonders klar ist diese Erscheinung zu beobachten und auch experimentell festzustellen bei vielen festsitzenden Infusorien (z. B. Poteriodendron unter den Flagellaten, Vorticella unter den Ziliaten). Der schwächste Reiz, welcher die sehr empfindlichen Flimmerhaare (Geißeln oder Wimpern) am freien Ende der Zelle trifft, bewirkt sofort eine Kontraktion eines fadenförmigen Stieles am anderen festgehefteten Ende. Man bezeichnet diese Erscheinung als „*einfachen Reflexbogen*".

IV. An diese Vorgänge im einzelligen Organismus der Infusorien schließt sich unmittelbar der interessante Mechanismus der *Neuromuskelzellen* an, welchen wir im vielzelligen Körper vieler niederen Metazoen finden, besonders bei Nesseltieren (Polypen, Korallen). Jede einzelne „Neuromuskelzelle" ist ein „*einzelliges Reflexorgan*"; sie besitzt an der Oberfläche ihres Körpers einen empfindlichen Teil, an dem entgegengesetzten inneren Ende einen beweglichen Muskelfaden; der letztere zieht sich zusammen, sobald der erstere gereizt wird.

V. Bei anderen Nesseltieren, namentlich bei den freischwimmenden Medusen – welche den festsitzenden Polypen nächst verwandt sind –, zerfällt die einfache *Neuromuskelzelle* in zwei verschiedene, aber durch einen Faden noch zusammenhängende Zellen, eine äußere *Sinneszelle* (in der Oberhaut) und eine innere *Muskelzelle* (unter der Haut); in diesem *zweizelligen Reflexorgan* ist die erstere das Elementarorgan der Empfindung, die letztere dasjenige der Bewegung; die Verbindungsbrücke des Psychoplasma-Fadens leitet den Reiz von der ersteren zur letzteren hinüber.

VI. Der wichtigste Fortschritt in der stufenweisen Ausbildung des Reflexmechanismus ist die Sonderung von *drei* Zellen; an die Stelle der ebengenannten einfachen Verbindungsbrücke tritt eine selbständige dritte Zelle, die *Seelenzelle* oder Ganglienzelle; damit erscheint zugleich eine neue psychische Funktion, die unbewußte „*Vorstellung*“, deren Sitz eben diese zentrale Zelle ist. Der Reiz wird von der empfindlichen Sinneszelle zunächst auf diese vermittelnde Vorstellungszelle oder Seelenzelle übertragen und erst von dieser als Befehl zur Bewegung an die motorische Muskelzelle abgegeben. Diese „*dreizelligen Reflexorgane*“ sind überwiegend bei der großen Mehrzahl der wirbellosen Tiere entwickelt.

VII. An die Stelle dieser Einrichtung tritt bei den meisten Wirbeltieren das *vierzellige Reflexorgan*, indem zwischen die sensible Sinneszelle und die motorische Muskelzelle nicht eine, sondern zwei verschiedene Seelenzellen eingeschaltet werden. Der äußere Reiz wird hier von der Sinneszelle zunächst zentripetal auf die *Empfindungszelle* übertragen (die sensible Seelenzelle), von dieser auf die *Willenszelle* (die motorische Seelenzelle) und von dieser letzteren erst auf die kontraktile Muskelzelle. Indem zahlreiche solche Reflexorgane sich verbinden und neue Seelenzellen eingeschaltet werden, entsteht der komplizierte Reflexmechanismus des Menschen und der höheren Wirbeltiere.

Einfache und zusammengesetzte Reflexe. Der wichtigste Unterschied, den wir in morphologischer und physiologischer Hinsicht zwischen den einzelligen Organismen (Protisten) und den vielzelligen (Histonen) machen, gilt auch für deren elementare Seelentätigkeit, für die Reflextat. Bei den *einzelligen Protisten* (ebenso den plasmodomen Urpflanzen, Protophyten, wie den plasmophagen Urtieren, Protozoen) läuft der ganze physikalische Prozeß des Reflexes innerhalb des Protoplasma einer einzigen Zelle ab. Die „*Zellseele*" derselben erscheint noch als eine einheitliche Funktion des Psychoplasma, deren einzelne Phasen sich erst mit der Differenzierung besonderer Organe zu sondern beginnen. Schon bei den zönobionten Protisten, den *Zellvereinen* (z. B. Volvox, Carchesium), beginnt die zweite Stufe der Seelentätigkeit, die *zusammengesetzte Reflextat*. Die zahlreichen sozialen Zellen, welche diese Zellvereine oder Zönobien zusammensetzen, stehen immer in mehr oder weniger enger Verbindung, oft direkt durch fadenförmige Plasmabrücken. Ein Reiz, welcher eine oder mehrere Zellen des Verbandes trifft, wird durch die Verbindungsbrücken den übrigen mitgeteilt und kann alle zu gemeinsamer Kontraktion veranlassen. Dieser Zusammenhang besteht auch in den Geweben der vielzelligen Pflanzen und Tiere. Während man früher irrtümlich annahm, daß die Zellen der Pflanzengewebe ganz isoliert nebeneinander stehen, sind jetzt überall feine Plasmafäden nachgewiesen, welche die dicken Zellmembranen durchsetzen und ihre lebendigen Plasmakörper in materiellem und psychologischem Zusammenhang erhalten. So erklärt es sich, daß die Erschütterung der empfindlichen Wurzel von Mimosa, welche der Tritt des Wanderers auf den Boden verursacht, sofort den Reiz auf alle Zellen des Pflanzenstockes überträgt und ihre zarten Fiederblätter zum Zusammenlegen, die Blattstiele zum Herabsinken veranlaßt.

Reflextat und Bewusstsein. Ein wichtiger und allgemeiner Charakter aller Reflexerscheinungen ist *Mangel des Bewußtseins*. Aus Gründen, die wir im zehnten Kapitel auseinandersetzen, nehmen wir ein wirkliches Bewußtsein nur beim Menschen und den höheren Tieren an, dagegen nicht bei den Pflanzen, den niederen Tieren und den Protisten; demnach sind bei diesen letzteren *alle Reizbewegungen als Reflexe* aufzufassen, d. h. also überhaupt alle Bewegungen, soweit sie nicht *spontan* und durch innere Ursachen veranlaßt sind (impulsive und automatische Bewegungen). Anders verhält es sich bei den höheren Tieren, bei denen ein zentralisiertes Nervensystem und vollkommene Sinnesorgane entwickelt sind. Hier hat sich aus der psychischen Reflextätigkeit allmählich das Bewußtsein entwickelt, und nunmehr treten die bewußten Willenshandlungen im Gegensatz zu den daneben noch fortbestehenden Reflexhandlungen. Wir müssen aber hier, ebenso wie bei den Instinkten, zwei wesentlich verschiedene Erscheinungen trennen, die primären und die sekundären Reflexe. *Primäre Reflexe* sind solche, die phyletisch niemals bewußt gewesen sind, also die ursprüngliche Natur (durch Vererbung von niederen Tierahnen) beibehalten haben. *Sekundäre Reflexe* dagegen sind solche, die bei den Voreltern bewußte Willenshandlungen waren, aber später durch Gewohnheit oder Ausfall des Bewußtseins zu unbewußten geworden sind. Eine scharfe Grenze ist hier – wie überall – zwischen bewußten und unbewußten Seelenfunktionen nicht zu ziehen.

Skala der Vorstellungen (Dokesen). Ältere Psychologen (z. B. *Herbart*) haben die „Vorstellung" als das seelische Grundphänomen betrachtet, aus dem alle übrigen abzuleiten seien. Die moderne vergleichende Psychologie akzeptiert diese Anschauung, soweit es sich um den Begriff der *unbewußten* Vorstellung handelt; dagegen erblickt sie in der *bewußten* Vorstellung eine sekundäre Erscheinung des Seelenlebens, welche bei den Pflanzen und den niederen Tieren noch ganz fehlt und nur bei den höheren Tieren zur Ausbildung gelangt. Unter den zahlreichen widersprechenden Definitionen, welche die Psychologen vom Begriffe der „*Vorstellung*" (Dokesis) gegeben haben, halten wir diejenige für die zweckmäßigste, welche darin das *innere Bild* des äußeren Objektes erblickt, welches durch die Empfindung uns übermittelt ist („Idee" in gewissem Sinne). Wir unterscheiden in der aufsteigenden Stufenleiter der Vorstellungsfunktion die folgenden vier Hauptstufen:

I. *Zellulare Vorstellung*. Auf den niedersten Stufen begegnet uns die Vorstellung als eine allgemeine physiologische Funktion des Psychoplasma; schon bei den einfachsten einzelligen Protisten können Empfindungen bleibende Spuren im Psychoplasma hinterlassen, und diese können vom Gedächtnis reproduziert werden. Bei mehr als viertausend Radiolarien-Arten, welche ich beschrieben habe, ist jede einzelne Spezies durch eine besondere erbliche Skelettform ausgezeichnet. Die Produktion dieses spezifischen, oft höchst verwickelt gebauten Skeletts durch eine höchst einfach gestaltete (meist kugelige) Zelle ist nur dann erklärlich, wenn wir dem bauenden Plasma die Fähigkeit der Vorstellung zuschreiben, und zwar der besonderen Reproduktion des „plastischen Distanzgefühls", wie ich in meiner Psychologie der Radiolarien gezeigt habe (1887, S. 121).

II. *Histonale Vorstellung*. Schon bei den Zönobien oder Zellvereinen der geselligen Protisten, noch mehr aber in den Geweben der Pflanzen und der niederen, nervenlosen Tiere (Spongien, Polypen) begegnen wir der zweiten Stufe der unbewußten Vorstellung, welche auf dem gemeinsamen Seelenleben zahlreicher, eng verbundener Zellen beruht. Wenn einmalige Reize nicht bloß eine vorübergehende Reflexbewegung eines Organs (z. B. eines Pflanzenblattes, eines Polypenarmes) auslösen, sondern einen bleibenden Eindruck hinterlassen, der von diesem später spontan reproduziert werden kann, so müssen wir zur Erklärung dieser Erscheinung eine Histonal-Mneme annehmen, gebunden an das Psychoplasma der assoziierten Gewebezellen.

III. *Unbewußte Vorstellung der Ganglienzellen*. Diese dritte, höhere Stufe der Vorstellung ist die häufigste

Form dieser Seelentätigkeit im Tierreich; sie erscheint als eine Lokalisation des Vorstellens auf bestimmte „Seelenzellen“. Im einfachsten Falle erscheint sie daher bei der Reflextat erst auf der sechsten Stufe der Entwickelung, wenn das dreizellige Reflexorgan gebildet ist; der Sitz der Vorstellung ist dann die mittlere Seelenzelle, welche zwischen die sensible Sinneszelle und die motorische Muskelzelle eingeschaltet ist. Mit der aufsteigenden Entwickelung des Zentralnervensystems im Tierreich, seiner zunehmenden Differenzierung und Integration erhebt sich auch die Ausbildung dieser unbewußten Vorstellungen zu immer höheren Stufen.

IV. *Bewußte Vorstellung der Gehirnzellen.* Erst auf den höchsten Entwickelungsstufen der tierischen Organisation entwickelt sich das Bewußtsein als eine besondere Funktion eines bestimmten Zentralorgans des Nervensystems. Indem die Vorstellungen bewußte werden, und indem besondere Gehirnteile sich zur *Assozion* der bewußten Vorstellungen reich entfalten, wird der Organismus zu jenen höchsten psychischen Funktionen befähigt, welche wir als *Denken* und Überlegen, als Verstand und *Vernunft* bezeichnen. Obgleich die Absteckung der phyletischen Grenze zwischen den älteren, unbewußten, und den jüngeren, bewußten Vorstellungen höchst schwierig ist, können wir doch mit Wahrscheinlichkeit annehmen, daß die letzteren aus den ersteren *polyphyletisch* entstanden sind; denn wir finden bewußtes und vernünftiges Denken nicht nur bei den höchsten Formen des Wirbeltierstammes (Mensch, Säugetiere, ein Teil der niederen Vertebraten), sondern auch bei den höchstentwickelten Vertretern anderer Tierstämme (Ameisen und andere Insekten, Spinnen und höhere Krebse unter den Gliedertieren, vielleicht auch Zephalopoden unter den Weichtieren).

Skala des Gedächtnisses. Eng verknüpft mit der Stufenleiter in der Entwickelung der Vorstellungen ist diejenige des Gedächtnisses; diese höchst wichtige Funktion des Psychoplasma – die Bedingung aller fortschreitenden Seelenentwickelung – ist ja im wesentlichen *Reproduktion von Vorstellungen.* Die Eindrücke im Bioplasma, welche der Reiz als Empfindung bewirkt hatte, und welche bleibend zu Vorstellungen geworden waren, werden durch das Gedächtnis neu belebt; sie gehen aus dem *potentiellen* in den *aktuellen* Zustand über. Die latente „Spannkraft" im Psychoplasma verwandelt sich in aktive „lebendige Kraft". Entsprechend den vier Stufen der Vorstellung können wir auch beim Gedächtnis vier Hauptstufen der aufsteigenden Entwickelung unterscheiden.

I. ZELLULARGEDÄCHTNIS. Schon im Jahre 1870 hat *Ewald Hering* in einer gedankenreichen Abhandlung „das Gedächtnis als eine allgemeine Funktion der organisierten Materie" bezeichnet und die hohe Bedeutung dieser Seelentätigkeit hervorgehoben, „der wir fast alles verdanken, was wir sind und haben". Ich selbst habe später (1876) diesen Gedanken weiter ausgeführt und in seiner fruchtbaren Anwendung auf die Entwickelungslehre zu begründen versucht, in meiner Abhandlung über „Die Perigenesis der Plastidule oder die Wellenerzeugung der Lebensteilchen; ein Versuch zur mechanischen Erklärung der elementaren Entwickelungsvorgänge". Ich habe dort das „unbewußte Gedächtnis" als eine allgemeine, höchst wichtige Funktion aller *Plastidule* nachzuweisen gesucht, d. h. jener hypothetischen Moleküle und Molekülgruppen, welche von *Naegeli* als *Mizelle*, von anderen als *Bioplasten* usw. bezeichnet worden sind. Nur die *lebenden* Plastidule, als die individuellen Moleküle des aktiven Plasma, sind reproduktiv und besitzen somit Gedächtnis; das ist der Hauptunterschied der organischen Natur von der anorganischen. Man kann sagen: „*Die Erblichkeit ist das Gedächtnis der Plastidule*, hingegen die Variabilität ist die Fassungskraft der Plastidule" (a. a. O. S. 72). Das elementare Gedächtnis der einzelligen Protisten setzt sich zusammen aus dem molekularen Gedächtnis der Plastidule oder Mizelle, aus welchen ihr lebendiger Zellenleib sich aufbaut. Für die erstaunlichen Leistungen des unbewußten Gedächtnisses bei diesen einzelligen Protisten ist wohl keine Tatsache lehrreicher als die unendlich mannigfaltige und regelmäßige Bildung ihrer komplizierten Schutzapparate, der Schalen und Skelette. Besonders die Diatomeen und Kosmarieen unter den Protophyten, die Radiolarien und Thalamophoren unter den Protozoen liefern dafür eine Fülle von interessanten Beispielen. In vielen tausend Arten dieser Protisten vererbt sich die spezifische Skelettform *relativ konstant* und bezeugt die Treue ihres unbewußten Gedächtnisses. Neuerdings hat *Richard Semon* in einem bedeutungsvollen Werke: „*Die Mneme* als erhaltendes Prinzip im Wechsel des organischen Geschehens" dies physiologisch begründet (1904).

II. Histonalgedächtnis. Ebenso interessante Beweise für die zweite Stufe der Erinnerung, für das unbewußte Gedächtnis der *Gewebe*, liefert die Vererbung der einzelnen Organe und Gewebe im Körper der Pflanzen und der niederen, nervenlosen Tiere (Spongien usw.). Die zweite Stufe erscheint als *Reproduktion der Histonal-Vorstellungen*, jener Assozion von Zellular-Vorstellungen, die mit der Bildung von Zönobien bei den sozialen Protisten beginnt.

III. Gleicherweise ist die dritte Stufe, das „*unbewußte Gedächtnis*" derjenigen Tiere, die bereits ein Nervensystem besitzen, als Reproduktion der entsprechenden „unbewußten Vorstellungen" zu betrachten, welche in gewissen Ganglienzellen aufgespeichert sind. Bei den meisten niederen Tieren ist wohl alles Gedächtnis unbewußt. Aber auch beim Menschen und den höheren Tieren, denen wir Bewußtsein zuschreiben müssen, sind die täglichen Funktionen des unbewußten Gedächtnisses ungleich häufiger und mannigfaltiger als diejenigen des bewußten; davon überzeugt uns leicht eine unbefangene Prüfung von tausend unbewußten Tätigkeiten, die wir aus Gewohnheit, ohne daran zu denken, beim Gehen, Sprechen, Essen usw., täglich vollziehen.

IV. *Das bewußte Gedächtnis*, welches durch bestimmte Gehirnzellen beim Menschen und den höheren Tieren vermittelt wird, erscheint daher nur als eine spät entstandene

„innere Spiegelung“, als die höchste Blüte derselben psychischen Vorstellungsreproduktionen, welche bei unseren tierischen Vorfahren sich als unbewußte Vorgänge in den Ganglienzellen abspielten.

Assozion der Vorstellungen. Die *Verkettung* der Vorstellungen, welche man gewöhnlich als Assoziation der Ideen (oder kürzer Assozion) bezeichnet, durchläuft ebenfalls eine lange Skala von den niedersten bis zu den höchsten Stufen. Auch sie ist wieder ursprünglich und ganz überwiegend *unbewußt* („Instinkt“); nur bei den höheren Tierklassen wird sie allmählich *bewußt* („Vernunft“). Die psychischen Erzeugnisse dieser „Ideenassozion“ sind äußerst mannigfaltig; trotzdem aber führt eine sehr lange, ununterbrochene Stufenleiter allmählicher Entwickelung von den einfachsten unbewußten Assozionen der niedersten Protisten bis zu den vollkommensten bewußten Ideenverkettungen des Kulturmenschen hinauf. Auch die *Einheit des Bewußtseins* bei letzteren wird als das höchste Ergebnis derselben erklärt (*Hume*, *Condillac*). Alles höhere Seelenleben wird um so vollkommener, je mehr sich die normale Assozion unendlich zahlreicher Vorstellungen ausdehnt, und je naturgemäßer dieselben durch die „Kritik der reinen Vernunft“ geordnet werden. Im *Traume*, wo diese Kritik fehlt, erfolgt oft die Assozion der reproduzierten Vorstellungen in der konfusesten Form. Aber auch im Schaffen der dichterischen *Phantasie*, welche durch mannigfaltige Verkettung vorhandener Vorstellungen ganz neue Gruppen derselben produziert, ebenso in den Halluzinationen usw. werden dieselben oft ganz naturwidrig geordnet und erscheinen daher bei nüchterner Betrachtung vollkommen *unvernünftig*. Ganz besonders gilt dies von den übernatürlichen *„Gestalten des Glaubens“*, dem Geisterspuk des Spiritismus und Okkultismus und den Phantasiebildern der transzendenten dualistischen Philosophie; aber gerade diese *abnormen Assozionen* des „Glaubens“ und der angeblichen „Offenbarung“ gelten vielfach als die wertvollsten „Geistesgüter“.

Instinkte. Die veraltete Psychologie des Mittelalters, die allerdings auch heute noch viele Anhänger besitzt, betrachtete das Seelenleben des Menschen und der Tiere als gänzlich verschiedene Erscheinungen; sie leitete das erstere von der „*Vernunft*“, das letztere von dem „*Instinkt*“ ab. Der traditionellen Schöpfungsgeschichte entsprechend nahm man an, daß jeder Tierart bei ihrer Schöpfung eine bestimmte, unbewußte Seelenqualität vom Schöpfer eingepflanzt sei, und daß dieser „*Naturtrieb*“ (Instinctus) einer jeden Spezies ebenso unveränderlich sei wie deren körperliche Organisation. Nachdem schon *Lamarck* (1809) bei Begründung seiner Deszendenztheorie diesen Irrtum als unhaltbar erwiesen, wurde er durch *Darwin* (1859) vollständig widerlegt; er bewies an der Hand seiner Selektionstheorie folgende wichtige Lehrsätze: I. Die Instinkte der Spezies sind individuell verschieden und ebenso der Abänderung durch *Anpassung* unterworfen wie die morphologischen Merkmale der Körperbildung. II. Diese Variationen (großenteils durch veränderte Gewohnheiten entstanden) werden durch *Vererbung* teilweise auf die Nachkommen übertragen und im Laufe der Generationen gehäuft und befestigt. III. Die *Selektion* (ebenso die künstliche wie die natürliche) trifft unter diesen erblichen Abänderungen der Seelentätigkeit eine Auswahl, sie erhält die zweckmäßigsten und entfernt die weniger passenden Modifikationen. IV. Die dadurch bedingte *Divergenz* des psychischen Charakters führt so im Laufe der Generationsfolgen ebenso zur Entstehung neuer Instinkte wie die Divergenz des morphologischen Charakters zur Entstehung neuer Spezies. Diese Instinkttheorie *Darwins* ist jetzt von den meisten Biologen angenommen; *John Romanes* hat dieselbe in seinem ausgezeichneten Werke über „Die geistige Entwickelung im Tierreiche“ (1885) so eingehend behandelt und so wesentlich erweitert, daß ich hier lediglich darauf verweisen kann. Ich will nur kurz bemerken, daß nach meiner Ansicht Instinkte bei *allen* Organismen vorkommen, bei sämtlichen Protisten und Pflanzen ebenso wie bei sämtlichen Tieren und Menschen.

Als zwei Hauptklassen sind unter den unzähligen Instinktformen die primären und sekundären zu unterscheiden; *primäre Instinkte* sind die allgemeinen niederen Triebe, welche dem Psychoplasma von Beginn des organischen Lebens innewohnten und unbewußt waren, vor allem die Triebe der Selbsterhaltung (Schutz und Ernährung) und der Arterhaltung (Fortpflanzung und Brutpflege). Diese beiden *Grundtriebe* des organischen Lebens, *Hunger und Liebe*, sind ursprünglich überall unbewußt, ohne Mitwirkung des Verstandes oder der Vernunft entstanden; bei höheren Tieren sind sie später, wie beim Menschen, Gegenstände des Bewußtseins geworden. Umgekehrt verhält es sich mit den *sekundären Instinkten;* diese sind ursprünglich durch intelligente Anpassung entstanden, durch verständiges Nachdenken und Schließen sowie zweckmäßiges bewußtes Handeln; allmählich sind sie so zur Gewohnheit geworden, daß diese „altera natura“ unbewußt wirkt und auch bei der Vererbung auf die Nachkommen als „angeboren“ erscheint. Das ursprünglich mit diesen besonderen Instinkten der höheren Tiere und des Menschen verknüpfte Bewußtsein und Nachdenken ist im Laufe der Zeit den Plastidulen verloren gegangen (wie bei der „abgekürzten Vererbung“). Die unbewußten zweckmäßigen Handlungen der höheren Tiere (z. B. die Kunsttriebe) erscheinen jetzt als angeborene Instinkte. So ist auch die Entstehung der angeborenen „Erkenntnisse a priori“ beim Menschen zu erklären, welche ursprünglich *bei seinen Voreltern* a posteriori sich empirisch entwickelt hatten.

Skala der Vernunft. In jenen oberflächlichen, mit dem Seelenleben der Tiere unbekannten psychologischen Betrachtungen, welche nur im Menschen eine „wahre Seele“ anerkennen, wird auch ihm allein als höchstes Gut die „*Vernunft*“ und das Bewußtsein zugeschrieben. Auch dieser triviale Irrtum (der übrigens noch heute in vielen Lehrbüchern spukt) ist durch die vergleichende Psychologie der letzten fünfzig Jahre gründlich widerlegt. Die höheren Wirbeltiere (vor allem die dem Menschen nächststehenden Säugetiere) besitzen ebensogut Vernunft wie der Mensch selbst, und innerhalb der Tierreihe ist ebenso eine lange Stufenleiter in der allmählichen Entwickelung der Vernunft zu verfolgen wie innerhalb der Menschenreihe. Auch dieser wichtige Satz ist durch unbefangene und gründliche kritische Vergleichung von *Romanes* u. a. überzeugend bewiesen. Wir gehen daher auf denselben hier nicht näher ein, ebensowenig als auf den Unterschied zwischen *Vernunft* (Ratio) und *Verstand* (Intellectus); über diese Begriffe und ihre Grenzen, wie über viele andere Grundbegriffe der Psychologie, geben die angesehensten Philosophen die widersprechendsten Definitionen. Im allgemeinen kann man sagen, daß die Fähigkeit der *Begriffsbildung*, welche beiden Gehirnfunktionen gemeinsam ist, beim Verstande den engeren Kreis der konkreten, näher liegenden Assozionen umfaßt, bei der Vernunft dagegen den weiteren Kreis der abstrakten, umfassenderen Assozionsgruppen. Auf der langen Stufenleiter, welche von den Reflextaten und Instinkten der niederen Tiere zu der Vernunft der höchsten Tiere hinaufführt, geht der Verstand der letzteren voraus. Wichtig ist für unsere allgemeine psychologische Betrachtung vor allem die Tatsache, daß auch diese höchstentwickelten Seelentätigkeiten den Gesetzen der Vererbung und Anpassung unterliegen, ebenso wie ihre Organe.

Sprache. Der höhere Grad von Entwickelung der Begriffe, von Verstand und Vernunft, welcher den Menschen so hoch über die Tiere erhebt, ist eng verknüpft mit der Ausbildung seiner Sprache. Aber auch hier, wie dort, ist eine lange Stufenleiter der Entwickelung nachweisbar, welche ununterbrochen von den niedersten zu den höchsten Bildungsstufen hinaufführt. Sprache ist ebensowenig als Vernunft ein ausschließliches Eigentum des Menschen. Vielmehr ist Sprache im weiteren Sinne ein gemeinsamer Vorzug aller höheren *sozialen Tiere*, mindestens aller Gliedertiere und Wirbeltiere, welche in Gesellschaften und Herden vereinigt leben; sie ist ihnen notwendig zur Verständigung, zur Mitteilung ihrer Vorstellungen. Diese kann nun entweder durch Berührung oder durch Zeichengebung geschehen, oder durch Töne, welche bestimmte Begriffe bezeichnen. Auch der Gesang der Singvögel und der singenden Menschenaffen (Hylobates) gehört zur Lautsprache, ebenso wie das Bellen der Hunde und das Wiehern der Pferde; ferner das Zirpen der Grillen und das Geschrei der Zikaden. Aber nur beim Menschen hat sich jene *artikulierte Begriffssprache* entwickelt, welche seine Vernunft zu soviel höheren Leistungen befähigt. Die *vergleichende Sprachforschung*, eine der interessantesten im neunzehnten Jahrhundert entstandenen Wissenschaften, hat gelehrt, wie die zahlreichen hoch entwickelten Sprachen der verschiedenen Völker sich aus wenigen einfachen Ursprachen langsam und allmählich entwickelt haben (*Wilhelm Humboldt*, *Bopp*, *Schleicher*, *Steinthal* u. a.) Insbesondere hat *August Schleicher* in Jena gezeigt, daß die historische Entwickelung der Sprachen nach denselben phylogenetischen Gesetzen erfolgt, wie diejenige anderer physiologischer Tätigkeiten und ihrer Organe. *Romanes* hat (1893) diesen Nachweis weiter ausgeführt und überzeugend dargetan, daß auch die Sprache des Menschen nur dem *Grade* der Entwickelung nach, nicht dem Wesen und der *Art* nach von derjenigen der höheren Tiere verschieden ist.

Skala der Gemütsbewegungen oder Affekte. Die wichtige Gruppe von Seelentätigkeiten, welche wir unter dem Begriffe „*Gemüt*“ zusammenfassen, spielt eine große Rolle ebenso in der theoretischen wie in der praktischen Vernunftlehre. Für unsere Betrachtungen sind sie deshalb besonders wichtig, weil hier der direkte Zusammenhang der Gehirnfunktion mit anderen physiologischen Funktionen (Herzschlag, Sinnestätigkeit, Muskelbewegung) unmittelbar einleuchtet; dadurch wird hier besonders das Widernatürliche und Unhaltbare jener Philosophie klar, welche die Psychologie prinzipiell von der Physiologie trennen will. Alle die zahlreichen Äußerungen des Gemütslebens, welche wir beim Menschen finden, kommen auch bei den höheren Tieren vor (besonders bei den Menschenaffen und Hunden); so verschiedenartig sie auch entwickelt sind, so lassen sie sich doch alle wieder auf die beiden *Elementar-Funktionen der Psyche* zurückführen, auf Empfindung und Bewegung, und auf deren Verbindung im Reflex und in der Vorstellung. Zum Gebiete der Empfindung im weiteren Sinne gehört das *Gefühl von Lust und Unlust*, welches das Gemüt bestimmt, und ebenso gehört auf der anderen Seite zum Gebiete der Bewegung die entsprechende *Zuneigung und Abneigung* („Liebe und Haß"), das Streben nach Erlangen der Lust und nach Vermeiden der Unlust. „Anziehung und Abstoßung" erscheinen hier zugleich als die Urquelle des *Willens*, jenes hochwichtigen Seelenelementes, welches den Charakter des Individuums bestimmt. Die *Leidenschaften*, welche eine so eingreifende Rolle im Seelenleben aller Menschen spielen, sind nur Steigerungen ihrer „Gemütsbewegungen". Daß auch diese Affekte den Menschen und Tieren gemeinsam sind, hat *Romanes* neuerdings einleuchtend gezeigt. Auf der tiefsten Stufe des organischen Lebens schon finden wir bei allen Protisten jene elementaren Gefühle von Lust und Unlust, welche sich in ihren sogenannten *Tropismen* äußern, in dem *Streben* nach Licht oder Dunkelheit, nach Wärme oder Kälte, in dem verschiedenen Verhalten gegen positive und negative Elektrizität. Auf der höchsten Stufe des Seelenlebens dagegen treffen wir beim Kulturmenschen jene feinsten Gefühlstöne und Abstufungen von Entzücken und Abscheu, von Liebe und Haß, welche die Triebfedern der Kulturgeschichte und die unerschöpfliche Fundgrube der Poesie sind. Und doch verbindet eine zusammenhängende Kette von allen denkbaren Übergangsstufen jene primitivsten Urzustände des Gemüts im *Psychoplasma* der einzelligen Protisten mit diesen höchsten Entwickelungsformen der Leidenschaften beim Menschen, welche sich in den Ganglienzellen oder Neuronen der Großhirnrinde abspielen. Daß auch diese letzteren den physikalischen Gesetzen absolut unterworfen sind, hat schon der große *Spinoza* in seiner berühmten „*Statik der Gemütsbewegungen*" dargetan.

Skala des Willens. Der Begriff des *Willens* unterliegt gleich anderen psychologischen Grundbegriffen (gleich den Begriffen von Vorstellung, Seele, Geist usw.) den verschiedensten Deutungen und Definitionen. Bald wird der Wille im weitesten Sinne als *kosmologisches* Attribut betrachtet: „die *Welt* als Wille und Vorstellung" (*Schopenhauer*); bald im engsten Sinne als ein *anthropologisches* Attribut, als eine ausschließliche Eigenschaft des *Menschen*. Letzteres gilt z. B. für *Descartes*, für welchen die Tiere willenlose und empfindungslose Maschinen sind. Im gewöhnlichen Sprachgebrauch wird der Wille von der Erscheinung der willkürlichen Bewegung abgeleitet und somit als eine Seelentätigkeit der meisten Tiere betrachtet. Wenn wir den Willen im Lichte der vergleichenden Physiologie und Entwickelungsgeschichte untersuchen, so kommen wir – ebenso wie bei der Empfindung – zur Überzeugung, daß er eine allgemeine Eigenschaft des lebenden *Psychoplasma* ist. Die automatischen Bewegungen sowohl als die Reflexbewegungen, die wir schon bei den einzelligen Protisten allgemein beobachten, erscheinen uns als die Folge von *Strebungen*, welche mit dem Begriffe des Lebens selbst untrennbar verknüpft sind. Auch bei den Pflanzen und den niedersten Tieren erscheinen die Strebungen oder *Tropismen* als das Gesamtresultat der Strebungen aller einzelnen, im sozialen Gewebebau vereinigten Zellen.

Erst wenn das „dreizellige Reflexorgan" sich entwickelt (S. 125), wenn zwischen die sensible Sinneszelle und die motorische Muskelzelle die selbständige dritte Zelle eingeschaltet wird, die „Seelenzelle oder Ganglienzelle", können wir diese als ein selbständiges Elementarorgan des Willens anerkennen. Der Wille bleibt aber hier, bei den niederen Tieren, meistens noch *unbewußt*. Erst wenn sich bei den höheren Tieren das Bewußtsein entwickelt, als subjektive Spiegelung der objektiven inneren Vorgänge im Neuroplasma der Seelenzellen, erreicht der Wille jene höchste Stufe, welche ihn qualitativ dem menschlichen Willen gleichstellt, und für den man im gewöhnlichen Sprachgebrauch das Prädikat der „*Freiheit*“ in Anspruch nimmt. Seine freie Entfaltung und Wirkung erscheint um so imposanter, je mehr sich mit der freien und schnellen Ortsbewegung das Muskelsystem und die Sinnesorgane entwickeln und in Korrelation damit die Denkorgane des Gehirns.

WILLENSFREIHEIT. Das Problem von der Freiheit des menschlichen Willens ist unter allen Welträtseln dasjenige, welches den denkenden Menschen von jeher am meisten beschäftigt hat, und zwar deshalb, weil sich hier mit dem hohen philosophischen Interesse der Frage zugleich die wichtigsten Folgerungen für die praktische Philosophie verknüpfen, für die Moral, die Erziehung, die Rechtspflege usw. E. *Du Bois-Reymond*, welcher dasselbe als das siebente und letzte unter seinen „sieben Welträtseln“ behandelt, sagt daher von dem Problem der Willensfreiheit mit Recht: „Jeden berührend, scheinbar jedem zugänglich, innig verflochten mit den Grundbedingungen der menschlichen Gesellschaft, auf das tiefste eingreifend in die religiösen Überzeugungen, hat diese Frage in der Geistes- und Kulturgeschichte eine Rolle von unermeßlicher Wichtigkeit gespielt, und in ihrer Behandlung spiegeln sich die Entwickelungsstadien des Menschengeistes deutlich ab. – Vielleicht gibt es keinen Gegenstand menschlichen Nachdenkens, über welchen längere Reihen nie mehr aufgeschlagener Folianten im Staube der Bibliotheken modern.“ – Diese Wichtigkeit der Frage tritt auch darin klar zutage, daß *Kant* die Überzeugung von der „Willensfreiheit“ unmittelbar neben diejenige von der „Unsterblichkeit der Seele“ und neben den „Glauben an Gott“ stellte. Er bezeichnete diese drei großen Fragen als die drei unentbehrlichen „*Postulate der praktischen Vernunft*“, nachdem er früher gezeigt hatte, daß ihre Realität im Lichte der *reinen* Vernunft nicht zu beweisen ist!

Das merkwürdigste in dem großartigen und höchst verworrenen Streite über die Willensfreiheit ist vielleicht die Tatsache, daß dieselbe theoretisch nicht nur von höchst kritischen Philosophen, sondern auch von den extremsten Gegensätzen verneint und trotzdem von den meisten Menschen als selbstverständlich noch heute bejaht wird. Hervorragende Lehrer der christlichen Kirche, wie der Kirchenvater *Augustin* und der Reformator *Calvin*, leugnen die Willensfreiheit ebenso bestimmt wie die bekanntesten Führer des reinen Materialismus, wie *Holbach* im achtzehnten und *Büchner* im neunzehnten Jahrhundert. Die christlichen Theologen verneinen sie, weil sie mit ihrem festen Glauben an die Allmacht Gottes und die Prädestination unvereinbar ist; Gott, der Allmächtige und Allwissende, sah und wollte alles von Ewigkeit voraus; also bestimmte er auch das Handeln der Menschen. Wenn der Mensch nach freiem Willen handelte, anders als es Gott vorausbestimmt hatte, so wäre Gott nicht allmächtig und allwissend gewesen. In demselben Sinne war auch *Leibniz* unbedingter *Determinist.* Die monistischen Naturforscher des achtzehnten Jahrhunderts (*Laplace*) verteidigten den Determinismus auf Grund ihrer mechanischen Weltanschauung.

Der gewaltige Kampf zwischen *Deterministen* und *Indeterministen*, zwischen den Gegnern und den Anhängern der Willensfreiheit, ist heute, nach mehr als zwei Jahrtausenden, endgültig zugunsten der ersteren entschieden. Der menschliche Wille ist ebensowenig frei als derjenige der höheren Tiere, von welchem er sich nur dem Grade, nicht der Art nach unterscheidet. Während noch im achtzehnten Jahrhundert das alte Dogma von der Willensfreiheit wesentlich mit allgemeinen, philosophischen und kosmologischen Gründen bestritten wurde, hat uns dagegen das neunzehnte Jahrhundert ganz andere Waffen zu dessen definitiver Widerlegung geschenkt, die gewaltigen Waffen, welche wir dem Arsenal der *vergleichenden Physiologie und Entwickelungsgeschichte* verdanken. Wir wissen jetzt, daß jeder Willensakt ebenso durch die Organisation des wollenden Individuums bestimmt und ebenso von den jeweiligen Bedingungen der umgebenden Außenwelt abhängig ist wie jede andere Seelentätigkeit. Der Charakter des Strebens ist von vornherein durch die *Vererbung* von Eltern und Voreltern bedingt; der Entschluß zum jedesmaligen Handeln wird durch die *Anpassung* an die momentanen Umstände gegeben, wobei das stärkste Motiv den Ausschlag gibt, entsprechend den Gesetzen, welche die Statik der Gemütsbewegungen bestimmen.

ACHTES KAPITEL

KEIMESGESCHICHTE DER SEELE

Monistische Studien über ontogenetische Psychologie

Entwickelung des Seelenlebens im individuellen Leben der Person

„Die merkwürdigen Tatsachen der *Befruchtung* sind von höchstem Interesse für die Psychologie, insbesondere für die Lehre von der *Zellseele*, als deren naturgemäßes Fundament. Denn die wichtigen Vorgänge der Empfängnis (bei welchen die männliche Spermazelle mit der weiblichen Eizelle zur Bildung einer neuen Zelle verschmilzt) können nur dann verstanden und erklärt werden, wenn wir diesen beiden Geschlechtszellen eine Art niederer Seelentätigkeit zuschreiben. Beide *empfinden* gegenseitig ihre Nähe, beide werden durch einen *sinnlichen* (wahrscheinlich dem Geruch verwandten) Trieb zueinander hingezogen; beide *bewegen* sich aufeinander zu und ruhen nicht, bis sie miteinander verschmelzen. — Die besondere Mischung beider elterlicher Zellkerne bedingt in jedem Kinde dessen individuellen, psychischen Charakter."

Anthropogenie (1891)

INHALT DES ACHTEN KAPITELS

Bedeutung der Ontogenie für die Psychologie. Entwickelung der Kindesseele. Beginn der Existenz der individuellen Seele. Einschachtelung der Seele. Mythologie des Seelenursprungs. Physiologie des Seelenursprungs. Elementare Vorgänge bei der Befruchtung. Kopulation der weiblichen Eizelle und der männlichen Samenzelle. Zellenliebe. Vererbung der Seele von Eltern und Voreltern. Ihre physiologische Natur als Mechanik des Plasma. Seelenmischung (psychische Amphigonie). Rückschlag, psychologischer Atavismus. Das biogenetische Grundgesetz in der Psychologie. Palingenetische Wiederholung und zenogenetische Abänderung. Embryonale und postembryonale Psychogenie.

LITERATUR

JOHN ROMANES, Die geistige Entwickelung beim Menschen. Ursprung der menschlichen Befähigung. Leipzig 1893.

WILHELM PREYER, Die Seele des Kindes. Beobachtungen über die geistige Entwickelung des Menschen in den ersten Lebensjahren. Leipzig 1882. Dritte Auflage 1890.

ERNST HAECKEL, Bildungsgeschichte unseres Nervensystems. Anthropogenie. Sechste Auflage. Leipzig 1910.

JULIEN LAMETTRIE, Der Mensch als Maschine. Leiden 1748.

THEODOR RIBOT, Die Erblichkeit. Leipzig 1876. Das Gedächtniß und seine Störungen. Leipzig 1882.

TITO VIGNOLI, Psicologia comparata. Milano 1877.

GIUSEPPE VIGNERI, Antropologia e Psicogenia. Lecce 1898.

AUGUST FOREL, Das Gedächtniß und seine Abnormitäten. Zürich 1885.

WILHELM PREYER, Spezielle Physiologie des Embryo. Untersuchungen über die Lebenserscheinungen vor der Geburt. Leipzig 1884.

ERNST HAECKEL, Zellseelen und Seelenzellen – Ursprung und Entwickelung der Sinneswerkzeuge. (Gesammelte populäre Vorträge aus dem Gebiete der Entwickelungslehre. I. u. II. Heft.) Bonn 1878.

RICHARD SEMON, Die Mneme als erhaltendes Prinzip im Wechsel des organischen Geschehens. Leipzig 1904. (Dritte Auflage 1911.)

Unsere menschliche Seele – gleichviel, wie man ihr Wesen auffaßt – unterliegt im Laufe unseres individuellen Lebens einer stetigen Entwickelung. Diese *ontogenetische Tatsache* ist für unsere monistische Psychologie von fundamentaler Bedeutung, obwohl die meisten „Psychologen vom Fach" ihr teils nur geringe, teils gar keine Berücksichtigung schenken. Wie nun die individuelle Entwickelungsgeschichte nach *Baers* Ausdruck – und nach der jetzt allgemein herrschenden Überzeugung der Biologen – der „wahre Lichtträger für alle Untersuchungen über organische Körper ist", so wird dieselbe auch über die wichtigsten Geheimnisse ihres Seelenlebens uns erst das wahre Licht anzünden.

Obgleich nun diese „Keimesgeschichte der Menschenseele" äußerst wichtig und interessant ist, hat sie doch bisher nur in sehr beschränktem Umfange die verdiente Berücksichtigung gefunden. Es waren bisher fast ausschließlich die *Pädagogen*, welche sich mit einem Teile derselben beschäftigten; durch ihren praktischen Beruf darauf angewiesen, die Ausbildung der Seelentätigkeit beim Kinde zu leiten und zu überwachen, mußten sie auch theoretisches Interesse an den dabei beobachteten psychogenetischen Tatsachen finden. Indessen standen diese Pädagogen – soweit sie überhaupt darüber nachdachten! – in der Neuzeit wie im Altertum größtenteils im Banne der herrschenden dualistischen Psychologie; dagegen waren sie mit den wichtigsten Tatsachen der vergleichenden Psychologie, sowie mit der Organisation und Funktion des Gehirns meistens nicht bekannt. Außerdem aber betrafen ihre Beobachtungen größtenteils erst die Kinder im schulpflichtigen Alter oder in den unmittelbar vorhergehenden Lebensjahren. Die merkwürdigen Erscheinungen, welche die individuelle Psychologie des Kindes gerade in den ersten Lebensjahren darbietet, und welche alle denkenden Eltern freudig bewundern, wurden fast niemals Gegenstand eingehender wissenschaftlicher Studien. Hier hat erst *Wilhelm Preyer* (1881) Bahn gebrochen, in seiner interessanten Schrift über „Die Seele des Kindes; Beobachtungen über die geistige Entwickelung des Menschen in den ersten Lebensjahren". Indessen müssen wir, um volle Klarheit zu gewinnen, noch weiter zurückgehen, bis auf die erste Entstehung der Seele im befruchteten Ei.

Entstehung der individuellen Seele. Der Ursprung und die erste Entstehung des menschlichen *Individuums* – ebenso unseres Körpers wie unserer Seele – galt noch im Anfange des neunzehnten Jahrhunderts für ein vollkommenes Geheimnis. Allerdings hatte der große *Caspar Friedrich Wolff* schon 1759 in seiner Theoria generationis das wahre Wesen der embryonalen Entwickelung aufgedeckt und an der sicheren Hand kritischer Beobachtung gezeigt, daß bei der Entwickelung des Keimes aus dem einfachen Ei eine wahre *Epigenesis*, d. h. eine Reihe der merkwürdigsten Neubildungsprozesse stattfinde. Allein die damalige Physiologie, an ihrer Spitze der berühmte *Albrecht Haller*, lehnte diese *empirischen*, unmittelbar mikroskopisch zu demonstrierenden Erkenntnisse rundweg ab und hielt an dem hergebrachten Dogma der embryonalen *Präformation* fest. Nach diesem nahm man an, daß im menschlichen Ei – ebenso wie im Ei aller Tiere – der Organismus mit allen seinen Teilen vorgebildet oder präformiert sei; die „Entwickelung" des Keimes bestehe eigentlich nur in einer „Auswickelung" (Evolutio) der eingewickelten Teile. Als notwendiger Folgeschluß dieses Irrtums ergab sich daraus weiterhin die oben erwähnte Einschachtelungstheorie (S. 61); da im weiblichen Embryo bereits der Eierstock vorhanden wäre, mußte man annehmen, daß in dessen Eiern wieder schon die Keime der nächsten Generation eingeschachtelt vorhanden seien, und so weiter, in infinitum! Diesem

Dogma der „*Ovulisten*"-Schule stand gegenüber eine andere, ebenso irrtümliche Ansicht, die der „*Animalkulisten*"; diese glaubten, daß der eigentliche Keim nicht in der weiblichen Eizelle der Mutter, sondern in der männlichen Spermazelle des Vaters liege, und daß in diesem „Samentierchen" (Spermatozoon) die Einschachtelung der Generationsreihen zu suchen sei.

Leibniz übertrug diese Einschachtelungslehre ganz folgerichtig auch auf die menschliche *Seele*; er leugnete für sie eine wahre Entwickelung (Epigenesis) ebenso wie für den Körper und sagte in seiner Theodizee: „So sollte ich meinen, daß die Seelen, welche eines Tages menschliche Seelen sein werden, im Samen, wie jene von anderen Spezies, dagewesen sind; daß sie in den Voreltern bis auf Adam, also seit dem Anfang der Dinge, immer in der Form organisierter Körper existiert haben." Ähnliche Vorstellungen erhielten sich sowohl in der Biologie wie in der Philosophie noch bis in das dritte Dezennium des neunzehnten Jahrhunderts, wo ihnen die Keimesgeschichte durch *Baer* den Todesstoß versetzte. Im Gebiete der Psychologie haben sie aber selbst bis auf den heutigen Tag noch vielfach Geltung; sie stellen nur eine Gruppe unter den vielen seltsamen, mystischen Vorstellungen dar, welche die Ontogenie der Psyche auch heute noch aufweist.

MYTHOLOGIE DES SEELENURSPRUNGS. Die näheren Aufschlüsse, welche wir durch die vergleichende Ethnologie neuerdings über die mannigfaltigen Mythenbildungen der älteren Kulturvölker sowohl als der heutigen Naturvölker gewonnen haben, sind auch für die Psychogenie von großem Interesse; indessen würde es hier viel zu weit führen, wenn wir darauf eingehen wollten; wir verweisen darüber auf das treffliche Werk von *Adalbert Svoboda:* „*Gestalten des Glaubens*" (1897). Betreffs ihres wissenschaftlichen oder poetischen Gehaltes können die betreffenden *psychogenetischen Mythen* etwa folgendermaßen in fünf Gruppen geordnet werden: I. Mythus der *Seelenwanderung:* die Seele lebte früher im Körper eines anderen Tieres und ist erst aus diesem in den menschlichen Körper übergetreten; die ägyptischen Priester z. B. behaupteten, daß die menschliche Seele nach dem Tode des Leibes durch alle Tiergattungen hindurchwandere, nach 3000 Jahren aber wieder in einen Menschenleib zurückkehre. II. Mythus der *Seeleneinpflanzung:* die Seele existierte selbständig an einem anderen Orte, in einer psychogenetischen Vorratskammer (etwa in einer Art von *Keimschlaf* oder latentem Leben); sie wird von einem Vogel (bisweilen als Adler, oft auch als „Klapperstorch" gedacht) geholt und in den menschlichen Körper eingesetzt. III. Mythus der *Seelenschöpfung:* der göttliche Schöpfer, als persönlicher „Gottvater" gedacht, erschafft die Seelen, hält sie vorrätig – bald in einem Seelenteich (als „Plankton" lebend), bald an einem Seelenbaum (als Früchte einer phanerogamen Pflanze gedacht); der Schöpfer nimmt dieselben heraus und setzt sie (während des Zeugungsaktes) dem menschlichen Keime ein. IV. Mythus der *Seeleneinschachtelung* (von *Leibniz*, vorher erwähnt). V. Mythus der *Seelenteilung* (von *Rudolf Wagner*, 1855, auch von anderen Physiologen angenommen); im Zeugungsakte spaltet sich ein Teil von beiden (immateriellen!) Seelen ab, die den Körper der beiden kopulierenden Eltern bewohnen; der mütterliche Seelenkeim reitet auf der Eizelle, der väterliche auf dem beweglichen Samentierchen; indem diese beiden Keimzellen verschmelzen, wachsen auch die beiden sie begleitenden Seelen zur Bildung einer neuen immateriellen Seele zusammen.

Physiologie des Seelenursprungs. Obwohl die angeführten Dichtungen über die Entstehung der einzelnen Menschenseele heute noch sehr weite Verbreitung und Anerkennung besitzen, ist dennoch ihr rein mythologischer Charakter jetzt sicher nachgewiesen. Die hochinteressanten und bewunderungswürdigen Untersuchungen, welche im Laufe der letzten Jahrzehnte über die feineren Vorgänge bei der Befruchtung und Keimung des Eies ausgeführt worden sind, haben ergeben, daß diese mysteriösen

Erscheinungen sämtlich in das Gebiet der *Zellenphysiologie* gehören (vgl. oben S. 66). Sowohl die weibliche Keimanlage, das Ei, als der männliche Befruchtungskörper, das Spermium oder Samenelement, sind *einfache Zellen*. Diese lebendigen Zellen besitzen eine Summe von physiologischen Eigenschaften, welche wir unter dem Begriff der *Zellseele* zusammenfassen, ebenso wie bei den permanent einzelligen Protisten (vgl. S. 67). Beiderlei Geschlechtszellen besitzen das Vermögen der Bewegung und Empfindung. Die jugendliche Eizelle oder das „Urei" bewegt sich nach Art einer *Amöbe*; die sehr kleinen Samenkörperchen oder Spermien, von welchen Millionen in jedem Tropfen des schleimartigen, männlichen Samens (*Sperma*) sich finden, sind Geißelzellen und bewegen sich mittelst ihrer schwingenden Geißel ebenso lebhaft schwimmend im Sperma umher wie die gewöhnlichen *Geißelinfusorien* (*Flagellaten*).

Wenn nun die beiderlei Zellen infolge der Begattung zusammentreffen, oder wenn sie durch künstliche Befruchtung (z. B. bei Fischen) in Berührung gebracht werden, ziehen sie sich gegenseitig an und legen sich fest aneinander. Die Ursache dieser zellularen Attraktion ist eine chemische, dem Geruche oder Geschmacke verwandte Sinnestätigkeit des Plasma, die wir als „*erotischen Chemopotrismus*" bezeichnen; man kann sie auch geradezu (sowohl im Sinne der Chemie als im Sinne der Romanliebe) „Zellenwahlverwandtschaft" oder „sexuelle *Zellenliebe*" nennen. Zahlreiche Geißelzellen des Sperma schwimmen auf die ruhige Eizelle lebhaft hin und versuchen in deren Körper einzudringen. Wie *Hertwig* (1875) gezeigt hat, gelingt es aber normalerweise nur einem einzigen glücklichen Bewerber, das ersehnte Ziel wirklich zu erreichen. Sobald sich dieses bevorzugte „Samentierchen" mit seinem „Kopfe" (d. h. dem Zellenkern) in den Leib der Eizelle eingebohrt hat, wird von der Eizelle eine dünne Schleimschicht abgesondert, welche das Eindringen anderer männlicher Zellen verhindert. Nur wenn *Hertwig* durch niedere Temperatur die Eizelle in Kältestarre versetzte oder sie durch narkotische Mittel (Chloroform, Morphium, Nikotin) betäubte, unterblieb die Bildung dieser Schutzhülle; dann trat „*Überfruchtung oder Polyspermie*“ ein, und zahlreiche Samenfäden bohrten sich in den Leib der bewußtlosen Zelle ein (Anthropogenie, S. 156). Diese merkwürdige Tatsache bezeugt ebenso einen niederen Grad von „*zellularem Instinkt*“ (oder mindestens von spezifischer, sinnlicher, lebhafter Empfindung) in den beiderlei Geschlechtszellen wie die wichtigen Vorgänge, die gleich darauf sich in ihrem Inneren abspielen. Die beiderlei Zellenkerne, der weibliche Eikern und der männliche Spermakern, ziehen sich gegenseitig an, nähern sich und verschmelzen bei der Berührung vollständig miteinander. So ist denn aus der befruchteten Eizelle jene wichtige neue Zelle entstanden, welche wir *Stammzelle* (Cytula) nennen, und aus deren wiederholter Teilung der ganze vielzellige Organismus mit seinen zahlreichen Organen hervorgeht.

Die psychologischen Erkenntnisse, welche sich aus diesen merkwürdigen, erst in den letzten 30 Jahren sicher beobachteten Tatsachen der Befruchtung ergeben, sind überaus wichtig und bisher nicht entfernt in ihrer allgemeinen Bedeutung gewürdigt. Wir fassen die wesentlichsten Folgerungen in folgenden fünf Sätzen zusammen: I. Jedes menschliche Individuum ist, wie jedes andere höhere Tier, im Beginne seiner Existenz eine einfache Zelle. II. Diese Stammzelle (Cytula) entsteht überall auf dieselbe Weise, durch Verschmelzung oder Kopulation von zwei getrennten Zellen verschiedenen Ursprungs, der weiblichen Eizelle (Ovulum) und der männlichen Spermazelle (Spermium). III. Beide Geschlechtszellen besitzen eine verschiedene „Zellseele“, d. h., beide sind durch eine besondere Form von Empfindung und von Bewegung ausgezeichnet. IV. In dem Momente der Befruchtung oder Empfängnis verschmelzen nicht nur die Plasmakörper der beiden Geschlechtszellen und ihre Kerne, sondern auch die „Seelen“ derselben; d. h. die Spannkräfte, welche in beiden enthalten und an die Materie des Plasma untrennbar gebunden sind, vereinigen sich zur Bildung einer neuen Spannkraft, des „Seelenkeimes" der neugebildeten Stammzelle. V. Daher besitzt jede Person leibliche und geistige Eigenschaften von beiden Eltern; durch Vererbung überträgt der Kern der Eizelle einen Teil der mütterlichen, der Kern der Spermazelle einen Teil der väterlichen Eigenschaften.

Durch diese empirisch erkannten Erscheinungen der Konzeption wird ferner die höchst wichtige Tatsache festgestellt, daß jeder Mensch wie jedes andere Tier einen *Beginn der individuellen Existenz* hat; die völlige Kopulation der beiden sexuellen Zellkerne bezeichnet haarscharf den Augenblick, in welchem nicht nur der Körper der neuen *Stammzelle* entsteht, sondern auch ihre „Seele". Durch diese Tatsache allein schon wird der alte Mythus von der *Unsterblichkeit der Seele* widerlegt, auf den wir später zurückkommen. Ferner wird dadurch der noch sehr verbreitete Aberglaube widerlegt, daß der Mensch seine individuelle Existenz der „Gnade des liebenden Gottes" verdankt. Die Ursachen derselben beruhen vielmehr einzig und allein auf dem „*Eros*" seiner beiden Eltern, auf jenem mächtigen, allen vielzelligen Tieren und Pflanzen gemeinsamen Geschlechtstriebe, welcher zu deren Begattung führt. Das Wesentliche bei diesem physiologischen Prozesse ist aber nicht, wie man früher annahm, die „Umarmung" oder die damit verknüpften Liebesspiele, sondern einzig und allein die Einführung des männlichen Sperma in die weiblichen Geschlechtskanäle. Nur dadurch wird es bei den landbewohnenden Tieren möglich, daß der befruchtende Samen mit der abgelösten Eizelle zusammenkommt (was beim Menschen gewöhnlich innerhalb des Eileiters geschieht). Bei niederen, wasserbewohnenden Tieren (z. B. Fischen, Muscheln, Medusen) werden beiderlei reife Geschlechtsprodukte einfach in das Wasser entleert, und hier bleibt ihr Zusammentreffen dem Zufall überlassen; dann fehlt eine eigentliche Begattung und damit zugleich fallen jene zusammengesetzten psychischen Funktionen des „Liebeslebens" hinweg, die bei höheren

Tieren eine so große Rolle spielen. Daher fehlen auch allen niederen, nicht kopulierenden Tieren jene interessanten Organe, die *Darwin* als „sekundäre Sexualcharaktere" bezeichnet hat, die Produkte der geschlechtlichen Zuchtwahl: der Bart des Mannes, das Geweih des Hirsches, das prachtvolle Gefieder der Paradiesvögel und vieler Hühnervögel, sowie viele andere Auszeichnungen der Männchen, welche den Weibchen fehlen. (Vergl. *Wilhelm Bölsche*, Liebesleben der Natur, 3 Bände, 1901).

Vererbung der Seele. Unter den angeführten Folgeschlüssen der *Konzeptions-Physiologie* ist für die Psychologie ganz besonders wichtig die *Vererbung der Seelenqualitäten von beiden Eltern.* Daß jedes Kind besondere Eigentümlichkeiten des Charakters, Temperament, Talent, Sinnesschärfe, Willensenergie von *beiden* Eltern erbt, ist allgemein bekannt. Ebenso bekannt ist die Tatsache, daß oft (oder eigentlich allgemein!) auch psychische Eigenschaften von beiderlei Großeltern durch Vererbung übertragen werden; ja, häufig stimmt in einzelnen Beziehungen der Mensch mehr mit den Großeltern als mit den Eltern überein, und das gilt ebenso von geistigen wie von körperlichen Eigentümlichkeiten. Alle die merkwürdigen *Gesetze der Vererbung*, welche ich zuerst (1866) in der Generellen Morphologie formuliert und in der Natürlichen Schöpfungsgeschichte populär behandelt habe, besitzen ebenso allgemeine Gültigkeit für die besonderen Erscheinungen der Seelentätigkeit wie der Körperbildung; ja, sie treten uns häufig an der ersteren noch viel auffallender und klarer entgegen als an der letzteren.

Nun ist ja an sich das große Gebiet der *Vererbung*, für dessen ungeheuere Bedeutung uns erst *Darwin* (1859) das wissenschaftliche Verständnis eröffnet hat, reich an dunkeln Rätseln und physiologischen Schwierigkeiten; wir dürfen nicht beanspruchen, daß uns schon jetzt alle Seiten desselben vollkommen klar vor Augen liegen. Aber soviel haben wir doch schon sicher gewonnen, daß wir die *Vererbung als eine physiologische Funktion* des

Organismus betrachten, die mit der Tätigkeit seiner Fortpflanzung unmittelbar verknüpft ist; und wie alle anderen Lebenstätigkeiten müssen wir auch diese schließlich auf physikalische und chemische Prozesse, auf *Mechanik des Plasma* zurückführen. Nun kennen wir aber jetzt den Vorgang der Befruchtung selbst genau; wir wissen, daß dabei ebenso der Spermakern die väterlichen wie der Eikern die mütterlichen Eigenschaften auf die neugebildete Stammzelle überträgt. Die Vermischung beider Zellkerne ist das eigentliche Hauptmoment der Vererbung; durch sie werden ebenso die individuellen Eigenschaften der Seele wie des Leibes auf das neugebildete Individuum übertragen. Diesen ontogenetischen Tatsachen steht die dualistische und mystische Psychologie der noch heute herrschenden Schulen ratlos gegenüber, während sie sich durch unsere monistische Psychogenie in einfachster Weise vollkommen erklären.

Seelenmischung (psychische Amphigonie). Die physiologische Tatsache, auf welche es für die richtige Beurteilung der individuellen Psychogenie vor allem ankommt, ist die *Kontinuität der Psyche* in der Generationsreihe. Wenn im Konzeptions-Momente auch tatsächlich ein neues Individuum entsteht, so ist dasselbe doch weder hinsichtlich seiner geistigen noch leiblichen Qualität eine unabhängige Neubildung, sondern lediglich das Produkt aus der Verschmelzung der beiden elterlichen Faktoren, der mütterlichen Eizelle und der väterlichen Spermazelle. Die Zellseelen dieser beiden Geschlechtszellen verschmelzen im Befruchtungsakte ebenso vollständig zur Bildung einer neuen *Zellseele*, wie die beiden Zellkerne, welche die materiellen Träger dieser psychischen Spannkräfte sind, zu einem neuen *Zellkern* sich verbinden. Da wir nun sehen, daß die Individuen einer und derselben Art – ja selbst die Geschwister, die von einem gemeinsamen Elternpaare abstammen – stets gewisse, wenn auch geringfügige Unterschiede zeigen, so müssen wir annehmen, daß solche auch schon in der chemischen Plasmakonstitution der kopulierenden Keimzellen selbst vorhanden sind (Gesetz der individuellen Variation, Natürl. Schöpfungsgeschichte, X. Auflage, S. 215).

Aus diesen Tatsachen allein schon läßt sich die unendliche Mannigfaltigkeit der individuellen Seelen- und Formerscheinungen in der organischen Natur begreifen. In extremer, aber einseitiger Konsequenz ergibt sich daraus die Auffassung von *Weismann*, welcher die *Amphimixis*, die Mischung des Keimplasma bei der geschlechtlichen Zeugung, sogar als die allgemeine und ausschließliche Ursache der individuellen Variabilität betrachtet. Diese exklusive Auffassung, die mit seiner Theorie von der Kontinuität des Keimplasma zusammenhängt, ist nach meiner Ansicht übertrieben; vielmehr halte ich an der Überzeugung fest, daß die mächtigen Gesetze der *progressiven Vererbung* und der damit verknüpften *funktionellen Anpassung* ebenso für die Seele wie für den Leib gelten. Die neuen Eigenschaften, welche das Individuum während seines Lebens erworben hat, können teilweise auf die molekulare Zusammensetzung des Keimplasma in der Eizelle und Samenzelle zurückwirken und können so durch Vererbung unter gewissen Bedingungen (natürlich nur als latente Spannkräfte) auf die nächste Generation übertragen werden.

Psychologischer Atavismus. Wenn bei der Seelenmischung im Augenblicke der Empfängnis zunächst auch nur die Spannkräfte der beiden Elternseelen mittelst Verschmelzung der beiden erotischen Zellkerne erblich übertragen werden, so kann damit doch zugleich der erbliche psychische Einfluß älterer, oft weit zurückliegender Generationen mit fortgepflanzt werden. Denn auch die Gesetze der *latenten Vererbung* oder des *Atavismus* gelten ebenso für die Psyche wie für die anatomische Organisation. Die merkwürdigen Erscheinungen dieses „*Rückschlags*“ begegnen uns in sehr einfacher und lehrreicher Form beim „Generationswechsel“ der Polypen und Medusen. Hier wechseln regelmäßig zwei sehr verschiedene Generationen so miteinander ab, daß die erste der dritten fünften usw. gleich ist, dagegen die zweite (von jenen sehr verschiedene) der vierten, sechsten usw. (Natürl. Schöpfgsg. S. 185). Beim Menschen, wie bei den höheren Tieren und Pflanzen, wo infolge kontinuierlicher Vererbung jede Generation der anderen gleicht, fehlt jener reguläre Generationswechsel; aber trotzdem fallen uns auch hier vielfach Erscheinungen des *Rückschlags* oder Atavismus auf, welche auf dasselbe Gesetz der latenten Vererbung zurückzuführen sind.

Gerade in feineren Zügen des Seelenlebens, im Besitze bestimmter künstlerischer Talente oder Neigungen, in der Energie des Charakters, in der Leidenschaft des Temperamentes gleichen oft hervorragende Menschen mehr ihren Großeltern als den Eltern; nicht selten tritt auch ein auffälliger Charakterzug hervor, den weder diese noch jene besaßen, der aber in einem älteren Gliede der Ahnenreihe vor langer Zeit sich offenbart hatte. Auch in diesen merkwürdigen Atavismen gelten dieselben Vererbungsgesetze für die Psyche wie für die Physiognomie, für die individuelle Qualität der Sinnesorgane, der Muskeln, des Skeletts und anderer Körperteile. Am auffälligsten können wir dieselben in regierenden Dynastien und in alten Adelsgeschlechtern verfolgen, deren hervorragende Tätigkeit im Staatsleben zur genaueren historischen Darstellung der Individuen in der Generationskette Veranlassung gegeben hat, so z. B. bei den Hohenzollern, Hohenstaufen, Oraniern, Bourbonen usw.; nicht minder bei den römischen Cäsaren.

Das biogenetische Grundgesetz in der Psychologie (1866). Der *Kausalzusammenhang* der *biontischen* (individuellen) und der *phyletischen* (historischen) Entwickelung, den ich schon in der Generellen Morphologie als oberstes Gesetz an die Spitze aller biogenetischen Untersuchungen gestellt hatte, besitzt ebenso allgemeine Geltung für die *Psychologie* wie für die *Morphologie*. Die besondere Bedeutung, welche dasselbe in beiden Beziehungen für den Menschen beansprucht, habe ich (1874) im ersten Vortrage meiner Anthropogenie ausgeführt: „Das Grundgesetz der organischen Entwickelung.“ Wie bei allen anderen Organismen, so ist auch beim Menschen „*die Keimesgeschichte ein Auszug der Stammesgeschichte*“. Diese gedrängte und abgekürzte Rekapitulation ist um so vollständiger, je mehr durch beständige Vererbung die ursprüngliche *Auszugsentwickelung* (Palingenesis) beibehalten wird; hingegen wird sie um so unvollständiger, je mehr durch wechselnde Anpassung die spätere *Störungsentwickelung* (Zenogenesis) eingeführt wird (Anthropogenie, S. 11, 19).

Indem wir dieses Grundgesetz auf die Entwickelungsgeschichte der Seele anwenden, müssen wir ganz besonderen Nachdruck darauf legen, daß stets *beide* Seiten desselben kritisch im Auge zu behalten sind. Denn beim Menschen wie bei allen höheren Tieren und Pflanzen haben im Laufe der phyletischen Jahrmillionen so beträchtliche Störungen oder *Zänogenesen* sich ausgebildet, daß dadurch das ursprüngliche, reine Bild der *Palingenese* oder des „Geschichtsauszuges“ stark getrübt und verändert erscheint. Während einerseits durch die Gesetze der gleichzeitigen und gleichörtlichen Vererbung die *palingenetische* Rekapitulation erhalten bleibt, wird sie andererseits durch die Gesetze der abgekürzten und vereinfachten Vererbung wesentlich *zänogenetisch* verändert (Nat. Schöpfgsg., S. 190). Zunächst ist das deutlich erkennbar in der Keimesgeschichte der Seelenorgane, des Nervensystems, der Muskeln und Sinnesorgane. In ganz gleicher Weise gilt dasselbe aber auch von der Seelentätigkeit, die untrennbar an die normale Ausbildung dieser Organe gebunden ist. Die Keimesgeschichte derselben ist beim Menschen wie bei allen anderen lebendig gebärenden Tieren schon deshalb stark zänogenetisch abgeändert, weil die volle Ausbildung des Keimes hier längere Zeit innerhalb des mütterlichen Körpers stattfindet. Wir müssen daher als zwei Hauptperioden der individuellen Psychogenie unterscheiden: I. die embryonale und II. die postembryonale Entwickelungsgeschichte der Seele.

Embryonale Psychogenie. Der menschliche Keim oder Embryo entwickelt sich normalerweise im Mutterleibe während des Zeitraums von neun Monaten (oder 270 Tagen). Während dieses Zeitraums ist er vollkommen von der Außenwelt abgeschlossen und nicht allein durch die dicke Muskelwand des mütterlichen Fruchtbehälters (Uterus) geschützt, sondern auch durch die besonderen Fruchthüllen (Embryolemmen), welche allen drei höheren Wirbeltierklassen gemeinsam zukommen, den Reptilien, Vögeln und Säugetieren. Bei allen drei Amniotenklassen entwickeln sich diese Fruchthüllen (Amnion oder Wasserhaut und Serolemma oder seröse Haut) genau in derselben Weise. Es sind das Schutzeinrichtungen, welche von den ältesten Reptilien (Proreptilien), den gemeinsamen Stammformen aller Amnioten, erst in der Permperiode (gegen Ende des paläozoischen Zeitalters) erworben wurden, als diese höheren Wirbeltiere sich an das beständige Landleben und die Luftatmung gewöhnten. Ihre vorhergehenden Ahnen, die Amphibien der Steinkohlenperiode, lebten und atmeten noch im Wasser wie ihre älteren Vorfahren, die Fische.

Bei diesen älteren und niederen wasserbewohnenden Wirbeltieren besaß die Keimesgeschichte noch in viel höherem Grade den palingenetischen Charakter, wie es auch noch bei den meisten Fischen und Amphibien der Gegenwart der Fall ist. Die bekannten Kaulquappen, die Larven der Salamander und Frösche, bewahren noch heute in der ersten Zeit ihres freien Wasserlebens den Körperbau ihrer Fischahnen; sie gleichen ihnen auch in der Lebensweise, in der Kiemenatmung, in der Funktion ihrer Sinnesorgane und ihrer anderen Seelenorgane. Erst wenn die interessante Metamorphose der schwimmenden Kaulquappen eintritt, und wenn sie sich an das Landleben gewöhnen, verwandelt sich ihr fischähnlicher Körper in das vierfüßige, kriechende Amphibium mit Luftatmung.

Beim Menschen wie bei allen anderen Amnioten ist das nicht der Fall; ihr Embryo ist schon durch den Einschluß in die schützenden Eihüllen dem direkten Einflusse der Außenwelt ganz entzogen und jeder Wechselwirkung mit derselben entwöhnt. Außerdem aber bietet die besondere

Brutpflege der Amniontiere ihrem Keime viel günstigere Bedingungen für zänogenetische Abkürzung der palingenetischen Entwickelung. Vor allem gehört dahin die vortreffliche Ernährung des Keims; sie geschieht bei den Reptilien, Vögeln und Monotremen (den eierlegenden Säugetieren) durch den großen gelben Nahrungsdotter, welcher dem Ei beigegeben ist, bei den übrigen Mammalien hingegen (Beuteltieren und Zottentieren) durch das Blut der Mutter, welches durch die Blutgefäße des Dottersackes und der Allantois dem Keime zugeführt wird. Bei den höchstentwickelten *Zottentieren* (Placentalia) hat diese zweckmäßige Ernährungsform durch Ausbildung des Mutterkuchens (Placenta) den höchsten Grad der Vollkommenheit erreicht; daher ist der Embryo schon vor der Geburt hier vollkommen ausgebildet. Seine Seele aber befindet sich während dieser ganzen Zeit im Zustande des *Keimschlafes*, einem Ruhezustande, welchen *Preyer* mit Recht dem Winterschlafe der Tiere verglichen hat. Einen gleichen, lange dauernden Schlaf finden wir auch im Puppenzustande jener Insekten, welche eine vollkommene Verwandlung durchmachen (Schmetterlinge, Immen, Fliegen, Käfer usw.). Hier ist der *Puppenschlaf*, während dessen die wichtigsten Umbildungen der Organe und Gewebe vor sich gehen, um so interessanter, als der vorhergehende Zustand der frei lebenden Larve (Raupe, Engerling oder Made) ein sehr entwickeltes Seelenleben besitzt, und als dieses bedeutend unter derjenigen Stufe steht, welche später (nach dem Puppenschlaf) das vollendete, geflügelte und geschlechtsreife Insekt zeigt.

POSTEMBRYONALE PSYCHOGENIE. Die Seelentätigkeit des Menschen durchläuft während seines individuellen Lebens, ebenso wie bei den meisten höheren Tieren, eine Reihe von Entwickelungsstufen; als die wichtigsten derselben können wir wohl folgende fünf Hauptabschnitte unterscheiden: 1. die Seele des Neugeborenen bis zum Erwachen des Selbstbewußtseins und zum Erlernen der Sprache, 2. die Seele des Knaben und des Mädchens bis zur Pubertät (zum Erwachen des Geschlechtstriebes), 3. die Seele des Jünglings und der Jungfrau bis zum Eintritt der sexuellen Verbindung (die Periode der „Ideale"), 4. die Seele des erwachsenen Mannes und der reifen Frau (Periode der vollen Reife und der Familiengründung, beim Manne meistens bis ungefähr zum sechzigsten, beim Weibe bis zum fünfzigsten Lebensjahre, bis zum Eintritt der Involution), 5. die Seele des Greises und der Greisin (Periode der Rückbildung). Das Seelenleben des Menschen durchläuft also dieselben Entwickelungsstufen der aufsteigenden Fortbildung, der vollen Reife und der absteigenden Rückbildung wie jede andere Lebenstätigkeit.

NEUNTES KAPITEL

STAMMESGESCHICHTE DER SEELE

Monistische Studien über phylogenetische Psychologie

Entwickelung des Seelenlebens in der tierischen Ahnenreihe des Menschen

---

„Die physiologischen Funktionen des Organismus, welche wir unter dem Begriffe der Seelentätigkeit — oder kurz der *„Seele“* — zusammenfassen, werden beim Menschen durch dieselben mechanischen (physikalischen und chemischen) Prozesse vermittelt wie bei den übrigen *Wirbeltieren*. Auch die Organe dieser psychischen Funktionen sind hier und dort dieselben: das Gehirn- und Rückenmark als Zentralorgane, die peripheren Nerven und die Sinnesorgane. Wie diese *Seelen-Organe* sich beim Menschen langsam und stufenweise aus den niederen Zuständen ihrer Vertebraten-Ahnen entwickelt haben, so gilt dasselbe natürlich auch von ihren *Funktionen*, von der Seele selbst.“

Systematische Phylogenie der Wirbeltiere (1895)

INHALT DES NEUNTEN KAPITELS

Stufenweise historische Entwickelung der Menschenseele aus der Tierseele. Methoden der phylogenetischen Psychologie. Vier Hauptstufen in der Stammesgeschichte der Seele. I. Zellseele (Zytopsyche) der Protisten (Infusorien, Eizelle), Zellularpsychologie. II. Zellvereinsseele oder Zönobialpsyche (Zönopsyche). Psychologie der Morula und Blastula. III. Gewebeseele (Histopsyche). Ihre Duplizität. Pflanzenseele. Seele von nervenlosen niederen Tieren. Doppelseele der Siphonophoren (Personalseele und Kormalseele). IV. Nervenseele (Neuropsyche) bei höheren Tieren. Drei Bestandteile ihres Seelenapparates (Sinnesorgane, Muskeln und Nerven). Typische Bildung des Nervenzentrums in den verschiedenen Tierstämmen. Seelenorgan der Wirbeltiere: Markrohr oder Medullarrohr (Gehirn und Rückenmark). Seelengeschichte der Säugetiere.

LITERATUR

Charles Darwin, Der Ausdruck der Gemütsbewegungen bei den Menschen und den Tieren. Stuttgart 1872.

John Romanes, Die geistige Entwickelung im Thierreich. Leipzig 1885.

C. Lloyd Morgan, The law of psychogenesis. London 1892.

G. H. Schneider, Der thierische Wille. Leipzig 1880. Der menschliche Wille. Berlin 1882.

Theodor Ribot, Psychologie contemporaine. Paris 1870 – 1879. (Deutsche Übersetzung. Braunschweig 1881.)

Fritz Schultze, Stammbaum der Philosophie. Tabellarisch-schematischer Grundriß der Geschichte der Philosophie. Jena 1890. Zweite Auflage 1899.

W. Wurm, Thier- und Menschen-Seele. Frankfurt a. M. 1896.

F. Hanspaul, Die Seelentheorie und die Gesetze des natürlichen Egoismus und der Anpassung. Berlin 1899.

John Lubbock, Die Entstehung der Civilisation und der Urzustand des Menschengeschlechts. (Deutsch von A. Passow.) Jena 1875.

Max Verworn, Psychophysiologische Protisten-Studien (experimentelle Untersuchungen). Jena 1889.

Robert Wiedersheim, Der Bau des Menschen als Zeugnis für seine Vergangenheit. Tübingen 1887. Dritte Auflage 1902.

Ernst Haeckel, Systematische Phylogenie. Dritter Teil. Stammesgeschichte der Wirbelthiere (§ 449. Phylogenie der Menschen-Seele). Berlin 1895.

Die Deszendenztheorie in Verbindung mit der Anthropologie hat uns überzeugt, daß unser menschlicher Organismus aus einer langen Reihe tierischer Vorfahren durch allmähliche Umbildung im Laufe vieler Jahrmillionen langsam und stufenweise sich entwickelt hat. Da wir nun das Seelenleben des Menschen von seinen übrigen Lebenstätigkeiten nicht trennen können, vielmehr zu der Überzeugung von der einheitlichen Entwickelung unseres ganzen Körpers und Geistes gelangt sind, so ergibt sich auch für die moderne *monistische Psychologie* die Aufgabe, die historische Entwickelung der Menschenseele aus der Tierseele stufenweise zu verfolgen. Die Lösung dieser Aufgabe versucht unsere „Stammesgeschichte der Seele“ oder die *Phylogenie der Psyche;* man kann sie auch, als Zweig der allgemeinen Seelenkunde, mit dem Namen der *phylogenetischen Psychologie* oder – im Gegensatze zur *biontischen* (individuellen) – als *phyletische Psychogenie* bezeichnen. Obgleich diese neue Wissenschaft noch kaum ernstlich in Angriff genommen ist, obgleich selbst ihre Existenzberechtigung von den meisten Fachpsychologen bestritten wird, müssen wir für sie dennoch die allerhöchste Wichtigkeit und das größte Interesse in Anspruch nehmen. Denn nach unserer festen Überzeugung ist sie vor allem berufen, uns das große „Welträtsel“ vom Wesen und der Entstehung unserer Seele zu lösen.

METHODEN DER PHYLETISCHEN PSYCHOGENIE. Die Mittel und Wege, welche zu dem weit entfernten, im Nebel der Zukunft für Viele noch kaum erkennbaren Ziele der *phylogenetischen Psychologie* hinführen sollen, sind von denjenigen anderer stammesgeschichtlicher Forschungen nicht verschieden. Vor allem ist auch hier die vergleichende Anatomie, Physiologie und Ontogenie von höchstem Werte. Aber auch die Paläontologie liefert uns eine Anzahl von sicheren Stützpunkten; denn die Reihenfolge, in welcher die versteinerten Überreste der Vertebratenklassen nacheinander in den Perioden der organischen Erdgeschichte auftreten, offenbart uns teilweise, zugleich mit deren phyletischem Zusammenhang, auch die stufenweise Ausbildung ihrer Seelentätigkeit. Freilich sind wir hier, wie überall bei phylogenetischen Untersuchungen, zur Bildung zahlreicher Hypothesen gezwungen, welche die empfindlichen Lücken der empirischen Stammesurkunden ausfüllen; aber dennoch werfen die letzteren ein so helles und bedeutungsvolles Licht auf die wichtigsten Abstufungen der geschichtlichen Entwickelung, daß wir eine befriedigende Einsicht in deren allgemeinen Verlauf gewinnen können.

Hauptstufen der phyletischen Psychogenie. Die vergleichende Psychologie des Menschen und der höheren Tiere läßt uns zunächst in den höchsten Gruppen der plazentalen Säugetiere, bei den *Herrentieren* (Primates), die wichtigen Fortschritte erkennen, durch welche die Menschenseele aus der Psyche der Menschenaffen (Anthropomorpha) hervorgegangen ist. Die Phylogenie der *Säugetiere* und weiterhin der niederen Wirbeltiere zeigt uns die lange Reihe der älteren Vorfahren der Primaten, welche innerhalb dieses Stammes seit der Silurzeit sich entwickelt haben. Alle diese *Vertebraten* stimmen überein in der Struktur und Entwickelung ihres charakteristischen Seelenorgans, des *Markrohrs*. Daß dieses „Medullarrohr" sich aus einem dorsalen *Akroganglion* oder *Scheitelhirn* wirbelloser Vorfahren hervorgebildet hat, lehrt uns die vergleichende Anatomie der Wurmtiere oder *Vermalien*. Weiter zurückgehend erfahren wir durch die vergleichende Ontogenie, daß dieses einfache Seelenorgan aus der Zellenschicht des äußeren Keimblattes, aus dem Ektoderm von *Platodarien* entstanden ist; bei diesen ältesten Plattentieren, die noch kein gesondertes Nervensystem besaßen, wirkt die äußere Hautdecke als universales Sinnes- und Seelenorgan. Durch die vergleichende Keimesgeschichte überzeugen wir uns endlich, daß diese einfachsten Metazoen durch Gastrulation aus *Blastäaden* entstanden sind, aus *Hohlkugeln*, deren Wand eine einfache Zellenschicht bildete, das *Blastoderm*. Zugleich lernen wir durch dieselbe mit Hilfe des biogenetischen Grundgesetzes verstehen, wie diese Protozoen-Zönobien ursprünglich aus einfachsten einzelligen Urtieren hervorgegangen sind.

Durch die kritische Deutung dieser verschiedenen Keimbildungen, deren Entstehung auseinander wir unmittelbar durch mikroskopische *Beobachtung* verfolgen können, erhalten wir mittelst unseres biogenetischen Grundgesetzes die wichtigsten Aufschlüsse über die Hauptstufen in der Stammesgeschichte unseres Seelenlebens; wir können deren zunächst acht unterscheiden: 1. Einzellige Protozoen mit einfacher *Zellseele*: *Infusorien*; 2. vielzellige Protozoen mit *Zönobialseele*: *Katallakten*; 3. älteste Metazoen mit *Epithelialseele*: *Platodarien*; 4. wirbellose Ahnen mit einfachem *Scheitelhirn*: *Vermalien*; 5. schädellose Wirbeltiere mit einfachem *Markrohr*, ohne Gehirn: *Akranier*; 6. Schädeltiere mit *Gehirn* (aus fünf Hirnblasen bestehend): *Kranioten*; 7. Säugetiere mit überwiegend entwickelter *Großhirnrinde*: *Plazentalien*; 8. höhere Menschenaffen und Menschen, mit *Denkorganen* (im Prinzipalhirn): *Anthropomorphen*. Unter diesen acht Hauptstufen in der Stammesgeschichte der menschlichen Psyche lassen sich weiterhin noch eine Anzahl von untergeordneten Entwickelungsstufen mit mehr oder weniger Klarheit unterscheiden. Selbstverständlich sind wir aber bei deren Rekonstruktion auf diejenigen lückenhaften Zeugnisse der empirischen Psychologie angewiesen, welche uns die vergleichende Anatomie und Physiologie der gegenwärtigen Fauna an die Hand gibt. Da die Schädeltiere der sechsten Stufe, und zwar echte Fische, sich schon im silurischen System versteinert finden, sind wir zu der Annahme gezwungen, daß die fünf vorhergehenden (der Versteinerung nicht fähigen!) Ahnenstufen sich schon in früherer Zeit, vor der Silur-Periode, entwickelt haben.

I. Die Zellseele (Zytopsyche): *erste Hauptstufe der phyletischen Psychogenesis.* Die ältesten Vorfahren des Menschen, wie aller übrigen Tiere, waren einzellige *Urtiere* (Protozoa). Diese Fundamental-Hypothese der rationellen Phylogenie ergibt sich nach dem biogenetischen Grundgesetze aus der bekannten embryologischen *Tatsache,* daß jeder Mensch wie jedes andere *Metazoon* (jedes vielzellige „Gewebetier"), im Beginne seiner individuellen Existenz eine einfache Zelle ist, die „*Stammzelle*" (Cytula) oder die „befruchtete Eizelle" (vgl. S. 88). Wie diese letztere schon von Anfang an „*beseelt*" war, so auch jene entsprechende *einzellige Stammform,* welche in der ältesten Ahnenreihe des Menschen durch eine Kette von verschiedenen *Protozoen* vertreten war.

Über die Seelentätigkeit dieser einzelligen Organismen unterrichtet uns die vergleichende Physiologie der heute noch lebenden Protisten; sowohl genaue Beobachtung als sinnreiches Experiment haben uns hier in der zweiten Hälfte des neunzehnten Jahrhunderts ein neues Gebiet voll höchst interessanter Erscheinungen eröffnet. Die beste Darstellung derselben hat 1889 *Max Verworn* gegeben, in seinen gedankenreichen, auf eigene originelle Versuche gestützten „*Psychophysiologischen Protistenstudien*". Auch die wenigen älteren Beobachtungen über „das Seelenleben der Protisten" sind darin zusammengestellt. *Verworn* gelangte zu der festen Überzeugung, daß bei allen Protisten die psychischen Vorgänge noch *unbewußt* sind, daß die Vorgänge der Empfindung und Bewegung hier noch mit den molekularen Lebensprozessen im Plasma selbst zusammenfallen, und daß ihre letzten Ursachen in den Eigenschaften der *Plasmamoleküle* (der Plastidule) zu suchen sind. „Die psychischen Vorgänge im Protistenreich sind daher die Brücke, welche die chemischen Prozesse in der unorganischen Natur mit dem Seelenleben der höchsten Tiere verbindet; sie repräsentieren den Keim der höchsten psychischen Erscheinungen bei den Metazoen und dem Menschen."

Die sorgfältigen Beobachtungen und zahlreichen Experimente von *Verworn*, im Verein mit denjenigen von *Wilhelm Engelmann*, *Wilhelm Preyer*, *Richard Hertwig* und anderen neueren Protisten-Forschern, liefern die bündigen Beweise für meine monistische „*Theorie der Zellseele*“ (1866). Gestützt auf eigene langjährige Untersuchungen von verschiedenen Protisten, besonders von Rhizopoden, Radiolarien und Infusorien, hatte ich damals den Satz aufgestellt, daß jede lebendige Zelle psychische Eigenschaften besitzt, und daß also auch das Seelenleben der vielzelligen Tiere und Pflanzen nichts anderes ist als das Resultat der psychischen Funktionen der ihren Leib zusammensetzenden Zellen. Bei den niederen Gruppen (z. B. Algen und Spongien) sind *alle* Zellen des Körpers gleichmäßig (oder mit geringen Unterschieden) daran beteiligt; in den höheren Gruppen dagegen, entsprechend den Gesetzen der Arbeitsteilung, nur ein auserlesener Teil derselben, die „Seelenzellen“. Die bedeutungsvollen Konsequenzen dieser „*Zellular-Psychologie*“ hatte ich teils 1875 in meiner Schrift über die „Perigenesis der Pladistule“ erörtert, teils 1877 in meiner Münchener Rede „über die heutige Entwickelungslehre im Verhältnis zur Gesamtwissenschaft“. Eine mehr populäre Darstellung derselben enthalten meine beiden Wiener Vorträge (1878) „über Ursprung und Entwickelung der Sinneswerkzeuge“ und „über Zellseelen und Seelenzellen“. (Gesammelte Vorträge, Bonn, 1902.)

Die einfache *Zellseele* zeigt übrigens schon innerhalb des Protistenreiches eine lange Reihe von Entwickelungsstufen, von ganz einfachen, primitiven bis zu sehr vollkommenen und hohen Seelenzuständen. Bei den ältesten und einfachsten Protisten ist das Vermögen der Empfindung und Bewegung gleichmäßig auf das ganze Plasma des homogenen Körperchens verteilt; bei den höheren Formen dagegen sondern sich als physiologische Organe derselben besondere „Zellwerkzeuge“ oder *Organelle*. Derartige motorische Zellteile sind die Pseudopodien der Rhizopoden, die Flimmerhaare, Geißeln und Wimpern der Infusorien. Als ein inneres Zentral-Organ des Zellenlebens wird der Zellkern betrachtet, welcher den ältesten und niedersten Protisten noch fehlt. In physiologisch-chemischer Beziehung ist besonders hervorzuheben, daß die ursprünglichsten und ältesten Protisten *Plasmodomen* waren, mit pflanzlichem Stoffwechsel, also *Protophyten*, oder „Urpflanzen"; aus ihnen entstanden erst sekundär durch Metasitismus, die ersten *Plasmophagen*, mit tierischem Stoffwechsel, also *Protozoen* oder „Urtiere". Dieser *Metasitismus*, die „Umkehrung des Stoffwechsels", bedeutet einen wichtigen psychologischen Fortschritt; denn damit begann die Entwickelung jener charakteristischen Vorzüge der Tierseele, welche der Pflanzenseele noch fehlen.

Die höchste Ausbildung der tierischen Zellseele treffen wir in der Klasse der *Ziliaten* oder *Wimper-Infusorien*. Wenn wir dieselbe mit den entsprechenden Seelentätigkeiten höherer, vielzelliger Tiere vergleichen, so scheint kaum ein psychologischer Unterschied zu bestehen; die sensiblen und motorischen Organelle jener Protozoen scheinen dasselbe zu leisten wie die Sinnesorgane, Nerven und Muskeln dieser Metazoen. Man hat sogar in dem *großen Zellkern* (Meganucleus) der Infusorien ein Zentralorgan der Seelentätigkeit erblickt, welches in ihrem einzelligen Organismus eine ähnliche Rolle spiele wie das Gehirn im Seelenleben höherer Tiere. Indessen ist sehr schwer zu entscheiden, wie weit diese Vergleiche berechtigt sind; auch gehen darüber die Ansichten der speziellen Infusorienkenner weit auseinander. Die einen fassen alle spontanen Körperbewegungen derselben als automatische oder impulsive, alle Reizbewegungen als Reflexe auf; die anderen erblicken darin teilweise willkürliche und absichtliche Bewegungen. Während die letzteren den Infusorien bereits ein gewisses Bewußtsein, eine einheitliche Ich-Vorstellung zuschreiben, wird diese von den ersteren geleugnet. Gleichviel, wie man diese höchst schwierige Frage entscheiden will, so steht doch soviel fest, daß uns die einzelligen Protozoen eine hochentwickelte *Zellseele* zeigen, welche für die richtige Beurteilung unserer ältesten einzelligen Vorfahren von höchstem Interesse sein muß.

II. Zellvereinsseele oder Zönobialspyche (Coenopsyche): *zweite Hauptstufe der phyletischen Psychogenesis.* Die individuelle Entwickelung beginnt beim Menschen wie bei allen anderen vielzelligen Tieren mit der wiederholten Teilung einer einfachen Zelle. Die *Stammzelle* (Cytula) oder die „befruchtete Eizelle" zerfällt durch den Vorgang der gewöhnlichen indirekten Zellteilung zunächst in zwei Tochterzellen; indem dieser Vorgang sich wiederholt, entstehen (bei der äqualen Eifurchung") nacheinander 4, 8, 16, 32, 64 gleiche Furchungszellen oder Blastomeren. Gewöhnlich (d. h. bei der Mehrzahl der Tiere) tritt an die Stelle dieser ursprünglichen, gleichmäßigen Zellteilung früher oder später eine ungleichmäßige Vermehrung. Das Ergebnis ist aber in allen Fällen dasselbe; die Bildung eines (meist kugelförmigen) Haufens oder Ballens von indifferenten (ursprünglich gleichartigen) Zellen. Wir nennen diesen Zustand den *Maulbeerkeim* (Morula; vgl. Anthropogenie S. 193). Gewöhnlich sammelt sich dann im Innern dieses maulbeerförmigen Zellen-Aggregates Flüssigkeit an; es verwandelt sich infolgedessen in ein kugeliges Bläschen; alle Zellen treten an dessen Oberfläche und ordnen sich in eine einfache Zellenschicht, die *Keimhaut* (Blastoderma). Die so entstandene *Hohlkugel* ist der bedeutungsvolle Zustand der Keimblase, Blastula oder Blastosphaera (Anthropogenie S. 166, 175; Fig. 31, 40).

Die *psychologischen Tatsachen*, welche wir unmittelbar bei der Bildung der Blastula beobachten können, sind teils Bewegungen, teils Empfindungen dieses Zellvereins. Die *Bewegungen* zerfallen in zwei Gruppen: 1. die inneren Bewegungen, welche überall in wesentlich gleicher Weise beim Vorgange der gewöhnlichen (indirekten) Zellteilung sich wiederholen (Bildung der Kernspindel, Mitose, Karyokinese usw.); 2. die äußeren Bewegungen, welche in der gesetzmäßigen Lageveränderung der geselligen Zellen und ihrer Gruppierung bei Bildung des Blastoderms zutage treten. Wir fassen diese Bewegungen besonders als *heredive* und unbewußte auf, weil sie überall in gleicher Weise durch Vererbung von den älteren Ahnenreihen der Protisten bedingt sind. Die *Empfindungen* können ebenfalls in zwei Gruppen unterschieden werden: 1. die Empfindungen der einzelnen Zellen, welche sich in der Behauptung ihrer individuellen Selbständigkeit und ihrem Verhalten gegen die Nachbarzellen äußern (mit denen sie in Kontakt und teilweise durch Plasmabrücken in direkter Verbindung stehen); 2. die einheitliche Empfindung des ganzen Zellvereins oder *Zönobiums*, welche in der individuellen Gestaltung der Blastula als *Hohlkugel* zutage tritt (Anthropogenie S. 543; Fig. 284).

Das kausale Verständnis der Blastulabildung liefert uns das *biogenetische Grundgesetz*, indem es die unmittelbar zu beobachtenden Erscheinungen derselben durch die *Vererbung* erklärt; es führt sie auf entsprechende historische Vorgänge zurück, welche sich ursprünglich bei der Entstehung der ältesten Protisten Zönobien, der *Blastäaden*, allmählich vollzogen haben. Die wahre physiologische und psychologische Einsicht in diese wichtigen Prozesse der ältesten *Zellenassozion* gewinnen wir durch Beobachtung und Experiment an den heute noch lebenden Zönobien. Solche beständige *Zellvereine* oder Zellhorden (auch als Zellkolonien, Zellgemeinden oder Zellstöckchen bezeichnet) sind noch heute sehr verbreitet, sowohl unter den *plasmodomen Urpflanzen* (z. B. Paulotomeen, Diatomeen, Volvozineen) als unter den *plasmophagen Urtieren* (Infusorien und Rhizopoden). In allen diesen Zönobien können wir bereits nebeneinander zwei verschiedene Stufen der psychischen Tätigkeit unterscheiden: I. die *Zellseele* der einzelnen Zellindividuen (als „Elementarorganismen") und II. die *Zönobialseele* des ganzen Zellvereins.

III. Gewebeseele (Histopsyche): *dritte Hauptstufe der phyletischen Psychogenesis.* Bei allen vielzelligen und gewebebildenden Pflanzen (den Metaphyten oder *Gewebe-*

pflanzen) und ebenso auch bei den niedersten und nervenlosen Klassen der *Gewebetiere* (Metazoen) haben wir zunächst zwei verschiedene Formen der Seelentätigkeit zu unterscheiden, nämlich A. die Psyche der einzelnen *Zellen*, welche die Gewebe zusammensetzen, und B. die Psyche der *Gewebe* selbst oder des „Zellenstaates", welcher von diesen gebildet wird. Diese *Gewebeseele* ist überall die höhere psychologische Funktion, welche den zusammengesetzten vielzelligen Organismus als einheitliches *Bion* oder „*physiologisches Individuum*", als wirklichen „Zellenstaat" erscheinen läßt. Sie beherrscht all die einzelnen „Zellseelen" der sozialen Zellen, welche als abhängige „Staatsbürger" den einheitlichen Zellenstaat konstituieren. Diese fundamentale *Duplizität der Psyche* bei den Metaphyten und bei den niederen nervenlosen Metazoen ist sehr wichtig; sie wird durch unbefangene Beobachtung und passenden Versuch unmittelbar bewiesen: erstens besitzt jede einzelne Zelle ihre eigene Empfindung und Bewegung, und zweitens zeigt jedes Gewebe und jedes Organ, das aus einer Zahl gleichartiger Zellen sich zusammensetzt, seine besondere Reizbarkeit und psychische Einheit (z. B. Pollen und Staubgefäße).

III. A. Die Pflanzenseele (Phytopsyche) ist für uns der Inbegriff der gesamten psychischen Tätigkeit der gewebebildenden, *vielzelligen Pflanzen* (Metaphyten), nach Ausschluß der einzelligen Protophyten; sie ist Gegenstand der verschiedensten Beurteilung bis auf den heutigen Tag geblieben. Früher fand man gewöhnlich einen Hauptunterschied zwischen Pflanzen und Tieren darin, daß man den letzteren allgemein eine „Seele" zuschrieb, den ersteren dagegen nicht. Indessen führte unbefangene Vergleichung der Reizbarkeit und der Bewegungen bei verschiedenen höheren Pflanzen und niederen Tieren schon im Anfange des neunzehnten Jahrhunderts einzelne Forscher zu der Überzeugung, daß beide gleichmäßig beseelt sein müßten. Später traten namentlich *Fechner*, *Leitgelb* u. a. lebhaft für die Annahme einer „*Pflanzenseele*" ein, in neuester Zeit besonders *R. H. Francé* (München 1904). Tieferes

Verständnis derselben wurde erst erworben, nachdem die *Zellentheorie* (1838) die gleiche Elementarstruktur in Pflanzen und Tieren nachgewiesen, und besonders seitdem durch die *Plasmatheorie* von *Max Schultze* (1859) das gleiche Verhalten des aktiven, lebendigen Protoplasma in beiden Reichen anerkannt worden war. Die neuere vergleichende Physiologie zeigte sodann, daß das physiologische Verhalten gegen verschiedene Reize (Licht, Elektrizität, Wärme, Schwere, Reibung, chemische Einflüsse usw.) in den „*empfindlichen*" Körperteilen vieler Pflanzen und Tiere ganz ähnlich ist, und daß auch die *Reflexbewegungen*, die jene Reize hervorrufen, ganz ähnlichen Verlauf haben. Wenn man daher diese Tätigkeiten bei niederen, nervenlosen Metazoen (Schwämmen, Polypen) einer besonderen „Seele" zuschrieb, so war man berechtigt, dieselbe auch bei vielen (oder eigentlich allen) Metaphyten anzunehmen, mindestens bei den sehr „empfindlichen" Sinnpflanzen (Mimosa), den Fliegenfallen (Dionaea, Drosera) und den zahlreichen rankenden Kletter- und Schlingpflanzen.

Allerdings hat nun die neuere Pflanzenphysiologie viele dieser „Reizbewegungen" oder *Tropismen* rein physikalisch erklärt, durch besondere Verhältnisse des Wachstums, durch Turgorschwankungen usw. Allein diese mechanischen Ursachen sind nicht mehr und nicht minder *psychophysisch* als die ähnlichen „Reflexbewegungen" bei Spongien, Polypen und anderen nervenlosen Metazoen, selbst wenn der Mechanismus derselben hier wesentlich verschieden ist. Der Charakter der Histopsyche oder *Gewebeseele* zeigt sich in beiden Fällen gleichmäßig darin, daß die Zellen des Gewebes (des gesetzmäßig geordneten Zellverbandes) die von einem Teile empfangenen Reize fortleiten und dadurch Bewegungen anderer Teile oder des ganzen Organs hervorrufen. Diese *Reizleitung* kann hier ebenso als „Seelentätigkeit" bezeichnet werden wie die vollkommenere Form derselben bei Nerventieren; sie erklärt sich anatomisch dadurch, daß die sozialen Zellen des Gewebes oder Zellverbandes nicht (wie man früher glaubte) getrennt aneinander liegen, sondern überall durch feine Plasmafäden oder Brücken zusammenhängen. Wenn die empfindlichen Sinnpflanzen (Mimosen) bei der Berührung oder Erschütterung ihre ausgebreiteten Fiederblättchen schließen und die Blattstiele herabsenken, wenn die reizbare Fliegenfalle (Dionaea) bei der Berührung ihrer Blätter diese rasch zusammenklappt und die Fliege fängt, so erscheint die Empfindung lebhafter, die Reizleitung schneller und die Bewegung energischer als die Reflexreaktion des gereizten Badeschwammes und vieler anderer Spongien.

III. B. Die Seele nervenloser Metazoen. Von ganz besonderem Interesse für die vergleichende Psychologie im allgemeinen und für die Phylogenie der Tierseele im besonderen ist die Seelentätigkeit jener *niederen Metazoen*, welche zwar Gewebe und oft bereits differenzierte Organe besitzen, aber weder Nerven noch spezifische Sinnesorgane. Dahin gehören vier verschiedene Gruppen von ältesten *Zölenterien* oder Niedertieren, nämlich: 1. die *Gasträaden*, 2. die *Platodarien*, 3. die *Spongien* und 4. die *Hydropolypen*, die niedersten Formen der Nesseltiere.

Die Gasträaden oder Urdarmtiere bilden jene kleine Gruppe von niedersten Zölenterien, welche als die gemeinsame Stammgruppe aller Metazoen von höchster Wichtigkeit ist. Der Körper dieser kleinen, schwimmenden Tierchen erscheint als ein rundes (meist eiförmiges) Bläschen, welches eine einfache Höhle mit einer Öffnung enthält (Urdarm und Urmund). Die Wand der verdauenden Höhle wird aus zwei einfachen Zellenschichten oder Epithelien gebildet, von denen die innere (Darmblatt) die vegetalen Tätigkeiten der Ernährung und die äußere (Hautblatt) die animalen Funktionen der Bewegung und Empfindung vermittelt. Die gleichartigen sensiblen Zellen dieses Hautblattes tragen zarte Geißeln, lange Flimmerhaare, deren Schwingungen die willkürliche Schwimmbewegung bewirken. Die wenigen noch lebenden Formen der Gasträaden (Pemmatodiscus, die *Gastremarien* und

Cyemarien, Orthonectiden), sind deshalb so interessant, weil sie zeitlebens auf derselben Bildungsstufe stehen bleiben, welche die Keime aller übrigen Metazoen (von den Spongien bis zum Menschen hinauf) im Beginne ihrer Keimesentwickelung durchlaufen. Wie ich in meiner *Gasträatheorie* (1872) gezeigt habe, entsteht bei sämtlichen Gewebetieren zunächst aus der vorher betrachteten *Blastula* (S. 170) eine höchst charakteristische Keimform, die *Gastrula*. Die Keimhaut (Blastoderma), welche die Wand der Hohlkugel darstellt, bildet an einer Seite eine grubenförmige Vertiefung, und diese wird bald zu einer so tiefen Einstülpung, daß der innere Hohlraum der Keimblase verschwindet. Die eingestülpte (innere) Hälfte der Keimhaut legt sich an die äußere (nicht eingestülpte) Hälfte innen an; letztere bildet das *Hautblatt* oder äußere Keimblatt (Ektoderm, Epiblast), erstere dagegen das *Darmblatt* oder innere Keimblatt (Entoderm, Hypoblast). Der neu entstandene Hohlraum des becherförmigen Körpers ist die verdauende Magenhöhle, der *Urdarm* (Progaster), seine Öffnung der *Urmund* (Prostoma). Das Hautblatt oder Ektoderm ist bei allen Metazoen das ursprüngliche „*Seelenorgan*"; denn aus ihm entwickeln sich bei sämtlichen Nerventieren nicht nur die äußere Hautdecke und die Sinnesorgane, sondern auch das Nervensystem. Bei den Gasträaden, welche letzteres noch nicht besitzen, sind alle Zellen, welche die einfache Epithelschicht des Ektoderm zusammensetzen, gleichmäßig Organe der Empfindung und Bewegung; die Gewebeseele zeigt sich hier in einfachster Form.

Dieselbe primitive Bildung scheinen auch die *Platodarien* zu besitzen, die ältesten und einfachsten Formen der *Plattentiere* (Platodes). Einige von diesen Kryptozölen (Convoluta usw.) haben noch kein besonderes Nervensystem, während dasselbe bei ihren nächstverwandten Epigonen, (den einfachsten Formen der *Strudelwürmer*, Turbellaria), bereits von der Hautdecke sich abgesondert und ein einfaches Scheitelhirn nebst einem Paar Seitennerven entwickelt hat.

Die Spongien oder Schwammtiere stellen einen selbständigen Stamm des Tierreichs dar, der sich von allen anderen Metazoen durch seine eigentümliche Organisation unterscheidet; die sehr zahlreichen Arten desselben sitzen meistens auf dem Meeresboden angewachsen. Die einfachste Form der Schwämme, Olynthus, ist eigentlich nichts weiter, als eine Gastraea, deren Körperwand siebförmig von feinen Poren durchbrochen ist, zum Eintritt des ernährenden Wasserstromes. Bei den meisten Spongien (auch beim bekanntesten, dem Badeschwamm) bildet der knollenförmige Körper einen Stock oder Kormus, welcher aus Tausenden solcher Gasträaden („Geißelkammern") zusammengesetzt und von einem ernährenden Kanalsystem durchzogen ist. Empfindung und Bewegung sind bei den Schwammtieren nur in äußerst geringem Grade entwickelt; Nerven, Sinnesorgane und Muskeln fehlen. Es war daher sehr natürlich, daß man diese festsitzenden, unförmigen und unempfindlichen Tiere früher allgemein als „Gewächse" betrachtete. Ihr Seelenleben (für welches keine besonderen Organe differenziert sind) steht tief unter demjenigen der Mimosen und anderer empfindlicher Pflanzen.

Die Seele der Nesseltiere (Cnidaria) ist für die vergleichende und phylogenetische Psychologie von ganz hervorragender Bedeutung. Denn in diesem formenreichen Stamm der Zölenterien vollzieht sich vor unseren Augen die historische Entstehung der *Nervenseele* aus der *Gewebeseele*. Es gehören zu diesem Stamme die vielgestaltigen Klassen der festsitzenden Polypen und Korallen, der schwimmenden Medusen und Siphonophoren. Als gemeinsame hypothetische Stammform aller Nesseltiere läßt sich mit voller Sicherheit ein einfachster *Polyp* erkennen, welcher dem gemeinen, heute noch lebenden Süßwasserpolypen (Hydra) im wesentlichen gleich gebaut war. Nun besitzen Hydra und die festsitzenden, nahe verwandten *Hydropolypen* kein zentralisiertes Nervensystem und keine höheren Sinnesorgane, obgleich sie sehr empfindlich sind. Dagegen die frei schwimmenden *Medusen*, welche sich aus letzteren entwickeln (und noch heute mit ihnen durch Generationswechsel verknüpft sind), besitzen bereits ein selbständiges Nerven-System und gesonderte Sinnesorgane. Wir können also hier den historischen Ursprung der Nervenseele (Neuropsyche) aus der Gewebeseele (Histopsyche) unmittelbar ontogenetisch beobachten und phylogenetisch verstehen lernen. Diese Erkenntnis ist um so interessanter, als jene bedeutungsvollen Vorgänge *polyphyletisch* sind, d. h. sich mehrmals (mindestens zweimal) unabhängig voneinander vollzogen haben. Wie ich nachgewiesen habe, sind die *Hydromedusen* (oder Kraspedoten) auf andere Weise aus den *Hydropolypen* entstanden als die *Skyphomedusen* (oder Akraspeden) aus den *Skyphopolypen*; der Knospungsvorgang ist bei den letzteren terminal, bei den ersteren lateral. Auch zeigen beide Gruppen charakteristische erbliche Unterschiede im feineren Bau ihrer Seelenorgane. Sehr interessant ist für die Psychologie auch die Klasse der *Staatsquallen* (Siphonophorae). An diesen prächtigen, freischwimmenden Tierstöcken, welche von Hydromedusen abstammen, können wir eine *Doppelseele* beobachten: die Einzelseele (*Personalseele*) der zahlreichen Personen, die den Stock zusammensetzen, und die gemeinsame, einheitlich tätige Psyche des ganzen Stockes (*Kormalseele*). Vgl. „Zellseelen und Seelenzellen“ (Gesammelte Vortr. 1902, I.).

IV. Die Nervenseele (Neuropsyche); *vierte Hauptstufe* der *phyletischen Psychogenesis*. Das Seelenleben aller höheren Tiere wird, ebenso wie beim Menschen, durch einen mehr oder minder komplizierten „*Seelen-Apparat*“ vermittelt, und dieser besteht immer aus drei Hauptbestandteilen: die *Sinnesorgane* bewirken die verschiedenen Empfindungen, die *Muskeln* dagegen die Bewegungen; die *Nerven* stellen die Verbindung zwischen ersteren und letzteren durch ein besonderes Zentralorgan her: *Gehirn* oder Ganglion (Nervenknoten). Die Einrichtung und Tätigkeit dieses Seelen-Apparates pflegt man mit einem elektrischen Telegraphensystem zu vergleichen;

die Nerven sind die Leitungsdrähte, das Gehirn die Zentralstation, die Muskeln und Sensillen die untergeordneten Lokalstationen. Die motorischen Nervenfasern leiten die Willensbefehle oder Impulse zentrifugal von diesem Nervenzentrum zu den Muskeln und bewirken durch deren Kontraktion Bewegungen; die sensiblen Nervenfasern dagegen leiten die verschiedenen Empfindungen zentripetal von den peripheren Sinnesorganen zum Gehirn und statten Bericht ab von den empfangenen Eindrücken der Außenwelt. Die Ganglienzellen oder Neuronen („Seelenzellen"), welche das nervöse Zentralorgan zusammensetzen, sind die vollkommensten von allen organischen Elementarteilen; sie vermitteln nicht nur den Verkehr zwischen den Muskeln und Sinnesorganen, sondern auch die höchsten von allen Leistungen der Tierseele, die Bildung von Vorstellungen und Gedanken, an der Spitze von allem das Bewußtsein.

Die großen Fortschritte der Anatomie und Physiologie, der Histologie und Ontogenie haben in der Neuzeit unsere tiefere Kenntnis des Seelenapparates mit einer Fülle der interessantesten Entdeckungen bereichert. Wenn die spekulative Philosophie auch nur die wichtigsten von diesen bedeutungsvollen Erwerbungen der empirischen Biologie in sich aufgenommen hätte, müßte sie heute schon eine ganz andere Physiognomie zeigen, als es leider der Fall ist. Da eine eingehende Besprechung derselben uns hier zu weit führen würde, beschränke ich mich darauf, nur das Wichtigste hervorzuheben.

Jeder der höheren Tierstämme besitzt sein eigentümliches Seelenorgan; in jedem ist das Zentralnervensystem durch eine besondere Gestalt, Lage und Zusammensetzung ausgezeichnet. Unter den strahlig gebauten *Nesseltieren* (Cnidaria) zeigen die Medusen einen Nervenring am Schirmrande, meistens mit vier oder acht Ganglien ausgestattet. Bei den fünfstrahligen *Sterntieren* (Echinoderma) ist der Mund von einem Nervenring umgeben, von welchem fünf Nervenstämme ausstrahlen. Die zweiseitig-symmetrischen *Plattentiere* (Platodes) und *Wurm-*

tiere (Vermalia) besitzen ein Scheitelhirn oder Akroganglion, zusammengesetzt aus ein paar dorsalen, oberhalb des Mundes gelegenen Ganglien; von diesen „oberen Schlundknoten“ gehen zwei seitliche Nervenstämme an die Haut und die Muskeln. Bei einem Teile der Vermalien und bei den *Weichtieren* (Mollusca) treten dazu noch ein paar ventrale „untere Schlundknoten“, welche sich mit den ersteren durch einen den Schlund umfassenden Ring verbinden. Dieser „Schlundring“ kehrt auch bei den *Gliedertieren* (Articulata) wieder, setzt sich aber hier auf der Bauchseite des langgestreckten Körpers in ein „Bauchmark“ fort, einen strickleiterförmigen Doppelstrang, welcher in jedem Gliede zu einem Doppelganglion anschwillt. Ganz entgegengesetzte Bildung des Seelenorgans zeigen die *Wirbeltiere* (Vertebrata); hier findet sich allgemein auf der Rückenseite des innerlich gegliederten Körpers ein Rückenmark entwickelt; aus einer Anschwellung seines vorderen Teiles entsteht später das charakteristische blasenförmige Gehirn.

Obgleich nun so die Seelenorgane der höheren Tierstämme in Lage, Form und Zusammensetzung sehr charakteristische Verschiedenheiten zeigen, ist doch die vergleichende Anatomie imstande gewesen, für die meisten einen gemeinsamen Ursprung nachzuweisen, aus dem *Scheitelhirn* der *Platoden* und *Vermalien*; und allen gemeinsam ist die Entstehung aus der äußersten Zellenschicht des Keimes, aus dem „*Hautsinnesblatt*“ (Ektoderm). Ebenso finden wir in allen Formen der nervösen Zentralorgane dieselbe wesentliche Struktur wieder, die Zusammensetzung aus Ganglienzellen, Neuronen oder „*Seelenzellen*“ (den eigentlichen aktiven Elementarorganen der *Psyche*) und aus *Nervenfasern*, welche den Zusammenhang und die Leitung der Aktion vermitteln.

Seelenorgan der Wirbeltiere. Die erste Tatsache, welche uns in der vergleichenden Psychologie der Vertebraten entgegentritt, und welche der empirische Ausgangspunkt jeder wissenschaftlichen Seelenlehre des Menschen sein sollte, ist der charakteristische Bau ihres

Zentralnervensystems. Wie dieses zentrale Seelenorgan in jedem der höheren Tierstämme eine besondere, diesem eigentümliche Lage, Gestalt und Zusammensetzung zeigt, so ist es auch bei den Wirbeltieren der Fall. Überall finden wir hier ein *Rückenmark* vor, einen starken zylindrischen Nervenstrang, welcher in der Mittellinie des Rückens verläuft, oberhalb der Wirbelsäule (oder der sie vertretenden Chorda). Überall gehen von diesem Rückenmark zahlreiche Nervenstämme in regelmäßiger, segmentaler Verteilung ab, je ein Paar an jedem Segment oder Wirbelgliede. Überall entsteht dieses „Medullarrohr" im Embryo auf gleiche Weise: in der Mittelinie der Rückenhaut bildet sich eine feine Furche oder Rinne; die beiden parallelen Ränder dieser Markrinne oder *Medullarrine* erheben sich, krümmen sich gegeneinander und verwachsen in der Mittelinie zu einem Rohre.

Das lange dorsale, so entstandene zylindrische Nervenrohr oder Medullarrohr ist durchaus für die *Wirbeltiere* charakteristisch, in der frühen Embryonalanlage überall dasselbe und die gemeinsame Grundlage aller der verschiedenen Formen des Seelenorgans, die sich später daraus entwickeln. Nur eine einzige Gruppe von wirbellosen Tieren zeigt eine ähnliche Bildung, das sind die seltsamen meerbewohnenden *Manteltiere* (Tunicata), die *Kopelaten*, *Aszidien* und *Thalidien*. Sie zeigen auch in anderen wichtigen Eigentümlichkeiten des Körperbaues (besonders in der Bildung der Chorda und des Kiemendarms) auffallende Unterschiede von den übrigen Wirbellosen und Übereinstimmung mit den Wirbeltieren. Wir nehmen daher jetzt an, daß beide Tierstämme, *Vertebraten* und *Tunikaten*, aus einer gemeinsamen älteren Stammgruppe von *Vermalien* hervorgegangen sind, aus den *Prochordoniern*. Ein wichtiger Unterschied beider Stämme besteht darin, daß der Körper der Manteltiere ungegliedert bleibt und eine sehr einfache Organisation behält (die meisten sitzen später auf dem Meeresboden fest und werden rückgebildet). Bei den Wirbeltieren dagegen tritt frühzeitig eine charakteristische *innere Gliederung* des Körpers ein, die

„Urwirbelbildung“ (Vertebratio). Diese vermittelt die weit höhere morphologische und physiologische Ausbildung ihres Organismus, welche zuletzt im Menschen die höchste Stufe der Vollkommenheit erreicht.

Phyletische Bildungsstufen des Medullarrohrs. Die lange Stammesgeschichte unserer „Wirbeltierseele“ beginnt mit der Bildung des einfachsten Medullarrohrs bei den ältesten Schädellosen; sie führt uns durch einen Zeitraum von vielen Millionen Jahren langsam und allmählich bis zu jenem komplizierten Wunderbau des menschlichen Gehirns hinauf, welcher diese höchst entwickelte Primatenform zu einer vollkommenen Ausnahmestellung in der Natur zu berechtigen scheint. Da eine klare Vorstellung von diesem langsamen und stetigen Gange unserer phyletischen Psychogenie die erste Vorbedingung einer wirklich *naturgemäßen Psychologie* ist, erscheint es zweckmäßig, jenen gewaltigen Zeitraum in eine Anzahl von Stufen oder Hauptabschnitten einzuteilen; in jedem derselben hat sich gleichmäßig mit der Struktur des Nervenzentrums auch seine Funktion, die „Psyche“, vervollkommnet. Ich unterscheide acht solche *Perioden in der Phylogenie des Medullarrohrs*, charakterisiert durch acht verschiedene Hauptgruppen der Wirbeltiere; nämlich I. die Schädellosen (Acrania), II. die Rundmäuler (Cyclostoma), III. die Fische (Pisces), IV. die Lurche (Amphibia), V. die implazentalen Säugetiere (Monotrema und Marsupialia), VI. die älteren plazentalen Säugetiere, besonders die Halbaffen (Prosimiae), VII. die jüngeren Herrentiere, echte Affen (Simiae), VIII. die Menschenaffen und Menschen (Anthropomorpha).

I. Erste Stufe: *Schädellose* (Acrania), heute nur noch vertreten durch den Lanzelot (Amphioxus); das Seelenorgan bleibt auf der Stufe des einfachen Medullarrohrs stehen und stellt ein gleichmäßig gegliedertes Rückenmark dar, ohne Gehirn. II. Zweite Stufe: *Rundmäuler* (Cyclostoma), die älteste Gruppe der Schädeltiere (Craniota), heute noch vertreten durch die Pricken (Petromyzontes) und die Inger (Myxinoides); das Vorderende des Markrohrs schwillt zu einer Blase an, welche sich in fünf hintereinander liegende Hirnblasen sondert (Großhirn, Zwischenhirn, Mittelhirn, Kleinhirn, Nachhirn); diese fünf Hirnblasen bilden die gemeinsame Grundlage, aus welcher sich das Gehirn sämtlicher Schädeltiere entwickelt, von den Pricken bis zum Menschen hinauf. III. Dritte Stufe: *Urfische* (Selachii), ähnlich den heutigen Haifischen; bei diesen ältesten Fischen, von denen alle Kiefermäuler (Gnathostoma) abstammen, beginnt die stärkere Sonderung der fünf gleichartigen Hirnblasen. IV. Vierte Stufe: *Lurche* (Amphibia). Mit dieser ältesten Klasse der landbewohnenden Wirbeltiere, die zuerst in der Steinkohlenperiode erscheinen, beginnt die charakteristische Körperbildung der *Vierfüßer* (Tetrapoda) und eine entsprechende Umbildung des Fischgehirns; sie schreitet weiter fort in ihren permischen Epigonen, den ***Reptilien***, deren älteste Vertreter die Stammreptilien (Tocosauria), die gemeinsamen Stammformen aller Amnioten sind (der Reptilien und Vögel einerseits, der Säugetiere andererseits). V. bis VIII. Fünfte bis achte Stufe: ***Säugetiere*** (Mammalia).

Die Bildungsgeschichte unseres Nervensystems und die damit verknüpfte Stammesgeschichte unserer Seele habe ich in meiner „*Anthropogenie*" ausführlich behandelt und durch zahlreiche Abbildungen erläutert (VI. Aufl., 24. Vortrag). Ich muß daher hier darauf verweisen sowie auf die Anmerkungen, in denen ich einige der wichtigsten Tatsachen besonders hervorgehoben habe. Dagegen lasse ich hier noch einige Bemerkungen über den letzten und interessantesten Teil derselben folgen, über die Entwickelung der Seele und ihrer Organe innerhalb der ***Säugetierklasse***: ich erinnere dabei besonders daran, daß der ***monophyletische Ursprung*** dieser Klasse, die Abstammung aller Säugetiere von einer gemeinsamen Stammform (der Triasperiode) jetzt sicher festgestellt ist.

Seelengeschichte der Säugetiere. Der wichtigste Folgeschluß, welcher sich aus dem monophyletischen Ursprung der Säugetiere ergibt, ist die notwendige Ab-

17*

leitung der *Menschenseele* aus einer langen Entwickelungsreihe von anderen *Mammalienseelen*: Eine gewaltige anatomische und physiologische Kluft trennt den Gehirnbau und das davon abhängige Seelenleben der höchsten und der niedersten Säugetiere, und dennoch wird diese tiefe Kluft durch eine lange Reihe von vermittelnden Zwischenstufen vollständig ausgefüllt. Der Zeitraum von mindestens vierzehn (nach anderen Berechnungen mehr als hundert!) Millionen Jahren, welcher seit Beginn der Triasperiode verfloß, genügt aber vollständig, selbst die größten psychologischen Fortschritte zu ermöglichen. Die allgemeinsten Ergebnisse der wichtigen, neuerdings hier tief eingedrungenen Forschungen sind folgende: I. Das Gehirn der Säugetiere unterscheidet sich von demjenigen der übrigen Vertebraten durch gewisse Eigentümlichkeiten, welche allen Gliedern der Klasse gemeinsam sind, vor allem die überwiegende Ausbildung der ersten und vierten Blase, des Großhirns und Kleinhirns, während die dritte Blase, das Mittelhirn, ganz zurücktritt. II. Trotzdem schließt sich die Hirnbildung der niedersten und ältesten Mammalien (Monotremen, Marsupialien, Prochoriaten) noch eng an diejenige ihrer paläozoischen Vorfahren an, der karbonischen Amphibien (Stegozephalen) und der permischen Reptilien (Tokosaurier). III. Erst während der Tertiärzeit erfolgt die typische volle Ausbildung des Großhirns, welche die jüngeren Säugetiere so auffallend vor den älteren auszeichnet. IV. Die besondere (quantitative und qualitative) Ausbildung des Großhirns, welche den Menschen so hoch erhebt, und welche ihn zu seinen vorzüglichen psychischen Leistungen befähigt, findet sich außerdem nur bei einem Teile der höchst entwickelten Säugetiere der jüngeren Tertiärzeit, vor allem bei den Menschenaffen (Anthropoiden). V. Die Unterschiede, welche im Gehirnbau und Seelenleben des Menschen und der Menschenaffen existieren, sind geringer als die entsprechenden Unterschiede zwischen diesen letzteren und den niederen Primaten (den ältesten Affen und Halbaffen). VI. Demnach muß die historische stufenweise Entwickelung der Menschenseele aus einer langen Kette von höheren und niederen Mammalienseelen als eine fundamentale, durch die vergleichende Anatomie und Ontogenie wissenschaftlich bewiesene *Tatsache* gelten.

ZEHNTES KAPITEL

BEWUSSTSEIN DER SEELE

Monistische Studien über bewußtes und unbewußtes Seelenleben

Entwickelungsgeschichte und Theorie des Bewußtseins

„Erst bei den höheren Tieren und beim Menschen erhebt sich das Bewußtsein bis zu einer Bedeutung, welche eine gesonderte Betrachtung desselben als eines besonderen seelischen Vermögens möglich macht. Aber dies geschieht nicht auf einmal, sondern sehr langsam und allmählich, auf Grund verbesserter Organisation des Gehirns und Nervensystems und zunehmenden Reichtums der Eindrücke und der dadurch erweckten Vorstellungen. — Gerade das Bewußtsein zeigt sich mehr als jede andere geistige Qualität von materiellen Bedingungen oder Zuständen abhängig. Es kommt, geht, verschwindet und kehrt wieder in strengem Anschluß an eine große Anzahl materieller Einwirkungen auf das Organ des Geistes."

LUDWIG BÜCHNER (1898)

INHALT DES ZEHNTEN KAPITELS

Das Bewußtsein als Naturerscheinung. Begriff desselben. Schwierigkeiten der Beurteilung. Sein Verhältnis zum Seelenleben. Unser menschliches Bewußtsein. Verschiedene Theorien: I. Anthropistische Theorie (Descartes). II. Neurologische Theorie (Darwin). III. Animalische Theorie (Schopenhauer). IV. Biologische Theorie (Fechner). V. Zellulare Theorie (Fritz Schultze). VI. Atomistische Theorie. Monistische und dualistische Theorie. Transzendenz des Bewußtseins. Ignorabimus (Du Bois-Reymond). Physiologie des Bewußtseins. Entdeckung der Denkorgane (Flechsig). Pathologie. Doppeltes und intermittierendes Bewußtsein. Ontogenie des Bewußtseins; Veränderung in den verschiedenen Lebensaltern. Phylogenie des Bewußtseins. Begriffsbildung.

LITERATUR

PAUL FLECHSIG, Gehirn und Seele. Leipzig 1894. – Die Lokalisation der geistigen Vorgänge, insbesondere der Sinnesempfindungen des Menschen. Leipzig 1896.

A. MAYER (Mainz), Die Lehre von der Erkenntniß. Vom physiologischen Standpunkte allgemein verständlich dargestellt. Leipzig 1875.

M. L. STERN, Philosophischer und naturwissenschaftlicher Monismus. Ein Beitrag zur Seelenfrage. Leipzig 1885.

CARUS STERNE (Ernst Krause), Die Krone der Schöpfung. 14 Essays über die Stellung des Menschen in der Natur. Wien 1890.

EDUARD HARTMANN, Philosophie des Unbewußten. Berlin 1869. Zehnte Auflage 1890.

FRIEDRICH LANGE, Geschichte des Materialismus. 2 Bände. Iserlohn 1875. Vierte Auflage 1891.

B. CARNERI, Gefühl, Bewußtsein, Wille. Eine psychologische Studie. Wien 1876.

I. C. FISCHER (Wien), Das Bewußtsein. Materialistische Anschauungen. Leipzig 1874.

LUDWIG BÜCHNER, Kraft und Stoff oder Grundzüge der natürlichen Weltordnung. 1855. Zwanzigste Auflage. Leipzig 1898.

MAX VERWORN, Die Mechanik des Geisteslebens. Leipzig 1907.

Unter allen Äußerungen des Seelenlebens gibt es keine, die so wunderbar erscheint und so verschieden beurteilt wird wie das *Bewußtsein*. Nicht allein über das eigentliche Wesen dieser Seelentätigkeit und über ihr Verhältnis zum Körper, sondern auch über ihre Verbreitung in der organischen Welt, über ihre Entstehung und Entwickelung stehen sich noch heute, wie seit Jahrtausenden, die widersprechendsten Ansichten gegenüber. Mehr als jede andere psychische Funktion hat das Bewußtsein zu der irrtümlichen Vorstellung eines „immateriellen Seelenwesens" und im Anschluß daran zu dem Aberglauben der „persönlichen Unsterblichkeit" Veranlassung gegeben; viele der schwersten Irrtümer, die unser modernes Kulturleben noch heute beherrschen, sind darauf zurückzuführen. Ich habe daher schon früher das Bewußtsein als das „*psychologische Zentralmysterium*" bezeichnet; es ist die feste Zitadelle aller mystischen und dualistischen Irrtümer, an deren gewaltigen Wällen alle Angriffe der bestgerüsteten Vernunft zu scheitern drohen. Schon diese Tatsache allein rechtfertigt es, daß wir hier dem Bewußtsein eine besondere kritische Betrachtung von unserem monistischen Standpunkte aus widmen. Wir werden sehen, daß das Bewußtsein nicht mehr und nicht minder wie jede andere Seelentätigkeit eine *Naturerscheinung* ist; gleich allen anderen Naturerscheinungen ist es dem *Substanzgesetz* unterworfen.

Begriff des Bewusstseins. Schon über den elementaren Begriff dieser Seelentätigkeit, über seinen Inhalt und Umfang, gehen die Ansichten der angesehendsten Philosophen und Naturforscher weit auseinander. Vielleicht am besten bezeichnet man den Inhalt des Bewußtseins als *innere Anschauung* und vergleicht diese einer *Spiegelung*. Als zwei Hauptbezirke desselben unterscheiden wir das objektive und subjektive Bewußtsein, das Weltbewußtsein und Selbstbewußtsein. Bei weitem der größte Teil aller bewußten Seelentätigkeit betrifft, wie schon *Schopenhauer* richtig erkannte, das Bewußtsein der Außenwelt, der „anderen Dinge"; dieses *Weltbewußtsein* umfaßt alle möglichen Erscheinungen der Außenwelt, welche überhaupt unserer Erkenntnis zugänglich sind. Viel beschränkter ist unser *Selbstbewußtsein*, die innere Spiegelung unserer eigenen gesamten Seelentätigkeit, aller Vorstellungen, Empfindungen und Strebungen oder Willenstätigkeiten.

Bewusstsein und Seelenleben. Viele und angesehene Denker, namentlich unter den Physiologen (z. B. *Wundt* und *Ziehen*), halten die Begriffe des Bewußtseins und der psychischen Funktionen für identisch: „*alle Seelentätigkeit ist bewußte*"; das Gebiet des psychischen Lebens reicht nur so weit als dasjenige des Bewußtseins. Nach unserer Ansicht erweitert diese Definition die Bedeutung des letzteren in ungebührlicher Weise und gibt Veranlassung zu zahlreichen Irrtümern und Mißverständnissen. Wir teilen vielmehr die Ansicht anderer Philosophen (z. B. *Romanes*, *Fritz Schultze*, *Paulsen*), daß auch die unbewußten Vorstellungen, Empfindungen und Strebungen zum Seelenleben gehören; in der Tat ist sogar das Gebiet dieser unbewußten psychischen Aktionen (der Reflextätigkeit usw.) viel ausgedehnter als dasjenige der bewußten. Beide Gebiete stehen übrigens im engsten Zusammenhang und sind durch keine scharfe Grenze getrennt; jederzeit kann uns eine unbewußte Vorstellung plötzlich bewußt werden; wird unsere Aufmerksamkeit darauf durch ein anderes Objekt gefesselt, so kann sie ebenso rasch wieder unserem Bewußtsein völlig entschwinden.

Bewusstsein des Menschen. Die einzige Quelle unserer Erkenntnis des Bewußtseins ist dieses selbst; gerade hierin liegt in erster Linie die außerordentliche Schwierigkeit seiner wissenschaftlichen Untersuchung und Deutung. *Subjekt* und *Objekt* fallen hier in eins zusammen; das erkennende Subjekt spiegelt sich in seinem eigenen inneren Wesen, welches Objekt der Erkenntnis sein soll. Auf das Bewußtsein anderer Wesen können wir also niemals mit voller objektiver Sicherheit schließen, sondern immer nur durch Vergleichung seiner Seelenzustände mit unseren eigenen. Soweit diese Vergleichung sich nur auf *normale Menschen* erstreckt, können wir allerdings auf deren Bewußtsein gewisse Schlüsse ziehen, deren Richtigkeit niemand bezweifelt. Aber schon bei *abnormen* Persönlichkeiten (bei genialen und exzentrischen, stumpfsinnigen und geisteskranken Menschen) sind diese Analogieschlüsse entweder unsicher oder falsch. In noch höherem Grade gilt das, wenn wir das Bewußtsein des Menschen mit demjenigen der Tiere (zunächst der höheren, weiterhin der niederen Tiere) in Vergleich stellen. Da ergeben sich alsbald so große tatsächliche Schwierigkeiten, daß die Ansichten der hervorragendsten Physiologen und Philosophen himmelweit auseinandergehen. Wir wollen hier nur die wichtigsten Anschauungen darüber kurz einander gegenüberstellen.

I. Anthropistische Theorie des Bewusstseins: *es ist dem Menschen eigentümlich.* Die weit verbreitete Anschauung, daß Bewußtsein und Denken ausschließliches Eigentum des Menschen seien, und daß auch ihm allein eine „unsterbliche Seele" zukomme, ist auf *Descartes* zurückzuführen (1643). Dieser geistreiche französische Philosoph und Mathematiker (erzogen in einem *Jesuiten*-Kollegium!) begründete eine vollkommene Scheidewand zwischen der Seelentätigkeit des Menschen und der Tiere. Die Seele des Menschen als denkendes, immatrielles Wesen ist nach ihm vom Körper, als ausgedehntem, materiellem Wesen, vollständig getrennt. Trotzdem soll sie an einem Punkte des Gehirns (an der Zirbeldrüse!) mit dem Körper verbunden sein, um hier Einwirkungen der Außenwelt aufzunehmen und ihrerseits auf den Körper auszuüben. Die *Tiere* dagegen, als nicht denkende Wesen, sollen keine Seele besitzen und reine *Automaten* sein, kunstvoll gebaute Maschinen, deren Empfinden, Vorstellen und Wollen rein mechanisch zustande kommt und nach physikalischen Gesetzen verläuft. Für die Psychologie des *Menschen* vertrat demnach *Descartes* den reinen *Dualismus*, für diejenige der *Tiere* den reinen *Monismus*. Dieser offenkundige Widerspruch bei einem so klaren und scharfsinnigen Denker muß höchst auffallend erscheinen; zur Erklärung desselben darf man wohl mit Recht annehmen, daß er seine wahre Überzeugung verschwieg und deren Erkenntnis den selbständigen Denkern überließ. Als Zögling der Jesuiten war *Descartes* schon frühzeitig dazu erzogen, wider bessere Einsicht die Wahrheit zu verleugnen; vielleicht fürchtete er auch die Macht der Kirche und ihre Scheiterhaufen. Ohnehin hatte ihm seine skeptische Forderung, daß jedes reine Erkenntnisstreben vom Zweifel am überlieferten Dogma ausgehen müsse, fanatische Anklagen wegen Skeptizismus und Atheismus zugezogen. Die mächtige Wirkung, welche *Descartes* auf die nachfolgende Philosophie ausübte, war sehr merkwürdig und seiner „doppelten Buchführung“ entsprechend. Die *Materialisten* des siebzehnten und achtzehnten Jahrhunderts beriefen sich für ihre monistische Psychologie auf die kartesianische Theorie von der Tierseele und ihrer mechanischen Maschinentätigkeit. Die *Spiritualisten* umgekehrt behaupteten, daß ihr *Dogma* von der Unsterblichkeit der Seele und ihrer Unabhängigkeit vom Körper durch die kartesianische Theorie der Menschenseele unwiderleglich begründet sei. Diese Ansicht ist auch heute noch im Lager der Theologen und der dualistischen Metaphysiker die herrschende. Die naturwissenschaftliche Anschauung des neunzehnten Jahrhunderts hat sie mit Hilfe der empirischen Fortschritte im Gebiete der physiologischen und vergleichenden Psychologie völlig überwunden.

II. Neurologische Theorie des Bewusstseins: *es kommt nur dem Menschen und jenen höheren Tieren zu,* welche ein zentralisiertes Nervensystem und Sinnesorgane besitzen. Die Überzeugung, daß ein großer Teil der Tiere – zum mindesten die höheren Säugetiere – ebenso eine denkende Seele und also auch Bewußtsein besitzt wie der Mensch, beherrscht die Kreise der modernen Zoologie, der exakten Physiologie und der monistischen Psychologie. Die großartigen Fortschritte der Neuzeit in mehreren Gebieten der Biologie haben uns übereinstimmend zu der Anerkennung dieser bedeutungsvollen Erkenntnis geführt. Wir beschränken uns bei ihrer Würdigung zunächst auf die höheren *Wirbeltiere* und vor allem die Säugetiere. Daß die intelligentesten Vertreter dieser höchst entwickelten Vertebraten – allen voran die Affen und Hunde – in ihrer gesamten Seelentätigkeit sich dem Menschen höchst ähnlich verhalten, ist seit Jahrtausenden bekannt und bewundert. Ihre Vorstellungs- und Sinnestätigkeit, ihr Empfinden und Begehren ist dem menschlichen so ähnlich, daß wir keine Beweise dafür anzuführen brauchen. Aber auch die höhere Assozionstätigkeit ihres Gehirns, die Bildung von Urteilen und deren Verbindung zu Schlüssen, das Denken und das Bewußtsein im engeren Sinne sind bei ihnen ähnlich entwickelt wie beim Menschen – nur dem Grade, nicht der Art nach davon verschieden. Überdies lehrt uns die vergleichende Anatomie und Histologie, daß die verwickelte Zusammensetzung des Gehirns (sowohl die feinere als die gröbere Struktur) bei diesen höheren *Säugetieren* im wesentlichen dieselbe wie beim Menschen ist. Dasselbe zeigt uns die vergleichende Ontogenie bezüglich der Entstehung dieser Seelenorgane. Die vergleichende Physiologie lehrt, daß die verschiedenen Zustände des Bewußtseins sich bei diesen höchst entwickelten Plazentaltieren ganz ähnlich wie beim Menschen verhalten, und das Experiment beweist, daß sie auch auf äußere Eingriffe ebenso reagieren. Man kann höhere Tiere durch Alkohol, Chloroform, Äther usw. ebenso betäuben und durch geeignete Behandlung ebenso hypnotisieren wie den Menschen. Dagegen ist es nicht möglich, die *Grenze* scharf zu bestimmen, wo auf den niederen Stufen des Tierlebens das Bewußtsein zuerst als solches erkennbar wird. Die einen Zoologen setzen dieselbe sehr hoch oben an, die anderen sehr tief unten. *Darwin*, der die verschiedenen Abstufungen des Bewußtseins, der Intelligenz und des Gemüts bei den höheren Tieren sehr genau unterscheidet und durch zunehmende Entwickelung erklärt, weist zugleich darauf hin, wie schwer oder eigentlich wie unmöglich es ist, die ersten Anfänge dieser höchsten Seelentätigkeiten bei den niederen Tieren zu bestimmen. Nach meiner persönlichen Auffassung dünkt mir unter den verschiedenen widersprechenden Theorien am wahrscheinlichsten die Annahme, daß das Zustandekommen des Bewußtseins an die *Zentralisation des Nervensystems* gebunden ist, die den niederen Tierklassen noch fehlt. Die Anwesenheit eines nervösen Zentralorgans, hoch entwickelte Sinnesorgane und eine weit ausgebildete Assozion der Vorstellungsgruppen scheinen mir erforderlich, um das *einheitliche* Bewußtsein zu ermöglichen.

III. Animalische Theorie des Bewusstseins: *es findet sich bei allen Tieren und nur bei diesen.* Hiernach würde ein scharfer Unterschied im Seelenleben der Tiere und Pflanzen bestehen; ein solcher wurde schon von vielen alten Autoren angenommen und von *Linné* scharf formuliert in seinem grundlegenden „Systema naturae" (1735). Die beiden großen Reiche der organischen Natur unterscheiden sich nach ihm dadurch, daß die Tiere Empfindung und Bewußtsein haben, die Pflanzen nicht. Später hat besonders *Schopenhauer* diesen Unterschied scharf betont: „Das Bewußtsein ist uns schlechthin nur als Eigenschaft *animaler* Wesen bekannt. Auch nachdem es sich durch die ganze Tierreihe, bis zum Menschen und seiner Vernunft, gesteigert hat, bleibt die Bewußtlosigkeit der Pflanze, von der es ausging, noch immer die Grundlage. Die untersten Tiere haben bloß eine Dämmerung desselben." Die Unhaltbarkeit dieser Ansicht wurde schon um die Mitte des neunzehnten Jahrhunderts klar, als man das Seelenleben der niederen Tierstämme, besonders der *Zölenteraten* (Schwämme und Nesseltiere) näher kennen lernte: echte Tiere, die ebensowenig Spuren von klarem Bewußtsein besitzen wie die meisten Pflanzen. Noch mehr wurde der Unterschied zwischen beiden Reichen verwischt, als man die einzelligen Lebensformen derselben genauer und kritischer untersuchte. Die plasmophagen *Urtiere* (Protozoa) und die plasmodomen *Urpflanzen* (Protophyta) zeigen keine durchgreifenden psychologischen Unterschiede, auch nicht in Beziehung auf ihr fragliches Bewußtsein.

IV. Biologische Theorie des Bewusstseins: *es ist allen Organismen gemeinsam*; es findet sich bei allen Tieren und Pflanzen, während es den anorganischen Naturkörpern (Kristallen usw.) fehlt. Diese Annahme wird gewöhnlich mit der Ansicht verknüpft, daß alle Organismen (im Gegensatze zu den Anorganen) beseelt sind; die drei Begriffe: Leben, Seele und Bewußtsein fließen dann gewöhnlich zusammen. Eine andere Modifikation dieser Anschauung ist, daß diese drei Grunderscheinungen des organischen Lebens zwar unzertrennbar verknüpft sind, daß aber das Bewußtsein nur ein *Teil* der psychischen Tätigkeit ist, wie diese selbst ein *Teil* der Lebenstätigkeit. Daß die Pflanzen in demselben Sinne wie die Tiere eine „Seele" besitzen, hat namentlich *Fechner* sich zu zeigen bemüht, und manche schreiben der Pflanzenseele ein Bewußtsein von ähnlicher Art zu wie der Tierseele. In der Tat sind ja bei sehr empfindlichen „*Sinnpflanzen*" (Mimosa, Drosera, Dionaea) die auffallenden Reizbewegungen der Blätter, bei manchen anderen (Klee und Sauerklee, besonders aber Hedysarum) die autonomen Bewegungen, bei „schlafenden Pflanzen" (auch vorzugsweise Papilionaceen) die Schlafbewegungen usw. auffallend ähnlich denjenigen vieler niederen Tiere; wer den letzteren Bewußtsein zuschreibt, darf es ganz gewiß auch den ersteren nicht absprechen.

V. Zellulare Theorie des Bewusstseins: *es ist eine Lebenseigenschaft jeder Zelle*. Die Anwendung der Zellentheorie auf alle Zweige der Biologie verlangt auch ihre Verknüpfung mit der Psychologie. Mit demselben Rechte, mit dem man in der Anatomie und Physiologie die lebendige Zelle als den „Elementar-Organismus“ behandelt und das ganze Verständnis des höheren, vielzelligen Tier- und Pflanzenkörpers daraus ableitet, mit demselben Rechte kann man auch die *„Zellseele“* als das psychologische Element betrachten und die zusammengesetzte Seelentätigkeit der höheren Organismen als das Resultat aus dem vereinigten Seelenleben der Zellen, die sie zusammensetzen. Ich habe die Grundzüge dieser *Zellular-Psychologie* schon 1866 in meiner „Generellen Morphologie“ entworfen und sie später weiter ausgeführt in meinem Aufsatz über „Zellseelen und Seelenzellen“. Zum tieferen Eindringen in diese „Elementar-Psychologie“ wurde ich durch meine langjährige Beschäftigung mit den einzelligen Lebensformen geführt. Viele von diesen kleinen (meist mikroskopischen) Protisten zeigen ähnliche Äußerungen von Empfindung und Willen, ähnliche Instinkte und Bewegungen wie höhere Tiere; besonders gilt das von den sehr empfindlichen und lebhaft beweglichen Infusorien. Sowohl in dem Verhalten dieser reizbaren Zellinge gegenüber der Außenwelt wie in vielen anderen Lebensäußerungen derselben (z. B. in dem wunderbaren Gehäusebau der Rhizopoden, der Thalamophoren und Infusorien) könnte man deutliche Spuren bewußter Seelentätigkeit zu erkennen glauben. Wenn man nun die biologische Theorie des Bewußtseins akzeptiert (Nr. IV, und wenn man jede psychische Funktion mit einem Bewußtseinsanteil ausstattet, dann wird man auch jeder selbständigen Protistenzelle Bewußtsein zuschreiben müssen. Die materielle Grundlage desselben wäre dann entweder das ganze *Plasma* der Zelle oder deren Kern oder ein Teil desselben. In der *Psychaden-Theorie* von *Fritz Schultze* verhält sich das Elementarbewußtsein der Psychade zur einzelnen Zelle ähnlich wie im höheren Tiere und im Menschen das persönliche Bewußtsein zum vielzelligen Organismus der Person. Definitiv widerlegen läßt sich die Annahme, die ich früher vertrat, nicht. Ich muß aber jetzt *Max Verworn* zustimmen, welcher in seinen ausgezeichneten „Psychophysiologischen Protistenstudien“ annimmt, daß wohl sämtlichen Protisten ein entwickeltes „Ichbewußtsein“ fehlt, und daß ihre Empfindungen und Bewegungen den Charakter des „*Unbewußten*“ tragen.

VI. Atomistische Theorie des Bewusstseins: *es ist eine Elementareigenschaft aller Atome.* Unter allen verschiedenen Anschauungen über die Verbreitung des Bewußtseins geht diese atomistische Hypothese am weitesten. Sie ist wohl hauptsächlich der Schwierigkeit entsprungen, welche manche Philosophen und Biologen bei der Frage nach der ersten Entstehung des *Bewußtseins* empfinden. Diese Erscheinung trägt ja einen so eigenartigen Charakter, daß ihre Ableitung aus anderen psychischen Funktionen höchst bedenklich erscheint; man glaubte daher, dieses Hindernis am leichtesten dadurch zu überwinden, daß man sie als eine Elementareigenschaft aller Materie annahm, gleich der Massenanziehung oder der chemischen Wahlverwandtschaft. Es würde danach so viele Formen des Elementarbewußtseins geben, als es chemische Elemente gibt; jedes Atom Wasserstoff würde sein hydrogenes Bewußtsein haben, jedes Atom Kohlenstoff sein karbonisches Bewußtsein usw. Auch den alten vier Elementen des *Empedokles*, deren Mischung durch „Lieben und Hassen“ das Werden der Dinge bewirkt, schrieben manche Philosophen Bewußtsein zu.

Ich selbst habe die Hypothese des *Atombewußtseins* niemals vertreten; ich bin gezwungen, dies hier besonders hervorzuheben, weil *E. du Bois-Reymond* mir diese Ansicht fälschlich untergeschoben hat. In der scharfen Polemik, welche derselbe (1880) in seiner Rede über „die sieben Welträtsel“ gegen mich führt, bekämpft er meine „verderbliche falsche Naturphilosophie“ auf das heftigste und behauptet, ich hätte in meinem Aufsatz über die Perigenesis der Plastidule die „Annahme, daß die Atome einzeln Bewußtsein haben, als metaphysisches Axiom hingestellt.“ Ich habe vielmehr ausdrücklich betont, daß ich mir die elementaren psychischen Tätigkeiten der Empfindung und des Willens, die man den Atomen zuschreiben kann, *unbewußt* vorstelle, ebenso unbewußt wie das elementare Gedächtnis, welches ich nach dem Vorgange des ausgezeichneten Physiologen *Ewald Hering* (1870) als „eine allgemeine Funktion der organisierten Materie" (besser der „lebendigen Substanz") betrachte. *Du Bois-Reymond* verwechselt hier in auffälliger Weise „Seele" und „Bewußtsein"; ich will dahingestellt sein lassen, ob er diese Konfusion nur aus Versehen begeht. Da er selbst das Bewußtsein für eine transzendente Erscheinung erklärt, einen Teil der anderen Seelenfunktionen (z. B. Sinnestätigkeit) aber nicht, muß ich annehmen, daß er beide Begriffe für verschieden hält. Aus anderen Stellen seiner eleganten Reden geht freilich das Gegenteil hervor, wie denn überhaupt dieser berühmte Rhetor sich gerade in bezug auf wichtige Prinzipienfragen oft auffallend widerspricht. Ich betone hier nochmals, daß für mich das Bewußtsein nur *einen Teil* der Seelenerscheinungen bildet, die wir am Menschen und den höheren Tieren beobachten, während der weitaus größere Teil derselben unbewußt abläuft.

Monistische und dualistische Theorie des Bewusstseins. Soweit auch die verschiedenen Ansichten über die Natur und die Entstehung des Bewußtseins auseinandergehen, so lassen sich doch alle schließlich – bei klarer und konsequenter logischer Behandlung – auf zwei entgegengesetzte Grundanschauungen zurückführen, auf die *transzendente* (*dualistische*) und die *physiologische* (*monistische*). Ich selbst habe von jeher diese letztere Auffassung, und zwar im Lichte der *Entwickelungslehre*, vertreten, und sie wird gegenwärtig von einer großen Anzahl hervorragender Naturforscher geteilt, wenn auch bei weitem nicht von allen. Die erste Ansicht dagegen ist die ältere und die weitaus verbreitetere, sie ist in neuerer Zeit vor allem durch *Emil du Bois-Reymond* wieder zu hohem Ansehen gelangt und durch seine berühmte „*Ignorabimus-Rede*" zu einem der meistbesprochenen Gegenstände in den modernen „Welträtsel-Diskussionen" geworden. Bei der außerordentlichen Bedeutung dieser Grundfrage können wir nicht umhin, hier nochmals auf den Kern derselben kurz einzugehen.

TRANSZENDENZ DES BEWUSSTSEINS. In dem berühmten Vortrage „über die Grenzen des Naturerkennens", welchen *E. du Bois-Reymond* am 14. August 1872 auf der Naturforscherversammlung in Leipzig hielt, stellte derselbe zwei verschiedene „*unbedingte Grenzen*" unseres Naturerkennens auf, welche der menschliche Geist auch bei vorgeschrittenster Naturerkenntnis niemals überschreiten werde – *niemals*, wie das oft zitierte Schlußwort des Vortrages ausdrücklich betont: „Ignorabimus!" Das eine absolut unlösbare „Welträtsel" ist der „Zusammenhang von Materie und Kraft" und das eigentliche Wesen dieser fundamentalen Naturerscheinungen; wir werden dieses „*Substanzproblem*" im zwölften Kapitel eingehend behandeln. Das zweite unübersteigliche Hindernis der Philosophie soll das Problem des *Bewußtseins* bilden, die Frage: wie unsere Geistestätigkeit aus materiellen Bedingungen, bezüglich Bewegungen zu erklären ist, wie die (der Materie und Kraft zugrunde liegende) „Substanz unter bestimmten Bedingungen empfindet, begehrt und denkt".

Der Kürze halber, und zugleich um das Wesen des Leipziger Vortrages mit einem Schlagworte zu charakterisieren, habe ich dieselbe als „*Ignorabimus-Rede*" bezeichnet; es ist dies um so mehr gestattet, als *E. du Bois-Reymond* selbst acht Jahre später (in der Rede über die sieben Welträtsel, 1880) den außerordentlichen Erfolg derselben mit berechtigtem Stolze rühmen und dabei sagen konnte: „Die Kritik schlug alle Töne vom freudig zustimmenden Lobe bis zum wegwerfendsten Tadel an, und das Wort ‚*Ignorabimus*', in welchem meine Untersuchung gipfelte, ward förmlich zu einer Art von naturphilosophischem Schiboleth." Tatsächlich erschollen die lauten „Töne des freudig zustimmenden Lobes" aus den Hörsälen der dualistischen und spiritualistischen Philosophie und besonders aus dem Heerlager der Ecclesia militans (der „schwarzen Internationale"); aber auch alle Spiritisten und alle gläubigen Gemüter, welche durch das ‚*Ignorabimus*' die Unsterblichkeit ihrer teuren „Seele" gerettet wähnten, waren davon entzückt. Den „wegwerfendsten Tadel" erfuhr die glänzende Ignorabimus-Rede dagegen anfänglich nur von seiten weniger Naturforscher und Philosophen, von jenen wenigen, die gleichzeitig über hinreichende naturphilosophische Kenntnisse und über den erforderlichen moralischen Mut verfügten, um den dogmatischen Machtsprüchen des allgewaltigen Sekretärs und Diktators der Berliner Akademie der Wissenschaften entgegenzutreten.

Der merkwürdige Erfolg der Ignorabimus-Rede (den der Redner selbst später gelegentlich als unberechtigt und übertrieben bezeichnet hat!) erklärt sich aus zwei Gründen, einem äußeren und einem inneren. Äußerlich war dieselbe unzweifelhaft „ein bedeutungsvolles rhetorisches Kunstwerk, eine *schöne Predigt* von hoher Vollendung der Form und überraschendem Wechsel naturphilosophischer Bilder. Bekanntlich beurteilt aber die Mehrheit eine schöne Predigt nicht nach dem wahren Ideengehalte, sondern nach dem ästhetischen Unterhaltungswerte" (Monismus S. 44). Innerlich analysiert dagegen enthält die Ignorabimus-Rede das entschiedene Programm des *metaphysischen Dualismus*; die Welt ist „*doppelt* unbegreiflich": einmal die materielle Welt, in welcher „Materie und Kraft" ihr Wesen treiben; und gegenüber, ganz getrennt, die immaterielle Welt des „Geistes", in welcher „Denken und Bewußtsein nicht aus materiellen Bedingungen erklärbar" sind wie bei der ersteren. Es war ganz naturgemäß, daß der herrschende Dualismus und Mystizismus diese Anerkennung der zwei verschiedenen Welten mit Begierde ergriff, um damit die Doppelnatur des Menschen und die Unsterblichkeit der Seele zu beweisen. Der Jubel der Spiritualisten darüber war um so heller und berechtigter, als *E. du Bois-Reymond* bis dahin als ein bedeutender prinzipieller Vertreter des wissenschaftlichen Materialismus gegolten hatte; und das war und blieb er auch (trotz seiner „schönen Reden“!), ebenso wie alle anderen sachkundigen, klaren und *konsequent denkenden* Naturforscher der Gegenwart.

Allerdings hat der Verfasser der Ignorabimus-Rede am Schlusse derselben kurz auf die Frage hingewiesen, ob nicht jene beiden gegenüberstehenden „Welträtsel“, das allgemeine Substanzproblem und das besondere Bewußtseinsproblem, zusammenfallen. Er sagt: „Freilich ist diese Vorstellung die einfachste und der vorzuziehen, wonach die Welt doppelt unbegreiflich erscheint. Aber es liegt in der Natur der Dinge, daß wir auch in diesem Punkte nicht zur Klarheit kommen, und alles weitere Reden darüber bleibt müßig.“ – Dieser letzteren Ansicht bin ich von Anfang an entschieden entgegengetreten und habe mich zu zeigen bemüht, daß jene beiden großen Fragen nicht zwei verschiedene Welträtsel sind. „*Das neurologische Problem des Bewußtseins ist nur ein besonderer Fall von dem allumfassenden kosmologischen Problem, der Substanzfrage.*“ (Monismus 1892, S. 23; 13. Aufl. Leipzig 1908.)

Es ist hier nicht der Ort, um nochmals auf die betreffende Polemik und die sehr umfangreiche darüber entstandene Literatur einzugehen. Ich habe schon im Jahre 1874, im Vorwort zur ersten Auflage meiner Anthropogenie, gegen die Ignorabimus-Rede, ihre dualistischen Prinzipien und ihre metaphysischen Trugschlüsse entschiedenen Protest erhoben, und ich habe denselben ausführlich 1878 begründet in meiner Schrift über „Freie Wissenschaft und freie Lehre“ (Leipzig 1908). Auch im „Monismus“ habe ich denselben wiederholt berührt (S. 23, 44). *du Bois-Reymond*, welcher dadurch an seiner empfindlichsten Stelle getroffen war, antwortete sehr gereizt in verschiedenen Reden; auch diese sind, wie die meisten seiner vielgelesenen Reden, blendend durch den eleganten französischen Stil und fesselnd durch den Bilderreichtum und die überraschenden Redewendungen. Aber eine wesentliche Förderung der Welterkenntnis liefert ihre oberflächliche Betrachtungsweise nicht. Am wenigsten gilt dies vom *Darwinismus*, als dessen Anhänger sich der Berliner Physiologe später bedingungsweise bekennt, obgleich er *nie das geringste* zu seiner Förderung getan hat; seine absprechenden Bemerkungen über das biogenetische Grundgesetz, seine Verwerfung der Stammesgeschichte usw. bekunden hinlänglich, daß derselbe weder mit den empirischen Tatsachen der vergleichenden Morphologie und Entwickelungsgeschichte hinreichend vertraut, noch zu der philosophischen Würdigung ihrer hohen theoretischen Bedeutung befähigt war.

Physiologie des Bewusstseins. Die eigenartige Naturerscheinung des Bewußtseins ist nicht, wie *du Bois-Reymond* und die dualistischen Philosophen behaupten, ein völlig und „durchaus transzendentes Problem“, sondern sie ist, wie ich stets konsequent behauptet habe, ein *physiologisches Problem* und als solches auf die Erscheinungen im Gebiete der Physik und Chemie zurückzuführen. Ich habe dasselbe später noch bestimmter als ein *neurologisches Problem* bezeichnet, weil ich der Ansicht bin, daß wahres Bewußtsein (Denken und Vernunft) nur bei jenen höheren Tieren zu finden, welche ein *zentralisiertes Nervensystem* und Sinnesorgane von einer gewissen Höhe der Ausbildung besitzen. Mit voller Sicherheit läßt sich das für die höheren Wirbeltiere behaupten, und vor allen für die plazentalen Säugetiere, aus deren Stamm das Menschengeschlecht selbst entsprossen ist. Das Bewußtsein der höchst entwickelten Affen, Hunde, Elefanten usw. ist von demjenigen des Menschen nur dem Grade, nicht der Art nach verschieden, und die graduellen Unterschiede im Bewußtsein dieser „vernünftigen“ Zottentiere und der niedersten Menschenrassen (Weddas, Australneger, Patagonier) sind geringer als die entsprechenden Unterschiede zwischen letzteren und den höchst entwickelten Vernunftmenschen (*Spinoza*, *Goethe*, *Lamarck*, *Darwin*, *Kant* usw.). Das Bewußtsein ist mithin nur ein *Teil der höheren Seelentätigkeit* und als solche abhängig von der normalen Struktur des betreffenden Seelenorgans, des *Gehirns*.

Physiologische Beobachtung und Experiment haben seit dreißig Jahren den sicheren Beweis geführt, daß derjenige engere Bezirk des Säugetiergehirns, den man in diesem Sinne als „*Sitz*“ (besser als „*Organ*“) des Bewußtseins bezeichnet, ein Teil des *Großhirns* ist, und zwar jener spät entstandene „graue Mantel“ oder die „Großhirnrinde“, welche aus dem konvexen Dorsalteil der primären ersten Hirnblase, des Vorderhirns, sich entwickelt. Aber auch die *morphologische* Begründung dieser physiologischen Erkenntnis ist den bewunderungswürdigen Fortschritten der *mikroskopischen Gehirnanatomie* gelungen, welche wir den vervollkommneten Forschungsmethoden der neuesten Zeit verdanken.

Wohl die wichtigste von diesen Erkenntnissen ist die Entdeckung der *Denkorgane* durch *Paul Flechsig* in Leipzig; er wies nach, daß in der grauen Rindenzone des Hirnmantels vier Gebiete der zentralen Sinnesorgane oder vier „innere Empfindungssphären“ liegen, die Körperfühlsphäre im Scheitellappen, die Riechsphäre im Stirnlappen, die Sehsphäre im Hinterhauptslappen, die Hörsphäre im Schläfenlappen. Zwischen diesen vier „*Sinnesherden*“ liegen die vier großen „*Denkherde*“ oder Assozionszentren, die realen *Organe des Geisteslebens*; sie sind jene höchsten Werkzeuge der Seelentätigkeit, welche das *Denken* und das *Bewußtsein* vermitteln: vorn das Stirnhirn oder das frontale Assozionszentrum, hinten oben das Scheitelhirn oder parietale Assozionszentrum, hinten unten das Prinzipalhirn oder das „große okzipitotemporale Assozionszentrum“ (das wichtigste von allen!) und endlich tief unten, im Innern versteckt, das Inselhirn oder „die Reilsche Insel“, das insulare Assozionszentrum. Diese vier Denkherde, durch eigentümliche und höchst verwickelte Nervenstruktur vor den zwischenliegenden Sinnesherden ausgezeichnet, sind die wahren „*Denkorgane*“, die einzigen Organe unseres Bewußtseins. In neuerer Zeit hat *Flechsig* nachgewiesen, daß in einem Teile derselben sich beim Menschen noch ganz besonders verwickelte Strukturen finden, welche den übrigen Säugetieren fehlen, und welche die Überlegenheit des menschlichen Bewußtseins erklären.

Pathologie des Bewusstseins. Die bedeutungsvolle Erkenntnis der modernen Physiologie, daß das Großhirn beim Menschen und bei den höheren Säugetieren das Organ des Geisteslebens und des Bewußtseins ist, wird einleuchtend bestätigt durch die Pathologie, durch die Kenntnis seiner *Erkrankungen*. Wenn die betreffenden Teile der Großhirnrinde durch Krankheit zerstört werden, erlischt ihre Funktion, und zwar läßt sich hier die *Lokalisation* der Gehirnfunktionen sogar partiell nachweisen. Wenn einzelne Stellen jenes Gebietes erkranken, verschwindet der Teil des Denkens und Bewußtseins, welcher an die betreffende Stelle gebunden ist. Dasselbe Ergebnis liefert das pathologische Experiment; Zerstörung einer solchen bekannten Stelle (z. B. im Sprachzentrum) vernichtet deren Funktion (die Sprache). Übrigens genügt ja der Hinweis auf die bekanntesten alltäglichen Erscheinungen im Gebiete des Bewußtseins, um die völlige Abhängigkeit desselben von den *chemischen* Veränderungen der Gehirnsubstanz zu beweisen. Viele Genußmittel (Kaffee, Tee) regen unser Denkvermögen an; andere (Wein, Bier) stimmen unser Gemüt heiter; Moschus und Kampher als „Excitantia" beleben das erlöschende Bewußtsein; Äther und Chloroform betäuben dasselbe usw. Wie wäre das alles möglich, wenn das Bewußtsein ein immaterielles Wesen, unabhängig von jenen anatomisch nachgewiesenen Organen wäre? Und worin besteht das Bewußtsein der „unsterblichen Seele", wenn sie nicht mehr jene Organe besitzt?

Alle diese und andere bekannte Tatsachen beweisen, daß das Bewußtsein beim Menschen – und genau ebenso bei den nächstverwandten Säugetieren – *veränderlich* ist, und daß seine Tätigkeit jederzeit abgeändert werden kann durch innere Ursachen (Stoffwechsel, Blutkreislauf) und äußere Ursachen (Verletzung des Gehirns, Reizung usw.). Sehr lehrreich sind auch die merkwürdigen Zustände des alternierenden oder *doppelten Be-*

wußtseins, welche an einen „Generationswechsel der Vorstellungen" erinnern; derselbe Mensch zeigt an verschiedenen Tagen unter veränderten Umständen ein ganz verschiedenes Bewußtsein; er weiß heute nicht mehr, was er gestern getan hat; gestern konnte er sagen: Ich bin ich: – heute muß er sagen: Ich bin ein anderer. Solche Intermissionen des Bewußtseins können nicht bloß Tage, sondern Monate und Jahre dauern; sie können selbst bleibend werden.

Ontogenie des Bewusstseins. Wie jedermann weiß, ist das neugeborene Kind noch ganz ohne Bewußtsein, und wie *Preyer* gezeigt hat, entwickelt sich dasselbe erst spät, nachdem das Kind schon lange zu sprechen angefangen hat; es spricht von sich lange Zeit in der dritten Person. Erst in dem bedeutungsvollen Momente, in welchem es zum ersten Male „*ich*" sagt, in welchem das „*Ichgefühl*" klar wird, beginnt sein Selbstbewußtsein zu keimen und damit auch der Gegensatz zur Außenwelt. Die schnellen und tiefgreifenden Fortschritte der Erkennntis, welche das Kind durch den Unterricht der Eltern und der Schule in den ersten zehn Lebensjahren macht und später langsamer im zweiten Dezennium bis zur vollendeten geistigen Reife, sind eng verknüpft mit unzähligen Fortschritten im Wachstum und in der Entwickelung des *Bewußtseins* und mit derjenigen seines Organs, des *Gehirns*. Aber auch wenn der Schüler das „Zeugnis der Reife" erlangt hat, so ist in Wahrheit sein Bewußtsein noch lange nicht reif, und jetzt beginnt erst recht, in vielseitiger Berührung mit der Außenwelt, das „*Weltbewußtsein*" sich zu entwickeln. Jetzt erst reift im dritten Dzennium jene vollständige Ausbildung des vernünftigen Denkens und damit des Bewußtseins, welche dann bei normaler Entwickelung in den folgenden drei Jahrzehnten ihre reifen Früchte trägt. Gewöhnlich mit Beginn des siebenten Dezenniums (bald früher, bald später) beginnt dann jene langsame und allmähliche Rückbildung der höheren Geistestätigkeit, welche das Greisenalter charakterisiert. Gedächtnis, Rezeptionsfähigkeit und Interesse an speziellen Objekten nehmen mehr und mehr ab; dagegen bleibt die Produktionsfähigkeit, das gereifte Bewußtsein und das philosophische Interesse an allgemeinen Beziehungen oft noch lange erhalten. Die individuelle Entwickelung des Bewußtseins in früher Jugend beweist die allgemeine Geltung des *biogenetischen Grundgesetzes*; aber auch in späteren Jahren ist dieselbe noch vielfach erkennbar. Jedenfalls überzeugt uns die Ontogenese des Bewußtseins aufs klarste von der Tatsache, daß dasselbe kein „immaterielles Wesen“, sondern eine physiologische Funktion des Gehirns ist, und daß es keine Ausnahme vom Substanzgesetze bildet.

PHYLOGENIE DES BEWUSSTSEINS. Die Tatsache, daß das Bewußtsein, gleich allen anderen Seelentätigkeiten, an die normale Ausbildung bestimmter Organe gebunden ist, und daß sich dasselbe beim Kinde, im Zusammenhang mit diesen Gehirnorganen, allmählich entwickelt, läßt schon von vornherein schließen, daß dasselbe auch innerhalb der Tierreihe sich stufenweise historisch entwickelt hat. So sicher wir aber auch eine solche natürliche *Stammesgeschichte des Bewußtseins* im Prinzip behaupten müssen, so wenig sind wir doch leider imstande, tiefer in dieselbe einzudringen und spezielle Hypothesen über dieselbe aufzustellen. Indessen liefert uns die Paläontologie doch einige interessante Anhaltspunkte, die nicht ohne Bedeutung sind. Auffallend ist z. B. die bedeutende quantitative und qualitative Entwickelung des Gehirns der plazentalen Säugetiere innerhalb der *Tertiärzeit*. An vielen fossilen Schädeln derselben ist die innere Schädelhöhle genau bekannt und liefert uns sichere Aufschlüsse über die Größe und teilweise auch über den Bau des davon umschlossenen Gehirns. Da zeigt sich denn innerhalb einer und derselben Legion (z. B. der Huftiere, der Raubtiere, der Herrentiere) ein gewaltiger Fortschritt von den älteren eozänen und oligozänen zu den jüngeren miozänen und pliozänen Vertretern desselben Stammes; bei den letzteren ist das Gehirn (im Verhältnis zur Körpergröße) 6–8mal so groß als bei den ersteren.

Auch jene höchste Entwickelungsstufe des Bewußtseins, welche nur der *Kulturmensch* erreicht, hat sich erst allmählich aus niederen Zuständen entwickelt, wie wir sie noch heute bei primitiven Naturvölkern antreffen. Das zeigt uns schon die Vergleichung ihrer *Sprachen*, welche mit derjenigen der *Begriffe* eng verknüpft ist. Je höher beim denkenden Kulturmenschen die Begriffsbildung entwickelt ist, je mehr er fähig wird, aus zahlreichen verschiedenen Einzelheiten die gemeinsamen Merkmale zusammenzufassen und unter allgemeine Begriffe zu bringen, desto gedankenreicher wird seine Sprache, desto klarer und tiefer sein Bewußtsein.

ELFTES KAPITEL

UNSTERBLICHKEIT DER SEELE

Monistische Studien über Thanatismus und Athanismus

Kosmische und persönliche Unsterblichkeit. Aggregatzustand der Seelensubstanz

---

„Eine der stehenden Anklagen der Kirche gegen die Wissenschaft lautet, daß letztere materialistisch sei. Ich möchte im Vorbeigehen darauf aufmerksam machen, daß die ganze kirchliche Vorstellung vom zukünftigen Leben von jeher und noch jetzt der reinste Materialismus war und ist. Der materielle Leib soll auferstehen und in einem materiellen Himmel wohnen."

M. J. SAVAGE

INHALT DES ELFTEN KAPITELS

Die Zitadelle des Aberglaubens. Athanismus und Thanatismus. Individueller Charakter des Todes. Unsterblichkeit der Einzelligen (Protisten). Kosmische und persönliche Unsterblichkeit. Primärer Thanatismus (bei Naturvölkern). Sekundärer Thanatismus (bei älteren und neueren Philosophen). Athanismus und Religion. Entstehung des Unsterblichkeitsglaubens. Christlicher Athanismus. Das ewige Leben. Das jüngste Gericht. Metaphysischer Athanismus. Seelensubstanz. Ätherseele. Luftseele. Flüssige und feste Seelen. Unsterblichkeit der Tierseele. Beweise für und gegen den Athanismus. Athanistische Illusionen.

LITERATUR

DAVID FRIEDRICH STRAUSS, Gesammelte Schriften. Auswahl in sechs Bänden (herausgegeben von *Eduard Zeller*). Bonn 1890.

LUDWIG FEUERBACH, Gottheit, Freiheit und Unsterblichkeit, vom Standpunkt der Anthropologie. 1886. (Zweite Auflage 1890).

LUDWIG BÜCHNER, Das künftige Leben und die moderne Wissenschaft. Zehn Briefe an eine Freundin. Leipzig 1889.

CARL VOGT, Köhlerglaube und Wissenschaft. Gießen 1855.

GUSTAV KÜHN, Naturphilosophische Studien, frei von Mysticismus. Neuwied 1895.

PAUL CARUS und E. C. HEGELER, The Monist. A Quarterly Magazine. Vol. I–XIX. Chicago 1890–1908.

M. J. SAVAGE, Die Unsterblichkeit. (Kap. XII in: „Die Religion im Lichte der Darwinschen Lehre.") Leipzig 1886.

ADALBERT SVOBODA, Gestalten des Glaubens. 2 Bände. Leipzig 1897.

Indem wir uns von der genetischen Betrachtung der Seele zu der großen Frage ihrer „Unsterblichkeit" wenden, betreten wir jenes höchste Gebiet des Aberglaubens, welches gewissermaßen die unzerstörbare Zitadelle aller mystischen und dualistischen Vorstellungskreise bildet. Denn bei dieser Kardinalfrage knüpft sich an die rein philosophischen Vorstellungen mehr als bei jedem anderen Problem das egoistische Interesse der menschlichen Person, welche um jeden Preis ihre individuelle Fortdauer über den Tod hinaus garantiert haben will. Dieses „höhere Gemütsbedürfnis" ist so mächtig, daß es alle logischen Schlüsse der kritischen Vernunft über den Haufen wirft. Bewußt oder unbewußt werden bei den meisten Menschen alle übrigen allgemeinen Ansichten, also auch die ganze Weltanschauung, von dem Dogma der persönlichen Unsterblichkeit beeinflußt, und an diesen theoretischen Irrtum knüpfen sich praktische Folgerungen von weitest-reichender Wirkung. Es wird daher nnsere Aufgabe sein, alle Seiten dieses wichtigen Dogmas kritisch zu prüfen und seine Unhaltbarkeit gegenüber den empirischen Erkenntnissen der modernen Biologie nachzuweisen.

Athanismus und Thanatismus. Um einen kurzen und bequemen Ausdruck für die beiden entgegengesetzten Grundanschauungen über die Unsterblichkeitsfrage zu haben, bezeichnen wir den Glauben an die „persönliche Unsterblichkeit des Menschen" als *Athanismus* (abgeleitet von Athanes oder Athanatos = unsterblich). Dagegen nennen wir *Thanatismus* (abgeleitet von Thanatos = Tod) die Überzeugung, daß mit dem Tode des Menschen nicht nur alle übrigen physiologischen Lebenstätigkeiten

19*

erlöschen, sondern auch die „*Seele*“ verschwindet, d. h. jene Summe von Gehirn-Funktionen, welche der psychische Dualismus als ein eigenes „Wesen“, unabhängig von den übrigen Lebensäußerungen des lebendigen Körpers, betrachtet.

Indem wir hier das physiologische Problem des *Todes* berühren, betonen wir nochmals den *individuellen* Charakter dieser organischen Naturerscheinung. Wir verstehen unter Tod ausschließlich das definitive Aufhören der Lebenstätigkeit des organischen *Individuums*, gleichviel welcher Kategorie oder Stufenfolge der Individualität das betreffende Einzelwesen angehört. Der Mensch ist tot, wenn seine Person stirbt, gleichviel, ob er gar keine Nachkommenschaft hinterlassen hat, oder ob er Kinder erzeugt hat, deren Nachkommen sich durch viele Generationen fruchtbar fortpflanzen. Man sagt ja in gewissem Sinne, daß der „Geist“ großer Männer (z. B. in einer Dynastie hervorragender Herrscher, in einer Familie talentvoller Künstler) durch Generationen fortlebt; und ebenso sagt man, daß die „Seele“ ausgezeichneter Frauen oft in den Kindern und Kindeskindern sich forterhält. Allein in diesen Fällen handelt es sich stets um verwickelte Vorgänge der *Vererbung*, bei welchen eine abgelöste mikroskopische Zelle (die Spermazelle des Vaters, die Eizelle der Mutter) gewisse Eigenschaften der Substanz auf die Nachkommen überträgt. Die einzelnen *Personen*, welche jene Geschlechtszellen zu Tausenden produzieren, bleiben trotzdem sterblich, und mit ihrem Tode erlischt ihre individuelle Seelentätigkeit ebenso wie jede andere physiologische Funktion.

Unsterblichkeit der Einzelligen. Neuerdings ist von mehreren namhaften Zoologen – am eingehendsten 1882 von *Weismann* – die Ansicht verteidigt worden, daß nur die niedersten einzelligen Organismen, die *Protisten, unsterblich* seien, im Gegensatze zu allen vielzelligen Tieren und Pflanzen, deren Körper aus Geweben zusammengesetzt ist. Besonders wurde diese seltsame Auffassung dadurch begründet, daß die meisten Protisten sich vorwiegend auf ungeschlechtlichem Wege vermehren, durch Teilung oder Sporenbildung. Dabei zerfällt der ganze Körper des einzelligen Organismus in zwei oder mehr gleichwertige Stücke (Tochterzellen), und jedes dieser Stücke ergänzt sich wieder durch Wachstum, bis es der Mutterzelle an Größe und Form gleich geworden ist. Allein durch den Teilungsprozeß selbst ist ja bereits die *Individualität* des einzelligen Organismus vernichtet, ebenso die physiologische wie die morphologische Einheit. Der Begriff des *Individuums* selbst, des „Unteilbaren", widerlegt logisch die Auffassung von *Weismann*; denn er bedeutet ja eine *Einheit*, die man nicht teilen kann, ohne ihr Wesen aufzuheben. In diesem Sinne sind die einzelligen Urpflanzen (Protophyta) und die einzelligen Urtiere (Protozoa) zeitlebens ebenso *Bionten* oder *physiologische Individuen*, wie die vielzelligen, gewebebildenden Pflanzen und Tiere. Auch bei den letzteren kommt ungeschlechtliche Fortpflanzung durch einfache Teilung vor (z. B. bei manchen Nesseltieren, Korallen, Medusen u. a.); das Muttertier, aus dessen Teilung die beiden Tochtertiere hervorgehen, hat auch hier mit der Trennung aufgehört zu existieren. *Weismann* behauptet: „Es gibt keine Individuen und keine Generationen bei den *Protozoen* im Sinne der *Metazoen*." Ich muß diesen Satz entschieden bestreiten. Da ich selbst zuerst (1872) den Begriff der *Metazoen* aufgestellt und diese vielzelligen, gewebebildenden Tiere den einzelligen *Protozoen* (Infusorien, Rhizopoden usw.) gegenübergestellt habe, da ich selbst ferner zuerst den prinzipiellen Unterschied in der Entwickelung beider (dort aus Keimblättern, hier nicht) begründet habe, muß ich um so mehr betonen, daß ich die *Protozoen* im physiologischen (also auch im psychologischen) Sinne ebenso für *sterblich* halte wie die *Metazoen*; unsterblich ist in beiden Gruppen weder der Leib noch die Seele. Die übrigen irrtümlichen Folgerungen *Weismanns* sind bereits (1894) durch *Moebius* widerlegt worden, der mit Recht hervorhebt, daß „alles in der Welt *periodisch* geschieht", und daß es „keine Quelle gibt, aus welcher unsterbliche organische Individuen hätten entspringen können".

Kosmische und persönliche Unsterblichkeit. Wenn man den Begriff der Unsterblichkeit ganz allgemein auffaßt und auf die Gesamtheit der erkennbaren Natur ausdehnt, so gewinnt er wissenschaftliche Bedeutung; er erscheint dann der monistischen Philosophie nicht nur annehmbar, sondern selbstverständlich. Denn die These von der Unzerstörbarkeit und ewigen Dauer alles Seienden fällt dann zusammen mit unserem höchsten Naturgesetz, dem *Substanzgesetz* (12. Kapitel). Da wir diese kosmische Unsterblichkeit später, bei Begründung der Lehre von der Erhaltung der Kraft und des Stoffes, ausführlich erörtern werden, halten wir uns nicht weiter dabei auf. Vielmehr wenden wir uns sogleich zur Kritik jenes „Unsterblichkeitsglaubens", der gewöhnlich allein unter diesem Begriffe verstanden wird, der Immortalität der *persönlichen Seele*. Wir untersuchen zunächst die Verbreitung und Entstehung dieser mystischen und dualistischen Vorstellung und betonen dabei besonders die weite Verbreitung ihres Gegenteils, des *monistischen*, empirisch begründeten *Thanatismus*. Ich unterscheide hier als zwei wesentlich verschiedene Erscheinungen desselben den *primären* und den *sekundären* Thanatismus; bei ersterem ist der Mangel des Unsterblichkeitsdogmas ein ursprünglicher (bei primitiven Naturvölkern); der sekundäre Thanatismus dagegen ist das späte Erzeugnis vernunftgemäßer Naturerkenntnis bei hochentwickelten Kulturvölkern.

Primärer Thanatismus (ursprünglicher Mangel der Unsterblichkeitsidee). In vielen philosophischen und besonders theologischen Schriften lesen wir noch heute die Behauptung, daß der Glaube an die persönliche Unsterblichkeit der menschlichen Seele allen Menschen – oder doch allen „vernünftigen Menschen" – ursprünglich gemeinsam sei. Das ist falsch. Dieses Dogma ist weder eine ursprüngliche Vorstellung der menschlichen Vernunft, noch hat es jemals allgemeine Verbreitung gehabt. In dieser Beziehung ist vor allem wichtig die sichere, erst neuerdings durch die vergleichende Ethnologie festgestellte Tatsache, daß mehrere Naturvölker der ältesten und primitivsten Stufe ebensowenig von einer Unsterblichkeit als von einem Gotte irgendeine Vorstellung haben. Das gilt namentlich von den Weddas auf Ceylon, jenen primitiven Pigmäen, die wir auf Grund der ausgezeichneten Forschungen der Herren *Sarasin* für einen Überrest der ältesten indischen „Urmenschen" halten; ferner von mehreren ältesten Stämmen der nächstverwandten Dravidas, von den indischen Seelongs und einigen Stämmen der Australneger. Ebenso kennen mehrere der primitivsten Urvölker der amerikanischen Rasse, im inneren Brasilien, am oberen Amazonenstrom usw., weder Götter noch Unsterblichkeit. Dieser *primäre* Mangel des Unsterblichkeits- und Gottesglaubens ist eine wichtige Tatsache; er ist selbstverständlich wohl zu unterscheiden von dem *sekundären* Mangel desselben, welchen erst der höchst entwickelte Kulturmensch auf Grund kritisch-philosophischer Studien spät und mühsam gewonnen hat.

Sekundärer Thanatismus (erworbener Mangel der Unsterblichkeitsidee). Im Gegensatz zu dem primären Thanatismus, der sicher bei den ältesten Urmenschen ursprünglich bestand und immer eine weite Verbreitung besaß, ist der sekundäre Mangel des Immortalitätsglaubens erst spät entstanden; er ist erst die reife Frucht eingehenden Nachdenkens über „Leben und Tod", also ein Produkt echter und unabhängiger philosophischer Reflexion. Als solcher tritt er uns schon im sechsten Jahrhundert vor Christus bei einem Teile der jonischen Naturphilosophen entgegen, später bei den Gründern der alten materialistischen Philosophie, bei *Demokritos* und *Empedokles*, aber auch bei *Simonides* und *Epikur*, bei *Seneca* und *Plinius*, am meisten durchgebildet bei *Lucretius Carus*. Als dann nach dem Untergange des klassischen Altertums das Christentum sich ausbreitete, gewann mit ihm der Athanismus, als einer seiner wichtigsten Glaubensartikel, die höchste Bedeutung.

Während der langen Geistesnacht des christlichen Mittelalters wagte begreiflicherweise nur selten ein kühner Freidenker seine abweichende Überzeugung zu äußern; die Beispiele von *Galilei*, von *Giordano Bruno* und anderen unabhängigen Philosophen, welche von den „Nachfolgern Christi" der Tortur und dem Scheiterhaufen überliefert wurden, schreckten genügend jedes freie Bekenntnis ab. Dieses wurde erst wieder möglich, nachdem die Reformation und die Renaissance die Allmacht des Papismus gebrochen hatten. Die Geschichte der neueren Philosophie zeigt die mannigfaltigen Wege, auf denen die gereifte menschliche Vernunft dem Aberglauben der Unsterblichkeit zu entrinnen versuchte. Immerhin verlieh demselben trotzdem die enge Verknüpfung mit dem christlichen Dogma auch in den freieren protestantischen Kreisen solche Macht, daß selbst die meisten überzeugten Freidenker ihre Meinung still für sich behielten. Nur selten wagten einzelne hervorragende Männer, ihre Überzeugung von der Unmöglichkeit der Seelenfortdauer nach dem Tode frei zu bekennen. Besonders geschah dies in der zweiten Hälfte des achtzehnten Jahrhunderts in Frankreich von *Voltaire*, *Danton*, *Mirabeau* u. a., ferner von den Hauptvertretern des damaligen Materialismus, *Holbach*, *Lamettrie* u. a. Dieselbe Überzeugung vertrat auch der geistreiche Freund der letzteren, der größte der Hohenzollernfürsten, der monistische „Philosoph von Sanssouci". Was würde *Friedrich der Große*, dieser *„gekrönte Thanatist und Atheist"*, sagen, wenn er heute seine monistischen Überzeugungen mit denjenigen seiner Nachfolger vergleichen könnte!

Unter den *denkenden Ärzten* ist die Überzeugung, daß mit dem Tode des Menschen auch die Existenz seiner Seele aufhöre, wohl seit Jahrhunderten sehr verbreitet gewesen; aber auch sie hüteten sich meistens wohl, dieselbe auszusprechen. Auch blieb immerhin noch im achtzehnten

Jahrhundert die empirische Kenntnis des Gehirns so unvollkommen, daß die „Seele“ als rätselhafter Bewohner desselben ihre freie Existenz fortfristen konnte. Endgültig beseitigt wurde sie erst durch die Riesenfortschritte der Biologie im neunzehnten Jahrhundert und besonders in dessen zweiter Hälfte. Die Begründung der Deszendenztheorie und der Zellentheorie, die überraschenden Entdeckungen der Ontogenie und der Experimental-Physiologie, vor allem aber die bewundernswürdigen Fortschritte der mikroskopischen Gehirnanatomie entzogen dem Athanismus allmählich jeden Boden, so daß jetzt nur selten ein sachkundiger und ehrlicher Biologe noch für die Unsterblichkeit der Seele eintritt. Die monistischen Philosophen des neunzehnten Jahrhunderts (*Strauß*, *Feuerbach*, *Büchner*, *Moleschott*, *Rau*, *Spencer* usw.) waren sämtlich überzeugte *Thanatisten.*

Athanismus und Religion. Die weiteste Verbreitung und die höchste Bedeutung hat das Dogma der persönlichen Unsterblichkeit erst durch seine innige Verbindung mit den Glaubenslehren des *Christentums* gefunden; und diese hat auch zu der irrtümlichen, heute noch sehr verbreiteten Ansicht geführt, daß dasselbe überhaupt einen wesentlichen Grundbestandteil jeder geläuterten *Religion* bilde. Das ist durchaus nicht der Fall! Der Glaube an die Unsterblichkeit der Seele fehlt vollständig den meisten höher entwickelten orientalischen Religionen; er fehlt dem *Buddhismus,* der heute noch über 30 Prozent der gesamten menschlichen Bevölkerung der Erde beherrscht; er fehlt ebenso der alten Volksreligion der Chinesen wie der reformierten, später an deren Stelle getretenen Religion des *Confucius*; und, was das Wichtigste ist, er fehlt der älteren und reineren jüdischen Religion; weder in den fünf Büchern *Moses*' noch in jenen älteren Schriften des Alten Testamentes, welche vor dem babylonischen Exil geschrieben wurden, ist die Lehre von der individuellen Fortdauer nach dem Tode zu finden.

Entstehung des Unsterblichkeitsglaubens. Die mystische Vorstellung, daß die Seele des Menschen nach seinem Tode fortdauere und unsterblich weiterlebe, ist sicher wiederholt (*polyphyletisch*) entstanden. Sie fehlte dem ältesten, schon mit Sprache begabten *Urmenschen* (dem Homo primigenius) gewiß ebenso wie seinen Vorfahren, dem Pithecanthropus und Prothylobates, und wie seinen modernen, wenig entwickelten Nachkommen, den Weddas von Ceylon, den Seelongs von Indien und anderen zerstreut wohnenden Naturvölkern. Erst bei zunehmender Vernunft, bei eingehenderem Nachdenken über Leben und Tod, über Schlaf und Traum, entwickelten sich bei verschiedenen älteren Menschenrassen – unabhängig voneinander – mystische Vorstellungen über die dualistische Komposition unseres Organismus. Sehr verschiedene Motive werden bei diesem polyphyletischen Vorgange zusammengewirkt haben: Ahnenkultus, Verwandtenliebe, Lebenslust und Wunsch der Lebens verlängerung, Hoffnung auf bessere Lebensverhältnisse im Jenseits, Hoffnung auf Belohnung der guten und Bestrafung der schlechten Taten usw. Die vergleichende Psychologie hat uns neuerdings eine große Anzahl von sehr verschiedenen derartigen Glaubensdichtungen kennen gelehrt; großenteils hängen dieselben eng zusammen mit den ältesten Formen des Gottesglaubens und der Religion überhaupt. In den meisten modernen Religionen ist der *Athanismus* eng verknüpft mit dem *Theismus*, und die materialistische Vorstellung, welche sich die meisten Gläubigen von ihrem „persönlichen Gott“ bilden, übertragen sie auf ihre „unsterbliche Seele“. Das gilt vor allem von der herrschenden Weltreligion der modernen Kulturvölker, vom Christentum. (Vgl. *Adalbert Svoboda*, Gestalten des Glaubens. 1897.)

Christlicher Unsterblichkeitsglaube. Wie allgemein bekannt, hat das Dogma von der Unsterblichkeit der Seele in der christlichen Religion schon lange diejenige feste Form angenommen, welche sich in dem Glaubensartikel ausspricht: „Ich glaube an die Auferstehung des Fleisches und ein ewiges Leben.“ Wie am Osterfest Christus selbst von den Toten auferstanden ist und nun in Ewigkeit als „Gottes Sohn, sitzend zur rechten Hand Gottes", gedacht wird, versinnlichen uns unzählige Bilder und Legenden. In gleicher Weise wird auch der Mensch „am jüngsten Tage auferstehen" und seinen Lohn für die Führung seines einstigen Erdenlebens empfangen. Dieser ganze christliche Vorstellungskreis ist durch und durch *materialistisch* und anthropistisch; er erhebt sich nicht viel über die entsprechenden rohen Vorstellungen vieler niederen Naturvölker. Daß die „Auferstehung des Fleisches" unmöglich ist, weiß eigentlich jeder, der einige Kenntnisse in Anatomie und Physiologie besitzt. Die Auferstehung Christi, welche von Millionen gläubiger Christen an jedem Osterfeste gefeiert wird, ist ebenso ein reiner Mythus wie die „Auferweckung von den Toten", welche derselbe mehrfach ausgeführt haben soll. Für die reine Vernunft sind diese mystischen Glaubens-Dichtungen ebenso unannehmbar wie die damit verknüpfte Hypothese eines „ewigen Lebens".

Das ewige Leben. Die phantastischen Vorstellungen, welche die christliche Kirche über die ewige Fortdauer der unsterblichen Seele nach dem Tode des Leibes lehrt, sind ebenso rein materialistisch wie das damit verknüpfte Dogma von der „Auferstehung des Fleisches". Sehr richtig bemerkt in dieser Beziehung *Savage* in seinem interessanten Werke „Die Religion im Lichte der Darwinschen Lehre" (1886): „Eine der stehenden Anklagen der Kirche gegen die Wissenschaft lautet, daß letztere materialistisch sei. Ich möchte im Vorbeigehen darauf aufmerksam machen, daß *die ganze kirchliche Vorstellung vom zukünftigen Leben von jeher und noch jetzt der reinste Materialismus war und ist.* Der materielle Leib soll auferstehen und in einem materiellen Himmel wohnen." Um sich hiervon zu überzeugen, braucht man nur unbefangen eine der unzähligen Predigten oder auch der phrasenreichen, neuerdings sehr beliebten Tischreden zu lesen, in denen die Herrlichkeit des ewigen Lebens als höchstes Gut des Christen und der Glaube daran als Grundlage der Sittenlehre gepriesen wird. Da erwarten den frommen spiritualistischen Gläubigen im „Paradiese“ alle Freuden des hochentwickelten geselligen Kulturlebens, während die gottlosen Materialisten vom „liebenden Vater“ durch ewige Höllenqualen gemartert werden. Auf zahlreichen Bildern berühmter Maler sind diese Dichtungen sinnlich dargestellt.

Metaphysischer Unsterblichkeitsglaube. Gegenüber dem materialistischen Athanismus, welcher in der christlichen und mohammedanischen Kirche herrschend ist, vertritt scheinbar eine reinere und höhere Glaubensform der *metaphysische Athanismus*, wie ihn die meisten dualistischen und spiritualistischen Philosophen lehren. Als der bedeutendste Begründer desselben ist *Plato* zu betrachten; er lehrte schon im vierten Jahrhundert vor Christus jenen vollkommenen Dualismus zwischen Leib und Seele, welcher dann in der christlichen Glaubenslehre zu einem der theoretisch wichtigsten und praktisch wirkungsvollsten Artikel wurde. Der Leib ist sterblich, materiell, physisch; die Seele ist unsterblich, immateriell, metaphysisch. Beide sind *nur* während des individuellen Lebens vorübergehend verbunden. Da *Plato* ein ewiges Leben der autonomen Seele sowohl vor als nach dieser zeitweiligen Verbindung annimmt, ist er auch Anhänger der „*Seelenwanderung*“; die Seelen existierten als solche, als „ewige Ideen“, schon bevor sie in den menschlichen Körper eintraten. Nachdem sie denselben verlassen, suchen sie sich als Wohnort einen anderen Körper aus, der ihrer Beschaffenheit am meisten angemessen ist; die Seelen von grausamen Tyrannen schlüpfen in den Körper von Wölfen und Geiern, diejenigen von tugendhaften Arbeitern in den Leib von Bienen und Ameisen usw. Die kindlichen und naiven Anschauungen dieser platonischen Seelenlehre liegen auf der Hand; bei weiterem Eindringen erscheinen sie völlig unvereinbar mit den sichersten psychologischen Erkenntnissen, welche wir der modernen Anatomie und Physiologie, der fortgeschrittenen Histologie und Ontogenie verdanken; wir erwähnen sie hier nur, weil sie trotz ihrer Absurdität den größten kulturhistorischen Einfluß erlangten. Denn einerseits knüpfte an die platonische Seelenlehre die Mystik der Neuplatoniker an, welche in das Christentum Eingang gewann; andererseits wurde sie später zu einem Hauptpfeiler der spiritualistischen und idealistischen Philosophie. Die platonische „*Idee*" verwandelte sich später in den Begriff der Seelen-*Substanz*, die allerdings ebenso unfaßbar und metaphysisch ist, aber doch oft einen physikalischen Anschein gewann.

Seelensubstanz. Die Auffassung der Seele als „*Substanz*" ist bei vielen Psychologen sehr unklar; bald wird dieselbe in abstraktem und idealistischem Sinne als ein „immaterielles Wesen" von ganz eigentümlicher Art betrachtet, bald in konkretem und realistischem Sinne, bald als ein unklares Mittelding zwischen beiden. Halten wir an dem monistischen Substanzbegriffe fest, wie wir ihn (im 12. Kapitel) als einfachste Grundlage unserer gesamten Weltanschauung entwickeln, so ist in demselben *Energie* und *Materie* untrennbar verbunden. Dann müssen wir an der „Seelensubstanz" die eigentliche, uns allein bekannte *psychische Energie* unterscheiden (Empfinden, Vorstellen, Wollen) und die *psychische Materie*, durch welche allein dieselbe zur Wirkung gelangen kann, also das lebendige *Plasma*. Bei den höheren Tieren bildet dann der „Seelenstoff" einen Teil des Nervensystems bei den niederen, nervenlosen Tieren und den Pflanzen einen Teil ihres vielzelligen Plasmakörpers, bei den einzelligen Protisten einen Teil ihres plasmatischen Zellenkörpers. Somit kommen wir wieder auf die *Seelenorgane* und gelangen zu der naturgemäßen Erkenntnis, daß diese materiellen Organe für die Seelentätigkeit unentbehrlich sind; die Seele selbst aber ist *aktuell*, ist die Summe ihrer physiologischen Funktionen.

Ganz anders gestaltet sich der Begriff der spezifischen Seelensubstanz bei jenen dualistischen Philosophen, welche eine solche annehmen. Die unsterbliche „Seele" soll dann zwar materiell sein, aber doch unsichtbar und ganz verschieden von dem sichtbaren Körper, in welchem sie wohnt. Die *Unsichtbarkeit* der Seele wird dabei als sehr wesentliches Attribut derselben betrachtet. Einige vergleichen dabei die Seele mit dem Äther und betrachten sie gleich diesem als einen äußerst feinen und leichten, höchst beweglichen Stoff und ein imponderables Agens, welches überall zwischen den wägbaren Teilchen des lebendigen Organismus schwebt. Andere hingegen vergleichen die Seele mit dem wehenden Winde und schreiben ihr also einen gasförmigen Zustand zu; dieser Vergleich ist ja auch derjenige, welcher zuerst bei den Naturvölkern zu der später so allgemein gewordenen dualistischen Auffassung führte. Wenn der Mensch starb, blieb der Körper als Leiche zurück; die unsterbliche Seele aber „entfloh aus demselben mit dem letzten Atemzuge".

Ätherseele. Die Vergleichung der menschlichen Seele mit dem physikalischen Äther als qualitativ ähnlichem Gebilde hat in neuerer Zeit eine konkretere Gestalt gewonnen durch die großartigen Fortschritte der Optik und der Elektrik (besonders seit Heinrich Hertz, 1888). Denn diese haben uns mit der Energie des Äthers bekannt gemacht und damit zugleich gewisse Schlüsse auf die materielle Natur dieses raumerfüllenden Wesens gestattet. Da ich diese wichtigen Verhältnisse später (im 12. Kapitel) besprechen werde, will ich mich hier nicht weiter dabei aufhalten, sondern nur kurz darauf hinweisen, daß dadurch die Annahme einer *Ätherseele* vollkommen unhaltbar geworden ist. Eine solche „*ätherische Seele*", d. h. eine Seelensubstanz, welche dem physikalischen Äther ähnlich ist und gleich ihm zwischen den wägbaren Teilchen des lebendigen Plasma oder den Gehirnmolekülen schwebt, kann unmöglich individuelles Seelenleben hervorbringen. Weder die mystischen Anschauungen, welche darüber um die Mitte des neunzehnten Jahrhunderts lebhaft diskutiert wurden, noch die Versuche des unklaren modernen *Neovitalismus*, die mystische „Lebenskraft" mit dem physikalischen Äther in Beziehung zu setzen, sind heute mehr der Widerlegung bedürftig.

Luftseele. Viel allgemeiner verbreitet und auch heute noch in hohem Ansehen steht jene Anschauung, welche der Seelensubstanz eine *gasförmige* Beschaffenheit zuschreibt. Uralt ist die Vergleichung des menschlichen Atemzuges mit dem wehenden Windhauche; beide wurden ursprünglich für identisch gehalten und mit demselben Namen belegt. *Anemos* und *Psyche* der Griechen, *Anima* und *Spiritus* der Römer sind ursprünglich Bezeichnungen für den Lufthauch des Windes; sie wurden von diesem auf den Atemhauch des Menschen übertragen. Später wurde dann dieser „lebendige Odem" mit der „Lebenskraft" identifiziert und zuletzt als das Wesen der Seele selbst angesehen oder in engerem Sinne als deren höchste Äußerung der „Geist". Davon leitete dann weiterhin wieder die Phantasie die mystische Vorstellung der individuellen Geister ab, der „*Gespenster*" („Spirits"); auch diese werden ja heute noch meistens als „luftförmige Wesen" – aber begabt mit den physiologischen Funktionen des Organismus! – vorgestellt; in manchen berühmten Spiritistenkreisen werden dieselben freilich trotzdem photographiert!

Flüssige und feste Seele. Der Experimentalphysik ist es in den letzten Dezennien des neunzehnten Jahrhunderts gelungen, alle gasförmigen Körper in den tropfbarflüssigen – und die meisten auch in den festen – Aggregatzustand überzuführen. Es bedarf dazu weiter nichts als geeigneter Apparate, welche unter sehr hohem Druck und bei sehr niederer Temperatur die Gase sehr stark komprimieren. Nicht allein die luftförmigen Elemente, Sauerstoff, Wasserstoff, Stickstoff, sondern auch zusammengesetzte Gase (Kohlensäure) und Gasgemenge (atmosphärische Luft) sind so aus dem luftförmigen in den flüssigen Zustand versetzt worden. Dadurch sind aber jene *unsichtbaren* Körper für jedermann *sichtbar* und in gewissem Sinne „handgreiflich" geworden. Mit dieser Änderung der Dichtigkeit ist der mystische Nimbus verschwunden, welcher früher das Wesen der Gase in der gemeinen Anschauung verschleierte, als unsichtbare

Körper, die doch sichtbare Wirkungen ausüben. Wenn nun die Seelensubstanz wirklich, wie viele „Gebildete" noch heute glauben, gasförmig wäre, so müßte man auch imstande sein, sie durch Anwendung von hohem Druck und sehr niederer Temperatur in den flüssigen Zustand überzuführen. Man könnte dann die Seele, welche im Momente des Todes „ausgehaucht" wird, auffangen, unter sehr hohem Druck bei niederer Temperatur kondensieren und in einer Gasflasche als „*unsterbliche Flüssigkeit*" aufbewahren (Fluidum animae immortale). Durch weitere Abkühlung und Kondensation müßte es dann auch gelingen, die flüssige Seele in einen festen Zustand überzuführen („Seelenschnee"). Bis jetzt ist das Experiment noch nicht gelungen.

Unsterblichkeit der Tierseele. Wenn der Athanismus wahr wäre, wenn wirklich die „Seele" des Menschen in alle Ewigkeit fortlebte, so müßte man ganz dasselbe auch für die Seele der höheren Tiere behaupten, mindestens für diejenige der nächststehenden Säugetiere (Affen, Hunde usw.). Denn der Mensch zeichnet sich vor diesen letzteren nicht durch eine besondere neue Art oder eine eigentümliche, nur ihm zukommende Funktion der Psyche aus, sondern lediglich durch einen höheren *Grad* der psychischen Tätigkeit, durch eine vollkommenere Stufe ihrer Entwickelung. Besonders ist bei vielen Menschen (aber durchaus nicht bei allen!) das *Bewußtsein* höher entwickelt als bei den Tieren, die Fähigkeiten der Ideenassozion, des Denkens und der Vernunft. Indessen ist dieser Unterschied bei weitem nicht so groß, als man gewöhnlich annimmt, und er ist in jeder Beziehung viel geringer als der entsprechende Unterschied zwischen den höheren und niederen Tierseelen oder selbst als der Unterschied zwischen den höchsten und tiefsten Stufen der Menschenseele. Wenn man also der letzteren „persönliche Unsterblichkeit" zuschreibt, so muß man sie auch den höheren Tieren mit gleichem Rechte zugestehen.

Diese Überzeugung von der individuellen Unsterblichkeit der Tiere ist denn auch ganz naturgemäß bei vielen

Völkern alter und neuer Zeit zu finden, aber auch jetzt noch bei vielen denkenden Menschen, welche für sich selbst ein „ewiges Leben" in Anspruch nehmen und gleichzeitig eine gründliche empirische Kenntnis des Seelenlebens der Tiere besitzen. Ich kannte einen alten Oberförster, der, frühzeitig verwitwet und kinderlos, mehr als dreißig Jahre einsam in einem herrlichen Walde in Ostpreußen gelebt hatte. Seinen einzigen Umgang bildeten einige Dienstleute, mit denen er nur die nötigsten Worte wechselte, und eine große Meute der verschiedensten Hunde, mit denen er im innigsten Seelenverkehr lebte. Durch vieljährige Erziehung und Dressur derselben hatte sich dieser feinsinnige Beobachter und Naturfreund tief in die individuelle Psyche seiner Hunde eingelebt, und er war von deren persönlicher Unsterblichkeit ebenso fest überzeugt wie von seiner eigenen. Einzelne seiner intelligentesten Hunde standen nach seinem objektiven Vergleiche auf einer höheren psychischen Stufe als seine alte, stumpfsinnige Magd und der rohe, einfältige Knecht. Jeder unbefangene Beobachter, der jahrelang das bewußte und intelligente Seelenleben ausgezeichneter Hunde studiert, der aufmerksam die physiologischen Vorgänge ihres Denkens, Urteilens, Schließens verfolgt hat, wird zugeben müssen, daß sie mit gleichem Rechte die „Unsterblichkeit" für sich in Anspruch nehmen können wie der Mensch.

Beweise für den Athanismus. Die Gründe, welche man seit zweitausend Jahren für die Unsterblichkeit der Seele anführt, und welche auch heute noch dafür geltend gemacht werden, entspringen zum größten Teile nicht dem Streben nach Erkenntnis der Wahrheit, sondern vielmehr dem sogenannten „Bedürfnis des Gemütes", d. h. dem Phantasieleben und der Dichtung. Um mit *Kant* zu reden, ist die Unsterblichkeit der Seele nicht ein Erkenntnisobjekt der *reinen* Vernunft, sondern ein „Postulat der *praktischen* Vernunft." Diese letztere und die mit ihr zusammenhängenden „Bedürfnisse des Gemütes, der moralischen Erziehung" usw. müssen wir aber ganz aus dem Spiele lassen, wenn wir ehrlich und unbefangen zur reinen Erkenntnis der *Wahrheit* gelangen wollen; denn diese ist einzig und allein durch empirisch begründete und logisch klare Schlüsse der reinen Vernunft möglich. Es gilt also hier vom *Athanismus* dasselbe wie vom *Theismus*: beide sind nur Gegenstände der mystischen Dichtung, des transzendenten „Glaubens" nicht der vernünftig schließenden und auf Erfahrung gestützten Wissenschaft.

Wollten wir alle die einzelnen Gründe analysieren, welche für den Unsterblichkeitsglauben geltend gemacht worden sind, so würde sich ergeben, daß nicht ein einziger derselben wirklich *wissenschaftlich* ist; kein einziger verträgt sich mit den klaren Erkenntnissen, welche wir durch die physiologische Psychologie und die Entwickelungstheorie in den letzten Dezennien gewonnen haben. Der *theologische* Beweis, daß ein persönlicher Schöpfer dem Menschen eine unsterbliche Seele (meistens als Teil seiner eigenen Gottesseele betrachtet) eingehaucht habe, ist reiner Mythus. Der *kosmologische* Beweis, daß die „sittliche Weltordnung" die ewige Fortdauer der menschlichen Seele erfordere, ist unbegründetes Dogma. Der *teleologische* Beweis, daß die „höhere Bestimmung" des Menschen eine volle Ausbildung seiner mangelhaften irdischen Seele im Jenseits erfordere, beruht auf einem falschen Anthropismus. Der *moralische* Beweis, daß die Mängel und die unbefriedigten Wünsche des irdischen Daseins durch eine „ausgleichende Gerechtigkeit" im Jenseits befriedigt werden müssen, ist ein frommer Wunsch, weiter nichts. Der *ethnologische* Beweis, daß der Glaube an die Unsterblichkeit ebenso wie an Gott eine angeborene, allen Menschen gemeinsame Wahrheit sei, ist tatsächlicher Irrtum. Der *ontologische* Beweis, daß die Seele als ein „einfaches, immaterielles und unteilbares Wesen" unmöglich mit dem Tode verschwinden könne, beruht auf einer ganz falschen Auffassung der psychischen Erscheinungen: sie ist ein spiritualistischer Irrtum. Alle diese und andere ähnliche „Beweise für den Athanismus" sind hinfällig geworden; sie sind durch die wissenschaftliche Kritik der letzten Dezennien *definitiv widerlegt.*

BEWEISE GEGEN DEN ATHANISMUS. Gegenüber den angeführten, sämtlich unhaltbaren Gründen *für* die Unsterblichkeit der Seele ist es bei der hohen Bedeutung dieser Frage wohl zweckmäßig, die wohlbegründeten, wissenschaftlichen Beweise *gegen* dieselbe hier kurz zusammenzufassen. Der *physiologische* Beweis lehrt uns, daß die menschliche Seele ebenso wie die der höheren Tiere kein selbständiges, immaterielles Wesen ist, sondern der Kollektivbegriff für eine Summe von Gehirnfunktionen; diese sind ebenso wie alle anderen Lebenstätigkeiten durch physikalische und chemische Prozesse bedingt, also auch dem Substanzgesetz unterworfen. Der *histologische* Beweis gründet sich auf den höchst verwickelten mikroskopischen Bau des Gehirns und lehrt uns in den Ganglienzellen desselben die wahren „Elementarorgane der Seele" kennen. Der *experimentelle* Beweis überzeugt uns, daß die einzelnen Seelentätigkeiten an einzelne Bezirke des Gehirns gebunden und ohne deren normale Beschaffenheit unmöglich sind; werden diese Bezirke zerstört, so erlischt damit auch deren Funktion; insbesondere gilt dies von den „Denkorganen", den einzigen zentralen Werkzeugen des „Geisteslebens". Der *pathologische* Beweis ergänzt den physiologischen; wenn bestimmte Gehirnbezirke (Sprachzentren, Sehsphäre, Hörsphäre) durch Krankheit zerstört werden, so verschwindet auch deren Arbeit (Sprechen, Sehen, Hören); die Natur selbst führt hier das entscheidende physiologische Experiment aus. Der *ontogenetische* Beweis führt uns unmittelbar die Tatsachen der individuellen Entwickelung der Seele vor Augen; wir sehen, wie die Kindesseele ihre einzelnen Fähigkeiten nach und nach entwickelt; der Jüngling bildet sie zur vollen Blüte, der Mann zur reifen Frucht aus; im Greisenalter findet allmähliche Rückbildung der Seele statt, entsprechend der senilen Degeneration des Gehirns. Der *phylogenetische* Beweis stützt sich auf die Paläontologie, die vergleichende Anatomie und Physiologie des

20*

Gehirns; in ihrer gegenseitigen Ergänzung begründen diese Wissenschaften vereinigt die Gewißheit, daß das Gehirn des Menschen (und also auch dessen Funktion, die Seele) sich stufenweise und allmählich aus demjenigen der Säugetiere und weiterhin der niederen Wirbeltiere entwickelt haben muß.

Athanistische Illusionen. Die vorhergehenden Untersuchungen, die durch viele andere Ergebnisse der modernen Wissenschaft ergänzt werden könnten, haben das alte Dogma von der „Unsterblichkeit der Seele" als völlig unhaltbar nachgewiesen; dasselbe kann im zwanzigsten Jahrhundert nicht mehr Gegenstand ernster wissenschaftlicher Forschung, sondern nur noch des transzendenten *Glaubens* sein. Die „Kritik der reinen Vernunft" weist aber nach, daß dieser hochgeschätzte Glaube, bei Licht betrachtet, der reine *Aberglaube* ist, ebenso wie der oft damit verknüpfte Glaube an den „persönlichen Gott". Nun halten aber noch heute Millionen von „Gläubigen" – nicht nur aus den niederen, ungebildeten Volksmassen, sondern aus den höheren und höchsten Bildungskreisen – diesen Aberglauben für ihr teuerstes Besitztum, für ihren „kostbarsten Schatz". Es wird daher nötig sein, in den damit verknüpften Vorstellungskreis noch etwas tiefer einzudringen und – seine Wahrheit vorausgesetzt – seinen wirklichen Wert einer kritischen Prüfung zu unterziehen. Da ergibt sich denn für den objektiven Kritiker die Einsicht, daß jener Wert zum größten Teile auf Einbildung beruht, auf Mangel an klarem Urteil und an folgerichtigem Denken. Der definitive Verzicht auf diese „*athanistischen Illusionen*" würde nach meiner festen und ehrlichen Überzeugung für die Menschheit nicht nur keinen schmerzlichen *Verlust*, sondern einen unschätzbaren positiven *Gewinn* bedeuten.

Das menschliche „*Gemütsbedürfnis*" hält den Unsterblichkeitsglauben besonders aus zwei Gründen fest, erstens in der Hoffnung auf ein besseres zukünftiges Leben im Jenseits und zweitens in der Hoffnung auf Wiedersehen der teueren Lieben und Freunde, welche uns der Tod hier entrissen hat. Was zunächst die erste Hoffnung betrifft, so entspricht sie einem natürlichen Vergeltungsgefühl, das zwar subjektiv berechtigt, aber objektiv ohne jeden Anhalt ist. Wir erheben Ansprüche auf Entschädigung für die zahllosen Mängel und traurigen Erfahrungen dieses irdischen Daseins, ohne irgendeine reale Aussicht oder Garantie dafür zu besitzen. Wir verlangen eine unbegrenzte Dauer eines ewigen Lebens, in welchem wir nur Lust und Freude, keine Unlust und keinen Schmerz erfahren wollen. Die Vorstellungen der meisten Menschen über dieses „selige Leben im Jenseits" sind höchst seltsam und um so sonderbarer, als darin die „immaterielle Seele" sich an höchst materiellen Genüssen erfreut. Die Phantasie jeder gläubigen Person gestaltet sich diese permanente Herrlichkeit entsprechend ihren persönlichen Wünschen. Der amerikanische Indianer, dessen Athanismus *Schiller* in seiner nadowessischen Totenklage so anschaulich schildert, hofft in seinem Paradiese die herrlichsten Jagdgründe zu finden mit unermeßlich vielen Büffeln und Bären; der Eskimo erwartet dort sonnenbestrahlte Eisflächen mit einer unerschöpflichen Fülle von Eisbären, Robben und anderen Polartieren; der sanfte Singhalese gestaltet sich sein jenseitiges Paradies entsprechend dem wunderbaren Inselparadiese Ceylon mit seinen herrlichen Gärten und Wäldern; nur setzt er voraus, daß jederzeit unbegrenzte Mengen von Reis und Curry, von Kokosnüssen und anderen Früchten bereitstehen; der mohammedanische Araber ist überzeugt, daß in seinem Paradiese blumenreiche, schattige Gärten sich ausdehnen, durchrauscht von kühlen Quellen und bevölkert mit den schönsten Mädchen; der katholische Fischer in Sizilien erwartet dort täglich einen Überfluß der köstlichsten Fische und der feinsten Makkaroni und ewigen Ablaß für alle Sünden, die er auch im ewigen Leben noch täglich begehen kann; der evangelische Nordeuropäer hofft auf einen unermeßlichen gotischen Dom, in welchem „ewige Lobgesänge auf den Herrn der Heerscharen" ertönen. Kurz, jeder Gläubige erwartet von seinem ewigen Leben in Wahrheit eine direkte Fortsetzung seines individuellen Erdendaseins, nur in einer bedeutend „vermehrten und verbesserten Auflage“.

Besonders muß hier noch die durchaus *materialistische* Grundanschauung des *christlichen Athanismus* betont werden, die mit dem absurden Dogma von der „Auferstehung des Fleisches“ eng zusammenhängt. Wie uns Tausende von Ölgemälden berühmter Meister versinnlichen, gehen die „auferstandenen Leiber“ mit ihren „wiedergeborenen Seelen“ droben im Himmel gerade so spazieren wie hier im Jammertal der Erde; sie schauen Gott mit ihren Augen, so hören seine Stimme mit ihren Ohren, sie singen Lieder zu seinen Ehren mit ihrem Kehlkopf usw. Kurz, die modernen Bewohner des christlichen Paradieses sind ebenso Doppelwesen von Leib und Seele, ebenso mit allen Organen des irdischen Leibes ausgestattet wie unsere Altvordern in Odins Saal zu Walhalla, wie die „unsterblichen“ Türken und Araber in Mohammeds lieblichen Paradiesgärten, wie die altgriechischen Halbgötter und Helden an Zeus' Tafel im Olymp, im Genusse von Nektar und Ambrosia.

Mag man sich dieses „ewige Leben“ im Paradiese auch noch so herrlich ausmalen, so muß dasselbe auf die Dauer unendlich langweilig werden. Und nun gar: „*Ewig*!“ Ohne Unterbrechung diese ewige individuelle Existenz fortführen! Der tiefsinnige Mythus vom „*Ewigen Juden*“, das vergebliche Ruhesuchen des unseligen Ahasverus, sollte uns über den Wert eines solchen „ewigen Lebens“ aufklären! Das Beste, was wir uns nach einem tüchtigen, nach unserem besten Gewissen gut angewandten Leben wünschen können, ist der ewige Friede des Grabes: „*Herr, schenke ihnen die ewige Ruhe*!“

Jeder vernünftige Gebildete, der die *geologische Zeitrechnung* kennt und der über die lange Reihe der Jahrmillionen in der organischen Erdgeschichte nachgedacht hat, muß bei unbefangenem Urteil zugeben, daß der banale Gedanke des „ewigen Lebens“ auch für den besten Menschen kein herrlicher *Trost*, sondern eine furchtbare

Drohung ist. Nur Mangel an klarem Urteil und folgerichtigem Denken kann dies bestreiten.

Den besten und den am meisten berechtigten Grund für den Athanismus gibt die Hoffnung, im „ewigen Leben" die teueren Angehörigen und Freunde wiederzusehen, von denen uns hier auf Erden ein grausames Schicksal früh getrennt hat. Aber auch dieses vermeintliche Glück erweist sich bei näherer Betrachtung als Illusion; und jedenfalls würde es stark durch die Aussicht getrübt, dort auch allen den weniger angenehmen Bekannten und den widerwärtigen Feinden zu begegnen, die hier unser Dasein getrübt haben. Selbst die nächsten Familienverhältnisse dürften dann noch manche Schwierigkeiten bereiten! Viele Männer würden gewiß gern auf alle Herrlichkeiten des Paradieses verzichten, wenn sie die Gewißheit hätten, dort „*ewig*" mit ihrer „besseren Hälfte" oder gar mit ihrer Schwiegermutter zusammen zu sein. Auch ist es fraglich, ob dort König Heinrich VIII. von England mit seinen sechs Frauen sich dauernd wohl fühlte; oder gar König August der Starke von Polen, der seine Liebe über hundert Frauen schenkte und mit ihnen 352 Kinder zeugte! Da derselbe mit dem Papste, als dem „Statthaltes Gottes", auf dem besten Fuße stand, müßte auch er das Paradies bewohnen, trotz aller seiner Mängel und trotzdem seine törichten Kriegsabenteuer mehr als hunderttausend Sachsen das Leben kosteten.

Unlösbare Schwierigkeiten bereitet auch den gläubigen Athanisten die Frage, in welchem *Stadium ihrer individuellen Entwickelung* die abgeschiedene Seele ihr „ewiges Leben" fortführen soll? Sollen die Neugeborenen erst im Himmel ihre Seele entwickeln, unter demselben harten „Kampf ums Dasein", der den Menschen hier auf der Erde erzieht? Soll der talentvolle Jüngling, der dem Massenmorde des Krieges zum Opfer fällt, erst in Walhalla seine reichen, ungenutzten Geistesgaben entwickeln? Soll der altersschwache, kindisch gewordene Greis, der als reifer Mann die Welt mit dem Ruhm seiner Taten erfüllte, ewig als rückgebildeter Greis fortleben? Oder soll er sich gar in ein früheres Blütestadium zurückentwickeln? Wenn aber die unsterblichen Seelen im Olymp als *vollkommene* Wesen verjüngt fortleben sollen, dann ist auch der Reiz und das Interesse der *Persönlichkeit* für sie ganz verschwunden.

Ebenso unhaltbar erscheint uns heute im Lichte der reinen Vernunft der anthropistische Mythus vom „*jüngsten Gericht*", von der Scheidung aller Menschenseelen in zwei große Haufen, von denen der eine zu den *ewigen* Freuden des Paradieses, der andere zu den *ewigen* Qualen der Hölle bestimmt ist – und das von einem persönlichen Gotte, welcher „der Vater der Liebe" ist! Hat doch dieser liebende Allvater selbst die Bedingungen der Vererbung und Anpassung „geschaffen", unter denen sich einerseits die bevorzugten Glücklichen *notwendig* zu straflosen Seeligen, andererseits die unglücklichen Armen und Elenden ebenso *notwendig* zu strafwürdigen Verdammten entwickeln mußten.

Eine kritische Vergleichung der unzähligen bunten Phantasiegebilde, welche der Unsterblichkeitsglaube der verschiedenen Völker und Religionen seit Jahrtausenden erzeugt hat, gewährt das merkwürdigste Bild; eine hochinteressante, auf ausgedehnte Quellenstudien gegründete Darstellung derselben hat *Adalbert Svoboda* gegeben in seinen ausgezeichneten Werken: „Seelenwahn" (1866) und „Gestalten des Glaubens" (1897). Wie absurd uns auch die meisten dieser Mythen erscheinen mögen, wie unvereinbar sie sämtlich mit der vorgeschrittenen Naturerkenntnis der Gegenwart sind, so spielen sie dennoch auch heute eine höchst wichtige Rolle und üben trotzdem als „Postulate der praktischen Vernunft" den größten Einfluß auf die Lebensanschauungen der Individuen und die Geschicke der Völker.

Die idealistische und spiritualistische Philosophie der Gegenwart wird nun freilich zugeben, daß diese herrschenden materialistischen Formen des Unsterblichkeitsglaubens unhaltbar seien, und sie wird behaupten, daß an ihre Stelle die geläuterte Vorstellung von einem immateriellen

Seelenwesen, von einer platonischen Idee oder einer transzendenten Seelensubstanz treten müsse. Allein mit diesen unfaßbaren Vorstellungen kann die realistische Naturanschauung der Gegenwart absolut nichts anfangen; sie befriedigen weder das Kausalitätsbedürfnis unseres Verstandes, noch die Wünsche unseres Gemütes. Fassen wir alles zusammen, was vorgeschrittene Anthropologie, Physiologie, Psychologie und Kosmologie der Gegenwart über den Athanismus ergründet haben, so müssen wir unzweifelhaft zu dem bestimmten Schlusse kommen: „Der Glaube an die Unsterblichkeit der menschlichen Seele ist ein Dogma, welches mit den sichersten Erfahrungssätzen der modernen Naturwissenschaft in unlösbarem Widerspruche steht."

ZWÖLFTES KAPITEL

DAS SUBSTANZGESETZ

Monistische Studien über das kosmologische Grundgesetz

Erhaltung der Materie und der Energie

Kinetischer und pyknotischer Substanzbegriff

„Das Gesetz von der Erhaltung der Kraft zeigt, daß die Energie des Weltalls eine konstante unveränderliche Größe darstellt. Ebenso beweist das Gesetz von der Erhaltung des Stoffes, daß die Materie des Kosmos eine konstante unveränderliche Größe bildet. Beide große Gesetze, das physikalische Grundgesetz von der Erhaltung der Energie und das chemische Grundgesetz von der Erhaltung der Materie, können wir zusammenfassen unter *einen* philosophischen Begriff, als *Gesetz von der Erhaltung der Substanz*; denn nach unserer monistischen Auffassung sind Kraft und Stoff untrennbar, nur verschiedene unveräußerliche Erscheinungen, eines einzigen Weltwesens, der *Substanz*."

Der Monismus als Band zwischen Religion und Wissenschaft (1892)

INHALT DES ZWÖLFTEN KAPITELS

Das chemische Grundgesetz von der Erhaltung des Stoffes (Konstanz der Materie). Das physikalische Grundgesetz von der Erhaltung der Kraft (Konstanz der Energie). Verbindung beider Grundgesetze im Substanzgesetz. Kinetischer pyknotischer und dualistischer Substanzbegriff. Monismus der Materie. Masse oder Körperstoff (Ponderable Materie). Atome und Elemente. Wahlverwandtschaft der Elemente. Atomseele (Fühlung und Strebung der Masse). Existenz und Wesen des Äthers. Äther und Masse. Kraft und Energie. Spannkraft und lebendige Kraft (potentielle und aktuelle Energie). Einheit der Naturkräfte. Allmacht des Substanzgesetzes.

LITERATUR

BARUCH SPINOZA, Ethica, Amsterdam 1677. Tractatus theologopoliticus, Hamburg 1670.

MAX GRUNWALD, Spinoza in Deutschland. Berlin 1897. (Gekrönte Preisschrift).

ANTOINE LAVOISIER, Grundriß der Chemie. 1789.

JOHN DALTON, Ein neues System der chemischen Philosophie. London 1808. (Deutsch 1812).

GUSTAV WENDT, Die Entwickelung der Elemente. Entwurf zu einer biogenetischen Grundlage für Chemie und Physik. Berlin 1891.

FRIEDRICH MOHR, Allgemeine Theorie der Bewegung und Kraft, als Grundlage der Physik und Chemie. Braunschweig 1869 (Erste Mittheilung 1837!).

ROBERT MAYER, Die Mechanik der Wärme (das Prinzip von der Erhaltung der Kraft). Stuttgart 1842.

HERMANN HELMHOLTZ, Ueber die Erhaltung der Kraft. Berlin 1847.

HEINRICH HERTZ, Ueber die Beziehungen zwischen Licht und Elektrizität. Bonn 1889. Neunte Auflage 1895.

I. G. VOGT, Das Wesen der Elektrizität und des Magnetismus auf Grund eines einheitlichen Substanz-Begriffes. Leipzig 1897.

ERNST HAECKEL, Monismus und Naturgesetz. (Erstes Heft der Flugschriften des Deutschen Monistenbundes.) Brackwede 1906.

Als das oberste und allumfassende Naturgesetz betrachte ich das *Substanzgesetz*, das wahre und das einzige *kosmologische Grundgesetz*; seine Entdeckung und Feststellung ist die größte Geistestat des neunzehnten Jahrhunderts, insofern alle anderen erkannten Naturgesetze sich ihm unterordnen. Unter dem Begriffe „*Substanzgesetz*" fasse ich zwei höchste allgemeine Gesetze verschiedenen Ursprungs und Alters zusammen, das ältere *chemische* Gesetz von der „Erhaltung des Stoffes" und das jüngere *physikalische* Gesetz von der „Erhaltung der Kraft" (Monismus, 1892, S. 14, 39). Daß diese beiden Grundgesetze der exakten Naturwissenschaft im Wesen unzertrennlich sind, wird vielen Lesern wohl selbstverständlich erscheinen und ist von den meisten Naturforschern der Gegenwart anerkannt. Indessen wird diese fundamentale Überzeugung doch von anderer Seite noch heute vielfach bestritten und muß jedenfalls erst bewiesen werden. Wir müssen daher zunächst einen kurzen Blick auf beide Gesetze gesondert werfen.

Gesetz von der Erhaltung des Stoffes (oder der „Konstanz der Materie", *Lavoisier*, 1789). *Die Summe des Stoffes, welche den unendlichen Weltraum erfüllt, ist unveränderlich.* Wenn ein Körper zu verschwinden scheint, wechselt er nur seine Form; wenn die Kohle verbrennt, verwandelt sie sich durch Verbindung mit dem Sauerstoff der Luft in gasförmige Kohlensäure; wenn ein Zuckerstück sich im Wasser löst, geht seine feste Form in die tropfbarflüssige über. Ebenso wechselt die Materie nur ihre Form, wenn ein neuer Naturkörper zu entstehen scheint; wenn es regnet, wird der Wasserdampf der Luft in Tropfenform niedergeschlagen; wenn das Eisen rostet, verbindet sich die oberflächliche Schicht des Metalls mit

Wasser und dem Sauerstoff der Luft und bildet so Rost oder Eisenoxydhydrat. Nirgends in der Natur sehen wir, daß neue Materie entsteht oder „geschaffen" wird; nirgends finden wir, daß vorhandene Materie verschwindet oder in nichts zerfällt. Dieser Erfahrungssatz gilt heute als erster und unerschütterlicher Grundsatz der Chemie und kann jederzeit mittelst der *Waage* unmittelbar bewiesen werden. Es war aber das unsterbliche Verdienst des großen französischen Chemikers *Lavoisier*, diesen Beweis durch die Waage zuerst geführt zu haben. Heute sind alle Naturforscher, welche sich jahrelang mit dem denkenden Studium der Naturerscheinungen beschäftigt haben, so fest von der absoluten Konstanz der Materie überzeugt, daß sie sich das Gegenteil gar nicht mehr vorstellen können.

Gesetz von der Erhaltung der Kraft (oder der „Konstanz der Energie", *Robert Mayer*, 1842). *Die Summe der Kraft, welche in dem unendlichen Weltraum tätig ist und alle Erscheinungen bewirkt, ist unveränderlich.* Wenn die Lokomotive den Eisenbahnzug fortführt, verwandelt sich die Spannkraft des erhitzten Wasserdampfes in die lebendige Kraft der mechanischen Bewegung; wenn wir die Pfeife der Lokomotive hören, werden die Schallschwingungen der bewegten Luft durch unser Trommelfell und die Kette der Gehörknochen zum Labyrinth unseres inneren Ohres fortgeleitet und von da durch den Hörnerv zu den akustischen Ganglienzellen, welche die Hörsphäre im Schläfenlappen unserer Großhirnrinde bilden. Die ganze wunderbare Gestaltenfülle, welche unseren Erdball belebt, ist in letzter Instanz umgewandeltes Sonnenlicht. Allbekannt ist, wie gegenwärtig die bewunderungswürdigen Fortschritte der Technik dazu geführt haben, die verschiedenen Naturkräfte ineinander zu verwandeln: Wärme wird in Massenbewegung, diese wieder in Licht oder Schall, diese wiederum in Elektrizität übergeführt oder umgekehrt. Die genaue *Messung* der Kraftmenge, welche bei dieser Verwandlung tätig ist, hat ergeben, daß auch sie konstant bleibt. Kein Teilchen der bewegenden Kraft im Weltall geht je verloren; kein Teilchen kommt neu hinzu. Der großen Entdeckung dieser fundamentalen Tatsache hatte sich schon 1837 *Friedrich Mohr* in Bonn sehr genähert; sie geschah 1842 durch den geistreichen schwäbischen Arzt *Robert Mayer* in Heilbronn; unabhängig von ihm kam fast gleichzeitig der berühmte Physiologe *Hermann Helmholtz* auf die Erkenntnis desselben Prinzips; er wies fünf Jahre später seine allgemeine Anwendbarkeit und Fruchtbarkeit auf allen Gebieten der *Physik* nach. Wir würden heute sagen müssen, daß es auch das gesamte Gebiet der *Physiologie* – d. h. der „organischen Physik!“ – beherrsche, wenn dagegen nicht entschiedener Widerspruch von seiten der vitalistischen Biologen sowie der dualistischen und spiritualistischen Philosophen erhoben würde. Diese erblicken in den eigentümlichen „Geisteskräften“ des Menschen eine Gruppe von „freien“, dem Energiegesetz nicht unterworfenen Krafterscheinungen. Besonders gestützt wird diese dualistische Auffassung durch das Dogma von der Willensfreiheit. Wir haben schon bei deren Besprechung (S. 138) gesehen, daß dieselbe unhaltbar ist. In neuerer Zeit hat die Physik den Begriff der „*Kraft*“ und der „*Energie*“ getrennt; für unsere vorliegende allgemeine Betrachtung ist diese Unterscheidung jedoch unwesentlich und gleichgültig.

Einheit des Substanzgesetzes. Von größter Wichtigkeit für unsere monistische Weltanschauung ist die feste Überzeugung, daß die beiden großen kosmologischen Grundlehren, das chemische Grundgesetz von der Erhaltung des Stoffes und das physikalische Grundgesetz von der Erhaltung der Kraft, untrennbar zusammengehören; beide Theorien sind ebenso innig verknüpft wie ihre beiden Objekte, *Stoff* und *Kraft*, oder Materie und Energie. Vielen monistisch denkenden Naturforschern und Philosophen wird diese *fundamentale Einheit* beider Gesetze selbstverständlich erscheinen, da ja beide nur zwei verschiedene Seiten eines und desselben Objektes, des „*Kosmos*“, betreffen; indessen ist diese naturgemäße

Überzeugung weit entfernt, sich allgemeiner Anerkennung zu erfreuen. Sie wird vielmehr energisch bekämpft von der gesamten dualistischen Philosophie, von der vitalistischen Biologie, der parallelistischen Psychologie, ja sogar von manchen angeblichen Monisten, welche im „Bewußtsein" oder in der höheren Geistestätigkeit des Menschen oder auch in anderen Erscheinungen des „freien Geisteslebens" einen Gegenbeweis zu finden glauben.

Ich betone daher ganz besonders die fundamentale Bedeutung des *einheitlichen* Substanzgesetzes, als Ausdruck des untrennbaren Zusammenhanges jener beiden begrifflich getrennten Gesetze. Daß dieselben ursprünglich nicht zusammengefaßt und nicht in dieser Einheit erkannt wurden, ergibt sich ja schon aus der Tatsache ihrer verschiedenen Entdeckungszeit. Das ältere und näherliegende chemische Grundgesetz von der „Konstanz der Materie" wurde von *Lavoisier* schon 1789 erkannt und durch allgemeine Anwendung der Waage zur Basis der exakten Chemie erhoben. Hingegen wurde das jüngere und viel verborgenere Grundgesetz von der „Konstanz der Energie" erst 1842 von *Robert Mayer* entdeckt und erst von *Helmholtz* als Grundlage der exakten Physik hingestellt. Die Einheit beider Grundgesetze, welche noch heute vielfach bestritten wird, drücken viele überzeugte Naturforscher in der Benennung aus: „Gesetz von der Erhaltung der Kraft und des Stoffes". Um einen kürzeren und bequemeren Ausdruck für diesen fundamentalen, aus neun Worten zusammengesetzten Begriff zu haben, habe ich schon vor längerer Zeit vorgeschlagen, dasselbe das „*Substanzgesetz*" oder das „kosmologische Grundgesetz" zu nennen; man könnte es auch das *Universalgesetz* oder Konstanzgesetz nennen oder auch das „*Axiom von der Konstanz des Universum*"; im Grunde genommen folgt dasselbe notwendig aus dem allgemein gültigen *Prinzip der Kausalität* (Monismus, 1892, S. 14, 39).

Substanzbegriff. Der erste Denker, der den reinen *monistischen* „Substanzbegriff" in die Wissenschaft einführte und seine fundamentale Bedeutung erkannte, war der große Philosoph *Baruch Spinoza*; sein Hauptwerk erschien kurz nach seinem frühzeitigen Tode, 1677, gerade hundert Jahre bevor *Lavoisier* vermittelst des chemischen Hauptinstruments, der Waage, die Konstanz der Materie experimentell bewies. In seiner großartigen pantheistischen Weltanschauung fällt der Begriff der *Welt* (Universum, Kosmos) zusammen mit dem allumfassenden Begriff *Gott*; sie ist gleichzeitig der reinste und vernünftigste *Monismus* und der geklärteste und abstrakteste *Monotheismus*. Diese *Universal-Substanz* oder dieses „göttliche Weltwesen" zeigt uns zwei verschiedene Seiten seines wahren Wesens, zwei fundamentale *Attribute*: die *Materie* (der unendlich *ausgedehnte* Substanzstoff) und der *Geist* (die allumfassende *denkende* Substanzenergie). Alle Wandlungen, die später der Substanzbegriff gemacht hat, kommen bei konsequenter Analyse auf diesen höchsten Grundbegriff von *Spinoza* zurück, den ich mit *Goethe* für einen der erhabensten, tiefsten und wahrsten Gedanken aller Zeiten halte. Alle einzelnen Objekte der Welt, die unserer Erkenntnis zugänglich sind, alle individuellen Formen des Daseins sind nur besondere vergängliche Formen der Substanz, *Akzidenzen* oder *Moden*. Diese *Modi* sind körperliche Dinge, materielle Körper, wenn wir sie unter dem Attribut der *Ausdehnung* (der „Raumerfüllung") betrachten, dagegen Kräfte oder Ideen, wenn wir sie unter dem Attribut des *Denkens* (der „Energie") betrachten. Auf diese Grundvorstellung von *Spinoza* kommt auch unser gereinigter *Monismus* nach 200 Jahren zurück; auch für uns sind *Materie* (der raumerfüllende Stoff) und *Energie* (die bewegende Kraft) nur zwei untrennbare Attribute der einen Substanz – der „Gott-Natur" von *Goethe*.

Der kinetische Substanzbegriff (Urprinzip der Schwingung oder Vibration). Unter den verschiedenen Modifikationen, welche der fundamentale Substanzbegriff in der neueren Physik, in Verbindung mit der herrschenden Atomistik, angenommen hat, mögen hier

21*

nur zwei extrem divergierende Theorien kurz beleuchtet werden, die kinetische und pyknotische. Beide Substanztheorien stimmen darin überein, daß es gelungen ist, alle verschiedenen Naturkräfte auf eine gemeinsame Urkraft zurückzuführen; Schwere und Chemismus, Elektrizität und Magnetismus, Licht und Wärme sind nur verschiedene Äußerungsweisen, Kraftformen oder *Dynamoden* einer einzigen *Urkraft* (Prodynamis). Diese gemeinsame alleinige Urkraft wird meistens als schwingende Bewegung der kleinsten Massenteilchen gedacht, als eine *Vibration der Atome*. Die Atome selbst sind dem gewöhnlichen „kinetischen Substanzbegriff" zufolge tote diskrete Körperteilchen welche im leeren Raum schwingen und in die Ferne wirken. Der eigentliche Begründer und angesehenste Vertreter dieser kinetischen Substanztheorie ist der große Mathematiker *Newton*, der berühmte Entdecker des *Gravitationsgesetzes*. In seinem Hauptwerke „Philosophiae naturalis principia mathematica" (1687) wies er nach, daß im ganzen Weltall ein und dasselbe Grundgesetz der *Massenanziehung*, dieselbe unveränderliche Gravitations-Konstante herrscht; die Anziehung von je zwei Massenteilchen steht im geraden Verhältnis ihrer Massen und im umgekehrten Verhältnis des Quadrats ihrer Entfernungen. Diese allgemeine „*Schwerkraft*" bewirkt ebenso die Bewegung des fallenden Apfels und die Flutwelle des Meeres wie den Umlauf der Planeten um die Sonne und die kosmischen Bewegungen aller Weltkörper. Das unsterbliche Verdienst von *Newton* war, dieses Gravitationsgesetz endgültig festzustellen und dafür eine unanfechtbare mathematische Formel zu finden. Aber diese *tote mathematische Formel*, auf welche die meisten Naturforscher hier, wie in vielen anderen Fällen, das größte Gewicht legen, gibt uns bloß die *quantitative* Beweisführung für die Theorie, sie gewährt uns nicht die mindeste Einsicht in das *qualitative* Wesen der Erscheinungen. Die unvermittelte *Fernwirkung*, welche *Newton* aus seinem Gravitationsgesetz ableitete, und welche zu einem der wichtigsten und gefährlichsten Dogmen der späteren

Physik wurde, gibt uns nicht den mindesten Aufschluß über die eigentlichen Ursachen der Massenanziehung; vielmehr versperrt sie uns den Weg zu deren Erkenntnis. Ich vermute, daß die fortgesetzten Spekulationen über seine mysteriöse Fernwirkung nicht wenig dazu beigetragen haben, den scharfsinnigen englischen Mathematiker später in das dunkle Labyrinth mystischer Träumerei und theistischen Aberglaubens zu verführen, in dem er die letzten 34 Jahre seines Lebens wandelte; er stellte zuletzt sogar metaphysische Hypothesen über die Wahrsagerei des Propheten Daniel auf und über die widersinnigen Phantastereien der Offenbarung Sankt Johannis.

Der pyknotische Substanzbegriff (Urprinzip der Verdichtung oder Pyknose). In prinzipiellem Gegensatz zu der herrschenden *Vibrations*-Lehre oder der kinetischen Substanztheorie steht die moderne *Densations*-Lehre oder die pyknotische Substanztheorie. Dieselbe ist am eingehendsten von *I. G. Vogt* (in Leipzig) begründet in seinem ideenreichen Werke über „Das Wesen der Elektrizität und des Magnetismus auf Grund eines einheitlichen Substanzbegriffes“ (1891). *Vogt* nimmt als die gemeinsame Urkraft des Weltalls, als die universelle *Prodynamis*, nicht die *Schwingung* oder *Vibration* der bewegten Massenteilchen im leeren Raume an, sondern die individuelle *Verdichtung* oder Densation einer einheitlichen Substanz, welche den ganzen unendlichen Weltraum kontinuierlich, d. h. lückenlos und ununterbrochen erfüllt; die einzige derselben innewohnende mechanische Wirkungsform (Agens) besteht darin, daß durch das Verdichtungs- oder Kontraktionsbestreben unendlich kleine Verdichtungszentren entstehen, die zwar ihren Dichtegrad und damit ihr Volumen ändern können, aber an und für sich beständig sind. Diese individuellen kleinsten Teilchen der universalen Substanz, die Verdichtungszentren die man *Pyknatome* nennen könnte, entsprechen im allgemeinen den Uratomen oder letzten diskreten Massenteilchen des kinetischen Substanzbegriffes; sie unterscheiden sich aber sehr wesentlich dadurch, daß sie Empfindung und Streben (oder

Willensbewegung einfachster Art) besitzen, also im gewissen Sinne *beseelt* sind – ein Anklang an des alten *Empedokles* Lehre vom „Lieben und Hassen der Elemente". Auch schweben diese „beseelten Atome" nicht im leeren Raume, sondern in der kontinuierlichen, äußerst dünnen Zwischensubstanz, welche den nicht verdichteten Teil der Ursubstanz darstellt. Durch gewisse „*Konstellationen*, Störungszentren oder Deformierungssysteme", treten große Massen von Verdichtungszentren rasch in gewaltiger Ausdehnung zusammen und erlangen ein Übergewicht über die umlagernden Massen. Dadurch scheidet oder differenziert sich die Substanz, die im ursprünglichen Ruhezustand überall die gleiche mittlere Dichte besitzt, in zwei Hauptteile: die Störungszentren, welche die mittlere Dichte durch Pyknose *positiv* überschreiten, bilden die wägbaren *Massen* der Weltkörper (die sogenannte „ponderable Materie"); die dünnere Zwischensubstanz dagegen, welche zwischen ihnen den Raum erfüllt und die mittlere Dichte *negativ* überschreitet, bildet den *Äther* (die „imponderable Materie"). Die Folge dieser Scheidung zwischen Masse und Äther ist ein ununterbrochener Kampf dieser beiden antagonistischen Substanzteile, und dieser Kampf ist die Ursache aller physikalischen Prozesse. Die positive *Masse*, der Träger des Lustgefühls, strebt immer mehr, den begonnenden Verdichtungsprozeß zu vollenden, und sammelt die höchsten Werte *potentieller* Energie; der negative Äther umgekehrt sträubt sich in gleichem Maße gegen jede weitere Steigerung seiner Spannung und des damit verknüpften Unlustgefühls; er sammelt die höchsten Werte *aktueller* Energie.

Es würde hier viel zu weit führen, wollte ich näher auf die sinnreiche Verdichtungstheorie von *I. G. Vogt* eingehen; der Leser, der sich dafür interessiert, muß die Vorstellungsgruppen, deren Schwierigkeit im Gegenstande selbst liegt, in dem klar geschriebenen, populären Auszug aus dem zweiten Bande des zitierten Werkes zu erfassen suchen. Ich selbst bin zu wenig mit Physik und Mathematik vertraut, um die Licht- und Schattenseiten derselben kritisch sondern zu können; ich glaube jedoch, daß dieser *pyknotische* Substanzbegriff für jeden Biologen, der von der *Einheit der Natur* überzeugt ist, in mancher Hinsicht annehmbarer erscheint als der gegenwärtig in der Physik herrschende *kinetische* Substanzbegriff. Ein Mißverständnis kann leicht dadurch entstehen, daß *Vogt* seinen Weltprozeß der *Verdichtung* in prinzipiellen Gegensatz stellt zu dem allgemeinen Vorgang der *Bewegung* – er meint damit die *Schwingung* im Sinne der modernen Physik. Auch seine hypothetische „Verdichtung" (Pyknosis) ist ebenso durch *Bewegung* der Substanz bedingt wie die hypothetische „Schwingung" (Vibration); nur ist die Art der Bewegung und das Verhalten der bewegten Substanzteilchen nach der ersteren Hypothese ganz anders als nach der letzteren. Übrigens wird durch die Verdichtungslehre keineswegs die gesamte Schwingungslehre beseitigt, sondern nur ein wichtiger Teil derselben.

Die moderne Physik hält gegenwärtig zum größten Teile noch an der älteren Vibrationstheorie fest, an der Vorstellung der unvermittelten Fernwirkung und der ewigen Schwingung toter Atome im leeren Raume; sie verwirft daher die Pyknosetheorie. Wenn diese letztere nun auch keineswegs vollendet sein mag, und wenn *Vogts* originelle Spekulationen auch mehrfach irre gehen, so erblicke ich doch ein großes Verdienst dieses Naturphilosophen darin, daß er jene unhaltbaren Prinzipien der kinetischen Substanztheorie eliminiert. Für meine eigene Vorstellung, wie für diejenige vieler anderer denkender Naturforscher, muß ich die folgenden, in *Vogts* pyknotischer Substanztheorie enthaltenen Grundsätze als unentbehrlich für eine wirkliche *monistische*, das ganze organische und anorganische Naturgebiet umfassende Substanzansicht hinstellen: I. Die beiden Hauptbestandteile der Substanz, Masse und Äther, sind nicht tot und nur durch äußere Kräfte beweglich, sondern sie besitzen Empfindung und Willen (natürlich niedersten Grades!); sie empfinden Lust bei Verdichtung, Unlust bei Spannung; sie streben nach der ersteren und kämpfen gegen letztere. II. Es gibt keinen leeren Raum; der Teil des unendlichen Raumes, welchen nicht die Massenatome einnehmen, ist von Äther erfüllt. III. Es gibt keine unvermittelte Fernwirkung durch den leeren Raum; alle Wirkung der Körpermassen aufeinander ist entweder durch unmittelbare Berührung, durch Kontakt der Massen bedingt, oder sie wird durch den Äther vermittelt.

Der dualistische Substanzbegriff. Die beiden Substanztheorien, die wir vorstehend einander gegenübergestellt haben, sind beide im Prinzip *monistisch*, da der Gegensatz zwischen den beiden Hauptbestandteilen der Substanz, Masse und Äther, kein ursprünglicher ist; auch muß eine beständige direkte Berührung und Wechselwirkung beider Substanzen aufeinander angenommen werden. Ganz anders verhält es sich mit den *dualistischen* Substanztheorien, welche noch heute in der dualistischen und spiritualistischen Philosophie herrschend sind; diese werden auch von der einflußreichen Theologie gestützt, soweit sich dieselbe überhaupt auf solche metaphysische Spekulationen einläßt. Hiernach sind zwei ganz verschiedene Hauptbestandteile der Substanz zu unterscheiden, *materielle* und *immaterielle*. Die *materielle Substanz* bildet die „*Körperwelt*", deren Erforschung Objekt der Physik und Chemie ist; hier allein gilt das Gesetz von der Erhaltung der Materie und Energie (soweit man nicht überhaupt an deren „Erschaffung aus Nichts" und andere Wunder glaubt!). Die *immaterielle Substanz* hingegen bildet die „*Geisterwelt*", in welcher jenes Gesetz nicht gilt; hier gelten die Gesetze der Physik und Chemie entweder gar nicht, oder sie sind der „Lebenskraft" unterworfen, oder dem „freien Willen", oder der „göttlichen Allmacht" oder anderen solchen Gespenstern, von denen die kritische *Wissenschaft* nichts weiß. Eigentlich bedürfen diese prinzipiellen Irrtümer heute keiner Widerlegung mehr; denn die Erfahrung hat uns bis auf den heutigen Tag keine einzige *immaterielle Substanz* kennen gelehrt, keine einzige Kraft, welche nicht an den Stoff gebunden ist, keine einzige Form der Energie, welche nicht durch Bewegungen der Materie vermittelt wird, sei es nun der Masse oder des Äthers oder beider Bestandteile. Auch die kompliziertesten und vollkommensten Energieformen, welche wir kennen, das Seelenleben der höheren Tiere, Denken und Vernunft des Menschen, beruhen auf materiellen Vorgängen, auf Veränderungen im Neuroplasma der Ganglienzellen; sie sind ohne dieselben nicht möglich. Daß die physiologische Hypothese einer besonderen immateriellen „Seelensubstanz" unhaltbar ist, habe ich schon früher nachgewiesen.

Masse oder Körperstoff (*Ponderable Materie*). Die Erkenntnis dieses *wägbaren* Teiles der Materie ist in erster Linie Gegenstand der *Chemie*. Allbekannt sind die erstaunlichen theoretischen Fortschritte, welche diese Wissenschaft im Laufe des neunzehnten Jahrhunderts gemacht hat, und der ungeheure Einfluß, welchen sie auf alle Seiten des praktischen Kulturlebens gewonnen hat. Wir begnügen uns daher mit wenigen Bemerkungen über die wichtigsten prinzipiellen Fragen von der Natur der Masse. Der analytischen Chemie ist es bekanntlich gelungen, alle die unzähligen verschiedenen Naturkörper durch Zerteilung auf eine geringe Anzahl von Urstoffen oder *Elementen* zurückzuführen, d. h. auf einfache Körper, welche nicht weiter zerlegt werden können. Die Zahl dieser Elemente beträgt ungefähr achtzig. Nur der kleinere Teil derselben (eigentlich nur vierzehn) ist allgemein auf der Erde verbreitet und von hoher Bedeutung; die größere Hälfte besteht aus seltenen und weniger wichtigen Elementen (meistens Metallen). Die *gruppenweise Verwandtschaft* dieser Elemente und die merkwürdigen Beziehungen ihrer Atomgewichte, welche *Lothar Meyer* und *Mendelejeff* in ihrem „*Periodischen System der Elemente*" nachgewiesen haben, machen es sehr wahrscheinlich, daß dieselben keine *absoluten Spezies der Masse*, keine ewig unveränderlichen Größen sind. Man hat nach jenem System die 90 Elemente auf acht Hauptgruppen verteilt und innerhalb derselben nach der Größe ihrer Atomgewichte geordnet, so daß die chemisch ähnlichen Elemente Familienreihen bilden. Die gruppenweisen Beziehungen im natürlichen System der Elemente erinnern einerseits an ähnliche Verhältnisse der mannigfach zusammengesetzten Kohlenstoffverbindungen, andererseits an die Beziehungen paralleler Gruppen, wie sie im natürlichen System der Tier- und Pflanzenarten sich zeigen. Wie nun in diesen letzteren Fällen die „Verwandtschaft" der ähnlichen Gestalten auf Abstammung von gemeinsamen einfachen Stammformen beruht, so ist es sehr wahrscheinlich, daß auch dasselbe für die Familien und Ordnungen der Elemente gilt. Wir dürfen daher annehmen, daß die jetzigen „empirischen Elemente" keine wirklich einfachen und unveränderlichen „*Spezies der Masse*" sind, sondern ursprünglich zusammengesetzt aus gleichartigen einfachen Uratomen in verschiedener Zahl und Lagerung. Neuerdings haben die Spekulationen von *Gustav Wendt*, *Wilhelm Preyer*, *W. Crookes* u. a. gezeigt, in welcher Weise man sich die Sonderung der Elemente aus einem einzigen ursprünglichen *Urstoff*, dem *Prothyl*, vorstellen kann. (In neuester Zeit haben die berühmten *Radium*-Forschungen ergeben, daß gewisse Elemente in andere übergeführt werden können.)

Atome und Elemente. Die moderne *Atomlehre*, wie sie heute der Chemie als unentbehrliches Hilfsmittel erscheint, ist wohl zu unterscheiden von dem alten philosophischen *Atomismus*, wie er schon vor mehr als zweitausend Jahren von hervorragenden monistischen Philosophen des Altertums gelehrt wurde, von *Leukippos*, *Demokritos* und *Lucretius*; später fand derselbe eine weitere und mannigfach verschiedene Ausbildung durch *Descartes*, *Hobbes*, *Leibniz* und andere hervorragende Philosophen. Eine bestimmte annehmbare Fassung und *empirische Begründung* fand aber der *moderne Atomismus* erst 1808 durch den englischen Chemiker *Dalton*, welcher das „Gesetz der einfachen und multiplen Proportionen" bei der Bildung chemischer Verbindungen aufstellte. Er bestimmte zuerst die *Atomgewichte der einzelnen Elemente* und schuf damit die unerschütterliche, *exakte Basis*, auf welcher die neueren chemischen Theorien ruhen; diese sind sämtlich *atomistisch*, insofern sie die Elemente aus gleichartigen, kleinsten, diskreten Teilchen zusammengesetzt annehmen, die nicht weiter zerlegt werden können. Dabei bleibt die Frage nach dem eigentlichen *Wesen* der Atome, ihrer Gestalt, Größe, Beseelung usw. ganz außer Spiele; denn diese Qualitäten derselben sind hypothetisch, ebenso wie die moderne Elektronen-Theorie. Empirisch dagegen ist der *Chemismus* der Atome oder ihre „chemische Affinität", d. h. die konstante Proportion, in der sie sich mit den Atomen anderer Elemente verbinden.

WAHLVERWANDTSCHAFT DER ELEMENTE. Das verschiedene Verhalten der einzelnen Elemente gegeneinander, das die Chemie als „Affinität oder Verwandtschaft" bezeichnet, ist eine der wichtigsten Eigenschaften der Masse und äußert sich in den verschiedenen Mengen-Verhältnissen oder Proportionen, in denen ihre Verbindung stattfindet, und in der Intensität, mit der dieselbe erfolgt. Alle Grade der Zuneigung, von der vollkommenen Gleichgültigkeit bis zur heftigsten Leidenschaft, finden sich in dem chemischen Verhalten der verschiedenen Elemente gegeneinander ebenso wieder, wie sie in der Psychologie des Menschen und namentlich in der Zuneigung der beiden Geschlechter die größte Rolle spielen. *Goethe* hat bekanntlich in seinem klassischen Roman „*Die Wahlverwandtschaften*" die Verhältnisse der Liebespaare in eine Reihe gestellt mit der gleichnamigen Erscheinung bei Bildung chemischer Verbindungen. Die unwiderstehliche Leidenschaft, welche Eduard zu der sympathischen Ottilie, Paris zu Helena hinzieht und alle Hindernisse der Vernunft und Moral überwindet, ist dieselbe mächtige „unbewußte" Attraktionskraft, welche bei der Befruchtung der Tier- und Pflanzeneier den lebendigen Samenfaden zum Eindringen in die Eizelle (aber auch zur Äpfelsäure!) antreibt; dieselbe heftige Bewegung, durch welche zwei Atome Wasserstoff und ein Atom Sauerstoff sich zur Bildung von einem Molekül Wasser vereinigen. Diese prinzipielle *Einheit der Wahlverwandt-*

schaft in der ganzen Natur, vom einfachsten chemischen Prozeß bis zu dem verwickelsten Liebesroman hinauf, hat schon der große griechische Naturphilosoph *Empedokles* im fünften Jahrhundert v. Chr. erkannt, in seiner Lehre vom „*Lieben und Hassen der Elemente*". Sie findet ihre empirische Bestätigung durch die interessanten Fortschritte der *Zellularpsychologie*, deren hohe Bedeutung wir erst in den letzten vierzig Jahren gewürdigt haben. Wir gründen darauf unsere Überzeugung, daß auch schon den *Atomen* die einfachste Form der Empfindung und des Willens innewohnt – oder besser gesagt: der *Fühlung* (Aesthesis) und *Strebung* (Tropesis) –, also eine universale „*Seele*" von primitivster Art (noch ohne Bewußtsein! –). Dasselbe gilt auch von den Molekülen oder Massenteilchen, welche aus zwei oder mehreren Atomen sich zusammensetzen. Aus der weiteren Verbindung verschiedener solcher individueller Moleküle entstehen dann die einfachen und weiterhin die zusammengesetzten chemischen Verbindungen, in deren Aktion sich dasselbe Spiel in verwickelterer Form wiederholt.

Äther (*imponderable Materie*). Die Erkenntnis dieses *unwägbaren* Teiles der Materie ist in erster Linie Gegenstand der *Physik*. Nachdem man schon lange die Existenz eines äußerst feinen den Raum außerhalb der Masse erfüllenden Mediums angenommen und diesen „Äther" zur Erklärung verschiedener Erscheinungen (vor allem des *Lichtes*) verwendet hatte, ist uns die nähere Bekanntschaft mit diesem wunderbaren Stoffe erst in der zweiten Hälfte des neunzehnten Jahrhunderts gelungen, und zwar im Zusammenhange mit den erstaunlichen empirischen Entdeckungen auf dem Gebiete der *Elektrizität* mit ihrer experimentellen Erkenntnis, ihrem theoretischen Verständnis und ihrer praktischen Verwertung. Vor allem sind hier bahnbrechend geworden die berühmten Untersuchungen von *Heinrich Hertz* in Bonn (1888). Der frühzeitige Tod dieses genialen jungen Physikers, der das Größte zu erreichen versprach, ist nicht genug zu beklagen; er gehört ebenso wie der allzu frühe Tod von

Spinoza, von *Raffael*, von *Schubert* und vielen anderen genialen Jünglingen zu jenen *brutalen Tatsachen* der menschlichen Geschichte, welche für sich allein schon den unhaltbaren Mythus von einer „weisen Vorsehung“ und von einem „all-liebenden Vater im Himmel“ gründlich widerlegen.

Die Existenz des Äthers oder „Weltäthers“ (*Kosmo-Äthers*) als realer Materie gilt gegenwärtig als *positive Tatsache*. Man kann allerdings auch heute noch vielfach lesen, daß der Äther eine „bloße Hypothese“ sei; diese irrtümliche Behauptung wird nicht nur von unkundigen Philosophen und populären Schriftstellern wiederholt, sondern auch von einzelnen „vorsichtigen exakten Physikern“. Mit demselben Rechte müßte man aber auch die Existenz der ponderablen Materie, der Masse, leugnen. Freilich gibt es heute noch Metaphysiker, die auch dieses Kunststück zustande bringen, und deren höchste Weisheit darin besteht, die Realität der Außenwelt zu leugnen oder doch zu bezweifeln; nach ihnen existiert eigentlich nur ein einziges reales Wesen, nämlich ihre eigene teure Person oder vielmehr deren unsterbliche Seele. Neuerdings haben sogar einige hervorragende Physiologen diesen ultraidealistischen Standpunkt akzeptiert, der schon in der Metaphysik von *Descartes*, *Berkeley*, *Fichte* u. a. ausgebildet war; ihr „*Psychomonismus*“ behauptet: „Es existiert nur eins, und das ist meine Psyche“. Uns scheint diese kühne, spiritualistische Behauptung auf einer irrtümlichen Schlußfolgerung aus der kritischen Erkenntnis zu beruhen, daß wir die umgebende Außenwelt nur in derjenigen Erscheinung erkennen können, welche uns durch unsere menschlichen Erkenntnis-*Organe* zugänglich ist, durch das Gehirn und die Sinnesorgane. Wenn wir aber durch deren Funktion nur eine unvollkommene und beschränkte Kenntnis von der Körperwelt erlangen können, so dürfen wir daraus nicht das Recht entnehmen, ihre Existenz zu leugnen. In meiner Vorstellung wenigstens *existiert* der Äther ebenso sicher wie die Masse; ebenso sicher wie ich selbst, wenn ich jetzt darüber nachdenke und schreibe. Wie wir uns von der Realität der ponderablen *Materie* durch Maß und Gewicht, durch chemische und mechanische Experimente überzeugen, so von denjenigen des imponderablen *Äthers* durch die optischen und elektrischen Erfahrungen und Versuche.

Wesen des Äthers. Wenn nun auch heute von fast allen Physikern die reale Existenz des Äthers als eine positive Tatsache betrachtet wird, und wenn uns auch viele Wirkungen dieser wunderbaren Materie durch unzählige Erfahrungen, besonders optische und elektrische Versuche, genau bekannt sind, so ist es doch bisher nicht gelungen, Klarheit und Sicherheit über ihr eigentliches *Wesen* zu gewinnen. Vielmehr gehen auch heute noch die Ansichten der hervorragendsten Physiker, die sie speziell studiert haben, sehr weit auseinander; ja, sie widersprechen sich sogar in den wichtigsten Punkten. Es steht daher jedem frei, sich bei der Wahl zwischen den widersprechendsten Hypothesen seine eigene Meinung zu bilden, entsprechend dem Grade seiner Sachkenntnis und Urteilskraft (die ja beide immer unvollkommen bleiben!). Die Meinung, die ich persönlich (als bloßer *Dilettant* auf diesem Gebiete!) mir durch reifliches Nachdenken gebildet habe, fasse ich in folgenden acht Sätzen zusammen:

I. Der Äther erfüllt als kontinuierliche *Materie* den ganzen Weltraum, soweit dieser nicht von der Masse (oder der ponderablen Materie) eingenommen ist; er füllt auch alle Zwischenräume zwischen den Atomen der letzteren vollständig aus. II. Der Äther besitzt wahrscheinlich noch *keinen Chemismus* und ist noch nicht aus Atomen zusammengesetzt wie die Masse; wenn man annimmt, derselbe sei aus äußerst kleinen, gleichartigen Atomen zusammengesetzt (z. B. unteilbaren Ätherkugeln von gleicher Größe), so muß man weiterhin auch annehmen, daß zwischen denselben noch etwas anderes existiert, entweder der „leere Raum“ oder ein drittes (ganz unbekanntes) Medium, ein völlig hypothetischer „*Interäther*“; bei der Frage nach dessen Wesen würde sich dann dieselbe Schwierigkeit wie beim Äther erheben (in infinitum!). III. Da die Annahme des leeren Raumes und der unvermittelten Fernwirkung beim jetzigen Stande unseres Naturkennens kaum mehr möglich ist (wenigstens zu keiner klaren monistischen Vorstellung führt), so nehme ich eine eigentümliche *Struktur des Äthers an*, die nicht atomistisch ist wie diejenige der ponderablen Masse, und die man vorläufig (ohne weitere Bestimmung) als *ätherische* oder *dynamische* Struktur bezeichnen kann. IV. Der *Aggregatzustand* des Äthers ist, dieser Hypothese zufolge, ebenfalls eigentümlich und von demjenigen der Masse verschieden; er ist weder gasförmig, wie einige, noch fest, wie andere Physiker annehmen; die beste Vorstellung gewinnt man vielleicht durch den Vergleich mit einer äußerst feinen, elastischen und leichten Gallerte. V. Der Äther ist *imponderable Materie* in dem Sinne, daß wir kein Mittel besitzen, sein Gewicht experimentell zu bestimmen; wenn er wirklich Gewicht besitzt, was sehr wahrscheinlich ist, so ist dasselbe äußerst gering und für unsere feinsten Wagen unwägbar. Einige Physiker haben versucht, aus der Energie der Lichtwellen das Gewicht des Äthers zu berechnen; sie haben gefunden, daß es etwa 15 Trillionen mal geringer sei als das der atmosphärischen Luft; immerhin soll eine Ätherkugel vom Volumen unserer Erde *mindestens* 250 Pfund wiegen (?). VI. Der ätherische Aggregatzustand kann wahrscheinlich (der Pyknosetheorie entsprechend) unter bestimmten Bedingungen durch fortschreitende Verdichtung in den gasförmigen Zustand der Masse übergehen, ebenso wie dieser letztere durch Abkühlung in den flüssigen und weiterhin in den festen übergeht. VII. Diese *Aggregatzustände der Materie* ordnen sich demnach (was für die monistische *Kosmogenie* sehr wichtig ist) in eine genetische, kontinuierliche Reihe; wir unterscheiden fünf Stufen derselben: 1. der ätherische, 2. der gasförmige, 3. der flüssige, 4. der festflüssige (im lebenden Plasma), 5. der feste Zustand. VIII. Der Äther ist ebenso unendlich und unermeßlich wie der Raum, den er ausfüllt; er befindet sich in ununterbrochener Bewegung; dieser eigentümliche *Äthermotus* (gleichviel, ob als Schwingung, Spannung, Verdichtung usw. aufgefaßt), in Wechselwirkung mit den Massenbewegungen (Gravitation), ist die letzte Ursache aller Erscheinungen. (Thesen von 1899, nur von provisorischer Bedeutung.)

Äther und Masse. „Die gewaltige Hauptfrage nach dem Wesen des Äthers", wie sie *Hertz* mit Recht nennt, schließt auch diejenige seiner Beziehungen zur Masse ein; denn beide Hauptbestandteile der Materie befinden sich nicht nur überall in innigster äußerer Berührung, sondern auch in ewiger dynamischer *Wechselwirkung*. Man könnte die allgemeinsten Naturerscheinungen, welche die Physik als Naturkräfte oder als „Funktionen der Materie" unterscheidet, in zwei Gruppen teilen, von denen die eine *vorzugsweise* (aber nicht ausschließlich) Funktion des Äthers, die andere ebenso Funktion der Masse ist, etwa nach folgendem Schema, das ich (1892) im „Monismus" aufgestellt habe (S. 18, 42):

Welt

(= Natur = Substanz = Kosmos = Universum = Gott)

I. *Äther* (= *Imponderabile, gespannte Substanz*)	II. *Masse* (= *Ponderabile, verdichtete Substanz*)
1. *Aggregatzustand:* ätherisch (weder gasförmig, noch flüssig noch fest).	1. *Aggregatzustand:* nicht ätherisch (sondern gasförmig, flüssig oder fest).
2. *Struktur:* nicht atomistisch, kontinuierlich, nicht aus diskreten Teilchen (Atomen) zusammengesetzt.	2. *Struktur:* atomistisch, diskontinuierlich, aus kleinsten diskreten Teilchen (Atomen) zusammengesetzt.
3. *Hauptfunktionen:* Licht, Strahlwärme, Elektrizität, Magnetismus.	3. *Hauptfunktionen:* Schwere, Trägheit, Massenwärme, Chemismus.

Die beiden Gruppen von Funktionen der Materie, welche in diesem Schema gegenübergestellt sind, könnten gewissermaßen als Folgen der ersten Arbeitsteilung des Stoffes betrachtet werden, als *primäre Ergonomie der Materie*. Diese Unterscheidung bedeutet aber keine absolute Trennung der beiden entgegengesetzten Gruppen; vielmehr bleiben beide trotzdem vereinigt, behalten ihren Zusammenhang und stehen überall in beständiger Wechselwirkung. Wie bekannt, sind optische und elektrische Vorgänge des Äthers eng verknüpft mit mechanischen und chemischen Veränderungen der Masse; die strahlende Wärme des ersteren geht direkt über in die Massenwärme oder mechanische Wärme der letzteren; die Gravitation kann nicht wirken, ohne daß der Äther die Massenanziehung der getrennten Atome vermittelt, da wir keine Fernwirkung annehmen können. Die Verwandlung einer Energieform in die andere, wie sie das Gesetz von der Erhaltung der Kraft nachweist, bestätigt zugleich die beständige Wechselwirkung zwischen den beiden Hauptteilen der Substanz, *Äther* und *Masse*.

KRAFT UND ENERGIE. Das große Grundgesetz der Natur, welches wir als Substanzgesetz an die Spitze aller physikalischen Betrachtungen stellen, wurde ursprünglich von *Robert Mayer*, der es aufstellte (1842), und von *Helmholtz*, der es ausführte (1847), als das Gesetz von der *Erhaltung der Kraft* bezeichnet. Schon zehn Jahre früher hatte ein anderer deutscher Naturforscher, *Friedrich Mohr* in Bonn, die wesentlichen Grundgedanken desselben klar entwickelt (1837). Später wurde der alte Begriff der *Kraft* durch die moderne Physik von demjenigen der *Energie* getrennt, der ursprünglich gleichbedeutend war. Demnach wird jetzt dasselbe Gesetz gewöhnlich als das „Gesetz von der *Konstanz der Energie*" bezeichnet. Für die allgemeine Betrachtung desselben, mit der ich mich hier begnügen muß, und für das große Prinzip von der „Erhaltung der Substanz" kommt dieser feinere Unterschied nicht in Betracht. Der Leser, der sich dafür interessiert, findet eine sehr klare Auseinandersetzung darüber z. B. in dem ausgezeichneten Aufsatz des englischen Physikers *Tyndall* über „Das Grundgesetz der Natur" (Braunschweig 1898). Dort ist auch eingehend die universale Bedeutung dieses kosmologischen Grundgesetzes erläutert, sowie seine Anwendung auf die wichtigsten Probleme sehr verschiedener Gebiete. Wir begnügen uns hier mit der wichtigen Tatsache, daß gegenwärtig das „Energieprinzip" und die damit verknüpfte Überzeugung von der Einheit der Naturkräfte, von ihrem gemeinsamen Ursprung, durch alle kompetenten Physiker anerkannt und als der wichtigste Fortschritt im neunzehnten Jahrhundert gewürdigt wird. Wir wissen jetzt, daß Wärme ebensogut eine Form der *Bewegung* ist wie Schall, Elektrizität ebenso wie Licht, Chemismus ebenso wie Magnetismus. Wir können durch geeignete Vorrichtungen eine dieser Kräfte in die andere verwandeln, und überzeugen uns dabei durch genaueste Messung, daß von ihrer Gesamtsumme niemals das kleinste Teilchen verloren geht.

Spannkraft und lebendige Kraft *(potentielle und aktuelle Energie)*. Die Gesamtsumme der Kraft oder Energie im Weltall bleibt beständig, gleichviel, welche Veränderungen uns erscheinen; sie ist ewig und unendlich wie die Materie, an die sie untrennbar gebunden ist. Das ganze Spiel der Natur beruht auf dem Wechsel von scheinbarer Ruhe und Bewegung; die ruhenden Körper besitzen aber ebenso eine unverlierbare Größe von Kraft wie die bewegten. Bei der Bewegung selbst verwandelt sich die Spannkraft der ersteren in die lebendige Kraft der letzteren. „Indem das Prinzip der Erhaltung der Kraft sowohl die Abstoßung als die Anziehung in Betracht zieht, behauptet es, daß der mechanische Wert der Spannkräfte und der lebendigen Kräfte in der materiellen Welt eine konstante Quantität ist. Kurz gesagt, zerfällt der Kraftbesitz des Universums in zwei Teile, die nach einem bestimmten Wertverhältnis ineinander verwandelt werden können. Die Verminderung des einen bringt die Vergrößerung des anderen mit sich; der Gesamtwert seines Besitzes bleibt jedoch unverändert." *Die Spannkraft* oder die *potentielle Energie* und die *lebendige Kraft* oder die *aktuelle Energie* (– auch Triebkraft genannt –) werden beständig ineinander umgewandelt, ohne daß die unendliche Gesamtsumme der Kraft im unendlichen Weltall jemals den geringsten Verlust erleidet.

Einheit der Naturkräfte. Nachdem die moderne Physik das Substanzgesetz zunächst für die einfacheren Beziehungen der anorganischen Körper festgestellt hatte, wies die Physiologie dessen allgemeine Geltung auch im Gesamtbereiche der organischen Natur nach. Sie zeigte, daß alle Lebenstätigkeiten der Organismen – ohne Ausnahme! – ebenso auf einem beständigen „*Kraftwechsel*" und einem damit verknüpften „Stoffwechsel" beruhen wie die einfachsten Vorgänge in der sogenannten „leblosen Natur". Nicht nur das Wachstum und die Ernährung der Pflanzen und Tiere, sondern auch die Funktionen ihrer Empfindung und Bewegung, ihrer Sinnestätigkeit und ihres Seelenlebens, beruhen auf der Verwandlung von Spannkraft in lebendige Kraft und umgekehrt. Dieses höchste Gesetz beherrscht auch diejenigen vollkommensten Leistungen des Nervensystems, welche man bei den höheren Tieren und beim Menschen als das „*Geistesleben*" bezeichnet. Somit gilt dasselbe Gesetz auch für die gesamte Psychologie.

Allmacht des Substanzgesetzes. Unsere feste und klare monistische Überzeugung, daß das kosmologische Grundgesetz allgemeine Geltung für die *gesamte Natur* besitzt, nimmt die höchste Bedeutung in Anspruch. Denn dadurch wird nicht nur *positiv* die prinzipielle Einheit des Kosmos und der kausale Zusammenhang aller uns erkennbaren Erscheinungen bewiesen, sondern es wird dadurch zugleich *negativ* der höchste intellektuelle Fortschritt erzielt, der definitive Sturz der *drei Zentraldogmen der Metaphysik*: „Gott, Freiheit und Unsterblichkeit." Der persönliche *Anthropismus* dieser drei Dichtungs-Gebilde wird offenbar. Indem das Substanzgesetz überall mechanische Ursachen in den Erscheinungen

22*

nachweist, verknüpft es sich mit dem „*allgemeinen Kausalgesetz*".

DER KAMPF UM DAS SUBSTANZGESETZ (Zusatz von 1908). Die Bedeutung des Substanzgesetzes – als des umfassendsten *kosmologischen Grundgesetzes* – beruht darauf, daß das *chemische* Grundgesetz von der „Erhaltung der *Materie*" (1789) mit dem physikalischen Grundgesetz von der „Erhaltung der *Energie*" (1842) zu einem einzigen untrennbaren *Universalgesetz* verknüpft und auf den einheitlichen Substanz-Begriff von *Spinoza* (1677) bezogen wird; er fällt zusammen mit dem monistischen Grundbegriffe der „*Gott-Natur*" von *Goethe* (1809). Obwohl die meisten modernen Naturforscher – soweit sie sich überhaupt zur Anerkennung solcher allgemeiner Naturgesetze erheben – von der allgemeinen Geltung des Substanzgesetzes in diesem Sinne überzeugt sind, hat dasselbe doch neuerdings mehrfach heftige Angriffe erfahren, besonders von seiten des Physikers *Chwolson* (Petersburg) und des Botanikers *Reinke* (Kiel). Diese beiden Naturforscher sind überzeugte Dualisten und Vitalisten, welche die organischen Lebenserscheinungen (– und besonders das Seelenleben –) als göttliche „*Wunder*" betrachten und aus dem Bereiche physikalischer Erklärung ausschließen. Auf die Schmähschrift von *O. Chwolson* (betitelt: „Hegel, Haeckel und das zwölfte Gebot", 1906) habe ich die gebührende Antwort in meiner Broschüre über „Monismus und Naturgesetz" gegeben (Erstes Heft der Flugschriften des Deutschen Monistenbundes, Brackwede 1906). Die heftigen und fanatischen Angriffe von *Johannes Reinke* (– der im Mai 1907 im Preußischen Herrenhause von Staatswegen das öffentliche Verbot meiner „Welträtsel" forderte –) hat Dr. *Heinrich Schmidt* (Jena) treffend beleuchtet in seiner Broschüre: „Der Deutsche Monistenbund im Preußischen Herrenhaus" (Brackwede 1907). Vgl. auch meinen Vortrag über „Das Menschen-Problem und die Herrentiere von *Linné*" (17. Juni 1907, Neuer Frankfurter Verlag).

DREIZEHNTES KAPITEL

ENTWICKELUNGSGESCHICHTE DER WELT

Monistische Studien über die ewige Entwickelung des Universums. Schöpfung, Anfang und Ende der Welt. Kreatistische und genetische Kosmogenie

---

„Das letzte Rätsel der Welt werden die freien Geister (der kommenden monistischen Philosophie) freilich nicht lösen. Aber sie werden sich nicht mehr gefallen lassen, Schein für Wirklichkeit und Täuschung für Wahrheit zu nehmen. Das große Gesetz der *Entwickelung* wird an die Stelle der Schöpfungshypothese treten, das Bestehen einer natürlichen Weltordnung an die Stelle des Wunders, die frische, fröhliche Wirklichkeit an die Stelle der Phrase und Einbildung, der naturwahre *Monismus* an die Stelle des unwahren Dualismus, das (praktische) positive Ideal an die Stelle des (theoretischen) Wahnideals."

LUDWIG BÜCHNER (1898)

INHALT DES DREIZEHNTEN KAPITELS

Begriff der Schöpfung (Kreation). Wunder. Schöpfung des Weltalls und der Einzeldinge. Schöpfung der Substanz (kosmologischer Kreatismus). Deismus: Ein Schöpfungstag. Schöpfung der Einzeldinge. Fünf Formen des ontologischen Kreatismus. Begriff der Entwickelung (Genesis, Evolutio). I. Monistische Kosmogenie. Anfang und Ende der Welt. Unendlichkeit und Ewigkeit des Universums. Raum und Zeit. Universum perpetuum mobile. Entropie des Weltalls. II. Monistische Geogenie. Anorganische und organische Erdgeschichte. III. Monistische Biogenie. Transformismus und Deszendenztheorie. Lamarck und Darwin. IV. Monistische Anthropogenie. Abstammung des Menschen.

LITERATUR

IMMANUEL KANT, Allgemeine Naturgeschichte und Theorie des Himmels. Königsberg 1755.

ALEXANDER HUMBOLDT, Kosmos. Entwurf einer physischen Weltbeschreibung. 4 Bände. Stuttgart 1845–1854.

WILHELM BÖLSCHE, Entwickelungsgeschichte der Natur. 2 Bände. Mit über tausend Abbildungen. Neudamm 1896.

CARUS STERNE (Ernst Krause), Werden und Vergehen. Eine Entwickelungsgeschichte des Naturganzen in gemeinverständlicher Fassung. Vierte Auflage. Mit vielen Abbildungen. Berlin 1899.

HERMANN WOLFF (Leipzig), Kosmos. Die Weltentwickelung nach monistisch-psychologischen Principien auf Grundlage der exakten Naturforschung dargestellt. 2 Bände. Leipzig 1890.

KARL AUGUST SPECHT, Populäre Entwickelungsgeschichte der Welt. 1876. Dritte Auflage 1889.

L. ZEHNDER, Die Mechanik des Weltalls. Freiburg 1897.

MELCHIOR NEUMAYR, Erdgeschichte (zweite Auflage von *Victor Uhlig*). Leipzig 1895.

JOHANNES WALTHER, Einleitung in die Geologie als historische Wissenschaft. 2 Bände. Jena 1894.

C. RADENHAUSEN, Osiris. Weltgesetze in der Erdgeschichte. 2 Bände. Hamburg 1874.

LUDWIG NOIRÉ, Die Welt als Entwickelung des Geistes. Bausteine zu einer monistischen Weltanschauung. Leipzig 1874.

Unter allen Welträtseln das größte, umfassendste und schwerste ist dasjenige von der Entstehung und Entwickelung der Welt, kurz, gewöhnlich die „*Schöpfungsfrage*" genannt. Auch zur Lösung dieses schwierigsten Welträtsels hat das neunzehnte Jahrhundert mehr beigetragen als alle früheren; ja sie ist ihm sogar bis zu einem gewissen Grade gelungen. Wenigstens sind wir zu der klaren Einsicht gelangt, daß alle verschiedenen einzelnen Schöpfungsfragen untrennbar verknüpft sind, daß sie alle nur ein einziges, allumfassendes „*kosmisches Universalproblem*" bilden, und den Schlüssel zur Lösung dieser „Weltfrage" gibt uns das eine Zauberwort: „*Entwickelung*!" Die großen Fragen von der Schöpfung des Menschen, von der Schöpfung der Tiere und Pflanzen, von der Schöpfung der Erde und der Sonne usw., sie alle sind nur Teile jener Universalfrage: Wie ist die ganze Welt entstanden? Ist sie auf übernatürlichem Wege „*erschaffen*" oder hat sie sich auf natürlichem Wege „*entwickelt*"? Welcher Art sind die Ursachen und die Wege dieser Entwickelung? Gelingt es uns, eine sichere Antwort auf diese Fragen für eines jener *Teilprobleme* zu finden, so haben wir nach unserer einheitlichen Naturauffassung damit zugleich ein erhellendes Licht auf deren Beantwortung für das *ganze* Weltproblem geworfen.

SCHÖPFUNG (CREATIO). Die herrschende Ansicht über die Entstehung der Welt war in früheren Jahrhunderten fast überall, wo denkende Menschen wohnten, der *Glaube an die Schöpfung* derselben. In Tausenden von interessanten, mehr oder weniger fabelhaften Sagen und Dichtungen, *Kosmogonien* und *Kreationsmythen*, hat dieser Schöpfungsglaube seinen mannigfaltigen Ausdruck gefunden. Frei davon blieben nur wenige große Philosophen und besonders jene bewunderungswürdigen freien Denker des klassischen Altertums, die zuerst den Gedanken der natürlichen *Entwickelung* erfaßten. Im Gegensatz zu diesem letzteren trugen alle jene Schöpfungsmythen den Charakter des *Übernatürlichen*, Wunderbaren oder Transzendenten. Unfähig, das Wesen der Welt selbst zu erkennen und ihre Entstehung durch natürliche Ursachen zu erklären, mußte die unentwickelte Vernunft selbstverständlich zum *Wunder* greifen. In den meisten Schöpfungssagen verknüpfte sich mit dem Wunder der *Anthropismus*. Wie der Mensch mit Absicht und durch Kunst seine Werke schafft, so sollte der bildende „Gott" planmäßig die Welt erschaffen haben; die Vorstellung dieses Schöpfers war meistens ganz anthropomorph, ein offenkundiger „*anthropistischer Kreatismus*". Der „allmächtige Schöpfer Himmels und der Erden", wie er im ersten Buch Moses und in unserem heute noch gültigen Katechismus schafft, ist ebenso ganz menschlich gedacht wie der moderne Schöpfer von *Agassiz* und *Reinke* oder der intelligente „Maschineningenieur" von anderen Biologen der Gegenwart.

Schöpfung des Weltalls und der Einzeldinge *(Kreation der Substanz und der Akzidenzen)*. Bei tieferem Eingehen in den Wunderbegriff der *Kreation* können wir als zwei wesentlich verschiedene Akte die totale Schöpfung des Weltalls und die partielle Schöpfung der einzelnen Dinge unterscheiden, entsprechend dem Begriffe *Spinozas* von der *Substanz* (dem Universum) und den *Akzidenzen* (oder Modi, den einzelnen „Erscheinungsformen der Substanz"). Diese Unterscheidung ist prinzipiell wichtig; denn es hat viele und angesehene Philosophen gegeben (und es gibt noch heute solche), welche die erstere annehmen, die letztere dagegen verwerfen.

Schöpfung der Substanz *(kosmologischer Kreatismus)*. Nach dieser Schöpfungslehre hat „Gott die Welt aus dem Nichts geschaffen". Man stellt sich vor, daß der „ewige Gott" (als vernünftiges, aber immaterielles

Wesen!) für sich allein von Ewigkeit her ohne Welt existierte, bis er dann einmal auf den Gedanken kam, „die Welt zu schaffen‘. Die einen Anhänger dieses Glaubens beschränken die Schöpfungstätigkeit Gottes aufs Äußerste, auf einen einzigen Akt; sie nehmen an, daß der extramundane Gott (dessen übrige Tätigkeit rätselhaft bleibt!) in einem Augenblick die Substanz erschaffen, ihr die Fähigkeit zur weitestgehenden Entwickelung beigelegt und sich dann nie weiter um sie gekümmert habe. Diese weit verbreitete Ansicht ist namentlich im englischen *Deismus* vielfach ausgebildet worden; sie nähert sich unserer monistischen Entwickelungslehre bis zur Berührung und gibt sie nur in dem einen Momente (der Ewigkeit!) preis, in welchem Gott auf den Schöpfungsgedanken kam. Andere Anhänger des kosmologischen Kreatismus nehmen dagegen an, daß „Gott der Herr“ die Substanz nicht bloß einmal erschaffen habe, sondern als bewußter „Erhalter und Regierer der Welt“ in deren Geschichte fortwirke. Viele Variationen dieses Glaubens nähern sich bald dem *Pantheismus*, bald dem konsequenten *Theismus*. Alle diese und ähnliche Formen des Schöpfungsglaubens sind unvereinbar mit dem Gesetz von der Erhaltung der Kraft und des Stoffes; dieses kennt keinen „Anfang der Welt“.

Besonders interessant ist, daß *E. du Bois-Reymond* in seiner letzten Rede (über *Neovitalismus*, 1894) sich zu diesem kosmologischen Kreatismus (als Lösung des größten Welträtsels!) bekannt hat; er sagt: „*Der göttlichen Allmacht* würdig allein ist, sich zu denken, daß sie vor undenklicher Zeit durch *einen Schöpfungsakt* die ganze Materie so geschaffen habe, daß nach der Materie mitgegebenen unverbrüchlichen Gesetzen da, wo die Bedingungen für Entstehen und Fortbestehen von Lebewesen vorhanden waren, beispielsweise hier auf Erden, einfachste Lebewesen entstanden, aus denen ohne weitere Nachhilfe die heutige Natur von einer Urbazille bis zum Palmenwalde, von einem Urmikrokokkus bis zu Suleimas holden Gebärden, bis zu Newtons Gehirn ward. So kämen wir mit *einem Schöpfungstage* (!) aus und ließen ohne alten und neuen Vitalismus die organische Natur rein mechanisch entstehen." Hier wie bei der Bewußtseinsfrage in der *Ignorabimus-Rede* (S. 191) offenbart *du Bois-Reymond* in auffallender Weise die geringe Tiefe und Folgerichtigkeit seines monistischen Denkens.

Schöpfung der Einzeldinge *(ontologischer Kreatismus)*. Nach dieser individuellen, noch jetzt herrschenden Schöpfungslehre hat Gott der Herr nicht nur die Welt im ganzen („aus Nichts!") geschaffen, sondern auch alle einzelnen Dinge in derselben. In der christlichen Kulturwelt besitzt noch heute die uralte semitische, aus dem ersten Buch Moses herübergenommene Schöpfungssage die weiteste Geltung; selbst unter den modernen Naturforschern findet sie noch hie und da gläubige Anhänger (z. B. Reinke). Ich habe meine Auffassung derselben 1868 im ersten Kapitel der „Natürlichen Schöpfungsgeschichte" eingehend dargelegt. Als interessante Modifikationen dieses ontologischen Kreatismus dürften folgende Theorien zu unterscheiden sein: I. *Dualistische Kreation*: Gott hat sich auf *zwei Schöpfungsakte* beschränkt; zuerst schuf er die anorganische Welt, die tote Substanz, für die allein das Gesetz der Energie gilt, blind und ziellos wirkend im Mechanismus der Weltkörper und der Gebirgsbildung; später erwarb Gott Intelligenz und teilte diese den Dominanten mit, den zielstrebigen, intelligenten Kräften, welche die Entwickelung der Organismen bewirken und leiten *(Reinke)*. II. *Trialistische Kreation:* Gott hat die Welt in *drei Hauptakten* geschaffen: A. Schöpfung des Himmels (d. h. der außerirdischen Welt); B. Schöpfung der Erde (als Mittelpunkt der Welt) und ihrer Organismen; C. Schöpfung des Menschen (als Ebenbild Gottes): dieses Dogma ist noch heute weit verbreitet unter christlichen Theologen und anderen „Gebildeten"; es wird in vielen Schulen als Wahrheit gelehrt. III. *Hexamerale Kreation:* die Schöpfung in sechs Tagen (nach *Moses*). Obgleich nur wenige Gebildete heute noch wirklich an diesen mosaischen Mythus glauben, wird er dennoch unseren Kindern schon in der frühesten Jugend mit dem Bibelunterricht fest eingeprägt. Die vielfachen, namentlich in England gemachten Versuche, denselben mit der modernen Entwickelungslehre in Einklang zu bringen, sind völlig fehlgeschlagen. Für die Naturwissenschaft gewann derselbe dadurch große Bedeutung, daß *Linné* bei Begründung seines Natursystems (1735) ihn annahm und zur Begriffsbestimmung der organischen (von ihm für beständig gehaltenen) *Spezies* benutzte: „Es gibt so viele verschiedene Arten von Tieren und Pflanzen, als im Anfang verschiedene Formen von dem unendlichen Wesen erschaffen worden sind.“ Dieses Dogma wurde ziemlich allgemein bis auf *Darwin* (1859) festgehalten, obgleich *Lamarck* schon 1809 seine Unhaltbarkeit dargelegt hatte. IV. *Periodische Kreation:* im Anfang jeder Periode der Erdgeschichte wurde die ganze Tier- und Pflanzenbevölkerung neu geschaffen und am Ende derselben durch eine allgemeine Katastrophe vernichtet; es gibt so viele General-Schöpfungsakte, als getrennte geologische Perioden aufeinander folgten (die Katastrophentheorie von *Cuvier*, 1818, und von *Louis Agassiz*, 1858). Die Paläontologie, welche in ihren unvollkommenen Anfängen (in der ersten Hälfte des neunzehnten Jahrhunderts) diese Lehre von den wiederholten Neuschöpfungen der organischen Welt zu stützen schien, hat dieselbe später vollständig widerlegt. V. *Individuelle Kreation:* jeder einzelne Mensch – ebenso wie jedes einzelne Tier und jedes Pflanzenindividuum – ist nicht durch einen natürlichen Fortpflanzungsakt entstanden, sondern durch die Gnade Gottes geschaffen („der alle Dinge kennt und die Haare auf unserem Haupte gezählt hat“). Man liest diese christliche Schöpfungsansicht noch heute oft in den Zeitungen, besonders bei Geburtsanzeigen („Gestern schenkte uns der gnädige Gott einen gesunden Knaben“ usw.). Auch die individuellen Talente und Vorzüge unserer Kinder werden oft als „besondere Gaben Gottes“ dankbar anerkannt (die erblichen Fehler gewöhnlich nicht!).

Entwickelung (Genesis, Evolutio). Die Unhaltbarkeit der Schöpfungssagen und des damit verknüpften Wunderglaubens mußte sich schon frühzeitig denkenden Menschen aufdrängen; wir finden daher schon vor mehr als zweitausend Jahren zahlreiche Versuche, dieselben durch eine vernünftige Theorie zu ersetzen und die Entstehung der Welt mittelst natürlicher Ursachen zu erklären. Allen voran stehen hierin wieder die großen Denker der jonischen Naturphilosophie, ferner Demokritos, Heraklitos, Empedokles, Aristoteles, Lukretius und andere Philosophen des Altertums. Die ersten unvollkommenen Versuche, welche sie unternahmen, überraschen uns zum Teil durch strahlende Lichtblicke des Geistes, die als Vorläufer moderner Ideen erscheinen. Indessen fehlte dem klassischen Altertum jener sichere Boden der naturphilosophischen Spekulation, der erst durch unzählige Beobachtungen und Versuche der Neuzeit gewonnen wurde. Während des Mittelalters – und besonders während der Gewaltherrschaft des Papismus – ruhte die wissenschaftliche Forschung auf diesem Gebiete ganz. Die Tortur und die Scheiterhaufen der Inquisition sorgten dafür, daß der unbedingte Glaube an die hebräische Mythologie des Moses als definitive Antwort auf alle Schöpfungsfragen galt. Selbst diejenigen Erscheinungen, die unmittelbar zur Beobachtung der Entwickelungs-*Tatsachen* aufforderten, die Keimesgeschichte der Tiere und Pflanzen, die Embryologie des Menschen, blieben unbeachtet oder erregten nur hier und da das Interesse einzelner wißbegieriger Beobachter; aber ihre Entdeckungen wurden ignoriert und vergessen. Außerdem wurde der wahren Erkenntnis der natürlichen Entwickelung ihr Weg von vornherein durch die herrschende *Präformationslehre* versperrt, durch das Dogma, daß die charakteristische Form und Struktur jeder Tier- und Pflanzenart schon im Keime vorgebildet sei.

Entwickelungslehre *(Genetik, Evolutismus, Evolutionismus)*. Die Wissenschaft, die wir heute Entwickelungslehre (im weitesten Sinne) nennen, ist sowohl im ganzen als in ihren einzelnen Teilen ein Kind des neunzehnten Jahrhunderts; sie gehört zu dessen wichtigsten und glänzendsten Erzeugnissen. Tatsächlich ist dieser Begriff, der noch im achtzehnten Jahrhundert fast unbekannt war, heute bereits ein fester Grundstein unserer ganzen Weltanschauung geworden. Ich habe die Grundzüge derselben in früheren Schriften ausführlich behandelt, am eingehendsten in der „Generellen Morphologie“ (1866), sodann mehr populär in der „Natürlichen Schöpfungsgeschichte“ (1868, elfte Auflage 1908) und mit besonderer Beziehung auf den Menschen in der „Anthropogenie“ (1874, sechste Auflage 1910). Ich beschränke mich daher hier auf eine kurze Übersicht der wichtigsten Fortschritte, welche die Entwickelungslehre im Laufe des neunzehnten Jahrhunderts gemacht hat; sie zerfällt nach ihren Objekten in vier Hauptteile: sie betrifft die natürliche Entstehung 1. des Kosmos, 2. der Erde, 3. der irdischen Organismen und 4. des Menschen.

I. Monistische Kosmogenie. Den ersten Versuch, die Verfassung und den mechanischen Ursprung des ganzen Weltgebäudes nach „*Newton*schen Grundsätzen“ – d. h. durch mathematische und physikalische Gesetze – in einfachster Weise zu erklären, unternahm *Immanuel Kant* in seinem berühmten Jugendwerke, der „Allgemeinen Naturgeschichte und Theorie des Himmels“ (1755). Leider blieb dieses großartige und kühne Werk 90 Jahre hindurch fast unbekannt; es wurde erst 1845 durch *Alexander Humboldt* wieder ausgegraben, im ersten Bande seines „Kosmos“. Inzwischen war aber der große französische Mathematiker *Pierre Laplace* selbständig auf ähnliche Theorien wie *Kant* gekommen und führte dieselben mit mathematischer Begründung weiter aus in seiner „Exposition du système du monde“ (1796). Sein Hauptwerk „Mécanique céleste“ erschien im Jahre 1799. Die übereinstimmenden Grundzüge der Kosmogenie von *Kant* und *Laplace* beruhen bekanntlich auf einer mechanischen Erklärung der Planeten-Bewegungen und der daraus abgeleiteten Annahme, daß alle Weltkörper ursprünglich aus rotierenden Nebelbällen durch Verdichtung entstanden sind. Diese „*Nebularhypothese*" oder „*kosmologische Gastheorie*" ist zwar später vielfach verbessert und ergänzt worden; sie besteht aber noch heute unerschüttert als der beste von allen Versuchen, die Entstehung des Weltgebäudes einheitlich und mechanisch zu erklären (vgl. *Wilhelm Bölsche*, Entwickelungsgeschichte der Natur. I. Bd. 1894). In neuester Zeit hat dieselbe eine bedeutungsvolle Ergänzung und zugleich Verstärkung durch die Annahme gewonnen, daß dieser *kosmogenische Prozeß* nicht nur einmal stattgefunden, sondern sich periodisch wiederholt hat. Während in gewissen Teilen des unendlichen Weltraumes aus rotierenden Nebelbällen neue Weltkörper entstehen und sich entwickeln, werden in anderen Teilen umgekehrt alte, erkaltete und abgestorbene Weltkörper durch Zusammenstoß wieder zerstäubt und in diffuse Nebelmassen aufgelöst (vgl. *Zehnder*, Die Mechanik des Weltalls. 1897).

Anfang und Ende der Welt. Fast alle älteren und neueren Kosmogenien und so auch die meisten, die sich an *Kant* und *Laplace* anschlossen, gingen von der herrschenden Ansicht aus, daß die Welt einen *Anfang* gehabt habe. So hätte sich „im Anfang" nach einer vielverbreiteten Form der „Nebularhypothese" ursprünglich ein ungeheurer Nebelball aus äußerst dünner und leichter Materie gebildet, und in einem bestimmten Zeitpunkte („vor undenklich langer Zeit") habe in diesem eine Rotationsbewegung angefangen. Ist der „erste Anfang" dieser kosmogenen Bewegung erst einmal gegeben, so lassen sich dann nach jenen mechanischen Prinzipien die weiteren Vorgänge in der Bildung der Weltkörper, der Sonderung der Planetensysteme usw. sicher ableiten und mathematisch begründen. Dieser erste „*Ursprung der Bewegung*" ist das *zweite* „Welträtsel" von *du Bois-Reymond*; er erklärt dasselbe für *transzendent*. Auch viele andere Naturforscher und Philosophen kommen um diese Schwierigkeit nicht herum und resignieren mit dem Geständnis, daß man hier einen ersten „übernatürlichen Anstoß", also ein wirkliches „Wunder", notwendig annehmen müsse.

Nach unserer Ansicht wird dieses „zweite Welträtsel" durch die Annahme gelöst, daß die *Bewegung* ebenso eine immanente und *ursprüngliche* Eigenschaft der Substanz ist wie die *Empfindung* (S. 238). Die Berechtigung zu dieser monistischen Annahme finden wir erstens im Substanzgesetz und zweitens in den großen Fortschritten, welche die Astronomie und Physik in der zweiten Hälfte des neunzehnten Jahrhunderts gemacht haben. Durch die *Spektralanalyse* von *Bunsen* und *Kirchhoff* (1860) haben wir nicht nur erfahren, daß die Millionen Weltkörper, welche den unendlichen Weltraum erfüllen, aus denselben Materien bestehen wie unsere Sonne und Erde, sondern auch, daß sie sich in verschiedenen Zuständen der Entwickelung befinden; wir haben sogar mit ihrer Hilfe Kenntnisse über die Bewegungen und Entfernungen der Fixsterne gewonnen, welche durch das Fernrohr allein nicht erkannt werden konnten. Ferner ist das *Teleskop* selbst sehr bedeutend verbessert worden und hat uns mit Hilfe der *Photographie* eine Fülle von astronomischen Entdeckungen geschenkt, welche im Beginne des neunzehnten Jahrhunderts noch nicht geahnt werden konnten. Insbesondere hat die bessere Kenntnis der Kometen und Sternschnuppen, der Sternhaufen und Nebelflecke, uns die große Bedeutung der kleinen Weltkörper kennen gelehrt, welche zu Milliarden zwischen den größeren Sternen im Weltraum unregelmäßig verteilt sind.

Wir wissen jetzt auch, daß die *Bahnen* der Millionen von Weltkörpern *veränderlich* und zum Teil unregelmäßig sind, während man früher die Planetensysteme als beständig betrachtete und die rotierenden Bälle in ewiger Gleichmäßigkeit ihre Kreise beschreiben ließ. Wichtige Aufschlüsse verdankt die Astrophysik aber auch den gewaltigen Fortschritten in anderen Gebieten der Physik, vor allem in der Optik und Elektrik, sowie in der dadurch geförderten Äthertheorie. Endlich und vor allem erweist sich auch hier wieder als größter Fortschritt unserer Naturerkenntnis das *universale Substanzgesetz.* Wir wissen jetzt, das dasselbe ebenso überall in den fernsten Welträumen unbedingte Geltung hat wie in unserem Planetensystem, ebenso in dem kleinsten Teilchen unserer Erde wie in der kleinsten Zelle unseres menschlichen Körpers. Wir sind aber auch zu der wichtigen Annahme berechtigt und logisch gezwungen, daß die Erhaltung der Materie und Energie zu allen Zeiten ebenso allgemein bestanden hat, wie sie heute ohne Ausnahme besteht. *In alle Ewigkeit war, ist und bleibt das unendliche Universum dem Substanzgesetz unterworfen.*

Aus allen diesen gewaltigen Fortschritten der Astronomie und Physik, die sich gegenseitig erläutern und ergänzen, ergibt sich eine Reihe von überaus wichtigen Schlüssen über die Zusammensetzung und Entwickelung des Kosmos, über die Beharrung und Umbildung der Substanz. Wir fassen dieselben kurz in folgenden Thesen zusammen: I. Der *Weltraum* ist unendlich groß und unbegrenzt; er ist nirgends leer, sondern allenthalben mit Substanz erfüllt. II. Die *Weltzeit* ist ebenfalls unendlich und unbegrenzt; sie hat keinen Anfang und kein Ende, sie ist Ewigkeit. III. Die *Substanz* befindet sich überall und jederzeit in ununterbrochener Bewegung und Veränderung; nirgends herrscht vollkommene Ruhe und Starre; dabei bleibt aber die unendliche Quantität der Materie ebenso unverändert wie diejenige der ewig wechselnden Energie. IV. Die Universalbewegung der Substanz im Weltraum ist ein ewiger Kreislauf mit *periodisch* sich wiederholenden Entwickelungszuständen. V. Diese Phasen bestehen in einem periodischen Wechsel der *Aggregatzustände,* wobei zunächst die primäre Sonderung von Masse und Äther eintritt (die Ergonomie von ponderabler und imponderabler Materie). VI. Diese Sonderung beruht auf einer fortschreitenden *Verdichtung* der Materie, der Bildung von unzähligen kleinsten Verdichtungszentren, wobei die immanenten Ureigenschaften der Substanz die bewirkenden Ursachen sind: Fühlung und Strebung. VII. Während in einem Teile des Weltraums durch diesen pyknotischen Prozeß zunächst kleine, weiterhin größere Weltkörper entstehen und der Äther zwischen ihnen in höhere Spannung tritt, erfolgt gleichzeitig in dem anderen Teile der entgegengesetzte Prozeß, die *Zerstörung* vorr Weltkörpern, welche aufeinander stoßen. VIII. Die ungeheuren Wärmequantitäten, welche durch diese mechanischen Prozesse bei den Zusammenstößen der rotierenden Weltkörper erzeugt werden, stellen die neuen lebendigen Kräfte dar, welche die Bewegung der dabei gebildeten kosmischen Staubmassen und die *Neubildung* rotierender Bälle bewirken: das ewige Spiel beginnt wieder von neuem. Auch unsere Mutter Erde, die vor Millionen von Jahrtausenden aus einem Teile des rotierenden Sonnensystems entstanden ist, wird nach Verfluß weiterer Millionen erstarren und, nachdem ihre Bahn immer kleiner geworden, in die Sonne stürzen.

Besonders wichtig für die klare Einsicht in den universalen kosmischen Entwickelungsprozeß scheinen mir diese modernen Vorstellungen über periodisch wechselnden Untergang und Neubildung der Weltkörper, die wir den gewaltigen neueren Fortschritten der Physik und Astronomie verdanken, in Verbindung mit dem Substanzgesetz. Unsere Mutter „*Erde*" schrumpft dabei auf den Wert eines winzigen „Sonnenstäubchens" zusammen, wie deren ungezählte Millionen im unendlichen Weltraum umherjagen. Unser eigenes „*Menschenwesen*", welches in seinem anthropistischen Größenwahn sich als „Ebenbild Gottes" verherrlicht, sinkt zur Bedeutung eines plazentalen Säugetiers hinab, welches nicht mehr Wert für das ganze Universum besitzt als die Ameise und die Eintagsfliege, als das mikroskopische Infusorium und der winzigste Bazillus. Nur die Macht der Tradition und des Aberglaubens hält jene Einbildung noch aufrecht. Auch wir Menschen sind nur vorübergehende Entwickelungszustände der ewigen Substanz, individuelle Erscheinungsformen der Materie und Energie, deren Nichtigkeit wir begreifen gegenüber dem unendlichen Raum und der ewigen Zeit.

Dreizehntes Kapitel

Raum und Zeit. Seitdem *Kant* die Begriffe von Raum und Zeit als bloße „Formen der Anschauung“ erklärt hat – den Raum als Form der äußeren, die Zeit als Form der inneren Anschauung –, hat sich über diese wichtigen Probleme der Erkenntnis ein gewaltiger Streit erhoben, der auch heute noch fortdauert. Bei einem großen Teile der modernen Metaphysiker hat sich die Ansicht befestigt, daß dieser „kritischen Tat“ als Ausgangspunkt einer „rein idealistischen Erkenntnistheorie“ die größte Bedeutung beizulegen sei, und daß damit die natürliche Ansicht des gesunden Menschenverstandes von der *Realität des Raumes und der Zeit* widerlegt sei. Diese einseitige und ultra-idealistische Auffassung jener beiden Grundbegriffe ist die Quelle der größten Irrtümer geworden; sie übersieht, daß *Kant* mit jenem Satze nur die eine Seite des Problems, die *subjektive*, streifte, daneben aber die andere, die *objektive*, als gleichberechtigt anerkannte; er sagte: „Raum und Zeit haben *empirische Realität*, aber *transzendentale Idealität*.“ Mit diesem Satze Kants kann sich unser moderner Monismus wohl einverstanden erklären, nicht aber mit jener einseitigen Geltendmachung der subjektiven Seite des Problems; denn diese führt in ihrer Konsequenz zu jenem absurden Idealismus, der in *Berkeleys* Satze gipfelt: „Körper sind nur Vorstellungen; ihr Dasein besteht im Wahrgenommenwerden“. Dieser Satz sollte heißen: „Körper sind für mein persönliches Bewußsein nur Vorstellungen; ihr Dasein ist ebenso real wie dasjenige meiner Denkorgane, nämlich der Ganglienzellen des Großhirns, welche die Eindrücke der Körper auf meine Sinnesorgane aufnehmen und durch Assozion derselben jene Vorstellung bilden.“ Ebensogut, wie ich die Realität von „Raum und Zeit“ bezweifle, oder gar leugne, kann ich auch diejenige meines eigenen Bewußtseins leugnen; im Fieberdelirium, in Halluzinationen, im Traum, im Doppelbewußtsein halte ich Vorstellungen für wahr, welche nicht real, sondern „Einbildungen“ sind; ich halte sogar meine eigene Person für eine andere. Das berühmte „Cogito ergo sum“ gilt also hier nicht mehr.

Dagegen ist die *Realität von Raum und Zeit* jetzt endgültig bewiesen durch die Erweiterung unserer Weltanschauung, welche wir dem Substanzgesetz und der monistischen Kosmogenie verdanken. Nachdem wir die unhaltbare Vorstellung vom „leeren Raum" glücklich abgestreift haben, bleibt uns als das unendliche, „*raumerfüllende* Medium" die *Materie*, und zwar in ihren beiden Formen: *Äther* und *Masse*. Ebenso betrachten wir anderseits als das „*zeiterfüllende* Geschehen" die ewige Bewegung oder genetische *Energie*, welche sich in der ununterbrochenen *Entwickelung* der Substanz äußert, in dem „Perpetuum mobile" des *Universum.*

Universum perpetuum mobile. Da jeder bewegte Körper seine Bewegung so lange fortsetzt, als ihn nicht äußere Umstände daran hindern, kam der Mensch schon vor Jahrtausenden auf den Gedanken, Apparate zu bauen, die sich, einmal in Bewegung gesetzt, immerfort in derselben Weise weiter bewegen. Man übersah dabei, daß jede Bewegung auf äußere Hindernisse stößt und allmählich aufhört, wenn nicht ein neuer Anstoß von außen erfolgt, wenn nicht eine neue Kraft zugeführt wird, die jene Hindernisse überwindet. So würde z. B. ein schwingender Pendel in Ewigkeit mit derselben Geschwindigkeit sich hin und her bewegen, wenn nicht der Widerstand der Luft und die Reibung im Aufhängungspunkte die mechanische lebendige Kraft seiner Bewegung allmählich aufhöben und in Wärme verwandelten. Wir müssen ihm durch einen neuen Anstoß (oder bei der Pendeluhr durch Aufziehen des Gewichtes) neue mechanische Kraft zuführen. Daher ist die Konstruktion einer Maschine, welche ohne äußere Hilfe einen Arbeitsüberschuß erzeugt, durch den sie sich selbst immerfort im Gang erhält, unmöglich. Alle Versuche, ein solches Perpetuum mobile zu bauen, mußten fehlschlagen; die Erkenntnis des Substanzgesetzes bewies sodann auch theoretisch die Unmöglichkeit desselben.

Anders verhält es sich aber, wenn wir den *Kosmos* als Ganzes ins Auge fassen, das unendliche Weltall, welches in ewiger Bewegung begriffen ist. Die unendliche Materie, welche objektiv denselben erfüllt, nennen wir in unserer subjektiven Vorstellung „*Raum*“; die ewige Bewegung derselben, die objektiv eine periodische, in sich selbst zurückkehrende Entwickelung darstellt, nennen wir subjektiv „*Zeit*“. Diese beiden „Formen der Anschauung“ überzeugen uns von der Unendlichkeit und Ewigkeit des Weltalls. Damit ist aber zugleich gesagt, daß das ganze *Universum* selbst ein allumfassendes Perpetuum mobile ist. Diese unendliche und ewige „Maschine des Weltalls“ erhält sich selbst in ewiger und ununterbrochener Bewegung, weil jedes Hindernis durch ein „Äquivalent der Energie“ ausgeglichen wird, weil die unendlich große *Summe* der aktuellen und potentiellen Energie ewig dieselbe bleibt. Das Gesetz von der Erhaltung der Kraft beweist also, daß die Vorstellung des Perpetuum mobile für den *ganzen* Kosmos ebenso wahr und fundamental bedeutend ist, wie sie für die isolierte Aktion eines *Teiles* desselben unmöglich ist. Dadurch wird auch die wichtige Lehre von der *Entropie* erschüttert.

Entropie des Weltalls. Der scharfsinnige Begründer der *mechanischen Wärmetheorie* (1850), *Clausius*, faßte den wichtigsten Inhalt dieser bedeutungsvollen Lehre in zwei Hauptsätze zusammen. Der erste Hauptsatz lautet: „*Die Energie des Weltalls ist konstant*“; er bildet die eine Hälfte unseres Substanzgesetzes, das „Energieprinzip“. Der zweite Hauptsatz lehrt dagegen: „*Die Entropie des Weltalls strebt einem Maximum zu.*“ Der zweite Hauptsatz ist nach unserer Ansicht ebenso irrig, wie der erste richtig ist. Nach der Ansicht von *Clausius* zerfällt die Gesamtenergie des Weltalls in zwei Teile, von denen der eine (als Wärme von höherer Temperatur, als mechanische, elektrische, chemische Energie usw.) noch teilweise in Arbeit umsetzbar ist, der andere dagegen nicht; diese letztere, die bereits in Wärme verwandelte und in kälteren Körpern angesammelte Energie, ist für weitere Arbeitsleistung unwiederbringlich verloren. Diesen unverbrauchten Energieteil, der nicht mehr in mechanische

Arbeit umgesetzt werden kann, nennt *Clausius Entropie* (d. h. die nach innen gewendete Kraft); er wächst beständig auf Kosten des ersten Teiles. Da nun tagtäglich immer mehr mechanische Energie des Weltalls in Wärme übergeht und diese nicht in die erstere zurückverwandelt werden kann, muß die gesamte (unendliche!) Quantität der Wärme und Energie immer mehr zerstreut und herabgesetzt werden. Alle Temperaturunterschiede müßten zuletzt verschwinden und die völlig gebundene Wärme gleichmäßig in einem einzigen trägen Klumpen von starrer Materie verbreitet sein; alles organische Leben und alle organische Bewegung würde aufgehört haben, wenn dieses *Maximum der Entropie* erreicht wäre; das wahre „Ende der Welt" wäre da (vgl. *Felix Auerbach*, Die Weltherrin und ihr Schatten, 1902).

Wenn diese Lehre von der Entropie richtig wäre, so müßte dem angenommenen „*Ende* der Welt" auch ein ursprünglicher „*Anfang*" derselben entsprechen, ein *Minimum der Entropie*, in welchem die Temperaturdifferenzen der gesonderten Weltteile die größten waren. Beide Vorstellungen sind nach unserer monistischen und streng konsequenten Auffassung des ewigen kosmogenetischen Prozesses gleich unhaltbar; beide widersprechen dem Substanzgesetz. Es gibt einen Anfang der Welt ebensowenig als ein Ende derselben. Wie das Universum unendlich ist, so bleibt es auch ewig in Bewegung; ununterbrochen findet eine Verwandlung der lebendigen Kraft in Spannkraft statt und umgekehrt, und die Summe dieser aktuellen und potentiellen Energie bleibt dieselbe.

Die Verteidiger der Entropie behaupten dieselbe dagegen mit Recht, sobald sie nur *einzelne* Prozesse ins Auge fassen, bei welchem *unter gewissen Bedingungen* die gebundene Wärme nicht in Arbeit zurückverwandelt werden kann. So kann z. B. bei der Dampfmaschine die Wärme nur dann in mechanische Arbeit umgewandelt werden, wenn sie aus einem wärmeren Körper (Dampf) in einen kälteren (Kühlwasser) übergeht, aber nicht umgekehrt. Im großen *Ganzen* des Weltalls herrschen aber ganz andere Verhältnisse; hier sind Bedingungen gegeben, in denen auch die umgekehrte Verwandlung der latenten Wärme in mechanische Arbeit stattfinden kann. So werden z. B. beim Zusammenstoße von zwei Weltkörpern, die mit ungeheurer Geschwindigkeit aufeinander treffen, kolossale Wärmemengen frei, während die zerstäubten Massen in den Weltraum hinausgeschleudert und zerstreut werden. Das ewige Spiel der rotierenden Massen mit Verdichtung der Teile, Ballung neuer kleiner Meteoriten, Vereinigung derselben zu größeren usw. beginnt von neuem (vgl. *Zehnder*, Die Mechanik des Weltalls, 1897).

II. Monistische Geogenie. Die Entwickelungsgeschichte der Erde, auf die wir jetzt noch einen flüchtigen Blick werfen, bildet nur einen winzig kleinen Teil von derjenigen des Kosmos. Sie ist zwar auch gleich dieser seit mehreren Jahrtausenden Gegenstand der philosophischen Spekulation und noch mehr der mythologischen Dichtung gewesen; aber ihre wirklich wissenschaftliche Erkenntnis ist viel jünger und stammt zum weitaus größten Teile erst aus dem neunzehnten Jahrhundert. Im Prinzip war die Natur der Erde, als eines Planeten, der um die Sonne kreist, schon durch das Weltsystem des *Kopernikus* (1543) bestimmt; durch *Galilei*, *Keppler* und andere große Astronomen war ihr Abstand von der Sonne, ihr Bewegungsgesetz usw. mathematisch festgestellt. Auch war bereits durch die Kosmogenie von *Kant* und *Laplace* der Weg gezeigt, auf welchem sich die Erde aus der Mutter Sonne entwickelt hatte. Aber die spätere Geschichte unseres Planeten, die Umbildung seiner Oberfläche, die Entstehung der Kontinente und Meere, der Gebirge und Wüsten war noch zu Ende des achtzehnten und in den ersten beiden Dezennien des neunzehnten Jahrhunderts nur wenig Gegenstand ernster wissenschaftlicher Untersuchungen gewesen. Meistens begnügte man sich mit ziemlich unsicheren Vermutungen oder mit der Annahme der traditionellen Schöpfungssagen; insbesondere verschloß auch hier wieder der überlieferte Glaube an die mosaische Schöpfungsgeschichte von vornherein den Weg zur wahren Erkenntnis.

Erst im Jahre 1822 erschien ein bedeutendes Werk, welches zur wissenschaftlichen Erforschung der Erdgeschichte diejenige Methode einschlug, die sich bald als die weitaus fruchtbarste erwies, die *ontologische Methode* oder das *Prinzip des Aktualismus*. Sie besteht darin, daß wir die Erscheinungen der *Gegenwart* genau studieren und benutzen, um dadurch die ähnlichen geschichtlichen Vorgänge der *Vergangenheit* zu erklären. Die Gesellschaft der Wissenschaften zu Göttingen hatte daraufhin 1818 eine Preisaufgabe gestellt für: „Die gründlichste und umfassendste Untersuchung über die Veränderungen der Erdoberfläche, welche in der Geschichte sich nachweisen lassen, und die Anwendung, welche man von ihrer Kunde bei Erforschung der Erdrevolutionen, die außer dem Gebiete der Geschichte liegen, machen kann." Die Lösung dieser wichtigen Preisaufgabe gelang *Karl Hoff* aus Gotha in seinem ausgezeichneten Werke: „Geschichte der durch Überlieferung nachgewiesenen natürlichen Veränderungen der Erdoberfläche" (in vier Bänden, 1822 bis 1834). In umfassendster Weise und mit größtem Erfolge wurde dann die von ihm begründete *ontologische* oder *aktualistische Methode* auf das gesamte Gebiet der *Geologie* von dem großen englischen Geologen *Charles Lyell* angewendet; seine *Prinzipien der Geologie* (1830) legten den festen Grund, auf dem die folgende Geschichte der Erde mit so glänzendem Erfolge weiterbaute. Die bedeutungsvollen geogenetischen Forschungen von *Alexander Humboldt* und *Leopold Buch*, von *Gustav Bischof* und *Eduard Süß* wie von vielen anderen modernen Geologen stützen sich sämtlich auf die festen empirischen Grundlagen und spekulativen Prinzipien, welche wir den bahnbrechenden Untersuchungen von *Karl Hoff* und *Charles Lyell* verdanken. Sie machten der reinen, vernünftigen Wissenschaft die Bahn frei auf dem Gebiete der Erdgeschichte; sie entfernten die gewaltigen Hindernisse, welche auch hier die mythologische Dichtung und die religiöse Tradition aufgehäuft hatten, vor allem die Bibel und die darauf gegründete christliche Mythologie. Ich habe die großen Verdienste von *Charles Lyell* und dessen Beziehungen zu seinem Freunde *Charles Darwin* bereits im sechsten und fünfzehnten Vortrage meiner „Natürlichen Schöpfungsgeschichte“ besprochen; für die weitere Kenntnis der Erdgeschichte und der gewaltigen Fortschritte, welche die dynamische und historische Geologie im neunzehnten Jahrhundert gemacht haben, verweise ich auf die bekannten Werke von *Süß*, *Neumayr*, *Credner* und *Johannes Walther*.

Als zwei Hauptabschnitte der Erdgeschichte müssen wir vor allem die *anorganische* und *organische Geogenie* unterscheiden; die letztere beginnt mit dem ersten Auftreten lebender Wesen auf unserem Erdball. Die *anorganische Geschichte* der Erde, der ältere Abschnitt, verlief in derselben Weise wie diejenige der übrigen Planeten unseres Sonnensystems; sie alle lösten sich vom Äquator des rotierenden Sonnenkörpers als Nebelringe ab, welche sich allmählich zu selbständigen Weltkörpern verdichteten. Aus dem gasförmigen Nebelball wurde durch Abkühlung der glutflüssige Erdball, und weiterhin entstand an dessen Oberfläche durch fortschreitende Wärmeausstrahlung die dünne feste *Rinde*, welche wir bewohnen. Erst nachdem die Temperatur an der Oberfläche bis zu einem gewissen Grade gesunken war, konnte sich aus der umgebenden Dampfhülle das erste tropfbar-flüssige Wasser niederschlagen, und damit war die wichtigste Vorbedingung für die Entstehung des organischen Lebens, für die Biogenie, gegeben.

III. Monistische Biogenie. Der dritte Hauptabschnitt der Weltentwickelung beginnt mit der ersten Entstehung der Organismen auf unserem Erdball und dauert seitdem ununterbrochen bis zur Gegenwart fort. Die großen Welträtsel, welche dieser interessanteste Teil der Erdgeschichte uns vorlegt, galten noch im Anfange des neunzehnten Jahrhunderts allgemein für unlösbar oder doch für so schwierig, daß ihre Lösung in weitester

Ferne zu liegen schien; nach Abschluß desselben durften wir mit berechtigtem Stolze sagen, daß sie durch die moderne *Biologie*, insbesondere den *Transformismus im Prinzip* gelöst sind. Selbst viele einzelne Erscheinungen dieses wunderbaren „Lebensreiches" sind heute so vollkommen physikalisch erklärt wie irgendein wohlbekanntes physikalisches Phänomen in der anorganischen Natur. Das Verdienst, den ersten aussichtsreichen Schritt auf dieser schwierigen Bahn getan und den Weg zur monistischen Lösung aller biologischen Probleme gezeigt zu haben, gebührt dem geistvollen französischen Naturforscher *Jean Lamarck*; er veröffentlichte 1809, im Geburtsjahre von *Charles Darwin*, seine gedankenreiche „Philosophie zoologique". In diesem originellen Werke ist nicht allein der großartige Versuch gemacht worden, alle Erscheinungen des organischen Lebens von einem einheitlichen physikalischen Gesichtspunkte aus zu erklären, sondern auch der Weg eröffnet, auf dem allein das schwierigste Rätsel dieses Gebietes gelöst werden kann, das Problem von der natürlichen Entstehung der organischen Speziesformen. *Lamarck*, der gleich ausgedehnte empirische Kenntnisse in Zoologie und Botanik besaß, entwarf hier zum ersten Male die Grundzüge der Abstammungslehre oder *Deszendenztheorie*; er zeigte, wie alle die unzähligen Formen des Tier- und Pflanzenreiches durch allmähliche Umbildung aus gemeinsamen einfachsten Stammformen hervorgegangen sind, und wie die allmähliche Veränderung der Gestalten durch *Anpassung*, in Wechselwirkung mit *Vererbung*, diese ununterbrochene Transmutation langsam bewirkt hat.

Im fünften Vortrage meiner „Natürlichen Schöpfungsgeschichte" habe ich die Verdienste von *Lamarck* nach Gebühr gewürdigt. Durch seinen größten Nachfolger, *Charles Darwin*, wurden fünfzig Jahre später nicht nur alle wichtigen Hauptsätze der Deszendenztheorie unwiderleglich begründet, sondern auch durch Einführung der *Selektionstheorie* oder Züchtungslehre die Lücke ausgefüllt, welche der erstere gelassen hatte. Der Erfolg, welchen *Lamarck* trotz aller Verdienste nicht hatte erlangen können, wurde *Darwin* in reichstem Maße zuteil; sein epochemachendes Werk „Über den Ursprung der Arten durch natürliche Züchtung“ hat im Laufe der letzten vierzig Jahre die ganze moderne Biologie von Grund aus umgestaltet.

Darwin ist der Kopernikus der organischen Welt geworden, wie ich schon 1868 betonte.

IV. MONISTISCHE ANTHROPOGENIE. Als vierter und letzter Hauptabschnitt der Weltentwickelung kann für uns Menschen derjenige jüngste Zeitraum gelten, innerhalb dessen sich unser eigenes Geschlecht entwickelt hat. Schon *Lamarck* (1809) hatte klar erkannt, daß diese Entwickelung vernünftigerweise nur auf *einem* natürlichen Wege denkbar sei, durch „*Abstammung vom Affen*“ als von dem nächstverwandten Säugetiere. *Huxley* zeigte sodann (1863) in seiner berühmten Abhandlung über „die Stellung des Menschen in der Natur“, daß diese bedeutungsvolle Annahme ein notwendiger Folgeschluß der Deszendenztheorie und durch anatomische, embryologische und paläontologische Tatsachen wohlbegründet sei; er erklärte diese „Frage aller Fragen“ im Prinzip für gelöst. *Darwin* behandelte sodann dieselbe in geistreicher Weise von verschiedenen Seiten in seinem Werke über „die Abstammung des Menschen und die geschlechtliche Zuchtwahl“ (1871). Ich selbst hatte schon in meiner „Generellen Morphologie“ (1866) diesem wichtigsten Spezialproblem der Abstammungslehre ein besonderes Kapitel gewidmet. 1874 veröffentlichte ich meine *Anthropogenie*, in der zum ersten Malc der Versuch durchgeführt ist, die Abstammung des Menschen durch seine ganze Ahnenreihe bis zur ältesten archigonen Monerenform hinauf zu verfolgen; ich stützte mich dabei gleichmäßig auf die drei großen Urkunden der Stammesgeschichte, auf die vergleichende Anatomie, Ontogenie und Paläontologie (sechste umgearbeitete Auflage 1910). Die neueren wichtigen Fortschritte in der anthropogenetischen Forschung habe ich in dem Vortrage beleuchtet, den ich

1898 auf dem internationalen Zoologenkongreß in Cambridge „über unsere gegenwärtige Kenntnis vom Ursprung des Menschen" gehalten habe. Die 30 dort unterschiedenen Stufen unserer Progonotaxis sind eingehend begründet in meiner Festschrift über „Unsere Ahnenreihe" (Jena 1908).

VIERZEHNTES KAPITEL

EINHEIT DER NATUR

Monistische Studien über die materielle und energetische Einheit des Kosmos. Mechanismus und Vitalismus. Ziel, Zweck und Zufall

---

„Alle uns bekannten Naturkörper, belebte und leblose, stimmen überein in allen wesentlichen Grundeigenschaften. Die Unterschiede, welche zwischen diesen beiden Hauptgruppen (den organischen und anorganischen Körpern) hinsichtlich ihrer Formen und Funktionen existieren, sind lediglich die notwendige Folge ihrer verschiedenartigen chemischen Zusammensetzung. Die eigentümlichen Bewegungserscheinungen und Formen des organischen Lebens sind nicht der Ausfluß einer besonderen ‚*Lebenskraft*', sondern lediglich die unmittelbaren oder mittelbaren Leistungen der Eiweißkörper (*Plasma*-Verbindungen) und anderer komplizierter Verbindungen des *Kohlenstoffs*."

Generelle Morphologie (1866)

INHALT DES VIERZEHNTEN KAPITELS

Monismus des Kosmos. Prinzipielle Einheit der organischen und anorganischen Natur. Kohlenstofftheorie (Karbogentheorie). Hypothese der Urzeugung (Archigonie). Mechanische und zwecktätige Ursachen. Mechanik und Teleologie bei Kant. Der Zweck in der organischen und anorganischen Natur. Vitalismus, Lebenskraft. Neovitalismus, Dominanten. Dysteleologie (Lehre von den rudimentäreu Organen). Unzweckmäßigkeit und Unvollkommenheit der Natur. Zielstrebigkeit in den organischen Körpern. Ihre Abwesenheit in der Ontogenese und in der Phylogenese. Platonische Ideen. Sittliche Weltordnung, nicht nachzuweisen in der organischen Erdgeschichte, in der Wirbeltiergeschichte, in der Völkergeschichte. Vorsehung. Ziel, Zweck und Zufall.

LITERATUR

Paul Holbach, System der Natur. Paris 1770. Deutsch Leipzig 1783.

Hermann Helmholtz, Populäre wissenschaftliche Vorträge. I.–III. Heft. Braunschweig 1865.

W. R. Grove, Die Verwandtschaft der Naturkräfte. Braunschweig 1871.

Philipp Spiller, Die Urkraft des Weltalls nach ihrem Wesen und Wirken auf allen Naturgebieten. Berlin 1876.

Philipp Spiller, Die Entstehung der Welt und die Einheit der Naturkräfte. Populäre Kosmogenie. Berlin 1870.

Carl Nägeli, Mechanisch-physiologische Theorie der Abstammungslehre. München 1884.

Ludwig Zehnder, Die Entstehung des Lebens, aus mechanischen Grundlagen entwickelt. Freiburg i. B. 1899.

Ernst Haeckel, Allgemeine Untersuchungen über die Natur und erste Entstehung der Organismen, ihr Verhältniß zu den Anorganen und ihre Eintheilung in Thiere und Pflanzen. (Zweites Buch der Generellen Morphologie, Bd. I, S. 109 bis 238.) Berlin 1866.

Kosmos, Zeitschrift für einheitliche Weltanschauung auf Grund der Entwickelungslehre. Unter Mitwirkung von Charles Darwin und Ernst Haeckel herausgegeben von Ernst Krause. Bd. I–XIX. Berlin 1877–1886.

Durch das Substanzgesetz ist zunächst die fundamentale Tatsache erwiesen, daß jede Naturkraft mittelbar oder unmittelbar in jede andere umgewandelt werden kann. Mechanische und chemische Energie, Schall und Wärme, Licht und Elektrizität können ineinander übergeführt werden und erweisen sich nur als verschiedene Erscheinungsformen einer und derselben Urkraft, der *Energie*. Daraus ergibt sich der bedeutungsvolle Satz von der *Einheit aller Naturkräfte* oder, wie wir auch sagen können, dem „*Monismus der Energie*". Im gesamten Gebiete der Physik und Chemie ist dieser Fundamentalsatz jetzt allgemein anerkannt, soweit er die anorganischen Naturkörper betrifft.

Anders verhält sich scheinbar die organische Welt, das bunte und formenreiche Gebiet des Lebens. Zwar liegt es auch hier auf der Hand, daß ein *großer Teil* der Lebenserscheinungen unmittelbar auf mechanische und chemische Energie, auf elektrische und Lichtwirkungen zurückzuführen ist. Für einen anderen Teil derselben aber wird das auch heute noch bestritten, so vor allem für das Welträtsel des „*Seelenlebens*", insbesondere des Bewußtseins. Hier ist es nun das hohe Verdienst der modernen *Entwickelungslehre*, die Brücke zwischen den beiden, scheinbar getrennten Gebieten geschlagen zu haben. Wir sind jetzt zu der klaren Überzeugung gelangt, daß auch alle Erscheinungen des organischen Lebens ebenso dem universalen Substanzgesetz unterworfen sind wie die *anorganischen* Phänomene im unendlichen Kosmos.

Die Einheit der Natur, die hieraus folgt, die Überwindung des früheren Dualismus, ist sicher eines der wertvollsten Ergebnisse unserer modernen *Genetik*. Ich habe diesen „*Monismus des Kosmos*" die prinzipielle „Einheit

24*

der organischen und anorganischen Natur" schon im Jahre 1866 sehr eingehend zu begründen versucht, indem ich die Übereinstimmung der beiden großen Naturreiche in Beziehung auf Stoffe, Formen und Kräfte einer eingehenden kritischen Prüfung und Vergleichung unterzog. (Generelle Morphologie, 5. Kap.) Einen kurzen Auszug ihrer Ergebnisse enthält der fünfzehnte Vortrag meiner „Natürlichen Schöpfungsgeschichte". Während die hier entwickelten Anschauungen von der großen Mehrzahl der Naturforscher gegenwärtig angenommen sind, ist doch neuerdings von mehreren Seiten der Versuch gemacht worden, dieselben zu bekämpfen und den alten Gegensatz von zwei verschiedenen Naturgebieten aufrechtzuerhalten. Den konsequentesten derartigen Versuch enthält das 1899 erschienene Werk des Botanikers *Reinke*: „Die Welt als Tat." Dasselbe vertritt in lobenswerter Konsequenz den *reinen kosmologischen Dualismus* und beweist damit selbst, wie gänzlich unhaltbar die damit verknüpfte teleologische Weltanschauung ist. In dem ganzen Gebiete der anorganischen Natur sollen danach nur physikalische und chemische Kräfte wirken, in demjenigen der organischen Natur daneben „intelligente Kräfte", die Richtkräfte oder Dominanten. Nur im ersteren Gebiete soll das Substanzgesetz Geltung haben, im letzteren nicht. In der Hauptsache handelt es sich auch hier wieder um den uralten Gegensatz der *mechanischen* und *teleologischen* Weltanschauung. Bevor wir auf denselben eingehen, wollen wir kurz auf zwei andere Theorien hinweisen, welche nach meiner Überzeugung für die Entscheidung dieser wichtigen Probleme sehr wertvoll sind, die Kohlenstofftheorie und die Urzeugungslehre.

KOHLENSTOFFTHEORIE *(Karbogentheorie)*. Die physiologische Chemie hat im Laufe der letzten fünfzig Jahre durch unzählige Analysen folgende fünf Tatsachen festgestellt: 1. In den organischen Naturkörpern kommen keine anderen Elemente vor als in den anorganischen. 2. Diejenigen Verbindungen der Elemente, welche den Organismen eigentümlich sind, und welche ihre „Lebenserscheinungen“ bewirken, sind zusammengesetzte Plasmakörper aus der Gruppe der Albuminate oder Eiweiß-Verbindungen. 3. Das organische Leben selbst ist ein chemisch-physikalischer Prozeß, der auf dem Stoffwechsel dieser plasmatischen Albuminate beruht. 4. Dasjenige Element, welches allein imstande ist, diese zusammengesetzten Eiweißkörper in Verbindung mit anderen Elementen (Sauerstoff, Wasserstoff, Stickstoff, Schwefel) aufzubauen, ist der Kohlenstoff. 5. Diese plasmatischen Kohlenstoff-Verbindungen zeichnen sich vor den meisten anderen chemischen Verbindungen durch ihre sehr komplizierte Molekularstruktur aus, durch ihre Unbeständigkeit und ihren gequollenen Aggregatzustand. Auf Grund dieser fünf fundamentalen Tatsachen stellte ich im Jahre 1866 folgende *Karbogentheorie* auf: „Lediglich die eigentümlichen, chemisch-physikalischen Eigenschaften des Kohlenstoffes – und namentlich der festflüssige Aggregatzustand und die leichte Zersetzbarkeit der höchst zusammengesetzten, eiweißartigen Kohlenstoff-Verbindungen – sind die mechanischen Ursachen jener eigentümlichen Bewegungs-Erscheinungen, durch welche sich die Organismen von den Anorganen unterscheiden, und die man im engeren Sinne das Leben nennt.“ (Natürl. Schöpfungsgesch. 10. Aufl., S. 357). Obwohl diese „Kohlenstofftheorie“ von mehreren Biologen heftig angegriffen worden ist, hat doch bisher keiner eine bessere monistische Theorie an deren Stelle gesetzt. Heute, wo wir die physiologischen Verhältnisse des Zellenlebens, die Chemie und Physik des lebendigen Plasma, viel besser und gründlicher kennen als vor 40 Jahren, läßt sich die Karbogentheorie viel eingehender und sicherer mechanisch begründen, als es damals möglich war.

Archigonie oder Urzeugung. Der alte Begriff der *Urzeugung* (*Generatio spontanea* oder *aequivoca*) wird heute noch in sehr verschiedenem Sinne verwendet; gerade die Unklarheit über diesen *Begriff* und die widersprechende Anwendung desselben auf ganz verschiedene, alte und neue Hypothesen sind schuld daran, daß dieses wichtige Problem zu den bestrittensten und konfusesten Fragen der ganzen Naturwissenschaft bis auf den heutigen Tag gehört. Ich beschränke den Begriff der Urzeugung – als *Archigonie* oder *Abiogenesis*! – auf die erste Entstehung von lebendem Plasma aus anorganischen Kohlenstoffverbindungen und unterscheide als zwei Hauptperioden in diesem „*Beginn der Biogenesis*" 1. die *Autogonie*, die Entstehung von einfachsten Plasmakörpern in einer anorganischen Bildungsflüssigkeit, und 2. die *Plasmogonie*, die Individualisierung von primitivsten Organismen aus jenen Plasmaverbindungen, in Form von *Moneren*. Ich habe diese wichtigen, aber auch sehr schwierigen Probleme im 15. Kapitel meiner „Natürlichen Schöpfungsgeschichte" so eingehend behandelt, daß ich hier darauf verweisen kann. Eine sehr ausführliche und streng wissenschaftliche Erörterung derselben hatte ich bereits 1866 in der Generellen Morphologie gegeben (Bd. I, S. 167 bis 190); später hat *Naegeli* in seiner „Mechanisch-physiologischen Theorie der Abstammungslehre" (1884) die Hypothese der Urzeugung in demselben Sinne sehr eingehend behandelt und als eine *unentbehrliche Annahme* der natürlichen Entwickelungstheorie bezeichnet. Ich stimme vollkommen seinem Satze bei: „Die Urzeugung leugnen heißt das Wunder verkünden."

Teleologie und Mechanik. Sowohl die Hypothese der Urzeugung als die eng damit verknüpfte Kohlenstofftheorie besitzen die größte Bedeutung für die Entscheidung des alten Kampfes zwischen der *teleologischen (dualistischen)* und der *mechanischen (monistischen)* Beurteilung der Erscheinungen. Seit *Darwin* uns 1859 durch seine geistvolle *Selektionstheorie* den Schlüssel zur monistischen Erklärung der Organisation in die Hand gab, sind wir in den Stand gesetzt, die bunte Mannigfaltigkeit der zweckmäßigen Einrichtungen in der lebendigen Körperwelt ebenso auf natürliche mechanische Ursachen zurückzuführen, wie dies vorher nur in der anorganischen Natur möglich war. Die übernatürlichen zwecktätigen Ursachen, zu welchen man früher seine Zuflucht hatte nehmen müssen, sind dadurch überflüssig geworden. Trotzdem fährt die moderne Metaphysik fort, die letzteren als unentbehrlich und die ersteren als unzureichend zu bezeichnen.

Werkursachen (Causae efficientes) und Endursachen (Causae finales). Den tiefen Gegensatz zwischen den bewirkenden Ursachen (oder Werkursachen) und den zwecktätigen Ursachen (oder Endursachen) hat mit Bezug auf die Erklärung der Gesamtnatur kein neuerer Philosoph schärfer hervorgehoben als *Immanuel Kant*. In seinem berühmten Jugendwerke, der „Allgemeinen Naturgeschichte und Theorie des Himmels“, hatte er 1755 den kühnen Versuch unternommen, „die Verfassung und den mechanischen Ursprung des ganzen Weltgebäudes nach *Newton*schen Grundsätzen abzuhandeln“. Diese „kosmologische Gastheorie“ stützte sich ganz auf die mechanischen Bewegungserscheinungen der Gravitation; sie wurde später von dem großen Astronomen und Mathematiker *Laplace* weiter ausgebildet und mathematisch begründet. Als dieser von Napoleon I. gefragt wurde, welche Stelle in seinem System Gott, der Schöpfer und Erhalter des Weltalls, einnehme, antwortete er klar und ehrlich: „Sire, ich bedarf dieser Hypothese nicht.“ Damit war der *atheistische Charakter* dieser *mechanischen Kosmogenie*, den sie mit allen anorganischen Wissenschaften teilt, offen anerkannt. Dies muß um so mehr hervorgehoben werden, als die *Kant-Laplace*sche Theorie noch heute in fast allgemeiner Geltung steht; alle Versuche, sie durch eine bessere zu ersetzen, sind fehlgeschlagen. Wenn man den *Atheismus* noch heute in weiten Kreisen als einen schweren Vorwurf betrachtet, so trifft dieser die gesamte moderne Naturwissenschaft, insofern sie die *anorganische* Welt unbedingt mechanisch erklärt.

Der *Mechanismus allein* (im Sinne *Kants*!) gibt uns eine *wirkliche Erklärung* der Naturerscheinungen, indem er dieselben auf reale Werkursachen zurückführt, auf blinde und bewußtlos wirkende Bewegungen, welche durch die materielle Konstitution der betreffenden Naturkörper selbst bedingt sind. *Kant* selbst betont, daß es „ohne diesen Mechanismus der Natur keine Naturwissenschaft geben kann“, und daß die *Befugnis* der menschlichen Vernunft zur mechanischen Erklärung *aller* Erscheinungen unbeschränkt sei. Als er aber später in seiner Kritik der teleologischen Urteilskraft die Erklärung der verwickelten Erscheinungen in der *organischen* Natur besprach, behauptete er, daß dafür jene mechanischen Ursachen nicht ausreichend seien; hier müsse man zweckmäßig wirkende Endursachen zu Hilfe nehmen. Zwar sei auch hier die Befugnis unserer Vernunft zur mechanischen Erklärung anzuerkennen, aber ihr *Vermögen* sei begrenzt. Allerdings gestand er ihr teilweise dieses Vermögen zu; aber für den größten Teil der Lebenserscheinungen (und besonders für die Seelentätigkeit des Menschen) hielt er die Annahme von Endursachen unentbehrlich. Der merkwürdige § 79 der Kritik der Urteilskraft trägt die charakteristische Überschrift: „Von der notwendigen Unterordnung des Prinzips des Mechanismus unter das teleologische in Erklärung eines Dinges als Naturzweck.“ Die zweckmäßigen Einrichtungen im Körperbau der organischen Wesen schienen *Kant* ohne Annahme übernatürlicher Endursachen (d. h. also einer planmäßig wirkenden Schöpferkraft) so unerklärlich, daß er sagte: „Es ist ganz gewiß, daß wir die organisierten Wesen und deren innere Möglichkeit nach bloß mechanischen Prinzipien der Natur nicht einmal zureichend kennen, viel weniger uns erklären können, und zwar so gewiß, daß man dreist sagen kann: Es ist für Menschen ungereimt, auch nur einen solchen Anschlag zu fassen oder zu hoffen, daß noch etwa dereinst ein *Newton* aufstehen könne, der auch nur die Erzeugung eines Grashalmes nach Naturgesetzen, die keine Absicht geordnet hat, begreiflich machen werde, sondern man muß diese Einsicht dem Menschen schlechterdings absprechen.“ Siebenzig Jahre später ist dieser unmögliche „*Newton* der organischen Natur“ in *Darwin* wirklich erschienen und hat die große Aufgabe glänzend gelöst, die *Kant* für ganz unlösbar erklärt hatte; seine geniale „*Selektionstheorie*" gibt die volle Lösung.

Der Zweck in der anorganischen Natur *(anorganische Teleologie)*. Seitdem *Newton* (1682) das Gravitationsgesetz aufgestellt, und seitdem *Kant* (1755) „die Verfassung und den *mechanischen* Ursprung des ganzen Weltgebäudes nach *Newton*schen Grundsätzen" festgestellt – seitdem endlich *Laplace* (1796) dieses *Grundgesetz des Weltmechanismus* mathematisch begründet hatte, sind die sämtlichen anorganischen Naturwissenschaften rein *mechanisch* und damit zugleich rein *atheistisch* geworden. In der Astronomie und Kosmogenie, in der Geologie und Meteorologie, in der anorganischen Physik und Chemie gilt seitdem die absolute Herrschaft mechanischer Gesetze auf mathematischer Grundlage als unbedingt feststehend. Seitdem ist aber auch der *Zweckbegriff* aus diesem ganzen großen Gebiete *verschwunden*. Bereits am Schlusse des neunzehnten Jahrhunderts gelangte diese monistische Betrachtung nach harten Kämpfen zu allgemeiner Geltung; jetzt fragt kein Naturforscher mehr im Ernste nach dem Zwecke irgendeiner Erscheinung in diesem ganzen unermeßlichen Gebiete. Oder sollte wirklich noch heute im Ernste ein Astronom nach dem Zwecke der Planetenbewegungen oder ein Mineraloge nach dem Zwecke der einzelnen Kristallformen fragen? Oder sollte ein Physiker über den Zweck der elektrischen Kräfte oder ein Chemiker über den Zweck der Atomgewichte grübeln? Wir dürfen getrost antworten: *nein*! Sicher nicht in dem Sinne, daß der „liebe Gott" oder die zielstrebige Naturkraft diese Grundgesetze des Weltmechanismus einmal plötzlich „aus nichts" zu einem bestimmten Zweck erschaffen hat, und daß er sie nach seinem vernünftigen Willen tagtäglich wirken läßt. Diese anthropomorphe Vorstellung von einem zwecktätigen Weltbaumeister und Weltherrscher ist hier völlig überwunden; an seine Stelle sind die „ewigen, ehernen, großen Naturgesetze" getreten.

Der Zweck in der organischen Natur *(biologische Teleologie)*. Eine ganz andere Bedeutung und Geltung als in der anorganischen besitzt der *Zweckbegriff* noch heute in der organischen Natur. Im Körperbau und in der Lebenstätigkeit aller Organismen tritt uns die Zwecktätigkeit unleugbar entgegen. Jede Pflanze und jedes Tier erscheinen in der Zusammensetzung aus einzelnen Teilen ebenso für einen bestimmten Lebenszweck eingerichtet wie die künstlichen, vom Menschen erfundenen und konstruierten Maschinen; und solange ihr Leben fortdauert, ist auch die Funktion der einzelnen Organe ebenso auf bestimmte Zwecke gerichtet wie die Arbeit in den einzelnen Teilen der Maschine. Es war daher ganz naturgemäß, daß die ältere naive Naturbetrachtung für die Entstehung und die Lebenstätigkeit der organischen Wesen einen Schöpfer in Anspruch nahm, der „mit Weisheit und Verstand alle Dinge geordnet" hatte, und der jedes Tier und jede Pflanze ihrem besonderen Lebenszwecke entsprechend organisiert hatte. Gewöhnlich wurde dieser „allmächtige Schöpfer Himmels und der Erden" durchaus anthropomorph gedacht; er schuf „jegliches Wesen nach seiner Art". Solange dabei dem Menschen der Schöpfer noch in menschlicher Gestalt erschien, denkend mit seinem Gehirn, sehend mit seinen Augen, formend mit seinen Händen, konnte man sich von diesem „göttlichen Maschinenbauer" und von seiner künstlerischen Arbeit in der großen Schöpfungswerkstätte noch eine anschauliche Vorstellung machen. Viel schwieriger wurde dies, als sich der Gottesbegriff läuterte, und man in dem „unsichtbaren Gott" einen Schöpfer ohne Organe (– ein gasförmiges Wesen –) erblickte. Noch unbegreiflicher endlich wurden diese anthropistischen Vorstellungen, als die Physiologie an die Stelle des bewußt bauenden Gottes die unbewußt schaffende „*Lebenskraft*" setzte – eine unbekannte, zweckmäßig tätige Naturkraft, welche von den bekannten physikalischen und chemischen Kräften verschieden war und diese nur zeitweise – auf Lebenszeit – in Dienst nahm. Dieser *Vitalismus* blieb noch bis um die Mitte des neunzehnten Jahrhunderts herrschend; er fand seine tatsächliche Widerlegung erst durch den großen Physiologen *Johannes Müller* in Berlin. Zwar war auch dieser gewaltige Biologe (gleich allen anderen in der ersten Hälfte des neunzehnten Jahrhunderts) im Glauben an die Lebenskraft aufgewachsen und hielt sie für die Erklärung der „letzten Lebensursachen" für unentbehrlich; aber er führte zugleich in seinem klassischen, noch heute unübertroffenen Lehrbuch der Physiologie (1833) den indirekten Beweis, daß eigentlich nichts mit ihr anzufangen ist. *Müller* selbst zeigte in einer langen Reihe von ausgezeichneten Beobachtungen und scharfsinnigen Experimenten, daß die meisten Lebenstätigkeiten im Organismus des Menschen ebenso wie der übrigen Tiere nach physikalischen und chemischen Gesetzen geschehen, daß viele von ihnen sogar mathematisch bestimmbar sind. Das gilt ebensowohl von den animalen Funktionen der Muskeln und Nerven, der niederen und höheren Sinnesorgane, wie von den vegetalen Vorgängen bei der Ernährung und dem Stoffwechsel, der Verdauung und dem Blutkreislauf. Rätselhaft, und ohne die Annahme einer Lebenskraft nicht erklärbar, blieben eigentlich nur zwei Gebiete, das der höheren Seelentätigkeit (Geistesleben) und das der Fortpflanzung (Zeugung). Aber auch auf diesen Gebieten wurden unmittelbar nach *Müllers* Tode solche gewaltige Entdeckungen und Fortschritte gemacht, daß das unheimliche „Gespenst der Lebenskraft" auch aus diesen letzten Schlupfwinkeln verschwand. Es war gewiß ein merkwürdiger chronologischer Zufall, daß *Johannes Müller* in demselben Jahre (1858) starb, in welchem *Charles Darwin* die ersten Mitteilungen über seine epochemachende Theorie veröffentlichte. Die *Selektionstheorie* des letzteren beantwortete das große Rätsel, vor welchem der erstere stehen geblieben war: die Frage von der Entstehung zweckmäßiger Einrichtungen durch mechanische Ursachen.

Der Zweck in der Selektionstheorie (Darwin 1859). Das unsterbliche philosophische Verdienst *Darwins* bleibt, wie wir schon oft betont haben, ein doppeltes: erstens die Reform der älteren, 1809 von *Lamarck* begründeten *Deszendenztheorie*, ihre Begründung durch das gewaltige, im Laufe dieses halben Jahrhunderts angesammelte Tatsachen-Material – und zweitens die Aufstellung der *Selektionstheorie*, jener Zuchtwahllehre, welche uns erst eigentlich die wahren bewirkenden Ursachen der allmählichen Artumbildung enthüllt. *Darwin* zeigte zuerst, wie der gewaltige „*Kampf ums Dasein*“ der unbewußt wirkende Regulator ist, welcher die Wechselwirkung der Vererbung und Anpassung bei der allmählichen Transformation der Spezies leitet; er ist der große „*züchtende Gott*“, welcher ohne Absicht neue Formen ebenso durch „natürliche Auslese“ bewirkt, wie der züchtende Mensch neue Formen mit Absicht durch „künstliche Auslese“ hervorbringt. Damit wurde das große philosophische Rätsel gelöst: „Wie können zweckmäßige Einrichtungen rein mechanisch entstehen, ohne zwecktätige Ursachen?“ *Kant* hatte dieses schwierige Welträtsel noch für unlösbar erklärt, obwohl schon mehr als 2000 Jahre früher der große Denker *Empedokles* auf den Weg seiner Lösung hingewiesen hatte. Neuerdings hat sich aus derselben das Prinzip der „*teleologischen Mechanik*“ zu immer größerer Geltung entwickelt und hat auch die feinsten und verborgensten Einrichtungen der organischen Wesen uns durch die „funktionelle Selbstgestaltung der zweckmäßigen Struktur“ mechanisch erklärt. Damit ist aber der transzendente Zweckbegriff unserer teleologischen Schulphilosophie beseitigt, das größte Hindernis einer vernünftigen und einheitlichen Naturauffassung.

NEOVITALISMUS. In neuerer Zeit ist das alte Gespenst der mystischen Lebenskraft, das gründlich getötet schien, wieder aufgelebt; verschiedene angesehene Biologen haben versucht, dasselbe unter neuem Namen zur Geltung zu bringen. Die klarste und konsequenteste Darstellung desselben hat 1899 der Kieler Botaniker *J. Reinke* gegeben. Er verteidigt den Wunderglauben und den *Theismus*, die Mosaische *Schöpfungsgeschichte* und die Konstanz der Arten; er nennt die „Lebenskräfte“ (im Gegensatze zu den physikalischen Kräften) Richtkräfte, Oberkräfte oder *Dominanten.* Andere nehmen statt dessen, in ganz anthropistischer Auffassung, einen „*Maschinen-Ingenieur*“ an, welcher der organischen Substanz eine zweckmäßige, auf ein bestimmtes Ziel gerichtete Organisation beigegeben habe. Diese seltsamen teleologischen Hypothesen bedürfen heute ebensowenig mehr einer wissenschaftlichen Widerlegung als die naiven, meistens damit verknüpften Einwürfe gegen den Darwinismus. Die meisten Schriften, welche der anspruchsvolle moderne Neovitalismus zutage gefördert hat, stellen sich in schroffen Gegensatz zum Darwinismus und wollen dessen mechanische *Kausalität* durch ihre zielstrebige *Finalität* ersetzen; sie entbehren aber ebenso der umfassenden und gründlichen Kenntnis der biologischen Tatsachen, wie der unbefangenen und klaren logischen Urteilskraft.

Unzweckmässigkeitslehre *(Dysteleologie)*. Unter diesem Begriffe habe ich schon im Jahre 1866 die Wissenschaft von denjenigen, überaus interessanten und wichtigen, biologischen Tatsachen begründet, welche in handgreiflichster Weise die hergebrachte teleologische Auffassung von der „zweckmäßigen Einrichtung der lebendigen Naturkörper“ direkt widerlegen. Diese „Wissenschaft von den rudimentären, abortiven, verkümmerten, fehlgeschlagenen, atrophischen oder kataplastischen Individuen“ stützt sich auf eine unermeßliche Fülle der merkwürdigsten Erscheinungen, welche zwar den Zoologen und Botanikern längst bekannt waren, aber erst durch *Darwin* ursächlich erklärt und in ihrer hohen philosophischen Bedeutung vollständig gewürdigt worden sind.

Alle höheren Tiere und Pflanzen, überhaupt alle diejenigen Organismen, deren Körper nicht ganz einfach gebaut, sondern aus mehreren, zweckmäßig zusammenwirkenden Organen zusammengesetzt ist, lassen bei aufmerksamer Untersuchung eine Anzahl von nutzlosen oder unwirksamen, ja zum Teil sogar gefährlichen und schädlichen Einrichtungen erkennen. In den Blüten der meisten Pflanzen finden sich neben den wirksamen Geschlechtsblättern, welche die Fortpflanzung vermitteln, einzelne nutzlose Blattorgane ohne Bedeutung (verkümmerte oder „fehlgeschlagene" Staubfäden, Fruchtblätter, Kronen-, Kelchblätter usw.). In den beiden großen und formenreichen Klassen der fliegenden Tiere, Vögel und Insekten, gibt es neben den gewöhnlichen, ihre Flügel täglich gebrauchenden Arten eine Anzahl von Formen, deren Flügel verkümmert sind, und die nicht fliegen können. Fast in allen Klassen der höheren Tiere, die ihre Augen zum Sehen gebrauchen, existieren einzelne Arten, welche im Dunkeln leben und nicht sehen; trotzdem besitzen auch diese noch meistens Augen; nur sind sie verkümmert, zum Sehen nicht mehr tauglich. An unserem eigenen menschlichen Körper besitzen wir solche nutzlose Rudimente in den Muskeln unseres Ohres, in der Nickhaut unseres Auges, in der Brustwarze und Milchdrüse des Mannes und in anderen Körperteilen; ja, der gefürchtete Wurmfortsatz unseres Blinddarmes ist nicht nur unnütz, sondern sogar gefährlich, und alljährlich geht eine Anzahl Menschen durch seine Entzündung zugrunde.

Die *Erklärung* dieser und vieler anderen zwecklosen Einrichtungen im Körperbau der Tiere und Pflanzen vermag weder der alte *mystische Vitalismus* noch der neue, ebenso *irrationelle Neovitalismus* zu geben; dagegen finden wir sie sehr einfach durch die *Deszendenztheorie*. Sie zeigt, daß diese rudimentären Organe *verkümmert* sind, und zwar durch Nichtgebrauch. Ebenso wie die Muskeln, die Nerven, die Sinnesorgane durch Übung und häufigeren Gebrauch gestärkt werden, ebenso erleiden sie umgekehrt durch Untätigkeit und unterlassenen Gebrauch mehr oder weniger Rückbildung. Aber obgleich so durch Übung und Anpassung die höhere Entwickelung der Organe gefördert wird, so verschwinden sie doch keineswegs sofort spurlos durch Nichtübung; vielmehr werden sie durch die Macht der Vererbung noch während vieler Generationen erhalten und verschwinden erst allmählich nach längerer Zeit. Der blinde „Kampf ums Dasein zwischen den Organen" bedingt ebenso ihren historischen Untergang, wie er ursprünglich ihre Entstehung und Ausbildung verursachte. Ein immanenter bewußter „Zweck", eine sogenannte „Zielstrebigkeit", spielt dabei überhaupt gar keine Rolle.

Unvollkommenheit der Natur. Wie das Menschenleben, so bleibt auch das Tier- und Pflanzenleben immer und überall unvollkommen. Diese Tatsache ergibt sich einfach aus der Erkenntnis, daß die Natur – ebenso die organische wie die anorganische – in einem beständigen Flusse der *Entwickelung*, der Veränderung und Umbildung begriffen ist. Diese Entwickelung erscheint uns im großen und ganzen – wenigstens soweit wir die Stammesgeschichte der organischen Natur auf unserem Planeten übersehen können – als eine fortschreitende Umbildung, als ein historischer Fortschritt vom Einfachen zum Zusammengesetzten, vom Niederen zum Höheren, vom Unvollkommenen zum Vollkommeneren. Ich habe schon in der „Generellen Morphologie" (1866) den Nachweis geführt, daß dieser historische *Fortschritt (Progressus)* – oder die allmähliche *Vervollkommnung (Teleosis)* – die *notwendige Wirkung der Selektion* ist, nicht aber die Folge eines vorbedachten Zweckes. Das ergibt sich auch daraus, daß kein Organismus ganz vollkommen ist; selbst wenn er in einem gegebenen Augenblicke den Umständen vollkommen angepaßt wäre, würde dieser Zustand nicht lange dauern; denn die Existenzbedingungen der Außenwelt sind selbst einem beständigen Wechsel unterworfen und bedingen damit eine ununterbrochene Anpassung der Organismen.

Zielstrebigkeit in den organischen Körpern insbesondere. Unter diesem Titel veröffentlichte der berühmte Embryologe *Karl Ernst Baer* 1876 einen Aufsatz der im Zusammenhang mit dem nachfolgenden Artikel über *Darwins* Lehre den Gegnern derselben sehr willkommen erschien und auch heute noch vielfach gegen die moderne Entwickelungstheorie verwertet wird. Zugleich erneuerte er die alte teleologische Naturbetrachtung unter einem neuen Namen; dieser muß hier einer kurzen Kritik unterzogen werden. Vorauszuschicken ist dabei der Hinweis, daß *Baer* zwar ein Naturphilosoph im besten Sinne war, daß aber seine *ursprünglichen monistischen* Anschauungen mit zunehmendem Alter immer mehr durch einen tiefmystischen Zug beeinflußt und zuletzt rein *dualistisch* wurden. In seinem grundlegenden Hauptwerke „über Entwickelungsgeschichte der Tiere" (1828), das er selbst als „Beobachtung und Reflexion" bezeichnet, sind diese beiden Erkenntnistätigkeiten gleichmäßig verwertet. Durch sorgfältigste Beobachtung aller einzelnen Vorgänge bei der Entwickelung des tierischen Eies gelangte *Baer* zur ersten zusammenhängenden Darstellung aller der wunderbaren Umbildungen, welche bei der Entstehung des Wirbeltierkörpers aus der einfachen Eikugel sich abspielen. Durch umsichtige Vergleichung und scharfsinnige Reflexion suchte er aber zugleich die Ursachen jener Transformation zu erkennen und sie auf allgemeine Bildungsgesetze zurückzuführen. Als allgemeinstes Resultat derselben sprach er den Satz aus: „Die Entwickelungsgeschichte des Individuums ist die Geschichte der wachsenden Individualität in jeglicher Beziehung." Dabei betonte er, daß „der *eine Grundgedanke*, der alle einzelnen Verhältnisse der tierischen Entwickelung beherrscht, derselbe ist, der im Weltraum die verteilte Masse in Sphären sammelte und diese zu Sonnensystemen verband. Dieser Gedanke ist aber nichts als das *Leben* selbst, und die Worte und Silben, in denen er sich ausspricht, sind die verschiedenen Formen des Lebendigen".

Zu einer tieferen Erkenntnis dieses genetischen Grundgedankens und zur klaren Einsicht in die wahren bewirkenden Ursachen der organischen Entwickelung vermochte *Baer* damals nicht zu gelangen, weil sein Studium ausschließlich der einen Hälfte der Entwickelungsgeschichte gewidmet war, derjenigen der *Individuen*, der *Embryologie* oder im weiteren Sinne der *Ontogenie*. Die andere Hälfte derselben, die Entwickelungsgeschichte der

Stämme und Arten, unsere Stammesgeschichte oder *Phylogenie*, existierte damals noch nicht, obwohl der weitschauende *Lamarck* schon 1809 den Weg zu derselben gezeigt hatte. Ihre spätere Begründung durch *Darwin* (1859) vermochte der gealterte *Baer* nicht mehr zu verstehen; der nutzlose Kampf, den er gegen dessen Selektionstheorie führte, zeigt klar, daß er weder deren eigentlichen Sinn noch ihre philosophische Bedeutung erkannte. Teleologische und später damit verknüpfte theosophische Spekulationen hatten den alten *Baer* unfähig gemacht, diese größte Reform der Biologie gerecht zu würdigen; die teleologischen Betrachtungen, welche er gegen sie in seinen „Reden und Studien" (1876) als 84jähriger Greis ins Feld führte, sind nur Wiederholungen von ähnlichen Irrtümern, wie sie die Zweckmäßigkeitslehre der dualistischen Philosophie seit mehr als zweitausend Jahren gegen die mechanistische und monistische Weltanschauung aufgestellt hatte. Der „*zielstrebige Gedanke*", welcher nach *Baers* Vorstellung die ganze Entwickelung des Tierkörpers aus der Eizelle bedingt, ist nur ein anderer Ausdruck für die ewige „*Idee*" von *Plato* und für die „Entelechie" seines Schülers *Aristoteles*.

Unsere moderne Biogenie erklärt dagegen die embryologischen Tatsachen rein physiologisch, indem sie als bewirkende mechanische Ursachen derselben die Funktionen der Vererbung und Anpassung erkennt. Das *biogenetische Grundgesetz*, für welches *Baer* kein Verständnis gewinnen konnte, eröffnet uns den innigen kausalen Zusammenhang zwischen der *Ontogenese* der Individuen und der *Phylogenese* ihrer Vorfahren; die erstere erscheint uns jetzt als eine erbliche Rekapitulation der letzteren. Nun können wir aber in der Stammesgeschichte der Tiere und Pflanzen nirgends eine Zielstrebigkeit erkennen, sondern lediglich das notwendige Resultat des gewaltigen Kampfes ums Dasein, der als blinder Regulator, nicht als vorsehender Gott, die Umbildung der organischen Formen durch Wechselwirkung der Anpassungs- und Vererbungsgesetze bewirkt. Ebensowenig können wir aber auch bewußte „Zielstrebigkeit“ in der Keimesgeschichte der Individuen annehmen, in der Embryologie der einzelnen Pflanzen, Tiere und Menschen. Denn diese Ontogenie ist ja nur ein kurzer Auszug aus jener Phylogenie, eine abgekürzte und gedrängte Wiederholung derselben durch die physiologischen Gesetze der Vererbung, bedingt durch das unbewußte Gedächtnis des Plasma („Mneme“).

Das Vorwort zu seiner klassischen „Entwickelungsgeschichte der Tiere“ schloß *Baer* 1828 mit den Worten: „Die Palme wird der Glückliche erringen, dem es vorbehalten ist, die bildenden Kräfte des tierischen Körpers auf die allgemeinen Kräfte oder Lebensrichtungen des Weltganzen zurückzuführen. Der Baum, aus welchem seine Wiege gezimmert werden soll, hat noch nicht gekeimt.“ – Auch darin irrte der große Embryologe. In demselben Jahre 1828 bezog der junge *Charles Darwin* die Universität Cambridge, um Theologie (!) zu studieren, der gewaltige „Glückliche“, der die Palme dreißig Jahre später durch seine Selektionstheorie errang.

Sittliche Weltordnung. In der Philosophie der Geschichte, in den allgemeinen Betrachtungen, welche die Geschichtsschreiber über die Schicksale der Völker und über den verschlungenen Gang der Staatenentwickelung anstellen, herrscht noch heute die Annahme einer „sittlichen Weltordnung“. Die Historiker suchen in dem bunten Wechsel der Völkergeschicke einen leitenden Zweck, eine ideale Absicht, welche diese oder jene Rasse, diesen oder jenen Staat zu besonderem Gedeihen auserlesen und zur Herrschaft über die anderen bestimmt hat. Diese teleologische Geschichtsbetrachtung ist neuerdings um so schärfer in prinzipiellen Gegensatz zu unserer monistischen Weltanschauung getreten, je sicherer sich diese letztere im gesamten Gebiete der organischen Natur als die allein berechtigte herausgestellt hat. In der gesamten Astronomie und Geologie, in dem weiten Gebiete der Physik und Chemie spricht heute niemand mehr von einer sittlichen Weltordnung, ebensowenig als von einem persönlichen Gotte, dessen „Hand mit Weisheit und

Verstand alle Dinge geordnet hat". Dasselbe gilt aber auch von dem gesamten Gebiete der Biologie, von der ganzen Verfassung und Geschichte der organischen Natur, zunächst den Menschen noch ausgenommen. *Darwin* hat uns in seiner Selektionstheorie nicht nur gezeigt, wie die zweckmäßigen Einrichtungen im Leben und im Körperbau der Tiere und Pflanzen ohne vorbedachten Zweck mechanisch entstanden sind, sondern er hat uns auch in seinem „*Kampf ums Dasein*" die gewaltige Naturmacht erkennen gelehrt, welche den ganzen Entwickelungsgang der organischen Welt seit vielen Jahren ununterbrochen beherrscht und regelt. Man könnte freilich sagen: der „Kampf ums Dasein" ist das „Überleben des Passendsten" oder der „Sieg des Besten"; das kann man aber nur, wenn man das Stärkere stets als das Beste (in moralischem Sinne!) betrachtet. Und überdies zeigt uns die ganze Geschichte der organischen Welt, daß neben dem überwiegenden Fortschritt zum Vollkommenen jederzeit auch einzelne Rückschritte zu niederen Zuständen vorkommen. Selbst die „Zielstrebigkeit" im Sinne *Baers* trägt durchaus keinen eigentlich moralischen Charakter!

Verhält es sich nun in der Völkergeschichte, die der Mensch in seinem anthropozentrischen Größenwahn die „Weltgeschichte" zu nennen liebt, etwa anders? Ist da überall und jederzeit ein höchstes moralisches Prinzip oder ein weiser Weltregent zu entdecken, der die Geschicke der Völker leitet? Die unbefangene Antwort kann heute, bei dem vorgeschrittenen Zustand unserer Naturgeschichte und Völkergeschichte, nur lauten: *nein*! Die Geschicke der Zweige des Menschengeschlechts, die als Rassen und Nationen seit Jahrtausenden um ihre Existenz und ihre Fortbildung gerungen haben, unterliegen genau denselben „ewigen, ehernen, großen Gesetzen" wie die Geschicke der ganzen organischen Welt, die seit vielen Jahrmillionen die Erde bevölkert.

Die Geologen unterscheiden in der „organischen Erdgeschichte", soweit sie uns durch die Denkmäler der

25*

Versteinerungskunde bekannt ist, drei große Perioden: das primäre, sekundäre und tertiäre Zeitalter. Die Zeitdauer der ersteren soll nach einer neueren Berechnung mindestens 34 Millionen, die der zweiten 11, die der dritten 3 Millionen Jahre betragen haben (– nach anderen Berechnungen mehr als das Doppelte dieser Zeit! –). Die Geschichte des Wirbeltierstammes, aus dem unser eigenes Geschlecht entsprossen ist, liegt innerhalb dieses langen Zeitraumes klar vor unseren Augen; drei verschiedene Entwickelungsstufen der Vertebraten waren in jenen drei großen Perioden sukzessiv entwickelt; in der primären *(paläozoischen)* Periode die *Fische*, in dem sekundären *(mesozoischen)* Zeitalter die *Reptilien*, in dem tertiären *(zänozoischen)* die Säugetiere. Von diesen drei Hauptgruppen der Wirbeltiere nehmen die Fische den niedersten, die Reptilien einen mittleren, die Säugetiere den höchsten Rang der Vollkommenheit ein. Bei tieferem Eingehen in die Geschichte der drei Klassen finden wir, daß auch die einzelnen Ordnungen und Familien derselben innerhalb der drei Zeiträume sich fortschreitend zu höherer Vollkommenheit entwickelten. Kann man nun diesen fortschreitenden Entwickelungsgang als Ausfluß einer bewußten zweckmäßigen Zielstrebigkeit oder einer sittlichen Weltordnung bezeichnen? Durchaus nicht! Denn die Selektionstheorie lehrt uns, daß der organische *Fortschritt*, ebenso wie die organische Differenzierung, eine *notwendige Folge* des Kampfes ums Dasein ist. Tausende von guten, schönen, bewunderungswürdigen Arten des Tier- und Pflanzenreiches sind im Laufe jener 48 Millionen Jahre zugrunde gegangen, weil sie anderen, stärkeren Platz machen mußten; diese Sieger im Kampfe ums Dasein waren aber nicht immer die edleren oder im moralischen Sinne vollkommeneren Formen.

Genau dasselbe gilt von der *Völkergeschichte*. Die bewunderungswürdige Kultur des klassischen Altertums ist zugrunde gegangen, weil das Christentum dem ringenden Menschengeiste damals durch den Glauben an einen liebenden Gott und die Hoffnung auf ein besseres jenseitiges

Leben einen gewaltigen neuen Aufschwung verlieh. Der Papismus wurde zwar bald zur schamlosen Karikatur des reinen Christentums und zertrat schonungslos die Schätze der Erkenntnis, welche die hellenische Philosophie schon erworben hatte; aber er gewann die Weltherrschaft durch die Unwissenheit der blindgläubigen *Massen*. Erst die Reformation zerriß die Ketten dieser Geistesknechtschaft und verhalf wieder den Ansprüchen der Vernunft teilweise zu ihrem Rechte. Aber auch in dieser neuen, wie in jenen früheren Perioden der Kulturgeschichte, wogt ewig und unerbittlich der große Kampf ums Dasein hin und her, ohne jede Spur von moralischer Ordnung.

Vorsehung. So wenig bei unbefangener und kritischer Betrachtung eine „moralische Weltordnung" im Gange der Völkergeschichte nachzuweisen ist, ebensowenig können wir eine „weise Vorsehung" im Schicksal der einzelnen Menschen anerkennen. Dieses wie jener wird mit eiserner Notwendigkeit durch die mechanische Kausalität bestimmt, welche jede Erscheinung aus einer oder mehreren vorhergehenden Ursachen ableitet. Schon die alten Hellenen erkannten als höchstes Weltprinzip die *Ananke*, die blinde *Heimarmene*, das *Fatum*, das „Götter und Menschen beherrscht". An ihre Stelle trat im Christentum die bewußte Vorsehung, welche nicht blind, sondern sehend ist, und welche die Weltregierung als patriarchalischer Herrscher führt. Der anthropomorphe Charakter dieser Vorstellung, die sich gewöhnlich mit derjenigen des „persönlichen Gottes" eng verknüpft, liegt auf der Hand. Der Glaube an einen „liebenden Vater", der die Geschicke von 1500 Millionen Menschen auf unserem Planeten unablässig lenkt und dabei die millionenfach sich kreuzenden Gebete und „frommen Wünsche" derselben jederzeit berücksichtigt, ist vollkommen unhaltbar: das ergibt sich sofort, wenn die Vernunft beim Nachdenken darüber die farbige Brille des „Glaubens" ablegt.

Gewöhnlich pflegt bei dem modernen Kulturmenschen – geradeso wie beim ungebildeten Wilden – der Glaube an die Vorsehung und die Zuversicht zum liebenden Vater dann sich lebhaft einzustellen, wenn ihm irgend etwas Glückliches begegnet ist: Errettung aus Lebensgefahr, Heilung von schwerer Krankheit, Gewinn des großen Loses in der Lotterie, Geburt eines lang ersehnten Kindes usw. Wenn dagegen irgendein Unglück passiert oder ein heißer Wunsch nicht erfüllt wird, wenn uns unverschuldet schweres Leid trifft oder empörende Ungerechtigkeit widerfährt, dann ist die „Vorsehung" vergessen; der weise Weltregent hat dann geschlafen oder seinen Segen verweigert.

Bei dem ungeheueren Aufschwung des Verkehrs im neunzehnten Jahrhundert hat notwendig die Zahl der Verbrechen und Unglücksfälle in einem früher nicht geahnten Maße zugenommen; das erfahren wir tagtäglich durch die Zeitungen. In jedem Jahre gehen Tausende von Menschen zugrunde durch Schiffbrüche, Tausende durch Eisenbahnunglücke, Tausende durch Bergwerkskatastrophen usw. Viele Tausende töten sich alle Jahre im Kriege, und die Zurüstung für diesen Massenmord nimmt bei den höchstentwickelten, die christliche Liebe bekennenden Kulturnationen den weitaus größten Teil des Nationalvermögens in Anspruch. Und unter jenen Hunderttausenden, die alljährlich als Opfer der modernen Zivilisation fallen, befinden sich überwiegend tüchtige, tatkräftige, arbeitsame Menschen. Dabei redet man noch von sittlicher Weltordnung! Es soll durchaus nicht bestritten werden, daß der heute noch herrschende und in den Schulen gelehrte Glaube an eine „sittliche Weltordnung" – ebenso wie eine „liebevolle Vorsehung" – einen hohen *Idealwert* besitzt. Er tröstet die Leidenden, stärkt die Schwachen, erhebt im Unglück; er befriedigt unser zweifelndes Gemüt und versetzt uns in eine Idealwelt des „Jenseits", in welcher die Mängel des irdischen Daseins im „Diesseits" überwunden sind. Solange der Mensch kindlich und unerfahren genug bleibt, mag er sich mit diesen Gebilden der Dichtung begnügen. Allein das fortgeschrittene Kulturleben der Gegenwart reißt ihn gewaltsam aus jener schönen Idealwelt heraus und stellt ihn vor Aufgaben, zu deren Lösung ihn nur die vernünftige Erkenntnis der Wirklichkeit befähigt. Unzweifelhaft wird die frühzeitige Anpassung an diese *Realwelt*, zweckmäßig in den Unterricht eingeführt und auf die moderne Entwickelungslehre gestützt, den höher gebildeten Menschen der Zukunft nicht allein vernünftiger und vorurteilsfreier, sondern auch besser und glücklicher machen.

ZIEL, ZWECK UND ZUFALL. Wenn uns unbefangene Prüfung der Weltentwickelung lehrt, daß dabei weder ein bestimmtes Ziel noch ein besonderer Zweck (im Sinne der menschlichen Vernunft!) nachzuweisen ist, so scheint nichts übrig zu bleiben, als alles dem „*blinden Zufall*" zu überlassen. Dieser Vorwurf ist in der Tat ebenso dem *Transformismus* von *Lamarck* und *Darwin* wie früher der *Kosmogenie* von *Kant* und *Laplace* entgegengehalten worden; viele dualistische Philosophen legen gerade hierauf besonderes Gewicht. Es verlohnt sich daher wohl der Mühe, hier noch einen kurzen Blick darauf zu werfen.

Die eine Gruppe der Philosophen behauptet nach ihrer *teleologischen* Auffassung: die ganze Welt ist ein geordneter Kosmos, in dem alle Erscheinungen Ziel und Zweck haben; es gibt *keinen Zufall*! Die andere Gruppe dagegen meint gemäß ihrer *mechanistischen* Auffassung: die Entwickelung der ganzen Welt ist ein einheitlicher mechanischer Prozeß, in dem wir nirgends Ziel und Zweck entdecken können; was wir im organischen Leben so nennen, ist eine besondere Folge der biologischen Verhältnisse; weder in der Entwickelung der Weltkörper noch in derjenigen unserer organischen Erdrinde ist ein leitender Zweck nachzuweisen; hier ist *alles Zufall*! Beide Parteien haben recht, je nach der Definition des „Zufalls". Das allgemeine *Kausalgesetz*, in Verbindung mit dem Substanzgesetz, überzeugt uns, daß jede Erscheinung ihre mechanische Ursache hat; in diesem Sinne gibt es keinen Zufall. Wohl aber können und müssen wir diesen unentbehrlichen Begriff beibehalten, um damit das Zusammentreffen von zwei Erscheinungen zu bezeichnen, die nicht unter sich kausal verknüpft sind, von denen aber natürlich jede ihre Ursache hat, unabhängig von der anderen. Wie jedermann weiß, spielt der Zufall in diesem monistischen Sinne die größte Rolle im Leben des Menschen wie in demjenigen aller anderen Naturkörper. Das hindert aber nicht, daß wir in jedem einzelnen „*Zufall*" wie in der Entwickelung des Weltganzen die universale Herrschaft des umfassendsten Naturgesetzes anerkennen, des *Substanzgesetzes*.

Zusatz (von 1908). Durch die großartigen Fortschritte der Naturerkenntnis in der zweiten Hälfte des neunzehnten Jahrhunderts hat die vorstehend vertretene Überzeugung von der materiellen und energetischen *Einheit der Natur* eine Sicherheit und Klarheit gewonnen, an welche in dessen erster Hälfte kaum gedacht werden konnte. Entsprechend dringt auch im Gebiete der spekulativen Philosophie der empirisch begründete Monismus immer mächtiger vor auf Kosten des überwundenen, idealistisch träumenden Dualismus. Zur Förderung und Ausbreitung des ersteren wurde im Herbste 1905 in Jena der „*Deutsche Monistenbund*" gegründet, der sich bemüht, durch populär-wissenschaftliche Vorträge und Flugschriften das Licht der Aufklärung und der einheitlichen Naturanschauung in immer weitere Kreise zu tragen. Ein gewichtiger Gegner ist demselben kürzlich in dem (im Frühjahr 1908 in Frankfurt a. M. gegründeten) „*Keplerbund*" entstanden; an seiner Spitze stehen die einflußreichen Vertreter der dualistischen Weltanschauung, welche in dem vergeblichen Bemühen fortfahren, die dogmatischen Lehren des orthodoxen Christentums mit den widersprechenden Erkenntnissen der modernen Naturforschung in Einklang zu bringen. Der lebhafte Kampf zwischen diesen beiden Richtungen erscheint für unseren Monismus insofern sehr schwer, als die fanatischen Vertreter des Dualismus im Keplerbunde sich nicht nur auf die gewaltige Macht der Tradition und des Aberglaubens in den ungebildeten Massen stützen, sondern auch in den konservativen Kreisen der höheren Gesellschaftsklassen – den natürlichen Feinden des geistigen Fortschritts – mächtige Bundesgenossen finden. Indessen siegt doch zuletzt immer das Licht der *Wahrheit*, und sie findet ihre stärkste Stütze in dem unaufhaltsamen Fortschritt unserer monistischen *Entwickelungslehre*.

FÜNFZEHNTES KAPITEL

GOTT UND WELT

Monistische Studien über Theismus und Pantheismus. Der anthropistische Monotheismus der drei großen Mediterran-Religionen Extramundaner und intramundaner Gott

---

„Was wär' ein Gott, der nur von außen stieße,
Im Kreis das All am Finger laufen ließe?
Ihm ziemt's, die Welt im Innern zu bewegen,
Natur in Sich, Sich in Natur zu hegen,
So daß, was in Ihm lebt und webt und ist,
Nie seine Kraft, nie seinen Geist vermißt."

GOETHE

INHALT DES FÜNFZEHNTEN KAPITELS

Gottesvorstellung im allgemeinen. Gegensatz von Gott und Welt, von Übernatürlichem und Natur. Theismus und Pantheismus. Ihre Hauptformen. Polytheismus (Vielgötterei). Triplotheismus (Dreigötterei). Amphitheismus (Zweigötterei). Monotheismus (Eingötterei). Statistik der Religionen. Naturalistischer Monotheismus. Solarismus (Sonnenkultus). Anthropistischer Monotheismus. Die drei großen Mittelmeer-Religionen. Mosaismus (Jehova). Christentum (Trinität). Madonnenkultus und Heilige. Papistischer Polytheismus. Islam. Mixotheismus (Mischgötterei). Wesen des Theismus. Extramundaner und anthropomorpher Gott. Gasförmiges Wirbeltier. Pantheismus. Intramundaner Gott (Natur). Hylozoismus der ionischen Monisten (Anaximander). Konflikt des Pantheismus und des Christentums. Spinoza. Moderner Monismus. Atheismus.

LITERATUR

WOLFGANG GOETHE, Gott und Welt. – Faust. – Prometheus.

KUNO FISCHER, Geschichte der neueren Philosophie. Bd. I. *Baruch Spinoza*. Zweite Auflage. Heidelberg 1865.

HERMANN BRUNNHOFER, Giordano Bruno's Weltanschauung und Verhängniß. Leipzig 1882.

JOHN DRAPER, Geschichte der geistigen Entwickelung Europa's. Leipzig 1865.

FRIEDRICH KOLB, Kulturgeschichte der Menschheit. Zweite Auflage. 2 Bände. Leipzig 1873.

THOMAS HUXLEY, Reden und Aufsätze. Uebersetzt von *Fritz Schultze*. Berlin 1877.

WILHELM STRECKER, Welt und Menschheit vom Standpunkte des Materialismus. Leipzig 1892.

CARUS STERNE, (Ernst Krause), Die allgemeine Weltanschauung in ihrer historischen Entwickelung. Charakterbilder aus der Geschichte der Naturwissenschaften. Stuttgart 1889.

OTTO GRAMZOW, Geschichte der Philosophie seit Kant. Charlottenburg 1906.

KARL VOLLERS, Die Weltreligionen in ihrem geschichtlichen Zusammenhange. Jena 1907.

Als letzten und höchsten Urgrund aller Erscheinungen betrachtet die Menschheit seit Jahrtausenden eine bewirkende Ursache unter dem Begriffe *Gott* (Deus, Theos). Wie alle anderen allgemeinen Begriffe, so ist auch dieser höchste Grundbegriff im Laufe der Vernunftentwickelung den bedeutendsten Umbildungen und den mannigfaltigsten Abartungen unterworfen gewesen. Ja, man kann sagen, daß kein anderer Begriff so sehr umgestaltet und abgeändert worden ist; denn kein anderer berührt in gleich hohem Maße sowohl die höchsten Aufgaben des erkennenden Verstandes und der vernünftigen Wissenschaft als auch zugleich die tiefsten Interessen des gläubigen Gemütes und der dichtenden Phantasie.

Eine vergleichende Kritik der zahlreichen verschiedenen Hauptformen der Gottesvorstellung ist zwar höchst interessant und lehrreich, würde uns aber hier viel zu weit führen; wir müssen uns damit begnügen, nur auf die wichtigsten Gestaltungen der Gottesidee und auf ihre Beziehung zu unserer heutigen, durch die reine Naturerkenntnis bedingten Weltanschauung einen flüchtigen Blick zu werfen. Für alle weiteren Untersuchungen über dieses interessante Gebiet verweisen wir auf das ausgezeichnete, mehrfach zitierte Werk von *Adalbert Svoboda*: „Gestalten des Glaubens" (2 Bände. Leipzig 1897).

Wenn wir von allen feineren Abtönungen und bunten Gewandungen des Gottesbildes absehen, können wir füglich – mit Beschränkung auf den tiefsten Inhalt desselben – alle verschiedenen Vorstellungen darüber in zwei entgegengesetzte Hauptgruppen ordnen, in die *theistische* und die *pantheistische* Gruppe. Die letztere ist eng verknüpft mit der *monistischen* oder rationellen, die erstere mit der *dualistischen* oder mystischen Weltanschauung.

I. Theismus: Gott und Welt sind zwei verschiedene Wesen. Gott steht der Welt gegenüber als deren Schöpfer, Erhalter und Regierer. Dabei wird Gott stets mehr oder weniger menschenähnlich gedacht, als ein Organismus, welcher dem Menschen ähnlich (wenn auch in höchst vollkommener Form) denkt und handelt. Dieser *anthropomorphe Gott*, offenbar polyphyletisch von den verschiedenen Naturvölkern erdacht, unterliegt in deren Phantasie bereits den mannigfaltigsten Abstufungen, vom Fetischismus aufwärts bis zu den geläuterten monotheistischen Religionen der Gegenwart. Als wichtigste Unterarten der theistischen Begriffsbildung unterscheiden wir Polytheismus, Triplotheismus, Amphitheismus und Monotheismus.

Polytheismus (Vielgötterei). Die Welt ist von vielen verschiedenen Göttern bevölkert, welche mehr oder weniger selbständig in deren Getriebe eingreifen. Der *Fetischismus* findet dergleichen untergeordnete Götter in den verschiedensten leblosen Naturkörpern in den Steinen, im Wasser, in der Luft, in menschlichen Kunstprodukten aller Art (Götterbildern, Statuen usw.). Der *Dämonismus* erblickt Götter in lebendigen Organismen aller Art, in Bäumen, Tieren, Menschen. Diese Vielgötterei nimmt schon in den niedersten Religionsformen der rohen Naturvölker sehr mannigfaltige Formen an. Sie erscheint auf der höchsten Stufe geläutert im *hellenischen Polytheismus*, in jenen herrlichen Göttersagen des alten Griechenlands, welche noch heute unserer modernen Kunst die schönsten Vorbilder für Poesie und Bildnerei liefern. Auf viel tieferer Stufe steht der *katholische Polytheismus*, in dem zahlreiche „Heilige" (oft von sehr zweifelhaftem Rufe!) als untergeordnete Gottheiten angebetet und um gütige Vermittelung beim obersten Gott (oder bei dessen Freundin und Tochter, der „Jungfrau Maria") ersucht werden – eine jämmerliche Karikatur des christlichen „Monotheismus"!

Triplotheismus (Dreigötterei, Trinitätslehre). Die Lehre von der „*Dreieinigkeit Gottes*", welche heute noch im Glaubensbekenntnis der christlichen Kulturvölker die grundlegenden „drei Glaubensartikel“ bildet, gipfelt bekanntlich in der Vorstellung, daß der *Eine Gott* des Christentums eigentlich in Wahrheit aus *drei Personen* von verschiedenem Wesen sich zusammensetzt: 1. *Gott der Vater* ist der „allmächtige Schöpfer Himmels und der Erde“ (dieser unhaltbare Mythus ist durch die wissenschaftliche Kosmogenie, Astronomie und Geologie längst widerlegt). 2. *Jesus Christus* ist der „eingeborene Sohn Gottes des Vaters“ (und zugleich der dritten Person, des „Heiligen Geistes“!!), erzeugt durch unbefleckte Empfängnis der Jungfrau Maria (über diesen Mythus vgl. Kapitel 17). 3. Der *Heilige Geist*, ein mystisches Wesen, über dessen unbegreifliches Verhältnis zum „Sohne“ und zum Vater sich Millionen von christlichen Theologen seit 1900 Jahren den Kopf ganz umsonst zerbrochen haben. Die Evangelien, die doch die einzigen lauteren Quellen dieses *christlichen Triplotheismus* sind, lassen uns über die eigentlichen Beziehungen dieser drei Personen zueinander völlig im Dunkeln und geben auf die Frage nach ihrer rätselhaften Einheit keine irgend befriedigende Antwort. Dagegen müssen wir besonders darauf hinweisen, welche Verwirrung diese unklare und mystische Trinitätslehre in den Köpfen unserer Kinder schon beim ersten Schulunterricht notwendig anrichten muß. Montag morgens in der ersten Unterrichtsstunde (Religion) lernen sie: dreimal eins ist eins! – und gleich darauf in der zweiten Stunde (Rechnen): dreimal eins ist drei! Ich erinnere mich selbst sehr wohl noch der Bedenken, welche dieser auffällige Widerspruch in mir schon beim ersten Unterricht erregte. – Übrigens ist die „*Dreieinigkeit*“ im Christentum keineswegs originell, sondern gleich den meisten anderen Lehren desselben aus älteren Religionen übernommen. Aus dem Sonnendienste der chaldäischen Magier entwickelt sich die Trinität der *Ilu*, der geheimnisvollen Urquelle der Welt; ihre drei Offenbarungen waren *Anu*, das ursprüngliche Chaos, *Bel*, der Ordner der Welt, und *Ao*, das himmlische Licht, die alles erleuchtende Weisheit. – In der Brahmanenreligion wird die *Trimurti* als „Gotteseinheit" ebenfalls aus drei Personen zusammengesetzt, aus *Brahma* (dem Schöpfer), *Wischnu* (dem Erhalter) und *Schiwa* (dem Zerstörer). Es scheint, daß in diesen wie in anderen Trinitätsvorstellungen die *„heilige Dreizahl"* als solche – als *„symbolische Zahl"* – eine Rolle gespielt hat. Auch die drei ersten Christenpflichten: „Glaube, Liebe, Hoffnung", bilden eine solche *Triade*.

Amphitheismus (Zweigötterei). Die Welt wird von zwei verschiedenen Göttern regiert, einem guten und einem bösen Wesen, *Gott* und *Teufel*. Beide Weltregenten befinden sich in einem beständigen Kampfe, wie Kaiser und Gegenkaiser, Papst und Gegenpapst. Das Ergebnis dieses Kampfes ist jederzeit der gegenwärtige Zustand der Welt. Der liebe *Gott*, als das gute Wesen, ist der Urquell des Guten und Schönen, der Lust und Freude. Die Welt würde vollkommen sein, wenn sein Wirken nicht beständig durchkreuzt würde von dem bösen Wesen, dem *Teufel*; dieser schlimme Satanas ist die Ursache alles Bösen und Häßlichen, der Unlust und des Schmerzes.

Dieser *Amphiteismus* ist unter allen verschiedenen Formen des Götterglaubens insofern der vernünftigste, als sich seine Theorie am ersten mit einer wissenschaftlichen Welterklärung verträgt. Wir finden ihn daher schon mehrere Jahrtausende vor Christus bei verschiedenen Kulturvölkern des Altertums ausgebildet. Im alten Indien kämpft *Wischnu*, der Erhalter, mit *Schiwa* dem Zerstörer. Im alten Ägypten steht dem guten *Osiris* der böse *Typhon* gegenüber. Bei den ältesten Hebräern besteht ein ähnlicher Dualismus zwischen *Aschera*, der fruchtbar zeugenden Erdmutter (= Keturah), und *Eljou* (= Moloch oder Sethos), dem strengen Himmelsvater. In der Zendreligion der alten Perser, von Zoroaster 2000 Jahre vor Christus gegründet, herrscht beständiger Kampf zwischen *Ormudz*, dem guten Gott des Lichtes, und *Ahriman*, dem bösen Gott der Finsternis.

Keine geringere Rolle spielt der Teufel als Gegner des guten Gottes in der Mythologie des Christentums als der

Versucher und Verführer, der Fürst der Hölle und Herr der Finsternis. Als persönlicher *Satanas* war er auch noch im Anfange des neunzehnten Jahrhunderts ein wesentliches Element im Glauben der meisten Christen; erst gegen die Mitte desselben wurde er mit zunehmender Aufklärung allmählich abgesetzt, oder er mußte sich mit jener untergeordneten Rolle begnügen, welche ihm *Goethe* in der größten aller dramatischen Dichtungen, im „Faust", als *Mephistopheles* zuteilt. Gegenwärtig gilt in den besseren gebildeten Kreisen der „Glaube an den persönlichen Teufel" als ein überwundener Aberglaube des Mittelalters, während gleichzeitig der „Glaube an Gott" (d. h. den persönlichen, guten und lieben Gott) als ein unentbehrlicher Bestandteil der Religion festgehalten wird. Und doch ist der erstere Glaube ebenso voll berechtigt (und ebenso haltlos!) wie der letztere! Jedenfalls erklärt sich die vielbeklagte „Unvollkommenheit des Erdenlebens", der „Kampf ums Dasein", und was dazu gehört, viel einfacher und natürlicher durch diesen unentschiedenen Kampf des guten und des bösen Gottes, als durch irgendwelche andere Form des Gottesglaubens.

Monotheismus (Eingötterei). Die Lehre von der Einheit Gottes kann in vieler Beziehung als die einfachste und natürlichste Form der Gottesverehrung gelten; nach der herrschenden Meinung ist sie die weitest verbreitete Grundlage der Religion und beherrscht namentlich den Kirchenglauben der Kulturvölker. Tatsächlich ist dies jedoch nicht der Fall; denn der angebliche *Monotheismus* erweist sich bei näherer Betrachtung meistens als eine der vorher angeführten Formen des Theismus, indem neben dem obersten „Hauptgotte" noch einer oder mehrere Nebengötter angebetet werden. Auch sind die meisten Religionen, welche einen rein monotheistischen Ausgangspunkt haben, im Laufe der Zeit mehr oder minder polytheistisch geworden. Allerdings behauptet die moderne Statistik, daß unter den 1500 Millionen Menschen, welche unsere Erde bevölkern, die große Mehrzahl *Monotheisten* seien; *angeblich* sollen davon *ungefähr* 600 Millionen

23*

Brahmabuddhisten sein, 500 Millionen (sogenannte!) Christen, 200 Millionen Heiden (verschiedenster Sorte), 180 Millionen Mohammedaner, 10 Millionen Israeliten und 10 Millionen ganz religionslos. Allein die große Mehrzahl der angeblichen Monotheisten hat ganz unklare Gottesvorstellungen oder glaubt neben dem einen Hauptgott auch noch an viele Nebengötter, als da sind: Engel, Teufel, Dämonen usw. Die verschiedenen Formen, in denen der Monotheismus sich *polyphyletisch* entwickelt hat, können wir in zwei Hauptgruppen bringen: naturalistische und anthropistische Eingötterei.

NATURALISTISCHER MONOTHEISMUS. Diese alte Form der Religion erblickt die Verkörperung Gottes in einer erhabenen, alles beherrschenden Naturerscheinung. Als solche imponierte schon vor vielen Jahrtausenden den Menschen vor allem die *Sonne*, die leuchtende und erwärmende Gottheit, von deren Einfluß sichtlich alles organische Leben unmittelbar abhängig ist. Der *Sonnenkultus* (Solarismus oder Heliotheismus) erscheint für den modernen Naturforscher wohl unter allen theistischen Glaubensformen als die würdigste und als diejenige, welche am leichtesten mit der monistischen Naturphilosophie der Gegenwart sich verschmelzen läßt. Denn unsere moderne Astrophysik und Geogenie hat uns überzeugt, daß die Erde ein abgelöster Teil der Sonne ist und später wieder in deren Schoß zurückkehren wird. Die moderne Physiologie lehrt uns, daß der erste Urquell des organischen Lebens auf der Erde die Plasmabildung oder *Plasmodomie* ist und daß diese Synthese von einfachen anorganischen Verbindungen, von Wasser, Kohlensäure und Ammoniak (oder Salpetersäure), nur unter dem Einflusse des *Sonnenlichtes* erfolgt. Auf die primäre Entwickelung der *plasmodomen Pflanzen* ist erst nachträglich, sekundär, diejenige der *plasmophagen Tiere* gefolgt, die sich direkt oder indirekt von ihnen nähren; und die Entstehung des Menschengeschlechtes selbst ist wiederum nur ein späterer Vorgang in der Stammesgeschichte des Tierreiches. Auch unser gesamtes körperliches und geistiges Menschenleben ist ebenso wie alles andere organische Leben im letzten Grunde auf die strahlende, Licht und Wärme spendende Sonne zurückzuführen. Im Lichte der reinen Vernunft betrachtet, erscheint daher der *Sonnenkultus* als *naturalistischer Monotheismus* weit besser begründet als der anthropistische Gottesdienst der Christen und anderer Kulturvölker, welche Gott in Menschengestalt sich vorstellen. Tatsächlich haben auch schon vor Jahrtausenden die Sonnenanbeter sich auf eine höhere intellektuelle und moralische Bildungsstufe erhoben als die meisten anderen Theisten. Als ich im November 1881 in Bombay war, betrachtete ich mit der größten Teilnahme die erhebenden Andachtsübungen der frommen Parsi, welche beim Aufgang und Untergang der Sonne, am Meeresstrande stehend oder auf ausgebreitetem Teppich knieend, dem kommenden und scheidenden Tagesgestirn ihre Verehrung bezeugten (Indische Reisebriefe, IV. Aufl., S. 56). – Weniger bedeutend als dieser Solarismus ist der *Lunarismus* oder *Selenotheismus*, der *Mondkultus*; wenn auch einige Naturvölker den Mond allein als Gottheit verehren, so werden doch meistens daneben noch die Sterne und die Sonne angebetet.

ANTHROPISTISCHER MONOTHEISMUS. Die Vermenschlichung Gottes, die Vorstellung, daß das „höchste Wesen" dem Menschen gleich empfindet, denkt und handelt (wenn auch in erhabenster Form), spielt als *anthropomorpher Monotheismus* die größte Rolle in der Kulturgeschichte. Vor allen anderen treten hier in den Vordergrund die drei großen Religionen der mediterranen Menschenart, die ältere mosaische, die mittlere christliche und die jüngere mohammedanische. Diese *drei großen Mittelmeer-Religionen*, alle drei an der gesegneten Ostküste des interessantesten aller Meere entstanden, alle drei in ähnlicher Weise von einem phantasiereichen Schwärmer semitischer Rasse gestiftet, hängen nicht nur äußerlich durch diesen gemeinsamen Ursprung innig zusammen, sondern auch durch zahlreiche gemeinsame Züge ihrer inneren Glaubensvorstellungen. Wie das Christentum einen großen Teil seiner Mythologie aus dem älteren Judentum direkt übernommen hat, so hat der jüngere Islam wiederum von diesen beiden Religionen viele Erbschaften beibehalten. Alle drei Mediterran-Religionen waren usprünglich rein *monotheistisch*; alle drei sind späterhin den mannigfaltigsten *polytheistischen* Umbildungen unterlegen, je weiter sie sich zunächst an den vielteiligen Küsten des mannigfach bevölkerten Mittelmeeres und sodann in den übrigen Erdteilen ausbreiteten.

Der Mosaismus. Der jüdische Monotheismus, wie ihn Moses (1600 v. Chr.) begründete, gilt gewöhnlich als diejenige Glaubensform des Altertums, welche die höchste Bedeutung für die weitere ethische und religiöse Entwickelung der Menschheit besitzt. Unzweifelhaft ist ihr dieser hohe historische Wert schon deshalb zuzugestehen, weil die beiden anderen weltbeherrschenden Mediterran-Religionen aus ihr hervorgegangen sind; Christus steht ebenso auf den Schultern von Moses wie später Mohammed auf den Schultern von Christus. Ebenso ruht das Neue Testament, welches in der kurzen Zeitspanne von 1900 Jahren das Glaubensfundament der höchstentwickelten Kulturvölker gebildet hat, auf der ehrwürdigen Basis des Alten Testaments. Beide zusammengenommen haben als *Bibel* einen Einfluß und eine Verbreitung gewonnen wie kein anderes Buch in der Welt. Tatsächlich ist ja noch heute in gewisser Beziehung die Bibel – trotz ihrer seltsamen Mischung aus den besten und den schlechtesten Bestandteilen! – das „Buch der Bücher". Wenn wir aber diese merkwürdige Geschichtsquelle unbefangen und vorurteilslos prüfen, so stellen sich viele wichtige Beziehungen ganz anders dar, als überall gelehrt wird. Auch hier hat die tiefer eindringende moderne Kritik und Kulturgeschichte wichtige Aufschlüsse geliefert, welche die geltende Tradition in ihren tiefsten Fundamenten erschüttern.

Der Monotheismus, wie ihn Moses im Jehovadienste zu begründen suchte, und wie ihn später mit großem Erfolge die *Propheten* – die Philosophen der Hebräer – ausbildeten, hatte ursprünglich harte und lange Kämpfe mit dem herrschenden älteren Polytheismus zu bestehen. Ursprünglich war *Jehova* oder Jahve aus jenem Himmelsgotte abgeleitet, der als Moloch oder Baal eine der meist verehrten orientalischen Gottheiten war (Sethos oder Typhon der Ägypter, Saturnus oder Kronos der Griechen). Die vielbesprochenen Forschungen der modernen Assyriologen über „*Bibel und Babel*" (Delitzsch u. a.) haben gelehrt, daß der monotheistische Jahveglaube schon lange vor Moses in Babylon heimisch war. Daneben aber blieben andere Götter vielfach in hohem Ansehen, und der Kampf mit der „Abgötterei" bestand im jüdischen Volke immer fort. Trotzdem blieb im Prinzipe Jehova der alleinige Gott, der im ersten der zehn Gebote Mosis ausdrücklich sagt: „Ich bin der Herr dein Gott, du sollst nicht andere Götter haben neben mir."

Das Christentum. Der christliche Monotheismus teilte das Schicksal seiner Mutter, des Mosaismus, und blieb wahre Eingötterei meistens nur theoretisch im Prinzip, während er praktisch in die mannigfaltigsten Formen des Polytheismus sich verwandelte. Eigentlich war ja schon in der Trinitätslehre selbst, die doch als ein unentbehrliches Fundament der christlichen Religion gilt, der Monotheismus logischerweise aufgegeben. Die *drei Personen*, die als Vater, Sohn und Heiliger Geist unterschieden werden, sind und bleiben ebenso drei verschiedene *Individuen* (und zwar anthropomorphe Personen!) wie die drei indischen Gottheiten der Trimurti (Brahma, Wischnu, Schiwa) oder wie die Trinität der alten Hebräer (Anu, Bel, Ao). Dazu kommt noch, daß in den weitestverbreiteten Abarten des Christianismus als vierte Gottheit die Jungfrau Maria, als unbefleckte Mutter Christi, eine große Rolle spielt; in weiten katholischen Kreisen gilt sie sogar als viel wichtiger und einflußreicher wie die drei männlichen Personen der Himmelsregierung. Der *Madonnenkultus* hat hier tatsächlich eine solche Bedeutung gewonnen, daß man ihn als einen *weiblichen Monotheismus* der gewöhnlichen männlichen Form der Eingötterei gegenüberstellen kann. Die „hehre Himmelskönigin" erscheint hier so sehr im Vordergrund aller Vorstellungen (wie es auch unzählige Madonnenbilder und Sagen bezeugen), daß die drei männlichen Personen der Trinität dagegen ganz zurücktreten.

Nun hat sich aber außerdem schon frühzeitig in der Phantasie der gläubigen Christen eine zahlreiche Gesellschaft von „*Heiligen*" aller Art zu dieser obersten Himmelsregierung gesellt, und musikalische Engel sorgen dafür, daß es im „ewigen Leben" an Konzertgenüssen nicht fehlt. Die römischen Päpste – die größten Charlatans, die jemals eine Religion hervorgebracht hat! – sind beständig beflissen, durch neue Heiligsprechungen die Zahl dieser anthropomorphen Himmelstrabanten zu vermehren. Den reichsten und interessantesten Zuwachs hat aber diese seltsame Paradies-Gesellschaft am 13. Juli 1870 dadurch bekommen, daß das vatikanische Konzil die Päpste als Stellvertreter Christi für *unfehlbar* erklärt und sie damit selbst zum Range von *Göttern* erhoben hat. Nimmt man dazu noch den von ihnen anerkannten „persönlichen Teufel" und die „bösen Engel", welche seinen Hofstaat bilden, so gewährt uns der *Papismus*, die heute noch weitestverbreitete Form des modernen Christentums, ein so buntes Bild des reichsten *Polytheismus*, daß der hellenische Olymp dagegen klein und dürftig erscheint.

Der Islam (oder der *mohammedanische Monotheismus*) ist die jüngste und zugleich die reinste Form der Eingötterei. Als der junge Mohammed (geb. 570) frühzeitig den polytheistischen Gottesdienst seiner arabischen Stammesgenossen verachten und das Christentum der Nestorianer kennen lernte, eignete er sich zwar deren Grundlehren im allgemeinen an; er konnte sich aber nicht entschließen, in Christus etwas anderes zu erblicken als einen Propheten, gleich Moses. Im Dogma der Dreieinigkeit fand er nur das, was bei unbefangenem Nachdenken jeder vorurteilsfreie Mensch darin finden muß, einen widersinnigen Glaubenssatz, der weder mit den Grundsätzen unserer Vernunft vereinbar noch für unsere religiöse Erhebung von irgendwelchem Werte ist. Die Anbetung der unbefleckten Jungfrau Maria als der „Mutter Gottes“ betrachtete er mit Recht ebenso als eitle Götzendienerei wie die Verehrung von Bildern und Bildsäulen. Je länger er darüber nachdachte, und je mehr er nach einer reineren Gottesvorstellung hinstrebte, desto klarer wurde ihm die Gewißheit seines Hauptsatzes: „Gott ist der alleinige Gott“; es gibt keine anderen Götter neben ihm.

Allerdings konnte auch Mohammed sich von dem Anthropomorphismus der Gottesvorstellung nicht frei machen. Auch sein alleiniger Gott blieb ein idealisierter, allmächtiger Mensch, ebenso wie der strenge, strafende Gott des Moses, ebenso wie der milde, liebende Gott des Christus. Aber trotzdem müssen wir der mohammedanischen Religion den Vorzug lassen, daß sie auch im Verlaufe ihrer historischen Entwickelung und der unvermeidlichen Abartung den Charakter des *reinen Monotheismus* viel strenger bewahrte als die mosaische und die christliche Religion. Das zeigt sich auch heute noch äußerlich in den Gebetsformen und Predigtweisen ihres Kultus wie in der Architektur und Ausschmückung ihrer Gotteshäuser. Als ich 1873 zum ersten Male den Orient besuchte und die herrlichen Moscheen in Kairo und Smyrna, in Brussa und Konstantinopel bewunderte, erfüllten mich mit wahrer Andacht die einfache und geschmackvolle Dekoration des Inneren, der erhabene und zugleich prächtige architektonische Schmuck des Äußeren. Wie edel und erhaben erscheinen diese Moscheen im Vergleiche zu der Mehrzahl der katholischen Kirchen, welche innen mit bunten Bildern und goldenem Flitterkram überladen, außen durch übermäßige Fülle von Menschen- und Tierfiguren verunstaltet sind! Nicht minder erhaben erscheinen die stillen Gebete und die einfachen Andachtsübungen des Koran im Vergleiche mit dem lauten, unverstandenen Wortgeplapper der katholischen Messen und der lärmenden Musik ihrer theatralischen Prozessionen.

Mixotheismus (Mischgötterei). Unter diesem Begriffe kann man füglich alle diejenigen Formen des Götterglaubens zusammenfassen, welche *Mischungen* von religiösen Vorstellungen verschiedener und zum Teil direkt widersprechender Art enthalten. Theoretisch ist diese weitestverbreitete Religionsform bisher nirgends anerkannt. Praktisch aber ist sie die wichtigste und merkwürdigste von allen. Denn die große Mehrzahl aller Menschen, die sich überhaupt religiöse Vorstellungen bildeten, waren von jeher und sind noch heute *Mixotheisten*; ihre Gottesvorstellung ist bunt gemischt aus den frühzeitig in der Kindheit eingeprägten Glaubenssätzen ihrer speziellen Konfession und aus vielen verschiedenen Eindrücken, welche später bei der Berührung mit anderen Glaubensformen empfangen werden, und welche die ersteren modifizieren. Bei vielen Gebildeten kommen dazu noch der umgestaltende Einfluß philosophischer Studien im reiferen Alter und vor allem die unbefangene Beschäftigung mit den Erscheinungen der Natur, welche die Nichtigkeit der theistischen Glaubensbilder dartun. Der Kampf dieser widersprechenden Vorstellungen, welcher für feiner empfindende Gemüter äußerst schmerzlich ist und oft das ganze Leben hindurch unentschieden bleibt, offenbart klar die ungeheure Macht der *Vererbung* alter Glaubenssätze einerseits und der frühzeitigen *Anpassung* an irrtümliche Lehren andererseits. Die besondere Konfession, in welche das Kind von frühester Jugend an durch die Eltern eingezwängt wurde, bleibt meistens in der Hauptsache maßgebend, falls nicht später durch den stärkeren Einfluß eines anderen Glaubensbekenntnisses eine Konversion eintritt. Aber auch bei diesem Übertritt von einer Glaubensform zur anderen ist oft der neue Name, ebenso wie der alte aufgegebene, nur eine äußere Etikette, unter welcher bei näherer Untersuchung die allerverschiedensten Überzeugungen und Irrtümer bunt gemischt sich verstecken. Die große Mehrzahl der sogenannten Christen sind nicht Monotheisten (wie sie glauben), sondern Amphitheisten, Triplotheisten oder Polytheisten. Dasselbe gilt aber auch von den Bekennern des Islam und des Mosaismus, wie von anderen monotheistischen Religionen. Überall gesellen sich zu der ursprünglichen Vorstellung des „alleinigen oder dreieinigen Gottes" später erworbene Glaubensbilder von untergeordneten Gottheiten: Engeln, Teufeln, Heiligen und anderen Dämonen, eine bunte Mischung der verschiedensten theistischen Gestalten.

Wesen des Theismus. Alle hier angeführten Formen des Theismus im eigentlichen Sinne – gleichviel, ob dieser Gottesglaube eine naturalistische oder anthropistische Form annimmt – haben gemeinsam die Vorstellung Gottes als des *Außerweltlichen* (Extramundanum) oder *Übernatürlichen* (Supranaturale). Immer steht Gott als selbständiges Wesen der Welt oder der Natur gegenüber, meistens als Schöpfer, Erhalter und Regierer der Welt. In den allermeisten Religionen kommt dazu noch der Charakter des *Persönlichen* und bestimmter noch die Vorstellung, daß Gott als Person dem Menschen ähnlich ist. „In seinen Göttern malet sich der Mensch." Dieser *Anthropomorphismus Gottes* oder die anthropistische Vorstellung eines Wesens, welches gleich dem Menschen denkt, empfindet und handelt, ist bei der großen Mehrzahl der Gottesgläubigen maßgebend, bald in mehr roher und naiver, bald in mehr feiner und abstrakter Form. Allerdings wird die fortgeschrittenste Form der Theosophie behaupten, daß Gott als höchstes Wesen von absoluter Vollkommenheit und daher gänzlich von dem unvollkommenen Wesen des Menschen verschieden sei. Allein bei genauerer Untersuchung bleibt immer das Gemeinsame beider ihre Seelen- oder Geistestätigkeit. Gott empfindet, denkt und handelt wie der Mensch, wenn auch in unendlich vollkommenerer Form.

Der persönliche Anthropismus Gottes ist bei der großen Mehrzahl der Gläubigen zu einer so natürlichen Vorstellung geworden, daß sie keinen Anstoß an der menschlichen Personifikation Gottes in Bildern und Statuen nehmen, und an den mannigfaltigen Dichtungen der Phantasie, in welchen Gott menschliche Gestalt annimmt, d. h. sich in ein *Wirbeltier* verwandelt. In vielen Mythen erscheint die Person Gottes auch in Gestalt anderer Säugetiere (Affen, Löwen, Stiere usw.), seltener in Gestalt von Vögeln (Adler, Tauben, Störche) oder in Form von anderen Wirbeltieren (Schlangen, Krokodile, Drachen).

In den höheren und abstrakteren Religionsformen wird diese körperliche Erscheinung aufgegeben und Gott nur als „*reiner Geist*" ohne Körper verehrt. „Gott ist ein Geist, und wer ihn anbetet, soll ihn im Geist und in der Wahrheit anbeten." Trotzdem bleibt aber die reine Seelentätigkeit dieses reinen Geistes ganz dieselbe wie diejenige der anthropomorphen Gottes-Person. In Wirklichkeit wird auch dieser immaterielle Geist nicht unkörperlich, sondern unsichtbar gedacht, gasförmig. Dieser Anthropismus führt zu der paradoxen Vorstellung Gottes als eines sogenannten „*gasförmigen Wirbeltieres*" (1866).

II. Pantheismus (All-Eins-Lehre): *Gott und Welt sind ein einziges Wesen.* Der Begriff Gottes fällt mit demjenigen der *Natur* oder der *Substanz* zusammen. Diese pantheistische Weltanschauung steht im Prinzip sämtlichen angeführten und allen sonst noch möglichen Formen des *Theismus* schroff gegenüber, wenngleich man durch Entgegenkommen von beiden Seiten die tiefe Kluft zwischen beiden zu überbrücken sich vielfach bemüht hat. Immer bleibt zwischen beiden der fundamentale Gegensatz bestehen, daß im *Theismus* Gott als *extramundanes* Wesen der Natur schaffend und erhaltend gegenübersteht und *von außen* auf sie einwirkt, während im *Pantheismus* Gott als *intramundanes* Wesen allenthalben die Natur selbst ist und *im Inneren* der Substanz als „Kraft oder Energie" tätig ist. Diese letztere Ansicht allein ist vereinbar mit jenem höchsten Naturgesetze, dessen Erkenntnis einen der größten Triumphe des neunzehnten Jahrhunderts bildet, mit dem *Substanzgesetze*. Daher ist notwendigerweise *der Pantheismus die Weltanschauung unserer modernen Naturwissenschaft.* Freilich gibt es auch heute noch nicht wenige Naturforscher, welche diesen Satz bestreiten und welche meinen, die alte theistische Beurteilung des Menschen mit dem pantheistischen Grundgedanken des Substanzgesetzes vereinigen zu können. Indessen beruhen alle diese vergeblichen Bestrebungen auf Unklarheit oder Inkonsequenz des Denkens, falls sie überhaupt aufrichtig und ehrlich gemeint sind. Das gilt auch vom modernen „Idealistischen Monismus", der eigentlich „Pseudomonismus" ist.

Da der *Pantheismus* erst aus der geläuterten Naturbetrachtung des denkenden Kulturmenschen hervorgehen konnte, ist er begreiflicherweise viel jünger als der *Theismus*, dessen roheste Formen sicher schon vor mehr als zehntausend Jahren bei den primitiven Naturvölkern in mannigfaltigen Variationen ausgebildet wurden. Wenn auch in den ersten Anfängen der Philosophie bei den ältesten Kulturvölkern (in Indien und Ägypten, in China und Japan) schon mehrere Jahrtausende vor Christus Keime des Pantheismus in verschiedenen Religionsformen sich eingestreut finden, so tritt doch eine bestimmte philosophische Fassung desselben erst in dem *Hylozoismus der ionischen Naturphilosophen* auf, in der ersten Hälfte des sechsten Jahrhunderts v. Chr. Alle großen Denker dieser Blüteperiode des hellenischen Geistes überragt der gewaltige *Anaximander* von Milet, der die prinzipielle Einheit des *unendlichen Weltganzen* (Apeiron) tiefer und klarer erfaßte als sein Lehrer *Thales* und sein Schüler *Anaximenes.* Nicht nur den großen Gedanken der ursprünglichen *Einheit* des Kosmos, der *Entwickelung* aller Erscheinungen aus der alles durchdringenden *Urmaterie*, hatte *Anaximander* bereits ausgesprochen, sondern auch die kühne Vorstellung von zahllosen, in periodischem *Wechsel* entstehenden und vergehenden Weltbildungen.

Auch viele von den folgenden großen Philosophen des klassischen Altertums, vor allen *Demokritos*, *Heraklitos* und *Empedokles*, hatten in gleichem oder ähnlichem Sinne tief eindringend bereits jene Einheit von Natur und Gott, von Körper und Geist erfaßt, welche im Substanzgesetze unseres heutigen *Monismus* den bestimmtesten Ausdruck gewonnen hat. Der große römische Dichter und Naturphilosoph *Lukretius Carus* hat ihn in seinem berühmten Lehrgedichte „De rerum natura“ in hochpoetischer Form dargestellt. Allein dieser naturwahre pantheistische Monismus wurde bald ganz zurückgedrängt durch den mystischen Dualismus von *Plato* und besonders durch den gewaltigen Einfluß, den seine idealistische Philosophie durch die Verschmelzung mit den christlichen Glaubenslehren gewann. Als sodann deren mächtigster Anwalt, der römische Papst, die geistige Weltherrschaft gewann wurde der Pantheismus gewaltsam unterdrückt; *Giordano Bruno*, sein geistvoller Vertreter, wurde am 17. Februar 1600 auf dem Campo Fiori in Rom von dem „Stellvertreter Gottes“ lebendig verbrannt.

Erst in der zweiten Hälfte des siebzehnten Jahrhunderts wurde durch den großen *Baruch Spinoza* das System des Pantheismus in reinster Form ausgebildet; er stellte für die Gesamtheit der Dinge den reinen *Substanzbegriff* auf, in welchem „Gott und Welt“ untrennbar vereinigt sind. Wir müssen die Klarheit, Sicherheit und Folgerichtigkeit des monistischen Systems von *Spinoza* heute um so mehr bewundern, als diesem gewaltigen Denker vor 250 Jahren noch alle die sicheren empirischen Fundamente fehlten, die wir erst in der zweiten Hälfte des neunzehnten Jahrhunderts gewonnen haben. Das Verhältnis von *Spinoza* zum späteren *Materialismus* im achtzehnten und zu unserem heutigen *Monismus* im neunzehnten Jahrhundert haben wir bereits im ersten Kapitel besprochen. Zur weiteren Verbreitung desselben, besonders im deutschen Geistesleben, haben vor allem die unsterblichen Werke unseres größten Dichters und Denkers beigetragen, *Wolfgang Goethe*. Seine herrlichen Dichtungen „Gott und Welt“, „Prometheus“, „Faust“ usw. hüllen die Grundgedanken des Pantheismus in die vollkommenste und schönste dichterische Form: „Gott und Natur sind Eins“.

Die Beziehungen unseres heutigen Monismus zu den früheren philosophischen Systemen, sowie die wichtigsten Grundzüge von deren historischer Entwickelung, sind in dem vortrefflichen „Grundriß der Geschichte der Philosophie“ von *Friedrich Überweg* eingehend dargestellt (zehnte Auflage, bearbeitet von *Max Heinze*, Berlin 1905). Eine vortreffliche klare Übersicht derselben – gewissermaßen eine „Stammesgeschichte der Welträtsel und der Versuche zu ihrer Lösung“ – hat *Fritz Schultze* (Dresden) in seinem „*Stammbaum der Philosophie*“ gegeben; ein „Tabellarisch-Schematischer Grundriß der Geschichte der Philosophie von den Griechen bis zur Gegenwart“ (Leipzig, II. Aufl., 1899).

Atheismus („die entgötterte Weltanschauung“). Es *gibt keinen* Gott und keine Götter, falls man unter diesem Begriff persönliche, außerhalb der Natur stehende Wesen versteht. Diese „*gottlose Weltanschauung*“ fällt im wesentlichen mit dem *Monismus* oder *Pantheismus* unserer modernen Naturwissenschaft zusammen; sie gibt nur einen anderen Ausdruck dafür, indem sie eine negative Seite derselben hervorhebt, die Nichtexistenz der extramundanen oder übernatürlichen Gottheit. In diesem Sinne sagt *Schopenhauer* ganz richtig: „*Pantheismus* ist nur ein höflicher Atheismus. Die Wahrheit des Pantheismus besteht in der Aufhebung des dualistischen Gegensatzes zwischen Gott und Welt, in der Erkenntnis, daß die Welt aus ihrer inneren Kraft und durch sich selbst da ist. Der Satz des Pantheismus: ‚Gott und die Welt ist Eins‘ ist bloß eine höfliche Wendung, dem Herrgott den Abschied zu geben.“

Während des ganzen Mittelalters, unter der blutigen Tyrannei des Papismus, wurde der *Atheismus* als die entsetzlichste Form der Weltanschauung mit Feuer und Schwert verfolgt. Da der „Gottlose“ im Evangelium mit dem „Bösen“ schlechtweg identifiziert wird und ihm im ewigen Leben – bloß wegen „Glaubensmangels“! – die

Höllenstrafe der ewigen Verdammnis angedroht wird, ist es begreiflich, daß jeder gute Christ selbst den entfernten Verdacht des Atheismus ängstlich mied. Leider besteht auch heute noch diese Auffassung in weiten Kreisen fort. Dem *atheistischen* Naturforscher, der seine Kraft und sein Leben der Erforschung der *Wahrheit* widmet, traut man von vornherein alles Böse zu; der *theistische* Kirchengänger dagegen, der die leeren Zeremonien des papistischen Kultus gedankenlos mitmacht, gilt schon deswegen als guter Staatsbürger, auch wenn er sich bei seinem *Glauben* gar nichts denkt und nebenher der verwerflichsten Moral huldigt. Dieser Irrtum wird sich erst klären, wenn im zwanzigsten Jahrhundert das Licht der naturwissenschaftlichen Aufklärung mehr in den allgemeinen Schul-Unterricht eindringt und wenn die Schule von den Fesseln der Kirche befreit wird. Freilich ist dazu erforderlich, daß der moderne Staat sich selbst von den Banden des Kirchen-Regiments ablöst und nicht die Dogmen des konfessionellen Glaubens, sondern die klaren Erkenntnisse des vernünftigen Denkens zur Grundlage der wahren Bildung erhebt. Dann erst wird der herrschende Aberglaube mehr der vernünftigen Naturerkenntnis weichen und der monistischen Überzeugung der *Einheit von Gott und Welt*.

SECHZEHNTES KAPITEL

WISSEN UND GLAUBEN

Monistische Studien über Erkenntnis der Wahrheit. Sinnestätigkeit und Vernunfttätigkeit. Glauben und Aberglauben. Erfahrung und Offenbarung

---

„Die wissenschaftliche Forschung kennt nur *ein* Ziel: die Erkenntnis der Wirklichkeit. Kein Heiligtum darf ihr heiliger sein als die *Wahrheit*. In alles muß sie eindringen; vor keiner Prüfung oder Zergliederung darf sie zurückschrecken, mag das zu Prüfende dem Forscher durch Ehrfurcht, Liebe, Loyalitätsgefühle, Religion oder Parteistellung noch so sehr ans Herz gewachsen sein. Und rückhaltlos hat sie auszusprechen, was die Prüfung ergeben, ohne Rücksicht auf Vorteil oder Nachteil, ohne Gier nach Lob und ohne Furcht vor Tadel."

L. BRENTANO

INHALT DES SECHZEHNTEN KAPITELS

Erkenntnis der Wahrheit und ihre Quellen: Sinnestätigkeit und Assozion der Vorstellungen. Sinnesorgane (Ästheten) und Denkorgane (Phroneten). Sinnesorgane und ihre spezifische Energie. Entwickelung derselben. Philosophie der Sinnlichkeit. Unschätzbarer Wert der Sinne. Grenzen der sinnlichen Erkenntnis. Hypothese und Glaube. Theorie und Glaube. Prinzipieller Gegensatz zwischen wissenschaftlichem (natürlichem) und religiösem (übernatürlichem) Glauben. Aberglaube der Naturvölker und Kulturvölker. Glaubensbekenntnisse. Konfessionslose Schule. Der Glaube unserer Väter. Spiritismus. Offenbarung.

LITERATUR

ADALBERT SVOBODA, Gestalten des Glaubens. Kulturgeschichtliches und Philosophisches. Leipzig 1897.

DAVID STRAUSS, Gesammelte Schriften. 12 Bände. Bonn 1877.

JOHN WILLIAM DRAPER, Geschichte der Konflikte zwischen Religion und Wissenschaft (1863). Leipzig 1865.

LUDWIG BÜCHNER, Ueber religiöse und wissenschaftliche Weltanschauung. Leipzig 1887.

O. MÖLLINGER, Die Gott-Idee der neuen Zeit und der nothwendige Ausbau des Christenthums. Zweite Auflage. Zürich 1870.

ALBRECHT RAU, Empfinden und Denken. Eine philosophische Untersuchung über die Natur des menschlichen Verstandes. Gießen 1896.

FRIEDRICH ZÖLLNER, Ueber die Natur der Kometen. Beiträge zur Geschichte und Theorie der Erkenntniß. Leipzig 1872.

ALFRED LEHMANN, Aberglaube und Zauberei von den ältesten Zeiten an bis in die Gegenwart. (Deutsch von *Petersen.*) Stuttgart 1899.

FRANCIS BACON, Novum Organon Scientiarum. London 1620. (Deutsch von *Kirchmann.*) Berlin 1870.

ERNST HAECKEL, Wahrheit und Erkenntniß-Theorie. Erstes Kapitel der „Lebenswunder". Stuttgart 1904.

Alle Arbeit wahrer Wissenschaft geht auf Erkenntnis der *Wahrheit.* Unser echtes und wertvolles Wissen ist realer Natur und besteht aus Vorstellungen, welche wirklich existierenden Dingen entsprechen. Wir sind zwar unfähig, das innerste Wesen dieser realen Welt – „das Ding an sich" – zu erkennen; aber unbefangene und kritische Beobachtung und Vergleichung überzeugt uns, daß bei normaler Beschaffenheit des Gehirns und der Sinnesorgane die Eindrücke der Außenwelt auf diese bei allen vernünftigen Menschen dieselben sind, und daß bei normaler Funktion der Denkorgane bestimmte, überall gleiche Vorstellungen gebildet werden. Diese nennen wir *wahr* und sind dabei überzeugt, daß ihr Inhalt dem erkennbaren Teile der Dinge entspricht. Wir *wissen*, daß diese Tatsachen nicht eingebildet, sondern wirklich sind und auf tausendfach bestätigten Erfahrungen beruhen.

Erkenntnisquellen. Alle Erkenntnis der Wahrheit beruht auf zwei verschiedenen, aber innig zusammenhängenden Gruppen von physiologischen Funktionen des Menschen; erstens auf der *Empfindung* der Objekte mittelst der Sinnestätigkeit, und zweitens auf der Verbindung der so gewonnenen Eindrücke durch Assozion zur *Vorstellung* im Subjekt. Die Werkzeuge der Empfindung sind die *Sinnesorgane* (Sensillen); die Werkzeuge, welche die Vorstellungen bilden und verknüpfen, sind die *Denkorgane* (Phroneten). Diese letzteren sind Teile des zentralen, die ersteren hingegen Teile des peripheren *Nervensystems,* jenes wichtigen und höchstentwickelten Organsystems der höheren Tiere, welches einzig und allein deren gesamte Seelentätigkeit vermittelt.

Sinnesorgane (Sensilla). Die Sinnestätigkeit des Menschen, welche der *erste Ausgangspunkt aller Erkenntnis* ist, hat sich langsam und allmählich aus derjenigen der nächstverwandten Säugetiere, der Primaten, entwickelt. Die Organe derselben sind in der höchstentwickelten Tierklasse überall von wesentlich gleichem Bau, und ihre Funktion erfolgt überall nach denselben physikalischen und chemischen Gesetzen. Sie haben sich allenthalben in derselben Weise historisch entwickelt. Wie bei allen anderen Tieren, so sind auch bei den Mammalien alle Sensillen ursprünglich Teile der Hautdecke, und die empfindlichen Zellen der *Oberhaut* (Epidermis) sind die Ureltern aller verschiedenen Sinnesorgane, welche durch Anpassung an verschiedene Reize (Licht, Wärme, Schall, Chemopathos) ihre spezifische Energie erlangt haben. Sowohl die Stäbchenzellen der Retina in unserem Auge und die Hörzellen in der Schnecke unseres Ohres, als auch die Riechzellen in der Nase und die Schmeckzellen auf unserer Zunge stammen ursprünglich von jenen einfachen indifferenten Zellen der Oberhaut ab, welche die ganze Oberfläche unseres Körpers überziehen. Diese bedeutungsvolle Tatsache wird durch die unmittelbare Beobachtung am Embryo des Menschen ebenso wie aller anderen Tiere direkt bewiesen. Aus dieser ontogenetischen Tatsache folgt aber nach dem biogenetischen Grundgesetze mit Sicherheit der folgenschwere phylogenetische Schluß, daß auch in der langen Stammesgeschichte unserer Vorfahren die höheren Sinnesorgane mit ihren speziellen Energien ursprünglich aus der Oberhaut niederer Tiere entstanden sind, aus einer einfachen Zellenschicht, die noch keine gesonderten Sensillen enthielt.

Spezifische Energie der Sensillen. Von größter Bedeutung für die menschliche Erkenntnis ist die Tatsache, daß verschiedene Nerven unseres Körpers imstande sind, ganz verschiedene Qualitäten der Außenwelt und nur diese wahrzunehmen. Der Sehnerv des Auges vermittelt nur Lichtempfindung, der Hörnerv des Ohres nur Schallempfindung, der Riechnerv der Nase nur Geruchsempfindung usw. Gleichviel welche Reize das einzelne Sinneswerkzeug treffen und erregen, ihre Reaktion dagegen behält dieselbe Qualität. Aus dieser *spezifischen Energie* der Sinnesnerven, welche von dem großen Physiologen *Johannes Müller* zuerst in ihrer weitreichenden Bedeutung gewürdigt wurde, sind sehr irrtümliche Schlüsse gezogen worden, besonders zugunsten einer dualistischen und apriorischen Erkenntnistheorie. Man behauptete, daß das Gehirn oder die Seele nur einen gewissen Zustand der erregten Nerven wahrnehme, und das daraus nichts auf die Existenz und Beschaffenheit der erregenden Außenwelt geschlossen werden könne. Die skeptische Philosophie zog daraus den Schluß, daß diese letztere selbst zweifelhaft sei, und der extreme Idealismus bezweifelte nicht nur diese Realität, sondern er negierte sie einfach; er behauptete, daß die Welt nur in unserer Vorstellung existiere.

Diesen Irrtümern gegenüber müssen wir daran erinnern, daß die „spezifische Energie" ursprünglich nicht eine anerschaffene besondere Qualität einzelner Nerven, sondern erst durch *Anpassung* an die besondere Tätigkeit der Oberhautzellen entstanden ist, in welchen sie enden. Nach den großen Gesetzen der Arbeitsteilung nahmen die ursprünglich indifferenten „*Hautsinneszellen*" verschiedene Aufgaben in Angriff, indem die einen den Reiz der Lichtstrahlen, die anderen den Eindruck der Schallwellen, eine dritte Gruppe die chemische Einwirkung riechender Substanzen usw. auffingen. Im Laufe langer Zeiträume bewirkten diese äußeren Sinnesreize eine allmähliche Veränderung der physiologischen und weiterhin auch der morphologischen Eigenschaften dieser Oberhautstellen; damit zugleich veränderten sich die sensiblen Nerven, welche die von ihnen aufgenommenen Eindrücke zum Gehirn leiteten. Die Selektion verbesserte Schritt für Schritt die besonderen Umbildungen derselben, welche sich als nützlich erwiesen, und schuf so zuletzt im Laufe vieler Jahrmillionen jene bewunderungswürdigen Instrumente, welche als *Auge* und *Ohr* unsere teuersten Güter darstellen; ihre Einrichtung ist so wunderbar zweckmäßig, daß sie uns zu der irrtümlichen Annahme einer „Schöpfung nach vorbedachtem Bauplan“ führen könnte. Die besondere Eigentümlichkeit jedes Sinnesorgans und seiner spezifischen Nerven hat sich aber erst durch Gewohnheit und Übung – d. h. durch *Anpassung* – allmählich entwickelt und ist dann durch *Vererbung* von Generation zu Generation übertragen worden. *Albrecht Rau* hat diese Auffassung ausführlich begründet in seinem vortrefflichen Werke über „Empfinden und Denken; eine physiologische Untersuchung über die Natur des menschlichen Verstandes“ (1896). Dort ist sowohl die richtige Deutung des *Müller*schen Gesetzes von den spezifischen Sinnesenergien gegeben, als auch eine scharfsinnige Erörterung über ihre Beziehungen zum Gehirn und besonders im letzten Kapitel eine ausgezeichnete, auf den Schultern von *Ludwig Feuerbach* stehende „*Philosophie der Sinnlichkeit*“; ich schließe mich diesen überzeugenden Ausführungen durchaus an.

Grenzen der Sinneswahrnehmung. Die kritische Vergleichung der Sinnestätigkeit beim Menschen und bei den übrigen Wirbeltieren ergibt eine Anzahl überaus wichtiger Tatsachen, welche wir erst den eingehenden Forschungen des neunzehnten Jahrhunderts und besonders seiner zweiten Hälfte verdanken. Ganz besonders gilt dies von den beiden höchstentwickelten, den „ästhetischen Sinneswerkzeugen“, Auge und Ohr. Dieselben zeigen im Stamme der Wirbeltiere einen anderen und verwickelteren Bau als bei den übrigen Tieren und entwickeln sich auch im Embryo derselben auf eigentümliche Weise. Diese typische Ontogenese und Struktur der Sensillen bei sämtlichen Wirbeltieren erklärt sich durch *Vererbung* von einer gemeinsamen Stammform. Innerhalb des Stammes aber zeigt sich eine große Mannigfaltigkeit der Ausbildung im einzelnen, und diese ist bedingt durch die *Anpassung* an die Lebensweise der einzelnen Arten, durch den gesteigerten oder geminderten Gebrauch der einzelnen Teile.

Der Mensch erscheint nun in bezug auf die Ausbildung seiner Sinne keineswegs als das vollkommenste und höchstentwickelte Wirbeltier. Das Auge der Vögel ist viel schärfer und unterscheidet kleine Gegenstände auf weite Entfernung viel deutlicher als das menschliche Auge. Das Gehör vieler Säugetiere, besonders der in Wüsten lebenden Raubtiere, Huftiere, Nagetiere usw. ist viel empfindlicher als das menschliche und nimmt leise Geräusche auf viel weitere Entfernungen wahr; darauf weist schon ihre große und sehr bewegliche Ohrmuschel hin. Die Singvögel offenbaren selbst in bezug auf musikalische Begabung eine höhere Entwickelungsstufe als viele Menschen. Der Geruchssinn ist bei den meisten Säugetieren, namentlich Raubtieren und Huftieren, viel mehr ausgebildet als beim Menschen; wenn der Hund seine eigene feine Spürnase mit derjenigen des Menschen vergleichen könnte, würde er mitleidig auf letztere herabsehen. Auch in bezug auf die niederen Sinne, den Geschmackssinn, den Geschlechtssinn, den Tastsinn und den Temperatursinn, behauptet der Mensch keineswegs in jeder Beziehung die höchste Entwickelungsstufe.

Wir selbst können natürlich nur über diejenigen Sinnesempfindungen urteilen, die wir selbst besitzen. Nun weist uns aber die Anatomie im Körper vieler Tiere noch andere als unsere bekannten Sinnesorgane nach. So besitzen die Fische und auch niedere, im Wasser lebende Wirbeltiere eigentümliche Sensillen in der Haut, welche mit besonderen Sinnesnerven in Verbindung stehen. In den Seiten des Fischkörpers verläuft rechts und links ein langer Kanal, der vorn am Kopfe in mehrere verzweigte Kanäle übergeht. In diesen „Schleimkanälen" liegen Nerven mit zahlreichen Ästen, deren Enden mit eigentümlichen Nervenhügeln verbunden sind. Wahrscheinlich dient dieses ausgedehnte „Hautsinnesorgan" zur Wahrnehmung von Unterschieden im Wasserdruck oder in anderen Eigenschaften des Wassers. Einige Gruppen sind noch durch den Besitz anderer eigentümlicher Sensillen ausgezeichnet, deren Bedeutung uns unbekannt ist.

Schon aus diesen Tatsachen ergibt sich, daß unsere menschliche Sinnestätigkeit beschränkt ist, und zwar sowohl in quantitativer als auch in qualitativer Hinsicht. Wir können also mit unseren Sinnen, vor allem dem Auge und dem Tastsinn, immer nur einen Teil der Eigenschaften erkennen, welche die Objekte der Außenwelt besitzen. Aber auch diese partielle Wahrnehmung ist unvollständig, insofern unsere Sinneswerkzeuge unvollkommen sind und die Sinnesnerven als Dolmetscher dem Gehirn nur die Übersetzung der empfangenen Eindrücke mitteilen.

Diese anerkannte Unvollkommenheit unserer Sinnestätigkeit darf uns aber nicht hindern, in deren Werkzeugen, und vor allem im Auge, die edelsten Organe zu erblicken; im Vereine mit den Denkorganen des Gehirns sind sie das wertvollste Geschenk der Natur für den Menschen. In voller Wahrheit sagt *Albrecht Rau* (a. a. O.): „*Alle Wissenschaft ist in letzter Linie Sinneserkenntnis*; die Data der Sinne werden darin nicht negiert, sondern interpretiert. Die Sinne sind unsere ersten und besten Freunde; lange bevor sich der Verstand entwickelt, sagen die Sinne dem Menschen, was er tun und lassen soll. Wer die *Sinnlichkeit* überhaupt verneint, um ihren Gefahren zu entgehen, der handelt ebenso unbesonnen und töricht als der, welcher seine Augen ausreißt, weil sie einmal auch schändliche Dinge sehen könnten; oder der, welcher seine Hand abhaut, weil er fürchtet, sie könnte auch einmal nach fremdem Gute langen." Mit vollem Rechte nennt deshalb *Feuerbach* alle Philosophien, alle Religionen, alle Institute, die dem Prinzipe der *Sinnlichkeit* widersprechen, nicht nur irrtümliche, sondern sogar *grundverderbliche*. Ohne Sinne keine Erkenntnis! „Nihil est in intellectu, quod non fuerit in sensu!" (*Locke.*) Welches hohe Verdienst sich neuerdings der Darwinismus um die tiefere Erkenntnis und richtige Würdigung der Sinnestätigkeit erworben hat, habe ich schon im Jahre 1878 in meinem Vortrage „Über Ursprung und Entwickelung der Sinneswerkzeuge" zu zeigen versucht.

Hypothese und Glaube. Der Erkenntnistrieb des hochentwickelten Kulturmenschen begnügt sich nicht mit jener lückenhaften Kenntnis der Außenwelt, welche er durch seine unvollkommenen Sinnesorgane gewinnt. Er bemüht sich vielmehr, die sinnlichen Eindrücke, welche er durch dieselben gewonnen hat, in Erkenntniswerte umzusetzen; er verwandelt sie in den Sinnesherden der Großhirnrinde in spezifische Sinnesempfindungen und verbindet diese durch *Assozion* in deren Denkherden zu Vorstellungen; durch weitere Verkettung der Vorstellungsgruppen gelangt er endlich zu zusammenhängendem Wissen. Aber dieses Wissen bleibt immer lückenhaft und unbefriedigend, wenn nicht die *Phantasie* die ungenügende Kombinationskraft des erkennenden Verstandes ergänzt und durch Assozion von Gedächtnisbildern entfernt liegende Erkenntnisse zu einem zusammenhängenden Ganzen verknüpft. Dabei entstehen neue allgemeine Vorstellungs-Gebilde, welche erst die wahrgenommenen Tatsachen erklären und das Kausalitäts-Bedürfnis der Vernunft befriedigen.

Die Vorstellungen, welche die Lücken des Wissens ausfüllen oder an dessen Stelle treten, kann man im weiteren Sinne als „*Glauben*“ bezeichnen. So geschieht es fortwährend im alltäglichen Leben. Wenn wir irgendeine Tatsache nicht sicher wissen, so sagen wir: Ich glaube sie. In diesem Sinne sind wir auch in der Wissenschaft selbst zum Glauben gezwungen; wir vermuten oder nehmen an, daß ein bestimmtes Verhältnis zwischen zwei Erscheinungen besteht, obwohl wir dasselbe nicht sicher kennen. Handelt es sich dabei um die Erkenntnis von *Ursachen*, so bilden wir uns eine *Hypothese*. Indessen dürfen in der Wissenschaft nur solche Hypothesen zugelassen werden, die innerhalb des menschlichen Erkenntnisvermögens liegen und die bekannten Tatsachen nicht widersprechen. Solche Hypothesen sind z. B. in der Physik die Lehre von Vibrationen des Äthers, in der Chemie die Annahme der Atome und deren Wahlverwandtschaft, in der Biologie die Lehre von der Molekularstruktur des lebendigen Plasmas usw.

THEORIE UND GLAUBE. Die Erklärung einer größeren Reihe von zusammenhängenden Erscheinungen durch

Annahme einer gemeinsamen Ursache nennen wir Theorie. Auch bei der Theorie, wie bei der Hypothese, ist der *Glaube* (in wissenschaftlichem Sinne!) unentbehrlich; denn auch hier ergänzt die dichtende Phantasie die Lücke, welche der Verstand in der Erkenntnis des Zusammenhanges der Dinge offen läßt. Die Theorie kann daher immer nur als eine Annäherung an die Wahrheit betrachtet werden; es muß zugestanden werden, daß sie später durch eine andere, besser begründete Theorie verdrängt werden kann. Trotz dieser eingestandenen Unsicherheit bleibt die Theorie für jede wahre Wissenschaft unentbehrlich; denn sie *erklärt* erst die Tatsachen durch Annahme von Ursachen. Wer auf die Theorie ganz verzichten und reine Wissenschaft bloß aus „sicheren Tatsachen" aufbauen will (wie es oft von beschränkten Köpfen in der modernen sogenannten „exakten Naturwissenschaft" geschieht), der verzichtet damit auf die Erkenntnis der Ursachen überhaupt und somit auf die Befriedigung des Kausalitäts-Bedürfnisses der Vernunft.

Die Gravitationstheorie in der Astronomie (*Newton*), die kosmologische Gastheorie in der Kosmogenie (*Kant* und *Laplace*), das Energieprinzip in der Physik (*Mayer* und *Helmholtz*), die Atomtheorie in der Chemie (*Dalton*), die Vibrationstheorie in der Optik (*Huygens*), die Zellentheorie in der Gewebelehre (*Schleiden* und *Schwann*), die Deszendenztheorie in der Biologie (*Lamarck* und *Darwin*) sind gewaltige Theorien ersten Ranges; sie erklären eine ganze Welt von großen Naturerscheinungen durch Annahme *einer gemeinsamen Ursache* für alle einzelnen Tatsachen ihres Gebietes und durch den Nachweis, daß alle Erscheinungen in demselben zusammenhängen und durch feste, von dieser einen Ursache ausgehende Gesetze geregelt werden. Dabei kann aber diese Ursache selbst ihrem Wesen nach unbekannt oder nur eine „provisorische Hypothese" sein. Die „*Schwerkraft*" in der Gravitationstheorie und in der Kosmogenie, die „*Energie*" selbst in ihrem Verhältnis zur Materie, der „*Äther*" in der Optik und Elektrik, das „*Atom*" in der Chemie, das lebendige „*Plasma*“ in der Zellenlehre, die „*Vererbung*“ in der Abstammungslehre – diese und ähnliche Grundbegriffe in anderen großen Theorien können von der skeptischen Philosophie als „bloße Hypothesen“, als Erzeugnisse des wissenschaftlichen *Glaubens* betrachtet werden; sie bleiben uns aber als solche *unentbehrlich*, so lange, bis sie durch eine bessere Hypothese ersetzt werden.

Glaube und Aberglaube. Ganz anderer Natur als diese Formen des wissenschaftlichen Glaubens sind diejenigen Vorstellungen, welche in den verschiedenen *Religionen* zur Erklärung der Erscheinungen benutzt und schlechtweg als *Glaube* im engeren Sinne (!) bezeichnet werden. Da aber diese beiden Glaubensformen, der „natürliche Glaube“ der Wissenschaft und der „übernatürliche Glaube“ der Religion, nicht selten verwechselt werden und so Verwirrung entsteht, ist es zweckmäßig, ja notwendig, ihren *prinzipiellen Gegensatz* scharf zu betonen. Der „religiöse“ Glaube ist stets *Wunderglaube* und steht als solcher mit dem natürlichen Glauben der Vernunft in unversöhnlichem Widerspruch. Im Gegensatz zu letzterem behauptet er übernatürliche Vorgänge und kann somit als „*Überglaube*“ oder „*Oberglaube*“ bezeichnet werden, die ursprüngliche Form des Wortes *Aberglaube*. Der wesentliche Unterschied dieses Aberglaubens von dem „vernünftigen Glauben“ besteht eben darin, daß er übernatürliche Kräfte und Erscheinungen annimmt, welche die Wissenschaft nicht kennt und nicht zuläßt, welche durch irrtümliche Wahrnehmungen und falsche Phantasiedichtungen erzeugt sind; der Aberglaube widerspricht mithin den klar erkannten Naturgesetzen und ist als solcher *unvernünftig*.

Aberglaube der Naturvölker. Durch die großen Fortschritte der Ethnologie im neunzehnten Jahrhundert ist uns eine erstaunliche Fülle von mannigfaltigen Formen und Erzeugnissen des Aberglaubens bekannt geworden, wie sie noch heute unter den rohen Naturvölkern existieren. Vergleicht man dieselben untereinander und mit den entsprechenden mythologischen Vorstellungen früherer Zeiten, so ergibt sich eine vielfache Analogie, oft ein gemeinsamer Ursprung und zuletzt schließlich eine Urquelle für alle. Diese finden wir in dem natürlichen *Kausalitäts-Bedürfnisse der Vernunft*, in dem Suchen nach Erklärung unbekannter Erscheinungen durch Auffinden ihrer Ursachen. Besonders gilt das von solchen Bewegungserscheinungen, die Gefahr drohen und Furcht erregen, wie Blitz und Donner, Erdbeben, Mondfinsternis usw. Das Bedürfnis nach kausaler Erklärung solcher Naturerscheinungen besteht schon bei den Naturvölkern der niedersten Stufe und ist bereits von ihren Primaten-Ahnen durch Vererbung übertragen. Es besteht ebenso bei vielen anderen Wirbeltieren. Wenn ein Hund den Vollmond anbellt oder eine tönende Glocke, deren Klöppel er sich bewegen sieht, oder eine Fahne, die im Winde weht, so äußert er dabei nicht nur Furcht, sondern auch den dunklen Drang nach Erkenntnis der Ursache dieser unbekannten Erscheinung. Die rohen Religionsanfänge der primitiven Naturvölker haben ihre Wurzeln teilweise in solchem erblichen Aberglauben ihrer Primaten-Ahnen, teilweise im Ahnenkultus, in verschiedenen Gemütsbedürfnissen und in traditionell gewordenen Gewohnheiten.

Aberglaube der Kulturvölker. Die religiösen Glaubens-Vorstellungen der modernen Kulturvölker, die ihnen als höchster geistiger Besitz gelten, pflegen von ihnen hoch über den „rohen Aberglauben" der Naturvölker gestellt zu werden; man preist den großen Fortschritt, welchen die aufklärende Kultur durch Beseitigung des letzteren herbeigeführt habe. Das ist ein großer Irrtum! Bei unbefangener kritischer Prüfung und Vergleichung zeigt sich, daß beide nur durch die besondere „Gestalt des Glaubens" und durch die äußere Hülle der Konfession voneinander verschieden sind. Im klaren Lichte der *Vernunft* erscheint der destillierte Wunderglaube der freisinnigsten Kirchenreligionen – insofern er klar erkannten und festen Naturgesetzen widerspricht – genauso als unvernünftiger Aberglaube, wie der rohe Gespensterglaube der primitiven Fetischreligionen, auf welchen jene stolz herabsehen.

Werfen wir von diesem unbefangenen Standpunkte einen kritischen Blick auf die gegenwärtig noch herrschenden Glaubens-Vorstellungen der heutigen Kulturvölker, so finden wir sie allenthalben von traditionellem Aberglauben durchdrungen. Der christliche Glaube an die Schöpfung, die Dreieinigkeit Gottes, an die unbefleckte Empfängnis Mariä, an die Erlösung, die Auferstehung und Himmelfahrt Christi usw. ist ebenso *reine Dichtung* und kann ebensowenig mit der vernünftigen Naturerkenntnis in Einklang gebracht werden, als die verschiedenen Dogmen der mohammedanischen und mosaischen, der buddhistischen und brahmanischen Religion. Jede von diesen Religionen ist für den wahrhaft „*Gläubigen*" eine zweifellose Wahrheit, und jede von ihnen betrachtet jede andere Glaubenslehre als Ketzerei und verderblichen Irrtum. Je mehr eine bestimmte Konfession sich für die „allein selig machende" hält – für die „*katholische*" – und je inniger diese Überzeugung als heiligste Herzenssache verteidigt wird, desto eifriger muß sie naturgemäß alle anderen Konfessionen bekämpfen, und desto fanatischer gestalten sich die fürchterlichen Glaubenskriege, welche die traurigsten Blätter im Buche der Kulturgeschichte bilden. Und doch überzeugt uns die unparteiische „*Kritik der reinen Vernunft*", daß alle diese verschiedenen Glaubensformen in gleichem Maße unwahr und unvernünftig sind, Produkte der dichtenden Phantasie und der unkritischen Tradition. Die vernünftige Wissenschaft *muß* sie samt und sonders als Erzeugnisse des Aberglaubens verwerfen.

Glaubensbekenntnis (Konfession). Der unermeßliche Schaden, welchen der unvernünftige Aberglaube seit Jahrtausenden in der gläubigen Menschheit angerichtet hat, offenbart sich wohl nirgends auffälliger als in dem unaufhörlichen „Kampfe der Glaubensbekenntnisse". Unter allen Kriegen, welche die Völker mit Feuer und Schwert gegeneinander geführt haben, sind die Religionskriege die blutigsten gewesen; unter allen Formen der Zwietracht, welche das Glück der Familien und der einzelnen Personen zerstört haben, sind die religiösen, dem Glaubensunterschiede entsprungenen noch heute die gehässigsten. Man denke nur an die vielen Millionen Menschen, welche in den Christen-Bekehrungen und -Verfolgungen, in den Glaubenskämpfen des Islam und der Reformation, durch die Inquisition und die Hexenprozesse ihr Leben verloren haben. Oder man denke an die noch größere Zahl der Unglücklichen, welche wegen Glaubensverschiedenheiten in Familienzwist geraten, ihr Ansehen bei den gläubigen Mitbürgern und ihre Stellung im Staate verloren oder aus dem Vaterlande haben auswandern müssen. Die verderblichste Wirkung übt das offizielle Glaubensbekenntnis dann, wenn es mit den politischen Zwecken des Kulturstaates verknüpft und als „konfessioneller Religionsunterricht" in den Schulen zwangsweise gelehrt wird. Die Vernunft der Kinder wird dadurch schon frühzeitig von der Erkenntnis der Wahrheit abgelenkt und dem Aberglauben zugeführt. Jeder Menschenfreund sollte daher die Trennung von Schule und Kirche, die *konfessionslose Schule* als eine der wertvollsten Institutionen des modernen Vernunftstaates mit allen Mitteln zu fördern suchen.

Der Glaube unserer Väter. Der hohe Wert, welcher trotzdem noch heute in den weitesten Kreisen dem konfessionellen Religionsunterricht beigelegt wird, ist nicht allein durch den Konfessionszwang des rückständigen Kulturstaates und dessen Abhängigkeit von klerikaler Herrschaft bedingt, sondern auch durch das Gewicht von alten Traditionen und von „Gemütsbedürfnissen" verschiedener Art. Unter diesen ist besonders wirkungsvoll jene andächtige Verehrung, welche in weitesten Kreisen der *konfessionellen* Tradition gezollt wird, dem „heiligen Glauben unserer Väter". In Tausenden von Erzählungen und Gedichten wird das Festhalten an demselben als ein geistiger Schatz und als eine heilige Pflicht gepriesen. Und doch genügt unbefangenes Nachdenken über die *Ge-*

schichte des Glaubens, um uns von der völligen Ungereimtheit jener einflußreichen Vorstellung zu überzeugen. Der herrschende evangelische Kirchenglaube in der zweiten Hälfte des aufgeklärten neunzehnten Jahrhunderts ist wesentlich verschieden von demjenigen in der ersten Hälfte desselben, und dieser wieder von demjenigen des achtzehnten Jahrhunderts. Der letztere weicht sehr ab von dem „Glauben unserer Väter“ im siebzehnten und noch mehr im sechzehnten Jahrhundert. Die Reformation, welche die geknechtete Vernunft von der Tyrannei des Papismus befreite, wird natürlich von dieser als ärgste Ketzerei verfolgt; aber auch der Glaube des Papismus selbst hatte sich im Laufe eines Jahrtausends völlig verändert. Und wie verschieden ist der Glaube der getauften Christen von demjenigen ihrer heidnischen Väter! Jeder selbständig denkende Mensch bildet sich eben seinen eigenen, mehr oder weniger „persönlichen Glauben“, und immer ist dieser verschieden von demjenigen seiner Väter; denn er ist abhängig von dem gesamten Bildungszustande seiner Zeit. Je weiter wir in der Kulturgeschichte zurückgehen, desto mehr erscheint uns der gepriesene „Glaube unserer Väter“ als unhaltbarer Aberglaube, dessen Formen sich beständig umbilden.

Spiritismus. Eine der merkwürdigsten Formen des Aberglaubens ist diejenige, welche noch heutzutage in unserer modernen Kulturwelt eine erstaunliche Rolle spielt, der Spiritismus und Okkultismus, der moderne *Geisterglaube*. Es ist eine ebenso befremdende wie betrübende Tatsache, daß noch heute Millionen gebildeter Kulturmenschen von diesem finsteren Aberglauben völlig beherrscht sind; ja sogar einzelne berühmte Naturforscher haben sich von demselben nicht losmachen können. Zahlreiche spiritistische Zeitschriften verbreiten diesen Gespensterglauben in weitesten Kreisen, und unsere „feinsten Gesellschaftskreise“ schämen sich nicht, „Geister“ erscheinen zu lassen, welche klopfen, schreiben, „Mitteilungen aus dem Jenseits“ machen usw. Man beruft sich in den Kreisen der Spiritisten oft darauf, daß selbst angesehene Naturforscher diesem Aberglauben huldigen. In Deutschland werden dafür als Beispiele u. a. *Zöllner* und *Fechner* in Leipzig angeführt, in England *Wallace* und *Crookes* in London. Die bedauerliche Tatsache, daß selbst so hervorragende Physiker und Biologen sich dadurch haben irreführen lassen, erklärt sich teils aus ihrem Übermaß an Phantasie und Kritikmangel, teils aus dem mächtigen Einfluß starrer Dogmen, welche religiöse Verziehung dem kindlichen Gehirn in frühester Jugend schon einprägt. Übrigens ist gerade bei den berühmten spiritistischen Vorstellungen in Leipzig, in welchen die Physiker *Zöllner*, *Fechner* und *Wilhelm Weber* durch den schlauen Taschenspieler *Slade* irregeführt wurden, der Schwindel des letzteren nachträglich klar zutage gekommen; *Slade* selbst wurde als gemeiner Betrüger entlarvt und bestraft. Auch in allen anderen Fällen, in welchen die angeblichen „Wunder des Spiritismus" gründlich untersucht werden konnten, hat sich als Ursache derselben eine gröbere oder feinere Täuschung herausgestellt, und die sogenannten „Medien" (meist weiblichen Geschlechts) sind teils als schlaue Schwindler entlarvt, teils als nervöse Personen von ungewöhnlicher Reizbarkeit erkannt worden. Ihre angebliche *Telepathie* (oder „Fernwirkung des Gedankens ohne materielle Vermittelung") existiert ebensowenig als die „Stimmen der Geister", die „Seufzer der Gespenster" usw. Die lebhaften Schilderungen, welche *Carl du Prel* und andere Spiritisten von solchen „Geistererscheinungen" geben, beruhen auf Tätigkeit der freien Phantasie, verbunden mit Mangel an Kritik und an physiologischen Kenntnissen.

SIEBZEHNTES KAPITEL

WISSENSCHAFT UND CHRISTENTUM

Monistische Studien über den Kampf zwischen der wissenschaftlichen Erfahrung und der christlichen Offenbarung. Die vier Perioden in der historischen Metamorphose der christlichen Religion.

Vernunft und Dogma

„Die Grundprinzipien des Christentums und der modernen Bildung liegen in unversöhnlichem Widerstreit, und dieser Widerstreit muß notwendig entweder mit einer siegreichen Reaktion des Christentums oder mit einer völligen Überwindung des Christentums durch die moderne Kultur enden; entweder mit der Knebelung aller Völkerfreiheit durch den gewaltig anstürmenden Ultramontanismus oder mit dem Untergange des Christentums, wenn auch nicht dem Namen, so doch der Tat nach."

EDUARD HARTMANN

„Zu behaupten, daß das Christentum vorher unbekannte sittliche Wahrheiten in die Welt gebracht habe, beweist entweder grobe Unwissenheit oder geflissentlichen Betrug."

THOMAS BUCKLE

INHALT DES SIEBZEHNTEN KAPITELS

Wachsender Gegensatz zwischen moderner Naturerkenntnis und christlicher Weltanschauung. Der alte und der neue Glaube. Verteidigung der vernünftigen Wissenschaft gegen die Angriffe des christlichen Aberglaubens, vor allem gegen den Papismus. Vier Perioden in der Entwickelungsgeschichte des Christentums. I. Das Urchristentum (drei Jahrhunderte). Die vier kanonischen Evangelien. Die Episteln Pauli. II. Der Papismus (das ultramontane Christentum). Rückschritt der Kultur im Mittelalter. Ultramontane Geschichtsfälschung. Papismus und Wissenschaft. Papismus und Christentum. III. Die Reformation. Luther und Calvin. Das Jahrhundert der Aufklärung. IV. Das Scheinchristentum des neunzehnten Jahrhunderts. Die Kriegserklärung des Papstes gegen die Vernunft und Wissenschaft: I. Unfehlbarkeit. II. Enzyklika. III. Unbefleckte Empfängnis.

LITERATUR

SALADIN (STEWART ROSS), Jehovas gesammelte Werke. Eine kritische Untersuchung des jüdisch-christlichen Religions-Gebäudes auf Grund der Bibelforschung. Zürich (Leipzig, Fleischer) 1896.

S. E. VERUS, Vergleichende Uebersicht (Vollständige Synopsis) der vier Evangelien in unverkürztem Wortlaut. Leipzig 1897.

DAVID STRAUSS, Das Leben Jesu für das deutsche Volk. 1864. 17. Auflage. Stuttgart 1905.

LUDWIG FEUERBACH, Das Wesen des Christenthums. 1841. Vierte Auflage 1883.

PAUL DE REGLA (P. DESJARDIN), Jesus von Nazareth vom wissenschaftlichen, geschichtlichen und gesellschaftlichen Standpunkt aus dargestellt. Leipzig 1894.

THOMAS BUCKLE, Geschichte der Civilisation in England. 1857. Sechste deutsche Auflage. Leipzig 1881.

M. J. SAVAGE, Die Religion im Lichte der Darwin'schen Lehre. Deutsch von *Schramm*. Leipzig 1886.

EDUARD HARTMANN, Die Selbstzersetzung des Christenthums. Berlin 1874.

ALBERT KALTHOFF, Das Christus-Problem. Grundlinien zu einer Social-Theologie. Leipzig 1902. Die Entstehung des Christentums. Leipzig 1904.

C. PROMUS, Die Entstehung des Christentums. Nach der modernen Forschung für weite Kreise voraussetzungslos dargestellt. Jena 1905.

A. D. WHITE, Geschichte der Fehde zwischen Wissenschaft und Theologie in der Christenheit. Deutsch von C. M. v. *Unruh*. Leipzig.

Zu den hervorragenden Charakterzügen des vielbewegten neunzehnten Jahrhunderts gehört die wachsende Schärfe des Gegensatzes zwischen Wissenschaft und Christentum. Das ist ganz natürlich und notwendig; denn in demselben Maße, in welchem die siegreichen Fortschritte der modernen *Naturerkenntnis* alle wissenschaftlichen Eroberungen früherer Jahrhunderte überflügeln, ist zugleich die Unhaltbarkeit aller jener mystischen Weltanschauungen offenbar geworden, welche die Vernunft unter das Joch der sogenannten „*Offenbarung*" beugen wollten; und dazu gehört auch die christliche Religion. Je sicherer durch die moderne Astronomie, Physik und Chemie die Alleinherrschaft unbeugsamer Naturgesetze im Universum, durch die moderne Botanik, Zoologie und Anthropologie die Gültigkeit derselben Gesetze im Gesamtbereiche der organischen Natur nachgewiesen ist, desto heftiger sträubt sich die christliche Religion, im Vereine mit der dualistischen Metaphysik, die Geltung dieser Naturgesetze im Bereiche des sogenannten „*Geisteslebens*" anzuerkennen, d. h. in einem Teilgebiete der Gehirnphysiologie.

Diesen offenkundigen und unversöhnlichen Gegensatz zwischen der modernen wissenschaftlichen und der überlebten christlichen Weltanschauung hat niemand klarer, mutiger und unwiderleglicher bewiesen als der größte Theologe des neunzehnten Jahrhunderts, *David Friedrich Strauß*. Sein letztes Bekenntnis: „*Der alte und der neue Glaube*" (1872, fünfzehnte Auflage 1903) ist der allgemein gültige Ausdruck der ehrlichen Überzeugung aller derjenigen Gebildeten der Gegenwart, welche den unvermeidlichen Konflikt zwischen den anerzogenen, herrschenden Glaubenslehren des Christentums und den einleuchtenden, vernunftgemäßen Offenbarungen der modernen Naturwissenschaft einsehen; aller derjenigen, welche den Mut finden, das Recht der *Vernunft* gegenüber den Ansprüchen des *Aberglaubens* zu wahren, und welche das philosophische Bedürfnis nach einer einheitlichen Naturanschauung empfinden. *Strauß* hat als ehrlicher und mutiger Freidenker weit besser, als ich es vermag, die wichtigsten Gegensätze zwischen „altem und neuem Glauben" klargelegt. Die volle Unversöhnlichkeit zwischen beiden Gegensätzen, die Unvermeidlichkeit des Entscheidungskampfes zwischen beiden – „auf Tod und Leben" – hat von philosophischer Seite namentlich *Eduard Hartmann* nachgewiesen in seiner interessanten Schrift über die Selbstzersetzung des Christentums.

Unter den zahlreichen Werken, die im Laufe des neunzehnten Jahrhunderts die wissenschaftliche Kritik des Christentums, seines Wesens und seiner Lehre gefördert haben, sind außerdem namentlich folgende hervorzuheben: *David Strauß*, Das Leben Jesu für das deutsche Volk, 1864 (XVII. Auflage, Stuttgart 1895). *Ludwig Feuerbach*, Das Wesen des Christentums, 1841 (IV. Auflage 1883). *Paul de Regla* (P. Desjardin), Jesus von Nazareth, vom wissenschaftlichen, geschichtlichen und gesellschaftlichen Standpunkte dargestellt, Leipzig 1894. *S. E. Verus*, Vergleichende Übersicht der vier Evangelien, Leipzig 1897.

Wenn man die Werke von *Strauß* und *Feuerbach* sowie die „Geschichte der Konflikte zwischen Religion und Wissenschaft" von *John William Draper* (1875) gelesen hat, könnte es überflüssig erscheinen, diesem Gegenstande hier ein besonderes Kapitel zu widmen. Trotzdem wird es nützlich und notwendig sein, hier einen kritischen Blick auf den historischen Verlauf dieses großen Kampfes zu werfen, und zwar deshalb, weil die *Angriffe* der streitenden Kirche auf die Wissenschaft im allgemeinen und auf die Entwickelungslehre im besonderen in neuester Zeit besonders scharf und gefahrdrohend geworden sind. Auch ist leider die geistige Erschlaffung, welche sich neuerdings geltend macht, sowie die steigende Flut der Reaktion auf politischem, sozialem und kirchlichem Gebiete nur zu sehr geeignet, jene Gefahren zu verschärfen. Wollte jemand daran zweifeln, so braucht er nur die Verhandlungen der christlichen Synoden, der berüchtigten Katholikentage und des Deutschen Reichstages in den letzten 20 Jahren zu lesen. Im Einklang damit stehen die Bemühungen vieler weltlicher Regierungen, sich mit dem geistlichen Regimente, ihrem natürlichen Todfeinde, auf möglichst guten Fuß zu setzen, d. h. sich dessen Joche zu unterwerfen. Als gemeinsames Ziel schwebt dabei den beiden Verbündeten die Unterdrückung des freien Gedankens und der freien wissenschaftlichen Forschung vor, mit dem klar erkennbaren Zwecke, sich auf diese Weise am leichtesten *die absolute Herrschaft* zu sichern.

Wir müssen ausdrücklich betonen, daß es sich hier um notgedrungene *Verteidigung* der Wissenschaft und der Vernunft gegen die scharfen Angriffe der christlichen Kirche und ihrer gewaltigen Heerscharen handelt, und nicht etwa um unberechtigte *Angriffe* der ersteren gegen die letzteren. In erster Linie muß dabei unsere Abwehr gegen den *Papismus* oder *Ultramontanismus* gerichtet sein; denn diese „allein seligmachende" und „für alle bestimmte" katholische Kirche ist nicht allein weit größer und weit mächtiger als die anderen christlichen Konfessionen, sondern sie besitzt vor allem den Vorzug einer großartigen, zentralisierten Organisation und einer unübertroffenen politischen Schlauheit. Man hört allerdings oft von Naturforschern und von anderen Männern der Wissenschaft die Ansicht äußern, daß der katholische Aberglaube nicht schlimmer sei als die anderen Formen des übernatürlichen Glaubens, und daß diese trügerischen „Gestalten des Glaubens" alle in gleichem Maße die natürlichen Feinde der Vernunft und Wissenschaft seien. Im allgemeinen theoretischen Prinzip ist diese Behauptung richtig, aber in bezug auf die praktischen Folgen irrtümlich; denn die zielbewußten und rücksichtslosen

Angriffe der ultramontanen Kirche auf die Wissenschaft, gestützt auf die Trägheit und Dummheit der Volksmassen, sind vermöge ihrer mächtigen Organisation ungleich schwerer und gefährlicher als diejenigen aller anderen Religionen.

Entwickelung des Christentums. Um die ungeheure Bedeutung des Christentums für die ganze Kulturgeschichte, besonders aber seinen prinzipiellen Gegensatz gegen Vernunft und Wissenschaft richtig zu würdigen, müssen wir einen flüchtigen Blick auf die wichtigsten Abschnitte seiner geschichtlichen Entwickelung werfen. Wir unterscheiden in derselben vier Hauptperioden: I. das *Urchristentum* (die drei ersten Jahrhunderte), II. den *Papismus* (zwölf Jahrhunderte, vom vierten bis fünfzehnten), III. die *Reformation* (drei Jahrhunderte, vom sechzehnten bis achtzehnten), IV. das moderne *Scheinchristentum* (im neunzehnten Jahrhundert).

Das Urchristentum umfaßt die ersten drei Jahrhunderte. Christus selbst, der edle, ganz von Menschenliebe erfüllte Prophet und Schwärmer, stand tief unter dem Niveau der klassischen Kulturbildung; er kannte nur jüdische Tradition; er hat selbst keine einzige Zeile hinterlassen. Auch hatte er von dem hohen Zustande der Welterkenntnis, zu dem griechische Philosophie und Naturforschung schon ein halbes Jahrtausend früher sich erhoben hatten, keine Ahnung. Was wir daher von ihm und von seiner ursprünglichen Lehre wissen, schöpfen wir aus den wichtigsten Schriften des Neuen Testamentes; erstens aus den vier Evangelien und zweitens aus den paulinischen Briefen. Von den *vier kanonischen Evangelien* wissen wir jetzt, daß sie im Jahre 325 auf dem Konzil zu Nizäa durch 318 versammelte Bischöfe aus einem Haufen von widersprechenden und gefälschten Handschriften der drei ersten Jahrhunderte ausgesucht wurden. Auf die weitere Wahlliste kamen vierzig, auf die engere vier Evangelien. Da sich die streitenden, boshaft sich schmähenden Bischöfe über die Auswahl nicht einigen konnten, beschloß man, die Auswahl durch ein göttliches

Wunder bewirken zu lassen: man legte alle Bücher zusammen unter den Altar und betete, daß die unechten, menschlichen Ursprungs, darunter liegen bleiben möchten, die echten, von Gott selbst eingegebenen dagegen auf den Tisch des Herrn hinaufhüpfen möchten. Und das geschah wirklich! Die drei synoptischen Evangelien (Matthäus, Markus, Lukas – alle drei nicht *von* ihnen, sondern *nach* ihnen niedergeschrieben, im Beginn des *zweiten* Jahrhunderts –) und das ganz verschiedene vierte Evangelium (angeblich *nach Johannes*, in der Mitte des zweiten Jahrhunderts abgefaßt), alle vier hüpften auf den Tisch und wurden nunmehr zu *echten* (tausendfach sich widersprechenden!) Grundlagen der christlichen Glaubenslehre. Sollte ein moderner „Ungläubiger" dieses „*Bücherhüpfen*" unglaubwürdig finden, so erinnern wir ihn daran, daß das ebenso glaubhafte „*Tischrücken*" und „*Geisterklopfen*" noch heute von Millionen „gebildeter" Spiritisten fest geglaubt wird; und Hunderte von Millionen gläubiger Christen sind noch heute ebenso fest von ihrer eigenen Unsterblichkeit, ihrer „Auferstehung nach dem Tode" und von der „Dreieinigkeit Gottes" überzeugt – Dogmen, welche der reinen Vernunft nicht mehr und nicht weniger widersprechen als jenes wunderbare Springen der Evangelienhandschriften. Näheres darüber berichtet der englische Theologe *Saladin* (Stewart Ross) in seiner scharfsinnigen, neuerdings viel besprochenen Schrift: „Jehovas Gesammelte Werke, eine kritische Untersuchung des jüdisch-christlichen Religionsgebäudes auf Grund der Bibelforschung", Leipzig 1896.

Nächst den Evangelien sind bekanntlich die wichtigsten Quellen die 13 verschiedenen (größtenteils gefälschten!) *Episteln* des Apostels Paulus. Die echten paulinischen Briefe (der neueren Kritik zufolge nur vier: an die Römer, die Galater und die beiden Korintherbriefe) sind sämtlich früher niedergeschrieben als die vier kanonischen Evangelien und enthalten weniger unglaubliche Wundersagen als die letzteren; auch suchen sie mehr als diese sich mit einer vernünftigen Weltanschauung zu vereinigen. Die aufgeklärte Theologie der Neuzeit konstruiert daher teilweise ihr *ideales Christentum* mehr auf Grund der Paulusbriefe als der Evangelien, so daß man dasselbe geradezu als *Paulinismus* bezeichnet hat. Die bedeutende Persönlichkeit des Apostels Paulus, der jedenfalls viel mehr Weltkenntnis und praktischen Sinn besaß als *Christus*, ist für die *anthropologische* Beurteilung auch insofern interessant, als der *Rassenursprung* der beiden großen Religionsstifter ähnlich sein soll. Auch von den beiden Eltern des *Paulus* soll (neueren historischen Forschungen zufolge) der Vater griechischer, die Mutter jüdischer Rasse sein. Die Mischlinge dieser beiden Rassen, die ursprünglich ja sehr verschieden sind (obgleich beide Zweige *derselben Spezies*: Homo mediterraneus!), zeichnen sich oft durch eine glückliche Mischung der Talente und Charaktereigenschaften aus, wie auch viele Beispiele aus neuerer Zeit und aus der Gegenwart beweisen. Die plastische orientalische Phantasie der *Semiten* und die kritische okzidentalische Vernunft der *Arier* ergänzen sich oft in vorteilhafter Weise. Das zeigt sich auch in der paulinischen Lehre, die bald größeren Einfluß gewann als die älteste urchristliche Anschauung. Man hat daher auch den *Paulinismus* mit Recht als eine neue Erscheinung bezeichnet, deren Vater die griechische Philosophie, deren Mutter die jüdische Religion war; eine ähnliche Mischung zeigte der *Neuplatonismus*.

Über die ursprünglichen Lehren und Ziele von *Christus* – ebenso wie über viele wichtige Seiten seines Lebens – sind die Ansichten der streitenden Theologen um so mehr auseinander gegangen, je mehr die historische Kritik *(Strauß*, *Feuerbach*, *Baur*, *Renan*, *Kalthoff)* die zugänglichen Tatsachen in ihr wahres Licht gestellt und unbefangene Schlüsse daraus gezogen hat. Sicher bleibt davon stehen das edelste Prinzip der allgemeinen Menschenliebe und der daraus folgende höchste Grundsatz der Sittenlehre: „die *goldene Regel*" – beide übrigens schon Jahrhunderte vor Christus bekannt und geübt (vgl. Kap. 19!). Im übrigen waren die *Urchristen* der ersten Jahrhunderte zum größten Teil reine Kommunisten, zum Teil *Sozialdemokraten*, die nach den heute in Deutschland herrschenden Grundsätzen mit Feuer und Schwert hätten vertilgt werden müssen.

II. Der Papismus. Das „*lateinische Christentum*" oder „*Papsttum*", die „römisch-katholische Kirche", oft auch als *Ultramontanismus*, nach ihrer Residenz *Vatikanismus* oder kurz als *Papismus* bezeichnet, ist unter allen Erscheinungen der menschlichen Kulturgeschichte eine der großartigsten und merkwürdigsten, eine „welthistorische Größe" ersten Ranges. Trotz aller Stürme der Zeit erfreut sie sich noch heute des mächtigsten Einflusses. Von den 410 Millionen Christen, welche die Erde gegenwärtig bewohnen, bekennt mehr als die Hälfte, nämlich 225 Millionen, den römischen, nur 75 Millionen den griechischen Katholizismus, und 110 Millionen sind Protestanten. Während eines Zeitraumes von 1200 Jahren, vom vierten bis zum sechzehnten Jahrhundert, hat der Papismus das geistige Leben Europas fast vollkommen beherrscht und vergiftet; dagegen hat er den großen, alten Religionssystemen in Asien und Afrika nur sehr wenig Boden abgewonnen. In Asien zählt der Buddhismus heute noch 503 Millionen, die Brahmareligion 138 Millionen, der Islam 120 Millionen Anhänger. Die Weltherrschaft des Papismus prägt vor allem dem *Mittelalter* seinen finsteren Charakter auf; sie bedeutet den Tod alles freien Geisteslebens, den Rückgang aller wahren Wissenschaft, den Verfall aller reinen Sittlichkeit. Von der glänzenden Blüte, zu welcher sich das menschliche Geistesleben im klassischen Altertum erhoben hatte, im ersten Jahrtausend vor Christus und in den ersten Jahrhunderten nach Christus, sank dasselbe unter der Herrschaft des Papsttums bald zu einem Niveau herab, das mit Bezug auf die *Erkenntnis der Wahrheit* nur als *Barbarei* bezeichnet werden kann. Man rühmt wohl am Mittelalter, daß andere Seiten des Geisteslebens darin zu reicher Entfaltung gekommen seien, Dichtkunst und bildende Kunst, scholastische Gelehrsamkeit und patristische

Philosophie. Aber diese Kulturtätigkeit befand sich im Dienste der herrschenden Kirche und wurde nicht zur Hebung, sondern zur Unterdrückung der freien Geistesforschung verwandt. Die ausschließliche Vorbereitung für ein unbekanntes „ewiges Leben im Jenseits", die Verachtung der Natur, die Abwendung von ihrem Studium, welche im Prinzip der christlichen Religion innewohnt, wurde von der römischen Hierarchie zur heiligen Pflicht gemacht. Eine Wandlung zum Besseren brachte erst im Beginn des sechzehnten Jahrhunderts die *Reformation.*

RÜCKSCHRITTE DER KULTUR IM MITTELALTER. Es würde uns viel zu weit führen, wenn wir hier die jammervollen Rückschritte schildern wollten, welche menschliche Kultur und Gesittung während zwölf Jahrhunderten unter der geistigen Gewaltherrschaft des Papismus erlitten. Am prägnantesten sind dieselben wohl durch einen einzigen Satz des größten und geistreichsten *Hohenzollern-Fürsten* illustriert; *Friedrich der Große* faßte sein Urteil in dem Satze zusammen, man werde durch das *Studium der Geschichte* zu der Überzeugung geführt, daß von Konstantin dem Großen bis auf die Zeit der Reformation *die ganze Welt wahnsinnig* gewesen sei. Eine vortreffliche kurze Schilderung dieser „Wahnsinnsperiode" hat (1887) *L. Büchner* gegeben in seiner Schrift „Über religiöse und wissenschaftliche Weltanschauung". Wer sich näher darüber unterrichten will, den verweisen wir auf die Geschichtswerke von *Ranke*, *Draper*, *Kolb*, *Svoboda* usw. Die wahrheitsgemäße Darstellung, welche diese und andere unbefangene Historiker von den grauenhaften Zuständen des christlichen *Mittelalters* geben, wird bestätigt durch alle ehrliche Quellenforschung und durch die kulturgeschichtlichen Denkmäler, welche diese *traurigste Periode* der menschlichen Geschichte überall hinterlassen hat. Gebildete Katholiken, welche *ehrlich* die Wahrheit suchen, können nicht genug auf das eigene Studium dieser Quellen hingewiesen werden. Dies ist um so mehr zu betonen, als auch gegenwärtig noch die ultramontane Literatur einen gewaltigen Einfluß besitzt; das alte Kunststück, durch dreiste Umkehrung der Tatsachen und Erfindung von Wundermärchen das „gläubige Volk" zu betören, wird auch heute noch von ihr mit größtem Erfolge angewendet; wir erinnern nur an *Lourdes* und an den „Heiligen Rock" von Trier (1844, erneuert 1890). Wie weit die Entstellung der Wahrheit selbst in wissenschaftlichen Werken geht, davon liefert ein auffälliges Beispiel der ultramontane Professor der Geschichte *Johannes Janssen* in Frankfurt a. M.; seine viel gelesenen Werke (besonders die „Geschichte des deutschen Volkes seit dem Ausgang des Mittelalters", in zahlreichen Auflagen erschienen) leisten das Unglaublichste an dreister *Geschichtsfälschung*. Die Verlogenheit dieser jesuitischen Fälschungen steht auf gleicher Stufe mit der Leichtgläubigkeit und Kritiklosigkeit des einfältigen deutschen Volkes, das sie als bare Münze annimmt.

Papismus und Wissenschaft. Unter den historischen Tatsachen, welche am einleuchtendsten die Verwerflichkeit der ultramontanen Geistesthyrannei beweisen, interessiert uns vor allem ihre energische und konsequente Bekämpfung der wahren *Wissenschaft* als solcher. Diese war zwar schon von Anfang an prinzipiell im Christentum dadurch bestimmt, daß dasselbe den Glauben über die Vernunft stellte und die blinde Unterwerfung der letzteren unter den ersteren forderte; nicht minder dadurch, daß es das ganze Erdenleben nur als eine Vorbereitung für das erdichtete „Jenseits" betrachtete, also auch der wissenschaftlichen Forschung an sich jeden Wert absprach. Allein die planmäßige und erfolgreiche Bekämpfung der letzteren begann doch erst im Anfange des vierten Jahrhunderts, besonders seit dem berüchtigten Konzil von Nizäa (325), welchem Kaiser *Konstantin* präsidierte, – *„der Große"* genannt, weil er das Christentum zur Staatsreligion erhob und Konstantinopel gründete, dabei ein nichtswürdiger Charakter, ein falscher Heuchler und vielfacher Mörder. Wie erfolgreich der Papismus in seinem Kampfe gegen jedes selbständige wissenschaftliche Denken und Forschen war, beweist am besten der jammervolle Zustand der Naturerkenntnis und ihrer Literatur im Mittelalter. Nicht nur wurden die reichen Geistesschätze, welche das klassische Altertum hinterlassen hatte, zum größten Teil vernichtet oder der Verbreitung entzogen, sondern Folterknechte und Scheiterhaufen sorgten dafür, daß jeder „Ketzer", d. h. jeder selbständige Denker, seine vernünftigen Gedanken für sich behielt. Tat er das nicht, so mußte er sich darauf gefaßt machen, lebendig verbrannt zu werden, wie es dem großen monistischen Philosophen *Giordano Bruno*, dem Reformator *Johann Huss* und mehr als hunderttausend anderen „Zeugen der Wahrheit" geschah. Die Geschichte der Wissenschaften im Mittelalter belehrt uns auf jeder Seite, daß das selbständige Denken und die empirische wissenschaftliche Forschung unter dem Drucke des allmächtigen Papismus durch zwölf traurige Jahrhunderte wirklich völlig begraben blieben.

Papismus und Christentum. Alles das, was wir am wahren Christentum im Sinne seines Stifters und seiner edelsten Nachfolger hochschätzen, und was wir aus dem unausbleiblichen Untergang dieser „Weltreligion" in unsere neue, monistische Religion hinüber zu retten suchen müssen, liegt auf seiner *ethischen* und *sozialen* Seite. Die Prinzipien der wahren Humanität, der goldenen Regel, der Toleranz, der Menschenliebe im besten und höchsten Sinne des Wortes, alle diese wahren Lichtseiten des Christentums sind zwar nicht von ihm zuerst erfunden und aufgestellt, aber doch erfolgreich in jener kritischen Periode zur Geltung gebracht worden, in der das klassische Altertum seiner Auflösung entgegenging. Der Papismus aber hat es verstanden, alle jene Tugenden in ihr direktes *Gegenteil* zu verkehren und dabei doch die *alte Firma* als Aushängeschild zu bewahren. An die Stelle der christlichen Liebe trat der fanatische Haß gegen alle Andersgläubigen; mit Feuer und Schwert wurden nicht allein die Heiden ausgerottet, sondern auch jene christlichen Sekten, welche in besserer Erkenntnis Einwendungen gegen die aufgezwungenen Lehrsätze des ultramontanen Aberglaubens zu erheben wagten. Überall in Europa blühten die Ketzergerichte und forderten unzählige Opfer, deren Folterqualen ihren frommen, von „christlicher Bruderliebe" erfüllten Peinigern besonderes Vergnügen bereiteten. Die Papstmacht wütete auf ihrer Höhe durch Jahrhunderte erbarmungslos gegen alles, was ihrer Herrschaft im Wege stand. Unter dem berüchtigten Großinquisitor Torquemada (1481 bis 1498) wurden allein in Spanien achttausend Ketzer lebendig verbrannt, neunzigtausend mit Einziehung des Vermögens und den empfindlichsten Kirchenbußen bestraft, während in den Niederlanden unter der Herrschaft Karls des Fünften dem klerikalen Blutdurst mindestens fünfzigtausend Menschen zum Opfer fielen. Und während das Geheul gemarterter Menschen die Luft erfüllte, strömten in Rom, dem die ganze christliche Welt tributpflichtig war, die Reichtümer der halben Welt zusammen, und wälzten sich die angeblichen Stellvertreter Gottes auf Erden und ihre Helfershelfer (welche selbst nicht selten dem weitestgehenden Atheismus huldigten!) in Lüsten und Lastern jeder Art. „Welche Vorteile", sagt der frivole und syphilitische Papst *Leo X.* ironisch, „hat uns doch diese *Fabel von Jesus Christus* gebracht!" Dabei war der Zustand der europäischen Gesellschaft trotz Kirchenzucht und Gottesfurcht von der allerschlimmsten Art. Feudalismus, Leibeigenschaft, Gottesgnadentum und Mönchtum beherrschten das Land, und die armen Heloten waren froh, wenn sie ihre elenden Hütten im Machtbereiche der Schlösser oder Klöster ihrer geistlichen und weltlichen Unterdrücker und Ausbeuter errichten durften. Heutzutage noch leiden wir unter den Nachwehen und Überbleibseln dieser traurigen Zustände und Zeiten, in welchen von Pflege der Wissenschaft und höherer Geistesbildung nur ausnahmsweise und im Verborgenen die Rede sein konnte. „Unwissenheit, Armut und Aberglaube vereinigten sich mit der entsittlichenden Wirkung des im elften Jahrhundert eingeführten *Zölibats*, um die absolute

Papstmacht immer stärker werden zu lassen" (*Büchner* a. a. O.). Man hat berechnet, daß während dieser Glanzperiode des Papismus über zehn Millionen Menschen dem fanatischen Glaubenshaß der „*christlichen Liebe*" zum Opfer fielen; und wieviel mehr Millionen betrugen die geheimen Menschenopfer, welche das *Zölibat*, die *Ohrenbeichte* und der *Gewissenszwang* erforderten, die gemeinschädlichsten und fluchwürdigsten Institutionen des päpstlichen Absolutismus! Die „ungläubigen" Philosophen, welche Beweise *gegen* das Dasein Gottes sammelten, haben einen der stärksten Beweise dagegen übersehen, die Tatsache, daß die römischen „*Statthalter Christi*" zwölf Jahrhunderte hindurch ungestraft die gräulichsten Verbrechen und Schandtaten „*im Namen Gottes*" verüben durften.

III. Die Reformation. Die Geschichte der Kulturvölker, welche wir „die Weltgeschichte" zu nennen belieben, läßt deren dritten Hauptabschnitt, die „Neuzeit", oft mit der Reformation der christlichen Kirche beginnen, ebenso wie den zweiten, das Mittelalter, mit der Gründung des Christentums; und sie tut recht daran. Denn mit der Reformation beginnt die *Wiedergeburt der gefesselten Vernunft*, das Wiedererwachen der Wissenschaft, welche die eiserne Faust des christlichen Papismus durch 1200 Jahre gewaltsam niedergehalten hatte. Allerdings hatte die Verbreitung allgemeiner Bildung durch die Buchdruckerkunst schon um die Mitte des fünfzehnten Jahrhunderts begonnen, und gegen Ende desselben traten mehrere große Ereignisse ein, welche im Verein mit der „*Renaissance*" der Kunst auch diejenige der Wissenschaft vorbereiteten, vor allem die Entdeckung von Amerika (1492). Auch wurden in der ersten Hälfte des sechzehnten Jahrhunderts mehrere höchst wichtige Fortschritte in der Erkenntnis der Natur gemacht, welche die bestehende Weltanschauung in ihren Grundfesten erschütterten; so die erste Umschiffung der Erde durch *Magellan*, welche den empirischen Beweis für ihre Kugelgestalt lieferte (1522); die Gründung des Weltsystems durch *Kopernikus*

(1543). Aber der 31. Oktober 1517, an welchem *Martin Luther* seine 95 Thesen an die hölzerne Tür der Schloßkirche zu Wittenberg nagelte, bleibt daneben ein weltgeschichtlicher Tag; denn damit wurde die eiserne Tür des Kerkers gesprengt, in dem der päpstliche Absolutismus durch 1200 Jahre die gefesselte Vernunft eingeschlossen gehalten hatte. Man hat die Verdienste des großen Reformators, der auf der Wartburg die Bibel übersetzte, teils übertrieben, teils unterschätzt; man hat auch mit Recht darauf hingewiesen, wie er gleich den anderen Reformatoren noch vielfach im tiefsten Aberglauben befangen blieb. So konnte sich *Luther* zeitlebens nicht von dem starren Buchstabenglauben der Bibel befreien; er verteidigte eifrig die Lehre von der Auferstehung, der Erbsünde und der Prädestination, der Rechtfertigung durch den Glauben usw. Die gewaltige Geistestat des *Kopernikus* verwarf er als Narrheit, weil in der Bibel „Josua die Sonne stillstehen hieß und nicht das Erdreich". Für die großen politischen Umwälzungen seiner Zeit, besonders die großartige und vollberechtigte Bauernbewegung, hatte er kein Verständnis. Schlimmer noch war der fanatische Reformator *Calvin* in Genf, welcher (1553) den geistreichen spanischen Arzt *Serveto* lebendig verbrennen ließ, weil er den unsinnigen Glauben an die Dreieinigkeit bekämpfte. Überhaupt traten die fanatischen „Rechtgläubigen" der reformierten Kirche leider nur zu oft in die blutbefleckten Fußtapfen ihrer papistischen Todfeinde, wie sie es auch heute noch tun. Leider folgten auch ungeheure Greueltaten der Reformation auf dem Fuße; die Bartholomäusnacht und die Hugenottenverfolgung in Frankreich, blutige Ketzerjagden in Italien, lange Bürgerkriege in England, der Dreißigjährige Krieg in Deutschland. Aber trotz alledem bleibt dem sechzehnten und siebzehnten Jahrhundert der Ruhm, dem denkenden Menschengeiste zuerst wieder freie Bahn geschaffen und die Vernunft von dem erstickenden Drucke der papistischen Herrschaft befreit zu haben. Erst dadurch wurde die mächtige Entfaltung verschiede-

29*

ner Richtungen der kritischen Philosophie und neuer Bahnen der Naturforschung möglich, welche dann dem folgenden achtzehnten Jahrhundert den Ehrentitel des „*Jahrhunderts der Aufklärung*“ erwarb.

IV. Das Scheinchristentum des neunzehnten Jahrhunderts. Als vierten und letzten Hauptabschnitt in der Geschichte des Christentums stellen wir das neunzehnte Jahrhundert seinen Vorgängern gegenüber. Wenn in diesen letzteren bereits die „*Aufklärung*“ nach allen Richtungen hin die kritische Philosophie gefördert, und wenn das Aufblühen der Naturwissenschaften derselben die stärksten empirischen Waffen in die Hände gegeben hatte, so erscheint uns doch der Fortschritt nach beiden Richtungen hin im neunzehnten Jahrhundert ganz gewaltig; denn es beginnt damit wiederum eine ganz neue Periode in der Geschichte des Menschengeistes, charakterisiert durch die Entwickelung der *monistischen Naturphilosophie*. Schon im Beginne desselben wurde der Grund zu einer neuen Anthropologie gelegt (durch die vergleichende Anatomie von *Cuvier*) und zu einer neuen Biologie (durch die Philosophie zoologique von *Lamarck*). Bald folgten diesen beiden großen Franzosen zwei ebenbürtige Deutsche, *Baer* als Begründer der Entwickelungsgeschichte (1828) und *Johannes Müller* (1834) als der der vergleichenden Morphologie und Physiologie. Ein Schüler des letzteren, *Theodor Schwann*, schuf 1838, im Verein mit *M. Schleiden*, die grundlegende Zellentheorie. Schon vorher hatte *Lyell* (1830) die Entwickelungsgeschichte der Erde auf natürliche Ursachen zurückgeführt und damit auch für unseren Planeten die Geltung der mechanischen Kosmogenie bestätigt, welche *Kant* bereits 1755 mit kühner Hand entworfen hatte. Endlich wurde durch *Robert Mayer* und *Helmholtz* (1842) das Energieprinzip festgestellt und damit die zweite, ergänzende Hälfte des großen Substanzgesetzes gegeben, dessen erste Hälfte, die Konstanz der Materie, schon *Lavoisier* entdeckt hatte. Allen diesen tiefen Einblicken in das innere Wesen der Natur setzte dann im Jahre 1859 *Charles Darwin* die

Krone auf durch seine neue, auf die sichersten Erfahrungen gestützte Entwickelungslehre, die wir als das größte naturphilosophische Ereignis des neunzehnten Jahrhunderts feiern müssen.

Wie verhält sich nun zu diesen gewaltigen, alles frühere weit überbietenden Fortschritten der Naturerkenntnis das *moderne Christentum*? Zunächst wurde naturgemäß die tiefe Kluft zwischen den beiden Hauptrichtungen desselben immer größer, zwischen dem konservativen *Papismus* und dem progressiven *Protestantismus*. Der ultramontane Klerus (– und im Verein mit ihm die orthodoxe „Evangelische Allianz" –) mußten naturgemäß jenen mächtigen Eroberungen des freien Geistes den heftigsten Widerstand entgegensetzen; sie verharrten unbeirrt auf ihrem strengen Buchstabenglauben und verlangten die unbedingte Unterwerfung der Vernunft unter das Dogma. Der liberale *Protestantismus* hingegen verflüchtigte sich immer mehr zu einem monistischen Pantheismus und strebte nach Versöhnung der beiden entgegengesetzten Prinzipien; er suchte die unvermeidliche Anerkennung der empirisch bewiesenen Naturgesetze und der daraus gefolgerten philosophischen Schlüsse mit einer geläuterten Religionsform zu verbinden, in der freilich von der eigentlichen Glaubenslehre fast nichts mehr übrig blieb. Zwischen beiden Extremen bewegten sich zahlreiche Kompromißversuche; darüber hinaus aber drang in immer weitere Kreise die Überzeugung, daß das dogmatische Christentum überhaupt jeden Boden verloren habe, und daß man nur seinen wertvollen ethischen Inhalt in die neue, monistische Religion des zwanzigsten Jahrhunderts hinüberretten könne. Da jedoch gleichzeitig die gegebenen äußeren *Formen* der herrschenden christlichen Religion fortbestanden, da sie sogar trotz der fortgeschrittenen politischen Entwickelung mit den praktischen Bedürfnissen des Staates immer enger verknüpft wurden, entwickelte sich jene weitverbreitete religiöse Weltanschauung der gebildeten Kreise, die wir nur als *Scheinchristentum* bezeichnen können – im Grunde eine „religiöse Lüge“ bedenklichster Art. Die großen Gefahren, welche dieser tiefe Konflikt zwischen der wahren Überzeugung und dem falschen Bekenntnis der modernen Scheinchristen mit sich bringt, hat u. a. trefflich *Max Nordau* geschildert in seinem interessanten Werke: „*Die Konventionellen Lügen der Kulturmenschheit*“ (XII. Aufl. 1886).

Inmitten dieser offenkundigen Unwahrhaftigkeit des herrschenden Scheinchristentums ist es für den Fortschritt der vernunftgemäßen Naturerkenntnis sehr wertvoll, daß dessen mächtigster und entschiedenster Gegner, der *Papismus*, um die Mitte des neunzehnten Jahrhunderts die alte Maske angeblicher höherer Geistesbildung abgeworfen und der selbständigen *Wissenschaft* als solcher den entscheidenden „Kampf auf Tod und Leben“ angekündigt hat. Es geschah dies in drei bedeutungsvollen Kriegserklärungen gegen die Vernunft, für deren Unzweideutigkeit und Entschiedenheit die moderne Wissenschaft und Kultur dem römischen „Statthalter Christi“ nur dankbar sein kann: I. Im Dezember 1854 verkündete der Papst das Dogma von der *unbefleckten Empfängnis Mariä*. II. Zehn Jahre später, im Dezember 1864, sprach der „Heilige Vater“ in der berüchtigten *Enzyklika* das *absolute Verdammungsurteil über die ganze moderne Zivilisation und Geistesbildung* aus; in dem begleitenden *Syllabus* gab er eine Aufzählung und Verfluchung aller einzelnen Vernunftssätze und philosophischen Prinzipien, welche von unserer modernen Wissenschaft als sonnenklare *Wahrheit* anerkannt sind. III. Endlich setzte sechs Jahre später, am 13. Juli 1870, der streitbare Kirchenfürst im Vatikan seinem Aberwitz die Krone auf, indem er für sich nnd alle seine Vorgänger in der Papstwürde die *Unfehlbarkeit* in Anspruch nahm. Dieser Triumph der römischen Kurie wurde der erstaunten Welt fünf Tage später verkündet, am 18. Juli 1870, an demselben denkwürdigen Tage, an welchem Frankreich den Krieg an Preußen erklärte! Zwei Monate später wurde die unberechtigte weltliche Herrschaft des Papstes infolge dieses Krieges aufgehoben.

Unfehlbarkeit des Papstes. Diese drei wichtigen Akte des Papismus im neunzehnten Jahrhundert waren so offenkundige Faustschläge in das Antlitz der Vernunft, daß sie selbst innerhalb der orthodoxen katholischen Kreise von Anfang an das höchste Bedenken erregten. Als man im vatikanischen Konzil am 13. Juli 1870 zur Abstimmung über das Dogma von der *Unfehlbarkeit* schritt, erklärten sich nur drei Viertel der Kirchenfürsten zugunsten desselben, nämlich 451 von 601 Abstimmenden; dazu fehlten noch zahlreiche andere Bischöfe, welche sich der gefährlichen Abstimmung enthalten wollten. Indessen zeigte sich bald, daß der kluge und menschenkundige Papst richtiger gerechnet hatte als die zaghaften „besonnenen Katholiken“; denn in den leichtgläubigen und ungebildeten Massen fand auch dieses ungeheuerliche Dogma trotz aller Bedenken blinde Annahme.

Die ganze *Geschichte des Papsttums*, wie sie durch Tausende von zuverlässigen Quellen und von handgreiflichen historischen Dokumenten unwiderleglich festgenagelt ist, erscheint für den unbefangenen Kenner als ein gewissenloses Gewebe von Lug und Trug, als ein rücksichtsloses Streben nach absoluter geistlicher Herrschaft und weltlicher Macht, als eine frivole Verleugnung aller der hohen sittlichen Gebote, welche das wahre Christentum predigt: Menschenliebe und Duldung, Wahrheit und Keuschheit, Armut und Entsagung. Wenn man die lange Reihe der Päpste und der römischen Kirchenfürsten, aus denen sie gewählt wurden, nach dem Maßstabe der reinen christlichen Moral mustert, ergibt sich klar, daß die große Mehrzahl derselben schamlose Gaukler und Betrüger waren, viele von ihnen nichtswürdige Verbrecher. Diese allbekannten *historischen Tatsachen* hindern aber nicht, daß noch heute Millionen von „gebildeten“ gläubigen Katholiken an die „Unfehlbarkeit“ dieses „Heiligen Vaters“ glauben, die er sich selbst zugesprochen hat; sie hindern nicht, daß noch heute protestantische Fürsten nach Rom fahren und dem „Heiligen Vater“ (ihrem gefährlichsten Feinde!) ihre Verehrung bezeugen; sie hindern nicht, daß noch heute im Deutschen Reichstage die Knechte und Helfershelfer dieses „heiligen Gauklers“ die Geschicke des deutschen Volkes bestimmen – dank seiner unglaublichen politischen Unfähigkeit und seiner kritiklosen Gläubigkeit; dank der Macht der geheiligten Tradition und der bequemen Denkfaulheit!

Enzyklika und Syllabus. Unter den angeführten drei großen Gewalttaten, durch welche der moderne Papismus in der zweiten Hälfte des neunzehnten Jahrhunderts seine absolute Herrschaft zu retten und zu befestigen suchte, ist für uns am interessantesten die Verkündigung der *Enzyklika* und des *Syllabus* im Dezember 1864; denn in diesen denkwürdigen Aktenstücken wird der Vernunft und Wissenschaft überhaupt jede selbständige Tätigkeit abgesprochen und ihre absolute Unterwerfung unter den „alleinseligmachenden Glauben“, d. h. unter die Dekrete des „unfehlbaren Papstes“, gefordert. Die ungeheure Erregung, welche diese maßlose Frechheit in allen gebildeten und unabhängig denkenden Kreisen hervorrief, entsprach dem ungeheuerlichen Inhalte der Enzyklika; eine vortreffliche Erörterung ihrer kulturellen und politischen Bedeutung hat u. a. *Draper* in seiner Geschichte der Konflikte zwischen Religion und Wissenschaft gegeben (1875).

Unbefleckte Empfängnis der Jungfrau Maria. Weniger einschneidend und bedeutungsvoll als die Enzyklika und als das Dogma der Infallibilität des Papstes erscheint vielleicht das Dogma von der unbefleckten Empfängnis. Indessen legt nicht nur die römische Hierarchie auf diesen Glaubenssatz das höchste Gewicht, sondern auch ein Teil der orthodoxen Protestanten (z. B. die Evangelische Allianz). Der sogenannte „*Immakulateid*“, d. h. die *eidliche* Versicherung des Glaubens an die unbefleckte Empfängnis Mariä, gilt noch heute Millionen von Christen als heilige Pflicht. Viele Gläubige verbinden damit einen doppelten Begriff; sie behaupten, daß die Mutter der Jungfrau Maria ebenso durch den „Heiligen Geist“ befruchtet worden sei wie diese selbst. Demnach würde dieser seltsame Gott sowohl zur Mutter als zur Tochter in den intimsten Beziehungen gestanden haben: er müßte mithin sein eigener Schwiegervater sein (Saladin). Die vergleichende und kritische Theologie hat neuerdings nachgewiesen, daß auch dieser Mythus, gleich den meisten anderen Legenden der christlichen Mythologie, keineswegs originell, sondern aus älteren Religionen, besonders dem *Buddhismus*, übernommen ist. Ähnliche Sagen hatten schon mehrere Jahrhunderte vor Christi Geburt eine weite Verbreitung in Indien, Persien, Kleinasien und Griechenland. Wenn Königstöchter oder andere Jungfrauen aus höheren Ständen, ohne legitim verheiratet zu sein, durch die Geburt eines Kindes erfreut wurden, so wurde als der Vater dieses illegitimen Sprößlings meistens ein „Gott“ oder „Halbgott“ ausgegeben, in diesem Falle der mysteriöse „Heilige Geist“.

Die besonderen Gaben des Geistes und Körpers, durch welche solche „Kinder der Liebe“ oft vor gewöhnlichen Menschenkindern sich auszeichneten, wurden damit zugleich teilweise durch *Vererbung* erklärt. Solche hervorragende „Göttersöhne“ standen sowohl im Altertum als im Mittelalter in hohem Ansehen, während der Moralkodex der modernen Zivilisation ihnen den Mangel der „legitimen“ Eltern als Makel anrechnet. In noch höherem Maße gilt dies von den „Göttertöchtern“, obwohl diese armen Mädchen an dem fehlenden Titel ihres Vaters ebenso unschuldig sind. Übrigens weiß jeder, der sich an der schönheitsvollen Mythologie des klassischen Altertums erfreut hat, wie gerade die angeblichen Söhne und Töchter der griechischen und römischen „Götter“ sich oft den höchsten Idealen des reinen Menschentypus am meisten genähert haben; man denke nur an die große legitime und die noch viel größere illegitime Familie des Göttervaters Zeus.

Was nun speziell die Befruchtung der Jungfrau Maria durch den Heiligen Geist betrifft, so werden wir durch das Zeugnis der Evangelien selbst darüber aufgeklärt. Die beiden Evangelisten, welche allein darüber Bericht erstatten, *Matthäus* und *Lukas*, erzählen übereinstimmend, daß die jüdische Jungfrau Maria mit dem Zimmermann Joseph verlobt war, aber ohne dessen Mitwirkung schwanger wurde, und zwar durch den „Heiligen Geist". *Matthäus* sagt ausdrücklich (Kap. 1, Vers 19): „Joseph aber, ihr Mann, war fromm und wollte sie nicht in Schande bringen, gedachte aber, sie heimlich zu verlassen"; er wurde erst beschwichtigt, als ihm der „Engel des Herrn" mitteilte: „Was in ihr geboren ist. das ist von dem Heiligen Geist". Ausführlicher erzählt *Lukas* (Kap. 1, Vers 26–38) „die Verkündigung Mariä" durch den Erzengel Gabriel mit den Worten: „Der Heilige Geist wird über dich kommen, und die Kraft des Höchsten wird dich überschatten" – worauf Maria antwortete: „Siehe, ich bin des Herrn Magd, mir geschehe, wie du gesagt hast." Bekanntlich ist dieser Besuch des Engels Gabriel und seine Verkündigung von vielen berühmten Malern zum Vorwurf interessanter Gemälde gewählt worden. *Svoboda* sagt darüber: „Der Erzengel spricht da mit einer Aufrichtigkeit, welche die Malerei zum Glück nicht wiederholen konnte. Es zeigt sich auch in diesem Falle die Veredelung eines prosaischen Bibelstoffes durch die bildende Kunst. Allerdings gab es auch Maler, welche für die embryologischen Betrachtungen des Erzengels Gabriel in ihren Darstellungen volles Verständnis bekundeten."

Wie schon vorher angeführt wurde, sind die vier kanonischen Evangelien, welche von der christlichen Kirche allein als die echten anerkannt und als die Grundlagen des Glaubens hochgehalten werden, willkürlich ausgewählt aus einer viel größeren Zahl von Evangelien, deren tatsächliche Angaben sich oft unter sich nicht weniger widersprechen als die Sagen der ersteren. Die Kirchenväter selbst zählen nicht weniger als 40–50 solcher unechter oder apokrypher Evangelien auf; einige davon sind sowohl in griechischer als auch in lateinischer Sprache vorhanden, so z. B. das Evangelium des Jakobus, des Thomas, des Nikodemus u. a. Die Angaben, welche diese apokryphen Evangelien über das Leben Jesu machen, besonders über seine Geburt und Kindheit, können ebensogut (oder vielmehr größtenteils ebensowenig!) Anspruch auf historische Glaubwürdigkeit erheben als die vier kanonischen, die sogenannten „echten" Evangelien. Nun findet sich aber in einer jener apokryphen Schriften eine historische Angabe, die wahrscheinlich das „*Welträtsel*" von der übernatürlichen Empfängnis und Geburt Christi ganz einfach und natürlich löst. Jener Geschichtsschreiber erzählt mit trockenen Worten in einem Satze die merkwürdige Novelle, welche diese Lösung enthält: „*Josephus Pandera*, der römische Hauptmann einer kalabresischen Legion, welche in Judäa stand, verführte *Mirjam* von Bethlehem, ein hebräisches Mädchen, und wurde der *Vater von Jesus*." (Vgl. *Celsus*, 178 n. Chr.)

Natürlich werden diese historischen Angaben von den offiziellen Theologen sorgfältig verschwiegen, da sie schlecht zu dem traditionellen Mythus passen und den Schleier von dessen Geheimnis in sehr einfacher und natürlicher Weise lüften. Um so mehr ist es gutes Recht der *objektiven Wahrheitsforschung* und heilige Pflicht der *reinen Vernunft*, diese wichtigen Angaben kritisch zu prüfen. Da ergibt sich denn, daß dieselben sicher weit eher Anrecht auf Glaubwürdigkeit haben als alle anderen Behauptungen über den Ursprung Christi. Da wir seine Parthenogenesis, die übernatürliche Erzeugung durch „Überschattung des Höchsten", aus den bekannten wissenschaftlichen Prinzipien überhaupt als reinen Mythus ablehnen müssen, bleibt nur noch die weitverbreitete Behauptung der modernen „rationellen Theologie" übrig, daß der jüdische Zimmermann *Joseph* der wahre Vater von Christus gewesen sei. Diese Annahme wird aber durch verschiedene Sätze des Evangeliums ausdrücklich widerlegt. Christus selbst war überzeugt, „*Gottes Sohn*" zu sein, und hat niemals seinen Stiefvater Joseph als seinen Erzeuger anerkannt. Joseph aber wollte seine Braut Maria verlassen, als er entdeckte, daß sie ohne sein Zutun schwanger geworden war. Er gab diese Absicht erst auf, nachdem ihm im *Traum* ein „Engel des Herrn" erschienen war und ihn beschwichtigt hatte. Wie im ersten Kapitel des Evangeliums Matthäi (Vers 24, 25) ausdrücklich hervorgehoben wird, fand die sexuelle Verbindung von Joseph und Maria zum ersten Male statt, *nachdem Jesus geboren war*.

Die Angabe der alten apokryphen Schriften, daß der römische Hauptmann *Pandera* oder *Pantheras* der wahre Vater von Christus gewesen, erscheint um so glaubhafter, wenn man von streng *anthropologischen* Gesichtspunkten aus die *Person Christi* kritisch prüft. Gewöhnlich wird derselbe als reiner Jude betrachtet. Allein gerade die Charakterzüge, die seine hohe und edle Persönlichkeit besonders auszeichnen, und welche seiner „Religion der Liebe“ den Stempel aufdrücken, sind entschieden *nicht semitisch*; vielmehr erscheinen sie als Grundzüge der höheren *arischen Rasse* und vor allen ihres edelsten Zweiges, der *Hellenen*. Nun deutet aber der Name von Christus' wahrem Vater: „*Pandera*“ unzweifelhaft auf hellenischen Ursprung; in einer Handschrift wird er sogar „*Pandora*“ geschrieben. *Pandora* war aber bekanntlich nach der griechischen Sage die erste, von Vulkan aus Erde gebildete und von den Göttern mit allen Liebreizen ausgestattete Frau, welche Epimetheus heiratete, und welche der Göttervater mit der schrecklichen, alle Übel enthaltenden „Pandorabüchse“ zu den Menschen schickte; das war die Strafe dafür, daß der Lichtbringer *Prometheus* das göttliche Feuer (der „Vernunft“!) vom Himmel entwendet hatte!

Interessant ist übrigens die verschiedene Auffassung und Beurteilung, welche der Liebesroman der Mirjam von seiten der vier großen christlichen Kulturnationen Europas erfahren hat. Nach den strengeren Moralbegriffen der *germanischen* Rassen wird derselbe schlechtweg verworfen; lieber glaubt der ehrliche Deutsche und der prüde Brite blind an die unmögliche Sage von der Erzeugung durch den „Heiligen Geist“. Wie bekannt, entspricht diese strenge, sorgfältig zur Schau getragene Prüderie der feineren Gesellschaft (besonders in England!) keineswegs dem wahren Zustande der sexuellen Sittlichkeit in dem dortigen „High life". Die Enthüllungen z. B., welche darüber vor zwei Dutzend Jahren die „Pall Mall Gazette" brachte, erinnerten sehr an die Zustände von Babylon und an das Rom der Kaiserzeit. Aber auch das heutige Rom, Paris und Berlin zeigen ähnliche Verhältnisse.

Die *romanischen* Rassen, welche diese Prüderie verlachen und die sexuellen Verhältnisse leichtfertiger beurteilen, finden jenen „*Roman der Maria*" recht anziehend, und der besondere Kultus, dessen gerade in Frankreich und Italien „Unsere liebe Frau" sich erfreut, ist oft in merkwürdiger Naivität mit jener Liebesgeschichte verknüpft. So findet z. B. *Paul de Regla* (Dr. *Desjardin*), welcher (1894) „Jesus von Nazareth vom wissenschaftlichen, geschichtlichen und gesellschaftlichen Standpunkte aus dargestellt" hat, gerade in der *unehelichen Geburt Christi* ein besonderes „Anrecht auf den *Heiligenschein*, der seine herrliche Gestalt umstrahlt"!

Es erschien mir notwendig, diese wichtigen Fragen der Christusforschung hier offen im Sinne der *objektiven Geschichtswissenschaft* zu beleuchten, weil die streitende Kirche selbst darauf das größte Gewicht legt, und weil sie den darauf gegründeten Wunderglauben als stärkste Waffe gegen die moderne Weltanschauung verwendet. Der hohe ethische Wert des ursprünglichen reinen Christentums, der veredelnde Einfluß dieser „Religion der Liebe" auf die Kulturgeschichte, ist ganz unabhängig von jenen mythologischen Dogmen. Die angeblichen „*Offenbarungen*", auf welche sich diese Mythen stützen, sind dagegen unvereinbar mit den sichersten Ergebnissen unserer modernen *Naturerkenntnis*.

Offenbarung (Revelation). Die meisten Religionen haben trotz ihrer mannigfaltigen Verschiedenheit einen gemeinsamen Grundzug, der zugleich eine ihrer mächtigsten Stützen in weiten Kreisen bildet; sie behaupten, die Rätsel des Daseins, deren Lösung auf natürlichem Wege durch die Vernunft nicht möglich ist, auf übernatürlichem Wege durch Offenbarung geben zu können;

zugleich leiten sie daraus die Geltung der Dogmen oder Glaubenssätze ab, welche als „göttliche Gesetze“ die Sittenlehre ordnen und die Lebensführung bestimmen sollen. Derartige göttliche Inspirationen bilden die Grundlage zahlreicher Mythen und Legenden, deren anthropistischer Ursprung auf der Hand liegt. Zwar erscheint der Gott, der „sich offenbart“, oft nicht direkt in menschlicher Gestalt, sondern im Donner und Blitz, im Sturm und Erdbeben, im feurigen Busch oder der drohenden Wolke. Aber die Offenbarung selbst, welche er dem gläubigen Menschenkinde gibt, wird in allen Fällen anthropistisch gedacht, als Mitteilung von Vorstellungen oder Befehlen, welche genauso formuliert und ausgesprochen werden, wie es normalerweise nur durch die Großhirnrinde und durch den Kehlkopf des Menschen geschieht. In den indischen und ägyptischen Religionen, in der hellenischen und römischen Mythologie, im Talmud wie im Koran, im Alten wie im Neuen Testament – denken, sprechen und handeln die Götter ganz wie die Menschen, und die Offenbarungen, in denen sie uns die Geheimnisse des Daseins enthüllen, die dunklen Welträtsel lösen wollen, sind *Dichtungen* der menschlichen Phantasie. Die *Wahrheit*, welche der Gläubige darin findet, ist menschliche Erfindung, und der „kindliche Glaube“ an diese unvernünftigen Offenbarungen ist unhaltbarer Aberglaube.

Die *wahre Offenbarung*, d.h. die wahre Quelle vernünftiger Erkenntnis, ist nur in der *Natur* zu finden. Der reiche Schatz wahren Wissens, der den wertvollsten Teil der menschlichen Kultur darstellt, ist einzig und allein den Erfahrungen entsprungen, welche der forschende Verstand durch *Naturerkenntnis* gewonnen hat, und den *Vernunft*schlüssen, welche er durch richtige Assozion dieser empirischen Vorstellungen gebildet hat. Jeder vernünftige Mensch mit normalem Gehirn und normalen Sinnen schöpft bei unbefangener Betrachtung aus der Natur diese wahre Offenbarung und befreit sich damit von dem Aberglauben, welchen ihm die Offenbarungen der Religion aufgebürdet haben.

Zusatz (1908). Neuerdings haben *Kalthoff* und *Promus* in ihren ausgezeichneten Schriften über „die Entstehung des Christentums“ (Jena 1904) mit hoher Wahrscheinlichkeit nachgewiesen, daß Christus eine *Idealfigur* der Dichtung ist und als historische *Person* überhaupt *niemals* existiert hat. Auf Grund von objektiven, sehr sorgfältigen, historischen Forschungen hat *Karl Vollers* (Jena 1907) „die Weltreligionen in ihrem geschichtlichen Zusammenhange“ kritisch vergleichend behandelt und die Entwickelung des Christentums aus einer Mischung von älteren orientalischen Religionen erklärt.

ACHTZEHNTES KAPITEL

UNSERE MONISTISCHE RELIGION

Monistische Studien über die Religion der Vernunft und ihre Harmonie mit der Wissenschaft. Die drei Kultusideale des Wahren, Guten und Schönen

---

„Wer Wissenschaft und Kunst besitzt,
Der *hat* auch Religion!
Wer diese beiden nicht besitzt,
Der *habe* Religion."

GOETHE

„Welche Religion ich bekenne? Keine von allen!
Und warum keine? — Aus Religion!"

SCHILLER

„Wenn die Welt noch eine unzählbare Zahl von Jahren steht, so wird die *Universal-Religion geläuterter Spinozismus* sein. Sich selbst überlassene *Vernunft* führt auf nichts anderes hinaus, und es ist unmöglich, daß sie auf etwas anderes hinausführe."

LICHTENBERG

INHALT DES ACHTZEHNTEN KAPITELS

Der Monismus als Band zwischen Religion und Wissenschaft. Der Kulturkampf. Verhältnisse von Staat und Kirche. Prinzipien der monistischen Religion. Ihre drei Kultusideale: das Wahre, Gute und Schöne. Gegensatz der natürlichen und christlichen Wahrheit. Harmonie der monistischen und christlichen Tugendbegriffe. Gegensatz der monistischen und christlichen Kunst. Moderne Erweiterung und Bereicherung des Weltbildes. Landschaftsmalerei und moderner Naturgenuß. Schönheiten der Natur. Diesseits und Jenseits. Monistische Kirchen.

LITERATUR

DAVID STRAUSS, Der alte und der neue Glaube. Ein Bekenntniß. 1872. Fünfzehnte Auflage. Bonn 1903.

C. RADENHAUSEN, Zum neuen Glauben. Einleitung und Uebersicht zum „Osiris“. Hamburg 1877.

EDUARD HARTMANN, Die Selbstzersetzung des Christenthums und die Religion der Zukunft. Berlin 1874.

JOHN TOLAND, Pantheistikon. Kosmopolis 1720.

PAUL CARUS and E. C. HEGELER, The Open Court, A Monthly Magazine. Chicago. Voll. I–XXII. 1886–1908.

– *The Monist.* A quarterly Magazine devoted to the philosophy of science. Chicago. Voll. I–XVIII. 1890–1908.

J. C. MORISON, Menschheitsdienst. Versuch einer Zukunfts-Religion. Leipzig 1890.

M. J. SAVAGE, Die Religion im Lichte der Darwin'schen Lehre. (Deutsch von *R. Schramm.*) Leipzig 1886.

LEOPOLD BESSER, Die Religion der Naturwissenschaft. Bonn 1890.

BENJAMIN VETTER, Die moderne Weltanschauung und der Mensch. Sechs öffentliche Vorträge. Zweite Auflage. Jena 1896.

ERNST HAECKEL, Der Monismus als Band zwischen Religion und Wissenschaft. Glaubens-Bekenntniß eines Naturforschers. 1892. Fünfzehnte Auflage 1911.

A. MALVERT, Wissenschaft und Religion. Frankfurt a. M. 1904.

KARL VOLLERS, Die Weltreligionen in ihrem geschichtlichen Zusammenhang. Jena 1907.

GRANT ALLEN, Die Entwickelung des Gottesgedankens. Eine Untersuchung über die Ursprünge der Religion. Jena 1906.

Viele und sehr angesehene Naturforscher und Philosophen der Gegenwart, welche unsere monistischen Überzeugungen teilen, halten die Religion überhaupt für eine abgetane Sache. Sie meinen, daß die klare Einsicht in die Weltentwickelung, die wir den gewaltigen Erkenntnisfortschritten des neunzehnten Jahrhunderts verdanken, nicht bloß das Kausalitäts-Bedürfnis unserer *Vernunft* vollkommen befriedige, sondern auch die höchsten Gefühlsbedürfnisse unseres *Gemütes*. Diese Ansicht ist in gewissem Sinne richtig, insofern bei einer vollkommen klaren und folgerichtigen Auffassung des Monismus tatsächlich die beiden Begriffe von Religion und Wissenschaft zu Einem miteinander verschmelzen. Indessen nur wenige entschlossene Denker ringen sich zu dieser höchsten und reinsten Auffassung von *Spinoza* und *Goethe* empor; vielmehr verharren die meisten Gebildeten unserer Zeit (ganz abgesehen von den ungebildeten Volksmassen) bei der Überzeugung, daß die Religion ein selbständiges, von der Wissenschaft unabhängiges Gebiet unseres Geisteslebens darstelle, nicht minder wertvoll und unentbehrlich als die letztere.

Wenn wir diesen Standpunkt einnehmen, können wir eine Versöhnung zwischen jenen beiden großen, anscheinend getrennten Gebieten in der Auffassung finden, welche ich 1892 in meinem Altenburger Vortrage niedergelegt habe: „Der Monismus als Band zwischen Religion und Wissenschaft." In dem Vorwort zu diesem „Glaubensbekenntnis eines Naturforschers" habe ich mich über dessen doppelten Zweck mit folgenden Worten geäußert: „Erstens möchte ich damit derjenigen *vernünftigen Weltanschauung* Ausdruck geben, welche uns durch die neueren Fortschritte der einheitlichen Naturerkenntnis mit logischer Notwendigkeit aufgedrungen wird; sie wohnt im Innersten von fast allen unbefangenen und denkenden Naturforschern, wenn auch nur wenige den Mut oder das Bedürfnis haben, sie offen zu bekennen. Zweitens möchte ich dadurch ein Band *zwischen Religion und Wissenschaft* knüpfen und somit zur Ausgleichung des Gegensatzes beitragen, welcher zwischen diesen beiden Gebieten der höchsten menschlichen Geistestätigkeit unnötigerweise aufrecht erhalten wird; das ethische Bedürfnis unseres *Gemütes* wird durch den Monismus ebenso befriedigt wie das logische Kausalitätsbedürfnis unseres *Verstandes*."

Die starke Wirkung, welche dieser Altenburger Vortrag hatte, beweist, daß ich mit diesem monistischen Glaubensbekenntnis nicht nur dasjenige vieler Naturforscher, sondern auch zahlreicher gebildeter Männer und Frauen aus verschiedenen Berufskreisen ausgesprochen hatte. Nicht nur wurde ich durch Hunderte von zustimmenden Briefen belohnt, sondern auch durch die weite Verbreitung des Vortrags, von welchem innerhalb sechs Monaten sechs Auflagen erschienen. Ich darf diesen unerwarteten Erfolg um so höher anschlagen, als jenes Glaubensbekenntnis ursprünglich eine freie Gelegenheitsrede war, die unvorbereitet am 9. Oktober 1892 in Altenburg während des Jubiläums der Naturforschenden Gesellschaft des Osterlandes entstand. Natürlich erfolgte auch bald die notwendige Gegenwirkung nach der anderen Seite; ich wurde nicht nur von der ultramontanen Presse des *Papismus* auf das heftigste angegriffen, von den geschworenen Verteidigern des Aberglaubens, sondern auch von ‚liberalen" Kriegsmännern des evangelischen Christentums, welche sowohl die wissenschaftliche Wahrheit als auch den aufgeklärten Glauben zu vertreten behaupten. Nun hat sich aber in den bewegten seitdem verflossenen Jahren der große Kampf zwischen der modernen Naturwissenschaft und dem orthodoxen Christentum immer drohender gestaltet; er ist für die erstere um so gefährlicher geworden, je mächtigere Unterstützung das letztere durch die wachsende geistige und politische Reaktion gefunden hat.

Ist doch die letztere in manchen Ländern schon so weit vorgeschritten, daß die gesetzlich garantierte Denk- und Gewissensfreiheit praktisch schwer gefährdet wird (so z. B. jetzt in Bayern). In der Tat hat der große weltgeschichtliche Geisteskampf, welchen *John Draper* in seiner „Geschichte der Konflikte zwischen Religion und Wissenschaft" so vortrefflich schildert, heute eine Schärfe und Bedeutung erlangt wie nie zuvor; man bezeichnet ihn deshalb seit dem Jahre 1872 mit Recht als „*Kulturkampf*".

Der Kulturkampf. Die berühmte *Enzyklika* nebst *Syllabus*, welche der streitbare Papst Pius IX. 1864 in alle Welt gesandt hatte, erklärte in der Hauptsache der ganzen modernen Wissenschaft den Krieg; sie forderte blinde Unterwerfung der Vernunft unter die Dogmen des „unfehlbaren Statthalters Christi". Das Ungeheuerliche und Unerhörte dieses brutalen Attentates gegen die höchsten Güter der Kulturmenschheit rüttelte selbst viele träge und indolente Gemüter aus ihrem gewohnten Glaubensschlafe. Im Vereine mit der nachfolgenden Verkündung der päpstlichen *Infallibilität* (1870) rief die Enzyklika eine weitgehende Erregung hervor und eine energische Abwehr, welche zu den besten Hoffnungen berechtigte. In dem neuen Deutschen Reiche, welches in den Kämpfen von 1866 und 1871 unter schweren Opfern seine unentbehrliche nationale Einheit errungen hatte, wurden die frechen Attentate des Papismus besonders schwer empfunden. Denn einerseits ist Deutschland die Geburtsstätte der Reformation und der modernen Geistesbefreiung; andererseits aber besitzt es leider in seinen 18 Millionen Katholiken ein mächtiges Heer von streitbaren Gläubigen, welches an blindem Gehorsam gegen die Befehle seines Oberhirten von keinem anderen Kulturvolke übertroffen wird. *Christus* sagt zu *Petrus*: „Weide meine Schafe!" Die Nachfolger auf dem Stuhle Petri haben das „*Weiden*" in „*Scheren*" übersetzt. Die hieraus entspringenden Gefahren erkannte mit klarem Blick der gewaltige Staatsmann, der das „politische Welträtsel" der deutschen National-Zerrissenheit gelöst und uns durch bewunderungswürdige Staatskunst zu dem ersehnten Ziele nationaler Einheit und Macht geführt hatte. Fürst *Bismarck* begann 1872 jenen denkwürdigen, vom Vatikan aufgedrungenen *Kulturkampf*, der von dem ausgezeichneten Kultusminister *Falk* durch die „Maigesetzgebung" (1873) ebenso klug als energisch geführt wurde. Leider mußte derselbe schon sechs Jahre später aufgegeben werden. Obwohl unser größter Staatsmann ein ausgezeichneter Menschenkenner und kluger Realpolitiker war, hatte er doch die Macht von drei gewaltigen Hindernissen unterschätzt: erstens die unübertroffene Schlauheit und gewissenlose Perfidie der römischen Kurie, zweitens die entsprechende Gedankenlosigkeit und Leichtgläubigkeit der ungebildeten katholischen Massen, auf welche sich die erstere stützte, und drittens die Macht der Trägheit, des Fortbestehens des Unvernünftigen, bloß weil es da ist. So mußte denn schon 1878, nachdem der klügere Papst Leo XIII. seine Regierung angetreten hatte, der schwere „Gang nach Kanossa" wiederholt werden. Die neu gestärkte Macht des Vatikans nahm seitdem wieder mächtig zu, einerseits durch die gewissenlosen Ränke und Schlangenwindungen seiner aalglatten Jesuitenpolitik, andererseits durch die falsche Kirchenpolitik der deutschen Reichsregierung und die merkwürdige politische Unfähigkeit des deutschen Volkes. So mußten wir denn am Schlusse des neunzehnten Jahrhunderts das beschämende Schauspiel erleben, daß das sogenannte „Zentrum im Deutschen Reichstage Trumpf" war, und daß die Geschicke unseres gedemütigten Vaterlandes von einer ungebildeten papistischen Partei geleitet wurden, deren Kopfzahl noch nicht den dritten Teil der ganzen Bevölkerung beträgt.

Als der deutsche Kulturkampf 1872 begann, wurde er *mit vollem Rechte* von allen frei denkenden Männern als eine politische Erneuerung der Reformation begrüßt, als ein energischer Versuch, die moderne Kultur von dem Joche der papistischen Geistestyrannei zu befreien; die gesamte liberale Presse feierte Fürst Bismarck als „politischen Luther", als den gewaltigen Helden, der nicht nur die nationale Einigung, sondern auch die geistige Befreiung Deutschlands erringe. Zehn Jahre später, nachdem der Papismus gesiegt hatte, behauptete dieselbe „liberale Presse" das Gegenteil und erklärte den Kulturkampf für einen großen Fehler; und dasselbe tut sie noch heute. Diese Tatsache beweist nur, wie kurz das Gedächtnis unserer Zeitungsschreiber, wie mangelhaft ihre Kenntnis der Geschichte und wie unvollkommen ihre philosophische Bildung ist. Der sogenannte „Friedensschluß zwischen Staat und Kirche" ist immer nur ein Waffenstillstand. Der moderne Papismus, getreu den absolutistischen, seit 1600 Jahren befolgten Prinzipien, will und muß die *Alleinherrschaft* über die leichtgläubigen Seelen behaupten; er muß die absolute Unterwerfung des Kulturstaates fordern, der als solcher die Rechte der Vernunft und Wissenschaft vertritt. Wirklicher Friede kann erst eintreten, wenn einer der beiden ringenden Kämpfer bewältigt am Boden liegt. Entweder siegt die „alleinseligmachende Kirche", und dann hört „freie Wissenschaft und freie Lehre" überhaupt auf; dann werden sich unsere Universitäten in Konvikte, unsere Gymnasien in Klosterschulen verwandeln. Oder es siegt der moderne Vernunftstaat, und dann wird sich im zwanzigsten Jahrhundert die menschliche Bildung, Freiheit und Wohlstand in noch weit höherem Maße fortschreitend entwickeln, als es im neunzehnten erfreulicherweise der Fall gewesen ist (vgl. hierüber *Eduard Hartmann*, Die Selbstzersetzung des Christentums, 1874).

Gerade zur Förderung dieser hohen Ziele erscheint es höchst wichtig, daß die moderne Naturwissenschaft nicht bloß die Wahngebilde des Aberglaubens zertrümmert und deren wüsten Schutt aus dem Wege räumt, sondern daß sie auch auf dem frei gewordenen Bauplatze ein neues wohnliches Gebäude für das menschliche Gemüt herrichtet; einen *Palast der Vernunft*, in welchem wir mittelst unserer neu gewonnenen monistischen Weltanschauung die wahre „Dreieinigkeit" des neunzehnten

Jahrhunderts andächtig verehren, die *Trinität des Wahren, Guten und Schönen.* Um den Kultus dieser göttlichen Ideale greifbar zu gestalten, erscheint es vor allem notwendig, uns mit den herrschenden Religionsformen des Christentums auseinanderzusetzen und die Veränderungen ins Auge zu fassen, welche bei der Ersetzung der letzteren durch die erstere zu erstreben sind. Denn die christliche Religion besitzt (in ihrer *ursprünglichen,* reinen Form!) trotz aller Irrtümer und Mängel einen so hohen sittlichen Wert, sie ist vor allem seit anderthalb Jahrtausenden so eng mit den wichtigsten sozialen und politischen Einrichtungen unseres Kulturlebens verwachsen, daß wir uns bei Begründung unserer monistischen Religion möglichst an die bestehenden Institutionen anlehnen müssen. Wir wollen keine gewaltsame *Revolution,* sondern eine vernünftige *Reformation* unseres religiösen Geisteslebens. In ähnlicher Weise nun, wie vor 2000 Jahren die klassische Poesie der alten Hellenen ihre Tugendideale in Göttergestalten verkörperte, können wir auch unseren drei Vernunftidealen die Gestalt hehrer Göttinnen verleihen; wir wollen untersuchen, wie die drei Göttinnen der *Wahrheit,* der *Schönheit* und der *Tugend* nach unserem Monismus sich gestalten, und wir wollen ferner ihr Verhältnis zu den entsprechenden Werten des Christentums untersuchen, die sie ersetzen sollen.

I. Das Ideal der Wahrheit. Wir haben uns durch die vorhergehenden Betrachtungen (besonders im ersten und dritten Abschnitt) überzeugt, daß die reine Wahrheit nur in dem Tempel der *Naturerkenntnis* zu finden ist, und daß die einzigen brauchbaren Wege zu demselben die kritische „Beobachtung und Reflexion" sind, die empirische Erforschung der Tatsachen und die vernunftgemäße Erkenntnis ihrer bewirkenden Ursachen. So gelangen wir mittelst der *reinen Vernunft* zur wahren Wissenschaft, dem kostbarsten Schatze der Kulturmenschheit. Dagegen müssen wir aus den gewichtigen, im sechzehnten Kapitel erörterten Ursachen jede sogenannte „*Offenbarung*" ablehnen, jede Glaubensdichtung, welche behauptet, auf übernatürlichem Wege Wahrheiten zu erkennen, zu deren Entdeckung unsere Vernunft nicht ausreicht. Da nun das ganze Glaubensgebäude der jüdisch-christlichen Religion, ebenso wie das islamitische und buddhistische, auf solchen angeblichen Offenbarungen beruht, da ferner diese mystischen Phantasie-Produkte direkt der klaren empirischen Naturerkenntnis widersprechen, so ist es sicher, daß wir die Wahrheit nur mittelst der Vernunfttätigkeit der echten *Wissenschaft* finden können, nicht mittelst der Phantasiedichtung des mystischen Glaubens. In dieser Beziehung ist es offenbar, daß die *christliche* Weltanschauung durch die *monistische* Philosophie zu ersetzen ist. Die Göttin der Wahrheit wohnt im Tempel der Natur, im grünen Walde, auf dem blauen Meere, auf den schneebedeckten Gebirgshöhen; – aber nicht in den dumpfen Hallen der Klöster, in den engen Kerkern der Konviktschulen und nicht in den weihrauchduftenden christlichen Kirchen. Die Wege, auf denen wir uns dieser herrlichen Göttin der Wahrheit und Erkenntnis nähern, sind die liebevolle Erforschung der Natur und ihrer Gesetze, die Beobachtung der unendlich großen Sternenwelt mittelst des Teleskops, der unendlich kleinen Zellenwelt mittelst des Mikroskops; – aber nicht sinnlose Andachtsübungen und gedankenlose Gebete, nicht die Opfergaben des Ablasses und der Peterspfennige. Die kostbaren Gaben, mit denen uns die Göttin der Wahrheit beschenkt, sind die herrlichen Früchte vom Baume der Erkenntnis und der unschätzbare Gewinn einer klaren, einheitlichen Weltanschauung, – aber nicht der Glaube an übernatürliche „Wunder“ und das Wahngebilde eines „ewigen Lebens“.

II. Das Ideal der Tugend. Anders als mit dem ewig Wahren verhält es sich mit dem Gottesideal des ewig Guten. Während bei der Erkenntnis der Wahrheit die Offenbarung der Kirche völlig auszuschließen und allein die Erforschung der Natur zu befragen ist, fällt dagegen der Inbegriff des *Guten*, den wir Tugend nennen, in unserer monistischen Religion größtenteils mit der christlichen

Tugend zusammen. Natürlich gilt das nur von dem ursprünglichen, reinen Christentum der drei ersten Jahrhunderte, wie dessen Tugendlehren in den Evangelien und in den paulinischen Briefen niedergelegt sind; – es gilt aber nicht von der vatikanischen Karikatur jener reinen Lehre, welche die europäische Kultur zu ihrem unendlichen Schaden durch zwölf Jahrhunderte beherrscht hat. Den besten Teil der christlichen Moral, an dem wir festhalten, bilden die Humanitätsgebote der Liebe und Duldung, des Mitleids und der Hilfe. Nur sind diese edlen Pflichtgebote, die man als „christliche Moral“ (im besten Sinne!) zusammenfaßt, keine neuen Erfindungen des Christentums, sondern sie sind von diesem aus älteren Religionsformen herübergenommen. In der Tat ist ja die „*Goldene Regel*“, welche diese Gebote in einem Satze zusammenfaßt, Jahrhunderte älter als das Christentum. In der Praxis des Lebens aber wurde dieses natürliche Sittengesetz ebenso oft von Atheisten und Nichtchristen sorgsam befolgt als von frommen, gläubigen Christen außer acht gelassen. Übrigens beging die christliche Tugendlehre einen großen Fehler, indem sie einseitig den *Altruismus* zum Gebote erhob, den *Egoismus* dagegen verwarf. Unsere *monistische Ethik* legt beiden gleichen *Wert* bei; sie findet die vollkommene Tugend in dem richtigen Gleichgewicht von Nächstenliebe und Eigenliebe (vgl. Kapitel 19: Das ethische Grundgesetz).

III. Das Ideal der Schönheit. In größten Gegensatz zum Christentum tritt unser Monismus auf dem Gebiete der Schönheit. Das ursprüngliche, reine Christentum predigte die Wertlosigkeit des irdischen Lebens und betrachtete dasselbe bloß als eine Vorbereitung für das ewige Leben im „*Jenseits*“. Daraus folgt unmittelbar, daß alles, was das menschliche Leben im „*Diesseits*“ darbietet, alles Schöne in Kunst und Wissenschaft, im öffentlichen und privaten Leben, keinen Wert besitzt. Der wahre Christ muß sich von ihm abwenden und nur daran denken, sich für das Jenseits würdig vorzubereiten. Die Verachtung der Natur, die Abwendung von allen ihren unerschöpflichen Reizen, die Verwerfung jeder Art von schöner Kunst sind echte Christenpflichten; diese würden am vollkommensten erfüllt, wenn der Mensch sich von seinen Mitmenschen absonderte, sich kasteite und in Klöstern oder Einsiedeleien ausschließlich mit der „Anbetung Gottes" beschäftigte.

Nun lehrt uns freilich die Kulturgeschichte, daß diese asketische Christenmoral, die aller Natur Hohn sprach, als natürliche Folge das Gegenteil bewirkte. Die Klöster, die Asyle der Keuschheit und Zucht, wurden bald die Brutstätten der tollsten Orgien; der sexuelle Verkehr der Mönche und Nonnen erzeugte romantische Verhältnisse, wie sie die Literatur der Renaissance sehr naturwahr geschildert hat. Der Kultus der „Schönheit", der hier getrieben wurde, stand mit der gepredigten „Weltentsagung" in schneidendem Widerspruch, und dasselbe gilt von dem Luxus und der Pracht, welche sich bald in dem sittenlosen Privatleben des höheren katholischen Klerus und in der künstlerischen Ausschmückung der christlichen Kirchen und Klöster entwickelten.

Christliche Kunst. Man wird hier einwenden, daß unsere Ansicht durch die Schönheitsfülle der christlichen Kunst widerlegt werde, welche besonders in der Blütezeit des Mittelalters so unvergängliche Werke schuf. Die prachtvollen gotischen und byzantinischen Basiliken, die Hunderte von prächtigen Kapellen, die Tausende von Marmorstatuen christlicher Heiligen und Märtyrer, die Millionen von schönen Heiligenbildern, von tiefempfundenen Darstellungen von Christus und der Madonna – sie zeugen alle von einer Entwickelung der schönen Künste im Mittelalter, die in ihrer Art einzig ist. Alle diese herrlichen Denkmäler der bildenden Kunst, ebenso wie die der Dichtkunst, behalten ihren hohen ästhetischen Wert, gleichviel, wie wir die darin enthaltene Mischung von „Wahrheit und Dichtung" beurteilen. Aber was hat das alles mit der reinen Christenlehre zu tun, mit jener Religion der Entsagung, welche von allem irdischen Prunk und Glanz, von aller materiellen Schönheit und

Kunst sich abwendete, welche das Familienleben und die Frauenliebe gering schätzte, welche allein die Sorgen um die immateriellen Güter des „ewigen Lebens“ predigte? Der Begriff der „christlichen Kunst“ ist eigentlich ein Widerspruch in sich, eine „*Contradictio in adjecto*“. Die reichen Kirchenfürsten freilich, welche dieselbe pflegten, verfolgten damit ganz andere Zwecke, und sie erreichten sie auch vollständig. Indem sie das ganze Interesse und Streben des menschlichen Geistes im Mittelalter auf die christliche *Kirche* und deren eigentümliche *Kunst* lenkten, wendeten sie dasselbe von der *Natur* ab und von der Erkenntnis der hier verborgenen Schätze, die zu selbständiger *Wissenschaft* geführt hätten. Außerdem aber erinnerte der tägliche Anblick der überall massenhaft ausgestellten Heiligenbilder, der Darstellungen aus der „heiligen Geschichte“, den gläubigen Christen jederzeit an den reichen Sagenschatz, den die Phantasie der Kirche angesammelt hatte. Die Legenden derselben wurden für wahre Erzählungen, die Wundergeschichten für wirkliche Ereignisse ausgegeben und geglaubt. Unzweifelhaft hat in dieser Beziehung die christliche Kunst einen ungeheuren Einfluß auf die allgemeine Bildung und ganz besonders auf die Festigung des Glaubens geübt, einen Einfluß, der sich in der ganzen Kulturwelt bis auf den heutigen Tag geltend macht.

Monistische Kunst. Das diametrale Gegenstück dieser herrschenden christlichen Kunst ist diejenige neue Form der bildenden Kunst, die sich erst in unserem Jahrhundert, im Zusammenhang mit der *Naturwissenschaft* entwickelt hat. Die überraschende Erweiterung unserer Weltkenntnis, die Entdeckung von unzähligen schönen Lebensformen, die wir der letzteren verdanken, hat in unserer Zeit einen ganz anderen ästhetischen Sinn geweckt und damit auch der bildenden Kunst eine neue Richtung gegeben. Zahlreiche wissenschaftliche Reisen und große Expeditionen zur Erforschung unbekannter Länder und Meere förderten schon im achtzehnten, noch viel mehr aber im neunzehnten Jahrhundert eine ungeahnte Fülle von unbekannten organischen Formen zutage. Die Zahl der neuen Tier- und Pflanzenarten wuchs bald ins Unermeßliche, und unter diesen (besonders unter den früher vernachlässigten niederen Gruppen) fanden sich Tausende schöner und interessanter Gestalten, ganz neue Motive für Malerei und Bildhauerei, für Architektur und Kunstgewerbe. Eine neue Welt erschloß in dieser Beziehung besonders die ausgedehntere *mikroskopische* Forschung in der zweiten Hälfte des neunzehnten Jahrhunderts und namentlich die Entdeckung der fabelhaften *Tiefsee*-Bewohner, die erst durch die berühmte Challenger-Expedition (1872 bis 1876) ans Licht gezogen wurden. Tausende von zierlichen Radiolarien und Thalamophoren, von prächtigen Medusen und Korallen, von abenteuerlichen Mollusken und Krebsen eröffneten uns da mit einem Male eine ungeahnte Fülle von verborgenen Formen, deren eigenartige Schönheit und Mannigfaltigkeit alle von der menschlichen Phantasie geschaffenen Kunstprodukte weitaus übertrifft. Allein schon in den 50 großen Bänden des Challenger-Werkes ist auf 3000 Tafeln eine Masse solcher schöner Gestalten abgebildet; aber auch in vielen anderen großen Prachtwerken, welche die mächtig wachsende zoologische und botanische Literatur der letzten Dezennien enthält, sind Millionen reizender Formen dargestellt. In meinen „Kunstformen der Natur" habe ich versucht, eine Auswahl von solchen schönen und reizvollen Gestalten weiteren Kreisen zugänglich zu machen (100 Tafeln, Leipzig, 1899).

Indessen bedarf es nicht weiter Reisen und kostspieliger Werke, um jedem Menschen die Herrlichkeiten dieser Welt zu erschließen. Vielmehr müssen dafür nur seine Augen geöffnet und sein Sinn geübt werden. Überall bietet uns die umgebende Natur eine überreiche Fülle von schönen und interessanten Objekten aller Art. In jedem Moose und Grashalme, in jedem Käfer und Schmetterling finden wir bei genauer Untersuchung Schönheiten, an denen der Mensch gewöhnlich achtlos vorübergeht. Vollends wenn wir dieselben mit einer Lupe bei schwacher

Vergrößerung betrachten, oder noch mehr, wenn wir die stärkere Vergrößerung eines guten Mikroskopes anwenden, entdecken wir überall in der organischen Natur eine neue Welt voll unerschöpflicher Reize.

Aber nicht nur für diese ästhetische Betrachtung des Kleinen und Kleinsten, sondern auch für diejenige des Großen und Größten in der Natur hat uns erst das neunzehnte Jahrhundert die Augen geöffnet. Noch im Beginne desselben war die Ansicht herrschend, daß die Hochgebirgsnatur zwar großartig, aber abschreckend, das Meer zwar gewaltig, aber furchtbar sei. Jetzt, am Ende desselben, sind die meisten Gebildeten – und besonders die Bewohner der Großstädte – glücklich, wenn sie jährlich auf ein paar Wochen die Herrlichkeit der Alpen und die Kristallpracht der Gletscher genießen können; oder wenn sie sich an der Majestät des blauen Meeres, an den reizenden Landschaftsbildern seiner Küsten erfreuen können. Alle diese Quellen des edelsten Naturgenusses sind uns erst neuerdings in ihrer ganzen Herrlichkeit offenbar und verständlich geworden, und die erstaunlich gesteigerte Leichtigkeit und Schnelligkeit des Verkehrs hat selbst den Unbemittelteren die Gelegenheit zu ihrer Kenntnis verschafft. Alle diese Fortschritte im ästhetischen Naturgenusse – und damit zugleich im wissenschaftlichen Naturverständnis – bedeuten ebenso viele Fortschritte in der höheren menschlichen Geistesbildung und damit zugleich in der Geltung unserer vernunftgemäßen monistischen Religion.

LANDSCHAFTSMALEREI UND ILLUSTRATIONSWERKE. Der Gegensatz, in welchem unser *naturalistisches* Jahrhundert zu den vorhergehenden *anthropistischen* steht, prägt sich besonders in der verschiedenen Wertschätzung und Verbreitung von Illustrationen der mannigfaltigsten Naturobjekte aus. Es hat sich in unserer Zeit ein lebhaftes Interesse für bildliche Darstellungen derselben entwickelt, das früheren Zeiten unbekannt war; dasselbe wird unterstützt durch die erstaunlichen Fortschritte der Technik und des Verkehrs, welche eine allgemeine Verbreitung derselben in weitesten Kreisen gestatten. Zahlreiche illustrierte Zeitschriften verbreiten mit der allgemeinen Bildung zugleich den Sinn für die unendliche Schönheit der Natur in allen Gebieten. Besonders ist es die *Landschaftsmalerei*, die hier eine früher nicht geahnte Bedeutung gewonnen hat. Schon in der ersten Hälfte des neunzehnten Jahrhunderts hatte einer unserer größten und vielseitigsten Naturforscher, *Alexander von Humboldt*, darauf hingewiesen, wie die Entwickelung der modernen Landschaftsmalerei nicht nur als „Anregungsmittel zum Naturstudium“ und als geographisches Anschauungsmittel von hoher Bedeutung sei, sondern wie sie auch in anderer Beziehung als ein edles Bildungsmittel hochzuschätzen sei. Seitdem ist der Sinn dafür noch bedeutend weiter entwickelt. Es sollte Aufgabe jeder Schule sein, die Kinder frühzeitig zum Genusse der *Landschaft* anzuleiten und zu der höchst dankbaren Kunst, sie durch Zeichnen und Aquarellmalen ihrem Gedächtnis einzuprägen.

Moderner Naturgenuss. Der unendliche Reichtum der Natur an Schönem und Erhabenem bietet jedem Menschen, der offene Augen und ästhetischen Sinn besitzt, eine unerschöpfliche Fülle der herrlichsten Gaben. So wertvoll und beglückend aber auch der unmittelbare Genuß jeder einzelnen Gabe ist, so wird deren Wert doch noch hoch gesteigert durch die Erkenntnis ihrer Bedeutung und ihres Zusammenhanges mit der übrigen Natur. Als *Alexander von Humboldt* im Jahre 1845 in seinem großartigen „*Kosmos*“ den „Entwurf einer physischen Weltbeschreibung“ gab, als er in seinen mustergültigen „Ansichten der Natur“ wissenschaftliche und ästhetische Betrachtung in glücklichster Weise verband, da hat er mit Recht hervorgehoben, wie eng der veredelte Naturgenuß mit der „wissenschaftlichen Ergründung der Weltgesetze“ verknüpft ist, und wie beide vereinigt dazu dienen, das Menschenwesen auf eine höhere Stufe der Vollendung zu erheben. Die staunende Bewunderung, mit der wir den gestirnten Himmel und das mikroskopische Leben in einem Wassertropfen betrachten, die Ehrfurcht, mit der wir das wunderbare Wirken der Energie in der bewegten Materie untersuchen, die Andacht, mit welcher wir die Geltung des allumfassenden Substanzgesetzes im Universum verehren, – sie alle sind Bestandteile unseres *Gemütslebens*, die unter den Begriff der „*natürlichen Religion*“ fallen.

DICHTKUNST UND TONKUNST. Wie das Auge für die bildende Kunst, so ist das Gehörorgan für die Tonkunst die Quelle der edelsten Genüsse; durch die vielseitige Assozion mit den höchsten Geistestätigkeiten – den bewunderungswürdigen Arbeiten der Neuronen in der Großhirnrinde – werden beide „ästhetische Sinnesorgane“ die kostbarsten Geisteswerkzeuge des hochentwickelten Kulturmenschen. Indem sich die *Musik* mit der Dichtkunst verbindet, und indem beide vereinigt die reichen, neugewonnenen Schätze der Naturerkenntnis verwerten, erquicken sie unser Gemüt und werden zu einem bedeutungsvollen Gebiet unserer natürlichen monistischen Religion. Wie unerschöpflich diese Quellen der Poesie sind und wie sowohl die Dichtkunst als die Tonkunst reichen Ersatz für die verlorenen Güter des Kirchenglaubens gewähren, hat namentlich *David Strauß* in seiner gedankenreichen Schrift über den „Alten und neuen Glauben“ gezeigt.

DIESSEITS UND JENSEITS. Die angedeuteten Fortschritte der Neuzeit in der Erkenntnis des Wahren und im Genusse des Schönen bilden wertvolle Stützen unserer monistischen Religion, während sie andererseits im Gegensatze zum Christentum stehen. Denn der menschliche Geist lebt dort in dem bekannten „*Diesseits*“, hier in einem unbekannten „*Jenseits*“. Unser Monismus lehrt, daß wir sterbliche Kinder der Erde sind, die ein oder zwei, höchstens drei „Menschenalter“ hindurch das Glück haben, im Diesseits die Herrlichkeiten dieses Planeten zu genießen, die unerschöpfliche Fülle seiner Schönheit zu schauen und die wunderbaren Spiele seiner Naturkräfte zu erkennen. Das Christentum dagegen lehrt, daß die

Erde ein elendes Jammertal ist, auf welchem wir bloß eine kurze Zeitlang uns zu kasteien und abzuquälen brauchen, um sodann im „Jenseits“ ein ewiges Leben voller Wonne zu genießen. Wo dies „Jenseits“ liegt, und wie diese Herrlichkeit des ewigen Lebens eigentlich beschaffen sein soll, das hat uns noch keine „Offenbarung“ gesagt. Solange der „Himmel“ für den Menschen ein blaues Zelt war, ausgespannt über der scheibenförmigen Erde und erleuchtet durch das blinkende Lampenlicht einiger tausend Sterne, konnte sich die menschliche Phantasie oben in diesem Himmelssaal allenfalls das ambrosische Gastmahl der olympischen Götter oder die Tafelfreuden der Walhalla-Bewohner vorstellen. Nun ist aber neuerdings für alle diese Gottheiten und für die mit ihnen tafelnden „unsterblichen Seelen“ die offenkundige von *David Strauß* geschilderte *Wohnungsnot* eingetreten; denn wir wissen jetzt durch die *Astrophysik*, daß der unendliche Raum mit ungenießbarem Äther erfüllt ist, und daß Millionen von Weltkörpern, nach ewigen ehernen Gesetzen bewegt, sich rastlos in demselben umhertreiben, alle im ewigen großen „Werden und Vergehen“ begriffen.

MONISTISCHE KIRCHEN. Die Stätten der Andacht, in denen der Mensch sein religiöses Gemütsbedürfnis befriedigt und die Gegenstände seiner Anbetung verehrt, betrachtet er als seine geheiligten „Kirchen“. Die Pagoden im buddhistischen Asien, die griechischen Tempel im klassischen Altertum, die Synagogen in Palästina, die Moscheen in Ägypten, die katholischen Dome im südlichen und die evangelischen Kathedralen im nördlichen Europa – alle diese „Gotteshäuser“ sollen dazu dienen, den Menschen über die Misere und Prosa des realen Alltagslebens zu erheben; sie sollen ihn in die Weihe und die Poesie einer höheren, idealen Welt versetzen. Sie erfüllen diesen Zweck in vielen tausend verschiedenen Formen, entsprechend den verschiedenen Kulturformen und Zeitverhältnissen. Der moderne Mensch, welcher „Wissenschaft und Kunst“ besitzt – und damit zugleich auch Religion –, bedarf keiner besonderen Kirche, keines

31*

engen, eingeschlossenen Raumes. Denn überall in der freien Natur, wo er seine Blicke auf das unendliche Universum oder auf einen Teil desselben richtet, überall findet er zwar den harten „Kampf ums Dasein", aber daneben auch das „Wahre, Schöne und Gute"; überall findet er seine „*Kirche*" in der herrlichen *Natur* selbst. Indessen wird es doch den besonderen Bedürfnissen vieler Menschen entsprechen, auch außerdem in schön geschmückten Tempeln oder Kirchen geschlossene Andachtshäuser zu besitzen, in die sie sich zurückziehen können. Ebenso, wie seit dem sechzehnten Jahrhundert der Papismus zahlreiche Kirchen an die Reformation abtreten mußte, wird im zwanzigsten Jahrhundert ein großer Teil derselben an die „freien Gemeinden" des *Monismus* übergehen.

Zusatz (von 1908). Der unvermeidliche Kampf zwischen den herrschenden dualistischen Kirchen-Religionen und unserer vernunftgemäßen monistischen Natur-Religion muß früher oder später mit dem vollständigen Siege der letzteren endigen – wenigstens in den wahren Kulturstaaten! Denn den stetigen, wenn auch langsamen Fortschritt der Aufklärung und der höheren Bildung vermag auf die Dauer weder die politische Macht der konservativen Regierungen und des mit ihnen verbündeten Klerus aufzuhalten, noch die intellektuelle Herrschaft des traditionellen Aberglaubens und der bequemen „Jenseits-Dichtung". Wir können daher mit Ruhe den heftigen Angriffen des 1908 gegründeten „*Keplerbundes*" begegnen, der sich vergeblich bemüht, die gewaltigen Fortschritte der Natur-Erkenntnis mit den dualistischen Dogmen der christlichen Kirchenlehre in Einklang zu bringen. Nachdem die kritische Theologie selbst im Beginn des zwanzigsten Jahrhunderts die historischen Grundlagen des Christentums zerstört und die Person Christi als eine schöne Ideal-Figur der religiösen Dichtung erkannt hat, müssen wir an ihre Stelle die drei unvergänglichen Kultus-Ideale der Wahrheit, Schönheit und Tugend setzen.

NEUNZEHNTES KAPITEL

UNSERE MONISTISCHE SITTENLEHRE

Monistische Studien über das ethische Grundgesetz. Gleichgewicht zwischen Selbstliebe und Nächstenliebe. Gleichberechtigung des Egoismus und Altruismus. Fehler der christlichen Moral. Staat, Schule und Kirche

---

„Kein Baum wird mit einem Hieb gefällt. Ist aber auch der Hieb, den ich hier gegen eine uralte Denkgewohnheit führe, durchaus nicht der erste: nie könnt' es mir in den Sinn kommen, ihn für den letzten zu halten und zu meinen, daß ich diesen Baum werde fallen sehen. Sollte es mir gelingen, andere und mächtigere Äxte nach derselben Richtung in Bewegung zu setzen: meine kühnsten Wünsche gingen in Erfüllung. Daß eines Tages dieser Baum fallen und die *Sittlichkeit* an der *Einheitlichkeit des Menschen* einen zweckentsprechenderen Hort finden wird, als den die Vorstellung einer Doppelnatur bislang ihr geboten hat, bezweifle ich keinen Augenblick."

CARNERI (1891)

INHALT DES NEUNZEHNTEN KAPITELS

Monistische und dualistische Ethik. Widerspruch der reinen und praktischen Vernunft bei Kant. Sein kategorischer Imperativ. Die Neokantianer. Herbert Spencer. Egoismus und Altruismus (Selbstliebe und Nächstenliebe). Äquivalenz beider Naturtriebe. Das ethische Grundgesetz: die Goldene Regel. Alter desselben. Christliche Sittenlehre. Verachtung des Individuums, des Leibes, der Natur, der Kultur, der Familie, der Frau. Papistische Moral. Unsittliche Folgen des Zölibats. Notwendigkeit der Abschaffung von Zölibat, Ohrenbeichte und Ablaßkram. Staat und Kirche. Religion ist Privatsache. Kirche und Schule. Staat und Schule. Notwendigkeit der Schulreform.

LITERATUR

HERBERT SPENCER, Prinzipien der Sociologie und der Ethik. Stuttgart 1889.

LESTER F. WARD, Dynamic Sociology, or applied social science. 2 Vol. New York 1883.

BARTHOLOMÄUS CARNERI, Der moderne Mensch. Versuche einer Lebensführung. Bonn 1891. – Sittlichkeit und Darwinismus. Drei Bücher Ethik. Wien 1871. – Grundlegung der Ethik. Wien 1881. – Entwickelung und Glückseligkeit. Stuttgart 1886.

BENJAMIN VETTER, Die moderne Weltanschauung und der Mensch. (Sechs Vorträge). Zweite Auflage. Jena 1896.

HEINRICH ERNST ZIEGLER, Die Naturwissenschaft und die socialdemokratische Theorie. Stuttgart 1894.

OTTO AMMON, Die Gesellschafts-Ordnung und ihre natürlichen Grundlagen. Entwurf einer Social-Anthropologie. Jena 1895.

PAUL LILIENFELD, Socialwissenschaft der Zukunft. 5 Theile. Mitau 1873.

ERNST GROSSE, Die Formen der Familie und die Formen der Wirthschaft. Leipzig 1896.

F. HANSPAUL, Die Seelentheorie und die Gesetze des natürlichen Egoismus und der Anpassung. 1899.

MAX NORDAU, Die Konventionellen Lügen der Kultur-Menschheit. Leipzig 1883. Zwölfte Auflage 1886.

PAUL PFLÜGER, Grundriß eines modernen Moral- und Religions-Unterrichts. Zürich 1907.

NATUR UND STAAT. Beiträge zur naturwissenschaftlichen Gesellschaftslehre. Eine Sammlung von Preisschriften in zehn Teilen. Jena 1905–1908.

Das praktische Leben stellt an den Menschen eine Reihe von ganz bestimmten sittlichen Anforderungen die nur dann richtig und naturgemäß erfüllt werden können, wenn sie in reinem Einklang mit seiner vernünftigen Weltanschauung stehen. Diesem Grundsatze unserer monistischen Philosophie zufolge muß unsere gesamte *Sittenlehre* oder Ethik in vernünftigem Zusammenhang mit der einheitlichen Auffassung des „Kosmos“ stehen, welche wir durch unsere fortgeschrittene Erkenntnis der Naturgesetze gewonnen haben. Wie das ganze unendliche Universum im Lichte unseres Monismus ein einziges großes Ganzes darstellt, so bildet auch das geistige und sittliche Leben des Menschen nur einen Teil dieses „*Kosmos*“, und so kann auch unsere naturgemäße Ordnung desselben nur eine einheitliche sein. *Es gibt nicht zwei verschiedene, getrennte Welten*: eine *physische, materielle* und eine *moralische, immaterielle* Welt.

Ganz entgegengesetzter Ansicht ist die große Mehrzahl der Philosophen und Theologen noch heute; sie behaupten mit *Immanuel Kant*, daß die sittliche Welt von der physischen ganz unabhängig sei und ganz anderen Gesetzen gehorche; also müsse auch das *sittliche Bewußtsein des Menschen*, als die Basis des moralischen Lebens, ganz unabhängig von der *wissenschaftlichen Welterkenntnis* sein und sich vielmehr auf den religiösen Glauben stützen. Die Erkenntnis der sittlichen Welt soll danach durch die gläubige *praktische Vernunft* geschehen, hingegen diejenige der Natur oder der physischen Welt durch die reine *theoretische Vernunft*. Dieser unzweifelhafte und bewußte *Dualismus* in *Kants* Philosophie war ihr größter und *schwerster Fehler*; er hat unendliches Unheil angerichtet und wirkt noch heute mächtig fort-

Zuerst hatte der *kritische Kant* den großartigen und bewunderungswürdigen Palast der reinen Vernunft ausgebaut und einleuchtend gezeigt, daß die drei großen *Zentraldogmen der Metaphysik*, der persönliche Gott, der freie Wille und die unsterbliche Seele, darin nirgends untergebracht werden können, ja, daß vernünftige Beweise für deren Realität gar nicht zu finden sind. Später aber baute der *dogmatische Kant* an diesen realen Kristallpalast der reinen Vernunft das schimmernde ideale Luftschloß der praktischen Vernunft an, in welchem drei imposante Kirchenschiffe zur Wohnstätte jener drei gewaltigen mystischen Gottheiten hergerichtet wurden. Nachdem sie durch die Vordertür mittelst des vernünftigen Wissens hinausgeschafft waren, kehrten sie nun durch die Hintertür mittelst des unvernünftigen Glaubens wieder zurück.

Die Kuppel seines großen Glaubensdomes krönte *Kant* mit einem seltsamen *Idol*, dem berühmten *kategorischen Imperativ*; danach ist die Forderung des allgemeinen Sittengesetzes *ganz unbedingt*, unabhängig von jeder Rücksicht auf Wirklichkeit und Möglichkeit; sie lautet: „Handle jederzeit so, daß die Maxime (oder der subjektive Grundsatz deines Willens) zugleich als Prinzip einer allgemeinen Gesetzgebung gelten könne." Jeder normale Mensch sollte demnach dasselbe Pflichtgefühl haben wie jeder andere. Die moderne Anthropologie hat diesen schönen Traum grausam zerstört; sie hat gezeigt, daß unter den Naturvölkern die Pflichten noch weit verschiedener sind als unter den Kulturnationen. Alle Sitten und Gebräuche, die wir als verwerfliche Sünden oder abscheuliche Laster ansehen (Diebstahl, Betrug, Mord, Ehebruch usw.), gelten bei anderen Völkern unter Umständen als löbliche Tugenden oder selbst als dringende Pflichtgebote.

Obgleich nun der offenkundige Gegensatz der beiden Vernünfte von *Kant*, der prinzipielle Antagonismus der *reinen* und der *praktischen* Vernunft, schon im Anfange des neunzehnten Jahrhunderts erkannt und widerlegt wurde, blieb er doch bis heute in weiten Kreisen herrschend. Die moderne Schule der *Neokantianer* predigt noch heute den „Rückgang auf Kant“ so eindringlich gerade *wegen* dieses willkommenen *Dualismus*, und die streitende Kirche unterstützt sie dabei aufs wärmste, weil ihr eigener mystischer Glaube vortrefflich dazu paßt. Eine wirksame Niederlage bereitete demselben erst die moderne Naturwissenschaft in der zweiten Hälfte des neunzehnten Jahrhunderts; die Voraussetzungen der praktischen Vernunftlehre wurden dadurch hinfällig. Die monistische Kosmologie bewies auf Grund des Substanzgesetzes, daß es keinen „persönlichen Gott“ gibt; die vergleichende und genetische Psychologie zeigte, daß eine „unsterbliche Seele“ nicht existieren kann, und die monistische Philosophie wies nach, daß die Annahme des „freien Willens“ auf Täuschung beruht. Die Entwickelungslehre endlich machte klar, daß die *„ewigen, ehernen Naturgesetze“* der anorganischen Welt auch in der organischen und moralischen Welt Geltung haben.

Unsere moderne Naturerkenntnis wirkt aber für die praktische Philosophie und Ethik nicht nur *negativ*, indem sie den Kantischen Dualismus zertrümmert, sondern auch *positiv*, indem sie an dessen Stelle das neue Gebäude des *ethischen Monismus* setzt. Sie zeigt, daß das *Pflichtgefühl* des Menschen nicht auf einem illusorischen *„kategorischen Imperativ“* beruht, sondern auf dem *realen Boden der sozialen Instinkte*, die wir bei allen gesellig lebenden höheren Tieren finden. Sie erkennt als höchstes Ziel der Moral die Herstellung einer gesunden Harmonie zwischen *Egoismus* und *Altruismus*, zwischen Selbstliebe und Nächstenliebe. Vor allen anderen war es der große englische Philosoph *Herbert Spencer*, dem wir die Begründung dieser monistischen Ethik durch die Entwickelungslehre verdanken.

Egoismus und Altruismus. Der Mensch gehört zu den *sozialen Wirbeltieren* und hat daher, wie alle sozialen Tiere, zweierlei verschiedene Pflichten, erstens gegen sich selbst und zweitens gegen die Gesellschaft, der er angehört. Erstere sind Gebote der *Selbstliebe* (Egoismus), letztere Gebote der *Nächstenliebe* (Altruismus). Beide natürliche Gebote sind gleich berechtigt, gleich natürlich und gleich unentbehrlich. Will der Mensch in geordneter Gesellschaft existieren und sich wohl befinden, so muß er nicht nur sein eigenes Glück anstreben, sondern auch dasjenige der Gemeinschaft, der er angehört, und der „Nächsten", welche diesen sozialen Verein bilden. Er muß erkennen, daß ihr Gedeihen sein Gedeihen ist und ihr Leiden sein Leiden. Dieses soziale Grundgesetz ist so einfach und so naturnotwendig, daß man schwer begreift, wie demselben theoretisch und praktisch widersprochen werden kann; und doch geschieht das noch heute, wie es seit Jahrtausenden geschehen ist.

Äquivalenz des Egoismus und Altruismus. Die gleiche Berechtigung dieser beiden Naturtriebe, die moralische Gleichwertigkeit der Selbstliebe und der Nächstenliebe ist das wichtigste *Fundamentalprinzip unserer Moral*. Das höchste Ziel aller vernünftigen Sittenlehre ist demnach sehr einfach, die Herstellung des „*naturgemäßen Gleichgewichtes zwischen Egoismus und Altruismus*, zwischen Eigenliebe und Nächstenliebe". Das Goldene Sittengesetz sagt: „Was du willst, das dir die Leute tuen sollen, das tue ihnen auch." Aus diesem höchsten Gebot des Christentums folgt von selbst, daß wir ebenso heilige Pflichten gegen uns selbst wie gegen unsere Mitmenschen haben. Ich habe meine Auffassung dieses Grundprinzipes bereits 1892 in meinem „*Monismus*" auseinandergesetzt (S. 29, 45) und dabei besonders drei wichtige Sätze betont: I. Beide konkurrierende Triebe sind *Naturgesetze*, die zum Bestehen der Familie und der Gesellschaft gleich wichtig und gleich notwendig sind; der Egoismus ermöglicht die Selbsterhaltung des *Individuums*, der Altruismus diejenige der Gattung und *Spezies*, die sich aus der Kette der vergänglichen Individuen zusammensetzt. II. Die *sozialen Pflichten*, welche die Gesellschaftsbildung den assoziierten Menschen auferlegt, und durch welche sich dieselbe erhält, sind nur höhere Entwickelungsformen der *sozialen Instinkte*, welche wir bei allen höheren, gesellig lebenden Tieren finden (als „erblich gewordene Gewohnheiten"). III. Beim Kulturmenschen steht alle *Ethik*, sowohl die theoretische als die praktische Sittenlehre, als „Normwissenschaft" in Zusammenhang mit der *Weltanschauung* und demnach auch mit der *Religion*.

DAS ETHISCHE GRUNDGESETZ. *(Das Goldene Sittengesetz.)* Aus der Anerkennung unseres Fundamentalprinzipes der Moral ergibt sich unmittelbar das höchste Gebot derselben, jenes Pflichtgebot, das man jetzt oft als das *Goldene Sittengesetz* oder kurz als die „Goldene Regel" bezeichnet. *Christus* sprach dasselbe wiederholt in dem einfachen Satze aus: „*Du sollst deinen Nächsten lieben wie dich selbst*" (Matth. 19, $_{19}$; 22, $_{39,\,40}$; Römer 13, $_{9}$ usw.). Der Evangelist *Markus* (12, $_{31}$) fügte ganz richtig hinzu: „Es ist kein größeres Gebot als dieses"; und *Matthäus* sagte: „In diesen zwei Geboten hänget das ganze Gesetz und die Propheten." In diesem wichtigsten und höchsten Punkte stimmt unsere *monistische Ethik* vollkommen mit der *christlichen* überein. Nur müssen wir gleich die historische Tatsache hinzufügen, daß die Aufstellung dieses obersten Grundgesetzes nicht ein Verdienst Christi ist, wie die meisten christlichen Theologen behaupten und ihre unkritischen Gläubigen unbesehen annehmen. Vielmehr ist diese *Goldene Regel* mehr als 500 Jahre älter als Christus und von vielen verschiedenen Weisen Griechenlands und des Orients als wichtigstes Sittengesetz anerkannt. *Pittakos* von Mytilene, einer der sieben Weisen Griechenlands, sagte 620 Jahre vor Christus: „Tue deinem Nächsten nicht, was du ihm verübeln würdest." – *Konfutse*, der große chinesische Philosoph und Religionsstifter (der die Unsterblichkeit der Seele und den persönlichen Gott leugnete), sagte 500 Jahre v. Chr.: „Tue jedem anderen, was du willst, daß er dir tun soll; und tue keinem anderen, was du willst, daß er dir nicht tun soll. Du brauchst nur dieses Gebot allein; es ist *die Grundlage aller anderen Gebote*." – *Aristoteles* lehrte um die

Mitte des vierten Jahrhunderts v. Chr.: „Wir sollen uns gegen andere so benehmen, als wir wünschen, daß andere gegen uns handeln sollen.“ In gleichem Sinne und zum Teil mit denselben Worten wird auch die Goldene Regel von *Tales*, *Isokrates*, *Aristippus*, dem Pythagoräer *Sextus* und anderen Philosophen des klassischen Altertums – *mehrere Jahrhunderte vor Christus*! – ausgesprochen. (Vergleiche darüber das wichtige Werk von *Saladin*: „Jehovas gesammelte Werke“.) Aus dieser Zusammenstellung geht hervor, daß das Goldene Grundgesetz *polyphyletisch* entstanden, d. h. zu verschiedenen Zeiten und an verschiedenen Orten von mehreren Philosophen – unabhängig voneinander – aufgestellt worden ist. Anderenfalls müßte man annehmen, daß Jesus dasselbe aus anderen orientalischen Quellen (aus älteren semitischen, indischen, chinesischen Traditionen, besonders buddhistischen Lehren) übernommen habe, wie es jetzt für die meisten anderen christlichen Glaubenslehren nachgewiesen ist. *Saladin* faßt die bezüglichen Ergebnisse der modernen kritischen Theologie in dem Satze zusammen: „Es gibt keinen vernünftigen und praktischen, von *Jesus* gelehrten Moralgrundsatz, der nicht *vor ihm* auch schon von *anderen* gelehrt worden wäre (Thales, Solon, Sokrates, Plato, Konfutse usw.)“.

Christliche Sittenlehre. Da das ethische Grundgesetz demnach bereits seit 2500 Jahren besteht, und da das Christentum dasselbe ausdrücklich als höchstes, alle anderen umfassendes Gebot an die Spitze seiner Sittenlehre stellt, würde unsere *monistische Ethik* in diesem wichtigen Punkte nicht nur mit jenen älteren heidnischen Sittenlehren, sondern auch mit den christlichen in vollkommenem Einklang sein. Leider wird aber diese erfreuliche Harmonie dadurch gestört, daß die Evangelien und die paulinischen Episteln viele andere Sittenlehren enthalten, die jenem ersten und obersten Gebote geradezu widersprechen. Die christlichen Theologen haben sich vergebens bemüht, diese auffälligen und schmerzlich empfundenen Widersprüche durch künstliche Deutungen auszugleichen. Wir brauchen daher hier nicht darauf einzugehen, müssen aber wohl kurz auf jene bedauerlichen Seiten der christlichen Lehre hinweisen, welche mit der besseren Weltanschauung der Neuzeit unverträglich und bezüglich ihrer praktischen Konsequenzen geradezu schädlich sind. Dahin gehört die Verachtung der christlichen Moral gegen das eigene Individuum, gegen den Leib, die Natur, die Kultur, die Familie und die Frau.

I. *Die Selbstverachtung des Christentums.* Als obersten und wichtigsten Mißgriff der christlichen Ethik, welcher die Goldene Regel geradezu aufhebt, müssen wir die Übertreibung der Nächstenliebe auf Kosten der Selbsthilfe betrachten. Das Christentum bekämpft und verwirft den *Egoismus* im Prinzip, und doch ist dieser Naturtrieb zur Selbsterhaltung absolut unentbehrlich; ja, man kann sagen, daß auch der *Altruismus*, sein scheinbares Gegenteil, im Grunde ein verfeinerter Egoismus ist. Nichts Großes, nichts Erhabenes ist jemals ohne Egoismus geschehen und ohne die *Leidenschaft*, welche uns zu großen Opfern befähigt. Nur die *Ausschreitungen* dieser Triebe sind verwerflich. Zu denjenigen christlichen Geboten, welche uns in frühester Jugend als wichtigste eingeprägt und welche in Millionen von Predigten verherrlicht werden, gehört der Satz (Matthäus 5, $_{44}$): „Liebet eure Feinde, segnet, die euch fluchen, tut wohl denen, die euch hassen, bittet für die, so euch beleidigen und verfolgen.“ Dieses Gebot ist sehr ideal, aber praktisch von sehr bedenklichem Werte. Ebenso verhält es sich mit der Anweisung: „Wenn dir jemand den Rock nimmt, dem gib auch den Mantel“; d. h. in das moderne Leben übersetzt: „Wenn dich ein gewissenloser Schuft um die eine Hälfte deines Vermögens betrügt, dann schenke ihm auch noch die andere Hälfte.“ Übrigens ist ja der offenkundige Widerspruch zwischen der empfohlenen *idealen*, altruistischen Moral des *einzelnen* Menschen und der *realen*, rein egoistischen Moral der menschlichen *Gemeinden*, und besonders der christlichen Kulturstaaten, eine allbekannte Tatsache. Während unsere Gesetze das Leben jeden einzelnen Staatsbürgers auf das sorgfältigste schützen und seinen Mord mit dem Tode bestrafen, gilt das Leben ganzer Völker bei internationalen Konflikten nichts, und der Massenmord des Krieges wird durch „patriotische" Gesänge verherrlicht. Jede neue Erfindung im Gebiete der Kriegskunst, welche die furchtbaren Wirkungen der modernen Geschütze und der kolossalen Kriegsschiffe erhöht, und welche die Heere des „Feindes" in größeren Massen vernichtet, wird als ein neuer „Kulturfortschritt" gepriesen und bewundert; – und die christlichen Divisionsprediger geben dazu ihren Segen! Es wäre interessant, mathematisch festzustellen, bei welcher *Zahl* von vereinigten Menschen das *altruistische* Sittenideal der einzelnen Person sich in sein Gegenteil verwandelt, in die rein *egoistische* „Realpolitik" der Staaten und Nationen.

II. *Die Leibesverachtung des Christentums.* Da der christliche Glaube den Organismus des Menschen ganz dualistisch beurteilt und der unsterblichen Seele nur einen vorübergehenden Aufenthalt im sterblichen Leibe anweist, ist es ganz natürlich, daß der ersteren ein viel höherer Wert beigemessen wird als dem letzteren. Daraus folgt jene Vernachlässigung der Leibespflege, der körperlichen Ausbildung und Reinlichkeit, welche das Kulturleben des christlichen Mittelalters sehr unvorteilhaft vor demjenigen des heidnischen klassischen Altertums auszeichnet. In der christlichen Sittenlehre fehlen jene strengen Gebote der täglichen Waschungen und der sorgfältigen Körperpflege, die wir in der mohammedanischen, den indischen und anderen Religionen nicht nur theoretisch festgesetzt, sondern auch praktisch ausgeführt sehen. Das Ideal des frommen Christen ist in vielen Klöstern der Mensch, der sich niemals ordentlich wäscht und kleidet, der seine übelriechende Kutte niemals wechselt und statt ordentlicher Arbeit sein faules Leben mit gedankenlosen Betübungen, sinnlosem Fasten usw. zubringt. Als Auswüchse dieser Leibesverachtung möge noch an die widerwärtigen Bußübungen der Geißler und anderer, indischen Fakiren ähnlicher Asketiker erinnert werden.

III. *Die Naturverachtung des Christentums.* Eine Quelle von unzähligen theoretischen Irrtümern und praktischen Fehlern, von geduldeten Roheiten und bedauerlichen Entbehrungen liegt in dem falschen *Anthropismus des Christentums*, in der exklusiven Stellung, welche dasselbe dem Menschen als „Ebenbild Gottes“ anweist, im Gegensatze zu der übrigen Natur. Dadurch hat dasselbe nicht allein zu einer höchst schädlichen Entfremdung von unserer herrlichen Mutter „Natur“ beigetragen, sondern auch zu einer bedauernswerten Verachtung der übrigen Organismen. Das Christentum kennt nicht jene rühmliche *Liebe zu den Tieren*, jenes Mitleid mit den nächststehenden, uns befreundeten Säugetieren (Hunden, Pferden, Rindern usw.), welche zu den Sittengesetzen vieler anderer älterer Religionen gehören, vor allem der weitestverbreiteten, des *Buddhismus*. Wer längere Zeit im katholischen Südeuropa gelebt hat, ist oftmals Zeuge jener abscheulichen Tierquälereien gewesen, die uns Tierfreunden sowohl das tiefste Mitleid als den höchsten Zorn erregen; und wenn er dann jenen rohen „Christen“ Vorwürfe über ihre Grausamkeit macht, erhält er zur lachenden Antwort: „Ja, die Tiere sind doch keine Christen!“ Leider wurde dieser Irrtum auch durch *Descartes* befestigt, der nur dem Menschen eine fühlende Seele zuschrieb, nicht aber den Tieren. Wie erhaben steht in dieser Beziehung unsere monistische Ethik über der christlichen! Der *Darwinismus* lehrt uns, daß wir zunächst von Primaten und weiterhin von einer Reihe älterer Säugetiere abstammen, und daß diese *„unsere Brüder“* sind; die Physiologie beweist uns, daß diese Tiere dieselben Nerven und Sinnesorgane haben wie wir, daß sie ebenso Lust und Schmerz empfinden wie wir. Kein mitfühlender monistischer Naturforscher wird sich jemals jener rohen Mißhandlung der Tiere schuldig machen, die der gläubige Christ in seinem anthropistischen Größenwahn – als „Kind des Gottes der Liebe!“ – gedankenlos begeht. – Außerdem aber entzieht die prinzipielle Naturverachtung des Christentums dem Menschen eine Fülle der edelsten irdischen Freuden, vor allem den herrlichen, wahrhaft erhebenden *Naturgenuß*.

IV. *Die Kulturverachtung des Christentums.* Da nach Christi Lehre unsere Erde ein Jammertal ist, unser irdisches Leben wertlos und nur eine Vorbereitung auf das „ewige Leben" im besseren Jenseits, so verlangt sie folgerichtig, daß demgemäß der Mensch auf alles Glück im Diesseits zu verzichten und alle dazu erforderlichen *irdischen Güter* gering zu achten hat. Zu diesen „irdischen Gütern" gehören aber für den modernen Kulturmenschen die unzähligen kleinen und großen Hilfsmittel der Technik, der Hygiene, des Verkehrs, welche unser heutiges Kulturleben angenehm und gemütlich gestalten; – zu diesen „irdischen Gütern" gehören alle die hohen Genüsse der bildenden Kunst, der Tonkunst, der Poesie, welche schon während des christlichen Mittelalters (und trotz aller Prinzipien!) sich zu hoher Blüte entwickelten, und welche wir als „ideale Güter" hochschätzen; – zu diesen „irdischen Gütern" gehören alle jene unschätzbaren Fortschritte der Wissenschaft und vor allem der Naturerkenntnis, auf deren ungeahnte Entwickelung das neunzehnte Jahrhundert in der Tat stolz sein kann. Alle diese „irdischen Güter" der verfeinerten Kultur, welche nach unserer monistischen Weltanschauung den höchsten Wert besitzen, sind nach der christlichen Lehre wertlos, ja großenteils verwerflich, und die strenge christliche Moral muß das Streben nach diesen Gütern ebenso mißbilligen, wie unsere naturalistische Ethik dasselbe billigt und empfiehlt. Das Christentum zeigt sich also auch auf diesem praktischen Gebiete kulturfeindlich; der Kampf, welchen die moderne Bildung und Wissenschaft dagegen zu führen gezwungen sind, ist auch in diesem Sinne „*Kulturkampf*".

V. *Die Familienverachtung des Christentums.* Zu den bedauerlichsten Seiten der christlichen Moral gehört die Geringschätzung, welche dasselbe gegen das *Familienleben* besitzt, d. h. gegen jenes naturgemäße Zusammenleben mit den nächsten Blutsverwandten, welches für den normalen Menschen ebenso unentbehrlich ist wie für alle höheren sozialen Tiere. Die „Familie“ gilt uns ja mit Recht als die „Grundlage der Gesellschaft“ und das gesunde Familienleben als Vorbedingung für ein blühendes Staatsleben. Ganz anderer Ansicht war Christus, dessen nach dem „Jenseits“ gerichteter Blick die Frau und die Familie ebenso gering schätzte wie alle anderen Güter des „Diesseits“. Von den seltenen Berührungen mit seinen Eltern und Geschwistern wissen die Evangelien nur sehr wenig zu erzählen; das Verhältnis zu seiner Mutter Maria war danach keineswegs so zart und innig, wie es uns Tausende von schönen Bildern in *poetischer Verklärung* vorführen; er selbst war nicht verheiratet. Die Geschlechtsliebe, die doch die erste Grundlage der Familienbildung ist, erschien Jesus eher wie ein notwendiges Übel. Noch weiter ging darin sein eifrigster Apostel, *Paulus*, der es für besser erklärte, nicht zu heiraten, als zu heiraten. „Es ist dem Menschen gut, daß er kein Weib berühre“ (1. Korinther 7, 1, 28–38). Wenn die Menschheit diesen Rat befolgte, würde sie damit allerdings bald alles irdische Leid und Elend loswerden; sie würde durch diese Radikalkur innerhalb eines Jahrhunderts aussterben.

VI. *Die Frauenverachtung des Christentums.* Da Christus selbst die Frauenliebe nicht kannte, blieb ihm persönlich jene feine Veredelung des wahren Menschenwesens fremd, welche erst aus dem innigen Zusammenleben des Mannes mit dem Weibe entspringt. Der intime sexuelle Verkehr, auf welchem allein die Erhaltung des Menschengeschlechts beruht, ist dafür ebenso wichtig wie die geistige Durchdringung beider Geschlechter und die gegenseitige Ergänzung, die sich beide gleicherweise in den praktischen Bedürfnissen des täglichen Lebens wie in den höchsten idealen Funktionen der Seelentätigkeit gewähren. Denn Mann und Weib sind zwei verschiedene, aber gleichwertige Organismen, jeder mit seinen eigentümlichen Vorzügen und Mängeln. Je höher sich die Kultur entwickelte, desto mehr wurde dieser ideale Wert der sexuellen Liebe erkannt, und desto höher stieg die Achtung der Frau, besonders in der germanischen Rasse; ist sie doch die Quelle, aus welcher die herrlichsten Blüten der Poesie und der Kunst entsprossen sind. Christus dagegen lag diese Anschauung ebenso fern wie fast dem ganzen Altertum; er teilte die allgemein herrschende Anschauung des *Orients*, daß das Weib dem Manne untergeordnet und der Verkehr mit ihm „unrein" sei. Die beleidigte Natur hat sich für diese Mißachtung furchtbar gerächt, und die traurigen Folgen derselben sind namentlich in der Kulturgeschichte des papistischen Mittelalters mit blutiger Schrift verzeichnet (vgl. *Albrecht Rau*, Die Ethik Jesu. Gießen 1900).

Papistische Moral. Die bewunderungswürdige Hierarchie des römischen Papismus, die kein Mittel zur absoluten Beherrschung der Geister verschmähte, fand ein ausgezeichnetes Instrument in der Fortbildung jener „unreinen" Anschauung und in der Pflege der asketischen Vorstellung, daß die Enthaltung vom Frauenverkehr an sich eine Tugend sei. Schon in den ersten Jahrhunderten nach Christus enthielten sich viele Priester freiwillig der Ehe, und bald stieg der vermeintliche Wert dieses *Zölibats* so hoch, daß dasselbe für obligatorisch erklärt wurde. Die Sittenlosigkeit, die infolgedessen einriß, ist durch die Forschungen der neueren Kulturgeschichte allbekannt geworden. Schon im Mittelalter wurde die Verführung ehrbarer Frauen und Töchter durch katholische Geistliche (wobei der Beichtstuhl eine wichtige Rolle spielte) ein öffentliches Ärgernis; viele Gemeinden drangen darauf, daß zur Verhütung derselben den „keuschen" Priestern das *Konkubinat* gestattet werde! Das geschah denn auch in verschiedenen, oft recht romantischen Formen. Auf den christlichen Konzilien, auf welchen ungläubige Ketzer lebendig verbrannt wurden, tafelten die versammelten Kardinäle und Bischöfe zusammen mit ganzen Scharen von Freudenmädchen. Die geheimen und öffentlichen Ausschweifungen des katholischen Klerus wurden so schamlos und gemeingefährlich, daß schon vor *Luther* die Empörung darüber allgemein und der Ruf nach einer „Reformation der Kirche an Haupt und Gliedern" überall laut wurde. Daß trotzdem diese unsittlichen Verhältnisse in katholischen Ländern noch heute fortbestehen (wenn auch mehr im geheimen), ist bekannt. Früher wiederholten sich noch immer von Zeit zu Zeit die Anträge auf definitive Aufhebung des Zölibats, so in den Kammern von Baden, Bayern, Hessen, Sachsen und anderen Ländern. Leider bisher vergebens! Im Deutschen Reichstage denkt noch heute keine Partei daran, die Abschaffung des Zölibats im Interesse der öffentlichen Moral zu beantragen (vgl. *Hoensbroech*, Das Papsttum in seiner sozial-kulturellen Wirksamkeit, Leipzig 1901).

Der moderne Kulturstaat, der nicht bloß das praktische, sondern auch das moralische Volksleben auf eine höhere Stufe heben soll, hat das Recht und die Pflicht, solche unwürdige und gemeinschädliche Zustände aufzuheben. Das *obligatorische Zölibat* der katholischen Geistlichen ist ebenso verderblich und unsittlich wie die *Ohrenbeichte* und der *Ablaßkram*; alle drei Einrichtungen haben mit dem *ursprünglichen Christentum nichts* zu tun; alle drei schlagen der reinen Christenmoral ins Gesicht; alle drei sind nichtswürdige Erfindungen des *Papismus*, darauf berechnet, die absolute Herrschaft über die leichtgläubigen Volksmassen aufrechtzuerhalten und sie nach Kräften materiell auszubeuten. Es war ein hohes Verdienst von *Graßmann*, *Hoensbroech* und anderen, daß sie neuerdings das raffinierte Lügensystem dieser verderblichen Hierarchie und ihrer gefährlichsten Gardetruppe, der Jesuiten, scharf beleuchteten. Namentlich wurde deren Charakter durch die Veröffentlichung der berüchtigten „*Liguori-Moral*“ jedermann klar. Die widerwärtigen Ausschreitungen dieser unsittlichen Priester-Moral, ihre Verknüpfung mit den schlüpfrigsten Fragen und sexuellen Exzessen im Beichtstuhl, sind jetzt so bekanntgeworden, daß in neuester Zeit sogar eine große Anzahl katholischer Frauen sich gedrungen gefühlt hat, dagegen öffentlich zu protestieren und die Abschaffung der geheimen Ohrenbeichte zu verlangen. Für die Aufhebung des widernatürlichen Zölibats ist 1908 selbst eine ansehnliche

Gruppe von katholischen Priestern mit lobenswerter Offenheit eingetreten.

Die Nemesis der Geschichte wird früher oder später über den römischen Papismus ein furchtbares Strafgericht halten, und die Millionen Menschen, die durch diese entartete Religion um ihr Lebensglück gebracht wurden, werden dazu dienen, ihr im zwanzigsten Jahrhundert den Todesstoß zu versetzen – wenigstens in den wahren „Kulturstaaten". Man hat neuerdings berechnet, daß die Zahl der Menschen, welche durch die papistischen Ketzerverfolgungen, die Inquisition, die christlichen Glaubenskriege usw. ums Leben kamen, weit über zehn Millionen beträgt. Aber was bedeutet diese Zahl gegen die zehnfach größere Zahl der Unglücklichen, welche den Satzungen und der Priesterherrschaft der entarteten christlichen Kirche *moralisch* zum Opfer fielen? – gegen die Unzahl derjenigen, deren höheres Geistesleben durch sie getötet, deren naives Gewissen gequält, deren Familienleben vernichtet wurde? Hier gilt das wahre Wort aus *Goethes* herrlichem Gedichte „Die Braut von Korinth":

„Opfer fallen hier, weder Lamm noch Stier,
Aber Menschenopfer unerhört!"

STAAT UND KIRCHE. In dem großen „*Kulturkampfe*", der infolge dieser traurigen Verhältnisse noch immer geführt werden muß, sollte das erste Ziel die vollständige *Trennung von Staat und Kirche* sein. Die „freie Kirche soll im freien Staate" bestehen, d. h., jede Kirche soll frei sein in voller Ausübung ihres Kultus und ihrer Zeremonien, auch im Ausbau ihrer phantastischen Dichtungen und abergläubischen Dogmen – jedoch unter der *Voraussetzung*, daß sie dadurch nicht die öffentliche Ordnung und Sittlichkeit gefährdet. Und dann soll gleiches Recht für alle gelten! Die freien Gemeinden und die monistischen Religionsgesellschaften sollen ebenso geduldet und ebenso frei in ihren Bewegungen sein wie die liberalen Protestantenvereine und die orthodoxen ultramontanen Gemeinden. Aber für alle diese „Gläubigen" der verschiedensten

Konfessionen soll die *Religion Privatsache* bleiben; der Staat soll sie nur beaufsichtigen und ihre Ausschreitungen verhüten, sie aber weder unterdrücken noch unterstützen. Vor allem sollen jedoch die Steuerzahler nicht mehr gehalten werden, ihr Geld für die Aufrechterhaltung und Förderung eines fremden „*Glaubens*“ herzugeben, der nach ihrer ehrlichen Überzeugung ein schädlicher *Aberglaube* ist. In den Vereinigten Staaten von Nordamerika, in Holland und in einigen kleineren Ländern ist in diesem Sinne die vollständige „Trennung von Staat und Kirche“ längst durchgeführt, und zwar zur Zufriedenheit aller Beteiligten. Damit ist dort zugleich die ebenso wichtige Trennung der Kirche von der Schule bestimmt, ein wesentlicher Grund für den Aufschwung der Wissenschaft und des höheren Geisteslebens.

KIRCHE UND SCHULE. Es ist selbstverständlich, daß die Entfernung der Kirche aus der Schule, sich bloß auf die *Konfession* bezieht, auf die besondere Glaubensform, welche der Sagenkreis jeder einzelnen Kirche im Laufe der Zeit entwickelt hat. Dieser „konfessionelle Unterricht“ ist reine Privatsache und Aufgabe der Eltern und Vormünder, oder derjenigen Priester oder Lehrer, denen diese ihr persönliches Vertrauen schenken. Dagegen treten an Stelle der „eliminierten“ Konfession in der Schule zwei verschiedene wichtige Unterrichtsgegenstände: erstens die monistische Sittenlehre und zweitens die vergleichende Religionsgeschichte. Über die neue *monistische Ethik*, welche sich auf der festen Basis der modernen Naturerkenntnis – vor allem der *Entwickelungslehre* – erhebt, ist im Laufe der letzten Jahrzehnte eine umfangreiche Literatur erschienen. Unsere neue *vergleichende Religionsgeschichte* knüpft naturgemäß an den bestehenden Elementarunterricht in „biblischer Geschichte“ und in der Sagenwelt des griechischen und römischen Altertums an. Beide bleiben wie bisher wesentliche Bildungselemente. Das ist schon deshalb selbstverständlich, weil unsere ganze *bildende Kunst*, das Hauptgebiet unserer *monistischen Ästhetik*, auf das innigste mit der jüdischen und christlichen, der hellenischen und römischen Mythologie verwachsen ist. Ein wesentlicher Unterschied im Unterricht wird nur darin eintreten, daß die israelitischen und die christlichen Sagen und Legenden nicht als „*Wahrheiten*“ gelehrt werden, sondern gleich den griechischen und römischen als *Dichtungen*; der hohe Wert des ethischen und ästhetischen Stoffes, den sie enthalten, wird dadurch nicht vermindert, sondern erhöht. – Was die *Bibel* betrifft, so sollte dieses „Buch der Bücher“ den Kindern nur in sorgfältig gewähltem Auszuge in die Hand gegeben werden (als „Schulbibel“); dadurch würde die Befleckung der kindlichen Phantasie mit den zahlreichen unsauberen Geschichten und unmoralischen Erzählungen verhütet werden, an denen namentlich das Alte Testament so reich ist.

Staat und Schule. Nachdem unser moderner Kulturstaat sich und die Schule von den Sklavenfesseln der Kirche befreit hat, wird er um so mehr seine Kraft und Fürsorge der Pflege der *Schule* widmen können. Der unschätzbare Wert eines guten Schulunterrichts ist um so mehr zum Bewußtsein gekommen, je reicher und großartiger sich im Laufe des neunzehnten Jahrhunderts alle Zweige des modernen Kulturlebens entfaltet haben. Aber die Entwickelung der Unterrichtsmethoden hat damit keineswegs gleichen Schritt gehalten. Die Notwendigkeit einer umfassenden *Schulreform* drängt sich immer entschiedener auf. Wir beschränken uns auf Hervorhebung einiger allgemeiner Gesichtspunkte: 1. Im bisherigen Unterricht spielte der *Mensch* die Hauptrolle und besonders das grammatische Studium seiner *Sprache*; die Naturkunde wurde darüber ganz vernachlässigt. 2. In der neuen Schule muß die *Natur* das Hauptobjekt werden; der Mensch soll eine richtige Vorstellung von der Welt gewinnen, in der er lebt, er soll nicht außerhalb der Natur stehen oder gar im Gegensatz zu ihr, sondern soll als ihr höchstes und edelstes Erzeugnis erscheinen. 3. Das Studium der *klassischen Sprachen* (Lateinisch und Griechisch), das bisher den größten Teil der Zeit und Arbeit in Anspruch nahm, bleibt zwar sehr wertvoll, muß aber stark beschränkt und auf die Elemente reduziert werden (das Griechische nur fakultativ, das Lateinische obligatorisch). 4. Dafür müssen die *modernen Kultursprachen* auf allen höheren Schulen um so mehr gepflegt werden (Englisch, Französisch, Italienisch). 5. Der Unterricht in der Geschichte muß mehr das innere Geistesleben, die Kulturgeschichte berücksichtigen, weniger die äußere Völkergeschichte (die Schicksale der Dynastien, Kriege usw.). 6. Die Grundzüge der *Entwickelungslehre* sind im Zusammenhange mit denjenigen der *Kosmologie* zu lehren, Geologie im Anschluß an die Geographie, Anthropologie im Anschluß an die Biologie. 7. Die Grundzüge der *Biologie* müssen Gemeingut jedes gebildeten Menschen werden; der moderne „Anschauungsunterricht“ fördert die anziehende Einführung in die biologischen Wissenschaften (Anthropologie, Zoologie, Botanik). Im Beginne ist von der beschreibenden Systematik auszugehen (im Zusammenhang mit Ökologie oder Bionomie); später sind die Elemente der Anatomie und Physiologie anzuschließen. 8. Ebenso muß von *Physik* und *Chemie* jeder Gebildete die Grundzüge kennen lernen, sowie deren exakte Begründung durch die Mathematik. 9. Jeder Schüler muß gut *zeichnen* lernen, und zwar nach der Natur; womöglich auch aquarellieren. Das Entwerfen von Zeichnungen und Aquarellskizzen nach der Natur (von Blumen, Tieren, Landschaften, Wolken usw.) weckt nicht nur das Interesse an der Natur und erhält die Erinnerung an ihren Genuß, sondern die Schüler lernen dadurch überhaupt erst richtig *sehen* und das Gesehene *verstehen*. 10. Viel mehr Sorgfalt und Zeit als bisher ist auf die *körperliche Ausbildung* zu verwenden, auf Turnen und Schwimmen; vorzüglich aber sind wöchentlich gemeinsame *Spaziergänge* und jährlich in den Ferien mehrere *Fußreisen* zu unternehmen; der hier gebotene Anschauungsunterricht ist höchst wertvoll.

Das Hauptziel der höheren Schulbildung blieb bisher in den meisten Kulturstaaten die Vorbildung für den späteren Beruf, Erwerbung eines gewissen Maßes von Kenntnissen und Abrichtung für die Pflichten des Staatsbürgers. Die Schule des zwanzigsten Jahrhunderts wird dagegen als Hauptziel die Ausbildung des *selbständigen Denkens* verfolgen, das klare Verständnis der erworbenen Kenntnisse und die Einsicht in den natürlichen Zusammenhang der Erscheinungen. Wenn der moderne Kulturstaat jedem Bürger das allgemeine gleiche Wahlrecht zugesteht, muß er ihm auch die Mittel gewähren, durch gute Schulbildung seinen Verstand zu entwickeln, um davon zum allgemeinen Besten eine vernünftige Anwendung zu machen.

ZUSATZ (von 1908). Die völlige Befreiung des modernen Kulturstaates und der rationellen Schule von den drückenden Fesseln der Hierarchie ist nur noch eine Frage der Zeit. Nachdem die französische Republik in den letzten Jahren diesen gefahrdrohenden Schritt mit dem glänzendsten Erfolge getan hat und auch Italien sich rüstet, ihr nachzufolgen, ist zu hoffen, daß auch in den konservativen germanischen Ländern bald die Überzeugung von der Notwendigkeit jenes Fortschritts sich Bahn brechen wird. Leider gehört Deutschland, das vor 400 Jahren die Wiege der Reformation war, heute in dieser wichtigen Beziehung zu den rückständigsten Kulturstaaten.

ZWANZIGSTES KAPITEL

LÖSUNG DER WELTRÄTSEL

Rückblick auf die Fortschritte der wissenschaftlichen Welterkenntnis im neunzehnten Jahrhundert. Beantwortung der Welträtsel durch die monistische Naturphilosophie

---

„Weite Welt und breites Leben,
Langer Jahre redlich Streben,
Stets geforscht und stets gegründet,
Nie geschlossen, oft gerundet,
Ältestes bewahrt mit Treue,
Freundlich aufgefaßtes Neue,
Heitern Sinn und reine Zwecke,
Nun! Man kommt wohl eine Strecke.“

GOETHE

INHALT DES ZWANZIGSTEN KAPITELS

Rückblick auf die Fortschritte des neunzehnten Jahrhunderts in der Lösung der Welträtsel. I. Fortschritte der Astronomie und Kosmologie. Physikalische und chemische Einheit des Universums. Metamorphose des Kosmos. Entwickelung der Planetensysteme. Analogie der phylogenetischen Prozesse auf der Erde und auf anderen Planeten. Organische Bewohner anderer Weltkörper. Periodischer Wechsel der Weltenbildung. II. Fortschritte der Geologie und Paläontologie. Neptunismus und Vulkanismus. Kontinuitätslehre. III. Fortschritte der Physik und Chemie. IV. Fortschritte der Biologie. Zellentheorie und Deszendenztheorie. V. Anthropologie. Ursprung des Menschen. Allgemeine Schlußbetrachtung.

LITERATUR

WOLFGANG GOETHE, Faust, – Gott und Welt – Prometheus. – Zur Naturwissenschaft im Allgemeinen. Stuttgart 1780–1830.

ALEXANDER HUMBOLDT, Kosmos. Entwurf einer physischen Weltbeschreibung. 4 Bände. Stuttgart 1845–1854.

CARUS STERNE (Ernst Krause), Werden und Vergehen. Eine Entwickelungsgeschichte des Naturganzen in gemeinverständlicher Fassung. Vierte Auflage. Berlin 1899.

WILHELM BÖLSCHE, Entwickelungsgeschichte der Natur. 2 Bände. (Mit über tausend Abbildungen.) Neudamm 1896.

JULIUS HART, Der neue Gott. Ein Ausblick auf das neue Jahrhundert. Leipzig 1899.

J. G. VOGT, Entstehen und Vergehen der Welt auf Grund eines einheitlichen Substanz-Begriffes. Zweite Auflage. Leipzig 1897.

GIDEON SPICKER, Der Kampf zweier Weltanschauungen. Eine Kritik der alten und neuesten Philosophie, mit Einschluß der christlichen Offenbarung. Stuttgart 1868.

LUDWIG BÜCHNER, Am Sterbelager des Jahrhunderts. Blicke eines freien Denkers aus der Zeit in die Zeit. Gießen 1898.

ERNST HAECKEL, Natürliche Schöpfungsgeschichte. Gemeinverständliche wissenschaftliche Vorträge über die Entwickelungslehre. 2 Teile. 1868. Elfte Auflage. Mit 30 Tafeln. Berlin 1908.

Am Ende unserer philosophischen Studien über die Welträtsel angelangt, dürfen wir getrost zur Beantwortung der schwerwiegenden Frage schreiten: Wie weit ist uns deren Lösung gelungen? Welchen Wert besitzen die ungeheuren Fortschritte, welche das verflossene neunzehnte Jahrhundert in der wahren Naturerkenntnis gemacht hat? Und welche Aussicht eröffnen sie uns für die Zukunft, für die weitere Entwickelung unserer Weltanschauung im zwanzigsten Jahrhundert? Jeder unbefangene Denker, der die tatsächlichen Fortschritte unserer empirischen Kenntnisse und die einheitliche Klärung unseres philosophischen Verständnisses derselben einigermaßen übersehen kann, wird unsere Ansicht teilen: das neunzehnte Jahrhundert hat größere Fortschritte in der Kenntnis der Natur und im Verständnis ihres Wesens herbeigeführt als alle früheren Jahrhunderte; es hat viele große „Welträtsel" gelöst, die an seinem Beginne für unlösbar galten; es hat uns neue Gebiete des Wissens und Erkennens entdeckt, von deren Existenz der Mensch vor hundert Jahren noch keine Ahnung hatte. Vor allem aber hat es uns das erhabene Ziel der *monistischen Kosmologie* klar vor Augen gestellt und den Weg gezeigt, auf welchem allein wir uns demselben nähern können, den Weg der exakten empirischen Erforschung der *Tatsachen* und der kritischen genetischen Erkenntnis ihrer *Ursachen*. Das abstrakte große Gesetz der *mechanischen Kausalität*, für welches unser *kosmologisches Grundgesetz*, das *Substanzgesetz*, nur ein anderer konkreter Ausdruck ist, beherrscht jetzt das Universum ebenso wie den Menschengeist; es ist der sichere, unverrückbare Leitstern geworden, dessen klares Licht uns durch das dunkle Labyrinth der unzähligen einzelnen

Erscheinungen den Pfad zeigt. Um uns davon zu überzeugen, wollen wir einen flüchtigen Rückblick auf die erstaunlichen Fortschritte werfen, welche die Hauptzweige der Naturwissenschaft in diesem denkwürdigen Zeitraume gemacht haben.

I. Fortschritte der Astronomie. Die Himmelskunde ist die älteste, ebenso wie die Menschenkunde die jüngste Naturwissenschaft. Über sich selbst und sein eigenes Wesen kam der Mensch erst in der zweiten Hälfte des neunzehnten Jahrhunderts zu voller Klarheit, während er in der Kenntnis des gestirnten Himmels, der Planetenbewegung usw. schon vor 4500 Jahren erstaunliche Kennnisse besaß. Die alten Chinesen, Inder, Ägypter und Chaldäer kannten im fernen Morgenlande schon damals die sphärische Astronomie genauer als die meisten „gebildeten" Christen des Abendlandes viertausend Jahre später. Schon im Jahre 2697 v. Chr. wurde in China eine Sonnenfinsternis astronomisch berechnet und 1100 Jahre v. Chr. mittelst eines Gnomons die Schiefe der Ekliptik bestimmt, während Christus selbst (der „Sohn Gottes!") bekanntlich gar keine astronomischen Kenntnisse besaß, vielmehr Himmel und Erde, Natur und Mensch von dem beschränktesten geozentrischen und anthropozentrischen Standpunkte aus beurteilte. Als größter Fortschritt der Astronomie wird allgemein und mit Recht das heliozentrische Weltsystem des *Kopernikus* betrachtet, dessen großartiges Werk: „*De revolutionibus orbium coelestium*" selbst die größte Revolution in den Köpfen der denkenden Menschen hervorrief. Indem er das herrschende geozentrische Weltsystem des *Ptolemäus* stürzte, entzog er zugleich der reinen christlichen Weltanschauung den Boden, welche die Erde als Mittelpunkt der Welt und den Menschen als gottgleichen Beherrscher der Erde betrachtete. Es war daher nur folgerichtig, daß der christliche Klerus, an seiner Spitze der römische Papst, die neue unschätzbare Entdeckung des *Kopernikus* aufs heftigste bekämpfte. Trotzdem brach sie sich bald vollständig Bahn, nachdem *Kepler* und *Galilei* darauf die wahre „Mechanik des Himmels" gegründet und *Newton* ihr durch seine Gravitationstheorie die unerschütterliche mathematische Basis gegeben hatte (1686).

Ein weiterer gewaltiger und das ganze Universum umfassender Fortschritt war die Einführung der *Entwickelungsidee* in die Himmelskunde; er geschah 1755 durch den jugendlichen *Kant*, der in seiner kühnen Allgemeinen Naturgeschichte und Theorie des Himmels nicht nur die „*Verfassung*", sondern auch den „*mechanischen Ursprung* des ganzen Weltgebäudes nach Newtons Grundsätzen" abzuhandeln unternahm. Durch das großartige „*Systeme du monde*" von *Laplace*, der unabhängig von *Kant* auf dieselben Vorstellungen von der Weltbildung gekommen war, wurde dann 1796 diese neue „*Mécanique céleste*" so sicher begründet, daß es scheinen konnte, dem neunzehnten Jahrhundert sei auf diesem größten Erkenntnisgebiete nichts wesentlich Neues von gleicher Bedeutung mehr vorbehalten. Und doch bleibt ihm der Ruhm, auch hier ganz neue Bahnen eröffnet und unseren Blick ins Universum unendlich erweitert zu haben. Durch die Erfindung der Photographie und Photometrie, vor allem aber der Spektralanalyse (durch *Bunsen* und *Kirchhoff*, 1860) wurden die Physik und Chemie in die Astronomie eingeführt und dadurch kosmologische Aufschlüsse von größter Tragweite gewonnen. Es ergab sich nun mit Sicherheit, daß die *Materie* im ganzen Weltall dieselbe ist, und daß deren physikalische und chemische Eigenschaften auf den fernsten Fixsternen nicht verschieden sind von denjenigen unserer Erde.

Die monistische Überzeugung von der *physikalischen* und *chemischen Einheit des unendlichen Kosmos*, die wir dadurch gewonnen haben, gehört sicherlich zu den wertvollsten allgemeinen Erkenntnissen, welche wir der *Astrophysik* verdanken, einem neuen höchst interessanten Zweige der Astronomie. Nicht minder wichtig ist die klare, mit Hilfe jener gewonnene Erkenntnis, daß auch dieselben Gesetze der mechanischen Entwickelung im unendlichen Universum ebenso überall herrschen wie auf unserer Erde. Eine gewaltige, allumfassende *Metamorphose des Kosmos* vollzieht sich ebenso ununterbrochen in allen Teilen des unendlichen Universums wie in der geologischen Geschichte unserer Erde; ebenso in der Stammesgeschichte ihrer Bewohner wie in der Völkergeschichte und im Leben jedes einzelnen Menschen. In einem Teile des Kosmos erblicken wir mit unseren vervollkommneten Fernrohren gewaltige Nebelflecke, die aus glühenden, äußerst dünnen Gasmassen bestehen; wir deuten dieselben als *Keime* von Weltkörpern, die Milliarden von Meilen entfernt und im ersten Stadium der Entwickelung begriffen sind. Bei einem Teile dieser „Sternkeime" sind wahrscheinlich die chemischen Elemente noch nicht getrennt, sondern bei ungeheuer hoher Temperatur (nach vielen Millionen von Graden berechnet!) *im Urelement* (*Prothyl*) vereinigt; ja vielleicht ist hier zum Teil die ursprüngliche „*Substanz*" noch nicht in „Masse und Äther" gesondert. In anderen Teilen des Universums begegnen wir Sternen, die bereits durch Abkühlung glutflüssig geworden, anderen, die schon erstarrt sind; wir können ihre Entwickelungsstufe annähernd aus ihrer verschiedenen Farbe bestimmen. Dann wieder sehen wir Sterne, die von Ringen und Monden umgeben sind wie unser Saturn; wir erkennen in dem leuchtenden Nebelring den Keim eines neuen Mondes, der sich vom Mutterplaneten ebenso abgelöst hat wie dieser letztere von der Sonne.

Von vielen „Fixsternen", deren Licht Jahrtausende braucht, um zu uns zu gelangen, dürfen wir mit Sicherheit annehmen, daß sie *Sonnen* sind, ähnlich unserer Mutter Sonne, und daß sie von Planeten und Monden umkreist werden, ähnlich denjenigen unseres eigenen Sonnensystems. Wir dürfen auch weiterhin vermuten, daß sich Tausende von diesen Planeten auf einer ähnlichen Entwickelungsstufe wie unsere Erde befinden, d. h. in einem Lebensalter, in welchem die Temperatur der Oberfläche zwischen dem Gefrier- und Siedepunkt des Wassers liegt, also die Existenz tropfbaren flüssigen Wassers gestattet. Damit ist die Möglichkeit gegeben, daß der *Kohlenstoff* auch hier wie auf der Erde mit anderen Elementen sehr verwickelte Verbindungen eingeht, und daß aus seinen stickstoffhaltigen Verbindungen sich *Plasma* entwickelt hat, jene wunderbare „*lebendige Substanz*“ die wir als alleinigen Eigentümer des organischen Lebens kennen. Die *Moneren* (z. B. *Chromazeen* und *Bakterien*), die nur aus solchem primitiven *Protoplasma* bestehen, und die durch *Urzeugung* (*Archigonie*) aus jenen anorganischen Nitrokarbonaten entstanden, können nur denselben Entwickelungsgang auf vielen anderen, wie auf unserem eigenen Planeten eingeschlagen haben; zunächst bildeten sich aus ihrem homogenen Plasmakörper durch Sonderung eines inneren *Kerns* vom äußeren *Zellkörper* einfachste lebendige *Zellen*. Die Analogie im Leben aller Zellen aber – ebensowohl der *plasmodomen* Pflanzenzellen wie der *plasmophagen* Tierzellen – berechtigt uns zu dem Schlusse, daß auch die weitere Stammesgeschichte sich auf vielen Sternen ähnlich wie auf unserer Erde abspielt – immer natürlich die gleichen engen Grenzen der Temperatur voraussetzt, in denen das Wasser tropfbar-flüssig bleibt. Für glühend-flüssige Weltkörper, auf denen das Wasser nur in Dampfform, und für erstarrte, auf denen es nur in Eisform besteht, ist organisches Leben ganz unmöglich.

Die Ähnlichkeit der Phylogenie, die Analogie der stammesgeschichtlichen Entwickelung, die wir demnach bei vielen Sternen auf gleicher biogenetischer Entwickelungsstufe annehmen dürfen, bietet natürlich der konstruktiven Phantasie ein weites Feld für farbenreiche Spekulationen. Ein Lieblingsgegenstand derselben ist seit alter Zeit die Frage, ob auch *Menschen* oder uns ähnliche, vielleicht höher entwickelte Organismen auf anderen Sternen wohnen? Unter vielen Schriften, welche diese offene Frage zu beantworten suchen, haben neuerdings namentlich diejenigen des Pariser Astronomen *Camille Flammarion* eine weite Verbreitung erlangt; sie zeichnen sich ebenso durch reiche Phantasie und lebendige Darstellung aus, wie durch bedauerlichen Mangel an Kritik und an biologischen Kenntnissen. Soweit wir gegenwärtig

33*

zur Beantwortung dieser Frage befähigt erscheinen, können wir uns etwa folgendes vorstellen: I. Es ist sehr wahrscheinlich, daß auf einigen Planeten unseres Systems (Mars und Venus) und vielen Planeten anderer Sonnensysteme der biogenetische Prozeß sich ähnlich wie auf unserer Erde abspielt; zuerst entstanden durch Archigonie einfache Moneren und aus diesen einzellige Protisten (zunächst plasmodome Urpflanzen, später plasmophage Urtiere). II. Es ist sehr wahrscheinlich, daß aus diesen einzelligen Protisten sich im weiteren Verlauf der Entwickelung zunächst soziale Zellvereine bildeten (Zönobien), später gewebebildende Pflanzen und Tiere (Metaphyten und Metazoen). III. Es ist auch fernerhin wahrscheinlich, daß im Pflanzenreiche zunächst Thallophyten entstanden (Algen und Pilze), später Mesophyten (Moose und Farne), zuletzt Anthophyten (gymnosperme und angiosperme Blumenpflanzen). IV. Es ist ebenso wahrscheinlich, daß auch im Tierreiche der biogenetische Prozeß einen ähnlichen Verlauf nahm, daß aus Blastäaden (Katallakten) sich zunächst Gasträaden entwickelten und aus diesen Niedertiere (Zölenterien), später Obertiere (Zölomarien). V. Dagegen ist es sehr fraglich, ob die einzelnen Stämme dieser höheren Tiere (und ebenso der höheren Pflanzen) einen ähnlichen Entwickelungsgang auf anderen Planeten durchlaufen wie auf unserer Erde. VI. Insbesondere ist es ganz unsicher, ob Wirbeltiere auch außerhalb der Erde existieren, und ob aus deren phyletischer Metamorphose sich im Laufe vieler Millionen Jahre ebenso Säugetiere und an deren Spitze der Mensch entwickelt haben wie auf unserer Erde; es müßten dann Millionen von Transformationen sich dort ganz ebenso wie hier wiederholt haben. VII. Dagegen ist es viel wahrscheinlicher, daß auf anderen Planeten sich andere Typen von höheren Pflanzen und Tieren entwickelt haben, die unserer Erde fremd sind, vielleicht auch aus einem höheren Tierstamme, der den Wirbeltieren an Bildungsfähigkeit überlegen ist, höhere Wesen, die uns irdische Menschen an Intelligenz und Denkvermögen weit übertreffen. VIII.

Die Möglichkeit, daß wir Menschen mit solchen Bewohnern anderer Planeten jemals in direkten Verkehr treten könnten, erscheint ausgeschlossen durch die weite Entfernung unserer Erde von anderen Weltkörpern und die Abwesenheit der unentbehrlichen atmosphärischen Luft in dem weiten, nur von Äther erfüllten Zwischenraum.

Während nun viele Sterne sich wahrscheinlich in einem ähnlichen biogenetischen Entwickelungsstadium befinden wie unsere Erde (seit mindestens hundert Millionen Jahren!), sind andere schon weiter vorgeschritten und gehen im „planetarischen Greisenalter" ihrem Ende entgegen, demselben Ende, das auch unserer Erde sicher bevorsteht. Durch Ausstrahlung der Wärme in den kalten Weltraum wird die Temperatur allmählich so herabgesetzt, daß alles tropfbar flüssige Wasser zu Eis erstarrt; damit hört die Möglichkeit organischen Lebens auf. Zugleich zieht sich die Masse der rotierenden Weltkörper immer stärker zusammen; ihre Umlaufsgeschwindigkeit ändert sich langsam. Die Bahnen der kreisenden Planeten werden immer enger, ebenso diejenigen der sie umgebenden Monde. Zuletzt stürzen die Monde in die Planeten und diese in die Sonnen, aus denen sie geboren sind. Durch diesen Zusammenstoß werden wieder ungeheure Wärmemengen erzeugt. Die zerstäubte Masse der zerstoßenen kollidierten Weltkörper verteilt sich frei im unendlichen Weltraum, und das ewige Spiel der Sonnenbildung beginnt von neuem.

Das großartige Bild, welches so vor unseren geistigen Augen die moderne Astrophysik aufrollt, offenbart uns ein ewiges Entstehen und Vergehen der unzähligen Weltkörper, einen periodischen Wechsel der verschiedenen kosmogenetischen Zustände, welche wir im Universum nebeneinander beobachten. Während an einem Orte des unendlichen Weltraums aus einem diffusen Nebelfleck ein neuer Weltkeim sich entwickelt, hat ein anderer an einem weit entfernten Orte sich bereits zu einem rotierenden Balle von glutflüssiger Materie verdichtet; ein dritter hat bereits an seinem Äquator Ringe abgeschleudert, die sich zu Planeten ballen; ein vierter ist schon zur mächtigen

Sonne geworden, deren Planeten sich mit sekundären Trabanten umgeben haben, den Monden usw. usw. Und dazwischen treiben sich im Weltraum Milliarden von kleineren Weltkörpern umher, von Meteoriten und Sternschnuppen, die als scheinbar gesetzlose Vagabunden die Bahn der größeren kreuzen, und von denen täglich ein großer Teil in die letzteren hineinstürzt. Dabei ändern sich beständig langsam die Umlaufszeiten und die Bahnen der jagenden Weltkörper. Die erkalteten Monde stürzen in ihre Planeten wie diese in ihre Sonnen. Zwei entfernte Sonnen, vielleicht schon erstarrt, stoßen mit ungeheurer Kraft zusammen und zerstäuben in nebelartige Massen. Dabei entwickeln sie so kollossale Wärmemengen, daß der Nebelfleck glühend wird, und nun wiederholt sich das alte Spiel von neuem. In diesem Perpetuum mobile bleibt aber die unendliche Substanz des Universums, die Summe ihrer Materie und Energie ewig unverändert, und ewig wiederholt sich in der unendlichen Zeit der *periodische Wechsel der Weltbildung*, die in sich selbst zurücklaufende *Metamorphose des Kosmos*. Allgewaltig herrscht das *Substanzgesetz*.

II.. Fortschritte der Geologie. Viel später als der Himmel wurde die Erde und ihre Entstehung Gegenstand wissenschaftlicher Forschung. Die zahlreichen Kosmogenien alter und neuer Zeit wollten zwar über die Entstehung der Erde ebensogut Auskunft geben wie über diejenige des Himmels; allein das mythologische Gewand, in welches sie sich sämtlich hüllten, verriet sofort ihren Ursprung aus der dichtenden Phantasie. Unter all den zahlreichen Schöpfungssagen, von denen uns die Religions- und Kulturgeschichte Kunde gibt, gewann eine einzige bald allen übrigen den Rang ab, die Schöpfungsgeschichte des *Moses*, wie sie im ersten Buche des Pentateuch (Genesis) erzählt wird. Sie entstand in der bekannten Fassung erst lange nach dem Tode des Moses (wahrscheinlich erst 800 Jahre später); ihre Quellen sind aber größtenteils viel älter und auf assyrische, babylonische und indische Sagen zurückzuführen. Den größten

Einfluß gewann diese jüdische Schöpfungssage dadurch, daß sie in das christliche Glaubensbekenntnis hinübergenommen und als „Wort Gottes“ geheiligt wurde. Zwar hatten schon 500 Jahre vor Christus die griechischen Naturphilosophen die natürliche Entstehung der Erde auf dieselbe Weise wie die der anderen Weltkörper erklärt. Auch hatte schon damals *Xenophanes* von Kolophon die *Versteinerungen*, die später so große Bedeutung erlangten, in ihrer wahren Natur erkannt; der große Maler *Leonardo da Vinci* hatte im fünfzehnten Jahrhundert ebenfalls diese Petrefakten für die fossilen Überreste von Tieren erklärt, die in früheren Zeiten der Erdgeschichte gelebt hatten. Allein die Autorität der Bibel, insbesondere der Mythus von der Sündflut, verhinderte jeden weiteren Fortschritt der wahren Erkenntnis und sorgte dafür, daß die mosaischen Schöpfungssagen noch bis in die Mitte des achtzehnten Jahrhunderts in Geltung blieben. In den Kreisen der orthodoxen Theologen besitzen sie dieselbe noch bis auf den heutigen Tag. Erst in der zweiten Hälfte des achtzehnten Jahrhunderts begannen unabhängig davon wissenschaftliche Forschungen über den Bau der Erdrinde, und wurden daraus Schlüsse auf ihre Entstehung abgeleitet. Der Begründer der Geognosie, *Werner* in Freiberg, ließ alle Gesteine aus dem Wasser entstehen, während *Voigt* und *Hutton* (1788) richtig erkannten, daß nur die sedimentären, Petrefakten führenden Gesteine diesen Ursprung haben, die vulkanischen und plutonischen Gebirgsmassen dagegen durch Erstarrung feurigflüssiger Massen entstanden.

Der heftige Kampf, welcher zwischen jener *neptunistischen* und dieser *plutonistischen* Schule entstand, dauerte noch während der ersten drei Dezennien des neunzehnten Jahrhunderts fort; er wurde erst geschlichtet, nachdem *Karl Hoff* (1822) das Prinzip des Aktualismus begründet und *Charles Lyell* dasselbe mit größtem Erfolge für die ganze natürliche Entwickelung der Erde durchgeführt hatte. Durch seine „Prinzipien der Geologie“ (1830) wurde die überaus wichtige Lehre von der *Kontinuität* der Erdumbildung endgültig zur Anerkennung gebracht, gegenüber der Katastrophentheorie von *Cuvier*. Die *Paläontologie*, welche der letztere durch sein Werk über die fossilen Knochen (1812) begründet hatte, wurde nun bald zur wichtigsten Hilfswissenschaft der Geologie, und schon um die Mitte des neunzehnten Jahrhunderts hatte sich dieselbe so weit entwickelt, daß die Hauptperioden in der Geschichte der Erde und ihrer Bewohner festgelegt waren. Die dünne Rindenschicht der Erde war nun mit Sicherheit als die Erstarrungskruste des feurigflüssigen Planeten erkannt, dessen langsame Abkühlung und Zusammenziehung sich ununterbrochen fortsetzt. Die Faltung der erstarrenden Rinde, die „Reaktion des feurigflüssigen Erdinnern gegen die erkaltete Oberfläche", und vor allem die ununterbrochene geologische Tätigkeit des Wassers sind die natürlich wirkenden Ursachen der langsamen Umbildung der Erdrinde und ihrer Gebirge.

Drei überaus wichtige Ergebnisse von allgemeiner Bedeutung verdanken wir den glänzenden Fortschritten der neueren Geologie. Erstens wurden damit aus der Erdgeschichte alle *Wunder* ausgeschlossen, alle übernatürlichen Ursachen beim Aufbau der Gebirge und der Umbildung der Kontinente. Zweitens wurde unser Begriff von der Länge der ungeheuren Zeiträume, die seit deren Bildung verflossen sind, erstaunlich erweitert. Wir wissen jetzt, daß die ungeheuren Gebirgsmassen der paläozoischen, mesozoischen und zänozoischen Formationen nicht viele Jahrtausende, sondern viele Jahrmillionen (weit über hundert!) zu ihrem Aufbau brauchten. Drittens wissen wir jetzt, daß alle die zahlreichen, in diesen Formationen eingeschlossenen *Versteinerungen* nicht wunderbare „Naturspiele" sind, wie man noch vor 200 Jahren glaubte, sondern die versteinerten Überreste von Organismen, welche in früheren Perioden der Erdgeschichte lebten und durch langsame Umbildung aus vorhergegangenen Ahnenreihen entstanden.

III. Fortschritte der Physik und Chemie. Die zahllosen wichtigen Entdeckungen, welche diese fundamentalen Wissenschaften im neunzehnten Jahrhundert gemacht haben, sind so allbekannt und ihre praktische Anwendung in allen Zweigen des menschlichen Kulturlebens liegt so klar vor aller Augen, daß wir hier nicht einzelnes hervorzuheben brauchen. Allen voran hat die Anwendung der Dampfkraft und Elektrizität dem neunzehnten Jahrhundert den charakteristischen „Maschinenstempel" aufgedrückt. Aber nicht minder wertvoll sind die kolossalen Fortschritte der anorganischen und organischen Chemie. Alle Gebiete unserer modernen Kultur, Medizin und Technologie, Industrie und Landwirtschaft, Bergbau und Forstwirtschaft, Landtransport und Wasserverkehr, sind bekanntlich im Laufe des neunzehnten Jahrhunderts – und besonders in dessen zweiter Hälfte – dadurch so gefördert worden, daß unsere Großväter aus dem achtzehnten Jahrhundert sich in dieser fremden Welt nicht auskennen würden. Aber wertvoller und tiefgreifender noch ist die ungeheure theoretische Erweiterung unserer Naturerkenntnis, welche wir der Begründung des *Substanzgesetzes* verdanken. Nachdem *Lavoisier* (1789) das Gesetz von der Erhaltung der Materie aufgestellt und *Dalton* (1808) mittelst desselben die Atomtheorie neu begründet hatte, war der modernen *Chemie* die Bahn eröffnet, auf der sie in rapidem Siegeslauf eine früher nicht geahnte Bedeutung gewann. Dasselbe gilt für die *Physik*, betreffend das Gesetz von der Erhaltung der Energie. Die Entdeckung desselben durch *Robert Mayer* (1842) und *Hermann Helmholtz* (1847) bedeutet auch für diese Wissenschaft eine neue Periode fruchtbarster Entwickelung; denn nun erst war die Physik imstande, die *universale Einheit der Naturkräfte* zu begreifen und das ewige Spiel der unzähligen Naturprozesse, welche in jedem Augenblick eine Kraft in die andere umsetzen.

IV. Fortschritte der Biologie. Die großartigen und für unsere ganze Weltanschauung bedeutsamen Entdeckungen, welche die *Astronomie* und *Geologie* im neunzehnten Jahrhundert gemacht haben, werden noch weit übertroffen von denjenigen der *Biologie*; ja, wir dürfen sagen, daß von den zahlreichen Zweigen, in welchen diese umfassende Wissenschaft vom organischen Leben sich neuerdings entfaltet hat, der größere Teil überhaupt erst im Laufe des neunzehnten Jahrhunderts entstanden ist. Wie wir im ersten Abschnitte gesehen haben, sind innerhalb desselben alle Zweige der Anatomie und Physiologie, der Botanik und Zoologie, der Ontogenie und Phylogenie, durch unzählige Entdeckungen und Erfindungen so sehr bereichert worden, daß der heutige Zustand unseres biologischen Wissens denjenigen vor hundert Jahren um das Vielfache übertrifft. Das gilt zunächst *quantitativ* von dem kolossalen Wachstum unseres positiven Wissens auf allen jenen Gebieten und ihren einzelnen Teilen. Es gilt aber ebenso und noch mehr *qualitativ* von der Vertiefung unseres Verständnisses der biologischen Erscheinungen, von unserer Erkenntnis ihrer bewirkenden Ursachen. Hier hat vor allen anderen *Charles Darwin* (1859) die Palme des Sieges errungen; er hat durch seine Selektionstheorie das große Welträtsel von der „organischen Schöpfung" gelöst, von der natürlichen Entstehung der unzähligen Lebensformen durch allmähliche Umbildung. Zwar hatte schon fünfzig Jahre früher der große *Lamarck* (1809) erkannt, daß der Weg dieser Transformation auf der Wechselwirkung von Vererbung und Anpassung beruhe; allein es fehlte ihm damals noch das Selektionsprinzip, und es fehlte ihm vor allem die tiefere Einsicht in das wahre Wesen der Organisation, welche erst später durch die Begründung der Entwickelungsgeschichte und der Zellentheorie gewonnen wurde. Indem wir allgemein die Ergebnisse dieser und anderer Disziplinen zusammenfaßten und in der Stammesgeschichte der Organismen den Schlüssel zu ihrem einheitlichen Verständnis fanden, gelangten wir zur Begründung jener *monistischen Biologie*, deren Prinzipien ich (1866) in meiner „Generellen Morphologie" festzulegen versucht habe (vgl. meine „Natürliche Schöpfungsgeschichte" und „Lebenswunder" sowie *Carus Sterne*: „Werden und Vergehen").

V. Fortschritte der Anthropologie. Allen anderen Wissenschaften voran steht in gewissem Sinne die wahre *Menschenkunde*, die wirklich vernünftige Anthropologie. Das Wort des alten Weisen: „*Mensch, erkenne selbst*" (Homo, nosce te ipsum) und das andere berühmte Wort: „Der Mensch ist das Maß aller Dinge" sind ja von altersher anerkannt und angewendet. Und dennoch hat diese Wissenschaft – im weitesten Sinne genommen – länger als alle anderen in den Ketten der Tradition und des Aberglaubens geschmachtet. Wir haben im ersten Abschnitt gesehen, wie langsam und spät sich erst die Kenntnis vom menschlichen Organismus entwickelt hat. Einer ihrer wichtigsten Zweige, die Keimesgeschichte, wurde erst 1828 (durch *Baer*) und ein anderer, nicht minder wichtiger, die Zellenlehre, erst 1838 (durch *Schwann*) sicher begründet. Noch später aber wurde die „Frage aller Fragen" gelöst, das gewaltige Rätsel vom „*Ursprung des Menschen*". Obgleich *Lamarck* schon (1809) den einzigen Weg zur richtigen Lösung desselben gezeigt und „die Abstammung des Menschen vom Affen" behauptet hatte, gelang es doch *Darwin* erst fünfzig Jahre später, diese Behauptung sicher zu begründen, und erst 1863 stellte *Huxley* in seinen „Zeugnissen für die Stellung des Menschen in der Natur" die gewichtigsten Beweise dafür zusammen. Ich selbst habe sodann in meiner Anthropogenie (1874) den ersten Versuch gemacht, die ganze Reihe der Ahnen, durch welche sich unser Geschlecht im Laufe vieler Jahrmillionen aus dem Tierreich langsam entwickelt hat, im historischen Zusammenhang darzustellen.

Zusatz (1908). In meinem Cambridge-Vortrage „Über unsere gegenwärtige Kenntnis vom Ursprung des Menschen" (1898) hatte ich in der phyletischen Kette unserer Vorfahren 30 Hauptstufen und sechs längere Strecken unterschieden. Eine eingehende Untersuchung derselben enthält die Festschrift, welche ich am 30. Juli 1908 zur Einweihung des *Phyletischen Museums* in Jena veröffentlicht habe: „*Unsere Ahnenreihe*" (Progonotaxis hominis).

SCHLUSSBETRACHTUNG

Die Zahl der Welträtsel hat sich durch die angeführten Fortschritte der wahren Naturerkenntnis im Laufe des neunzehnten Jahrhunderts stetig vermindert; sie ist schließlich auf ein einziges allumfassendes Universalrätsel zurückgeführt, auf das *Substanz-Problem*. Was ist denn nun eigentlich im tiefsten Grunde dieses allgewaltige Weltwunder, welches der realistische Naturforscher als *Natur* oder Universum verherrlicht, der idealistische Philosoph als *Substanz* oder Kosmos, der fromme Gläubige als Schöpfer oder *Gott*? Können wir heute behaupten, daß die wunderbaren Fortschritte unserer modernen Kosmologie dieses „Substanzrätsel" gelöst oder auch nur, daß sie uns dessen Lösung sehr viel näher gebracht haben?

Die Antwort auf diese Schlußfrage fällt natürlich sehr verschieden aus, entsprechend dem Standpunkte des fragenden Philosophen und seiner empirischen Kenntnis der wirklichen Welt. Wir geben von vornherein zu, daß wir dem innersten Wesen der Natur heute vielleicht noch ebenso fremd und verständnislos gegenüberstehen, wie *Anaximander* und *Empedokles* vor 2400 Jahren, wie *Spinoza* und *Newton* vor 200 Jahren, wie *Kant* und *Goethe* vor 100 Jahren. Ja, wir müssen sogar eingestehen, daß uns dieses eigentliche Wesen der Substanz immer wunderbarer und rätselhafter wird, je tiefer wir in die Erkenntnis ihrer Attribute, der Materie und Energie, eindringen, je gründlicher wir ihre unzähligen Erscheinungsformen und deren Entwickelung kennen lernen. Was als *„Ding an sich"* hinter den erkennbaren Erscheinungen steckt, das wissen wir auch heute noch nicht. Aber was geht uns dieses mystische „Ding an sich" überhaupt an, wenn wir keine Mittel zu seiner Erforschung besitzen, wenn wir nicht einmal klar wissen, ob es existiert oder nicht? Überlassen wir daher das unfruchtbare Grübeln über dieses ideale Gespenst den „reinen Metaphysikern" und erfreuen wir uns statt dessen als „echte Physiker" an den gewaltigen realen Fortschritten, welche unsere monistische Naturphilosophie tatsächlich errungen hat.

Da überragt alle anderen Fortschritte und Entdeckungen des verflossenen „großen Jahrhunderts" das gewaltige, allumfassende *Substanzgesetz*, das „Grundgesetz von der Erhaltung der Kraft und des Stoffes". Die Tatsache, daß die Substanz überall einer ewigen Bewegung und Umbildung unterworfen ist, stempelt dasselbe zugleich zum universalen *Entwickelungs*-Gesetz. Indem dieses höchste Naturgesetz festgestellt und alle anderen ihm untergeordnet wurden, gelangten wir zur Überzeugung von der universalen *Einheit der Natur* und der ewigen Geltung der Naturgesetze. Aus dem dunklen Substanz-*Problem* entwickelte sich das klare Substanz-*Gesetz*. Der Monismus des Kosmos, den wir darauf begründen, lehrt uns die ausnahmslose Geltung der „ewigen, ehernen, großen Gesetze" im ganzen Universum. Damit zertrümmert derselbe aber zugleich die drei großen Zentraldogmen der bisherigen dualistischen Philosophie, den persönlichen Gott, die Unsterblichkeit der Seele und die Freiheit des Willens.

Viele von uns sehen gewiß mit lebhaftem Bedauern oder selbst mit tiefem Schmerze dem Untergange der Götter zu, welche unseren teuren Eltern und Voreltern als höchste geistige Güter galten. Wir trösten uns aber mit dem Worte des Dichters:

„Das Alte stürzt, es ändert sich die Zeit,
Und neues Leben blüht aus den Ruinen!"

Die alte Weltanschauung des *Ideal-Dualismus* mit ihren mystischen und anthropistischen Dogmen versinkt in Trümmer; aber über diesem gewaltigen Trümmerfelde steigt hehr und herrlich die neue Sonne unseres *Real-Monismus* auf, welche uns den wunderbaren Tempel der

Natur voll erschließt. In dem reinen Kultus des „Wahren, Guten und Schönen“, welcher den Kern unserer neuen *monistischen Religion* bildet, finden wir reichen Ersatz für die verlorenen anthropistischen Ideale von „Gott, Freiheit und Unsterblichkeit“.

In der vorliegenden Behandlung der Welträtsel habe ich meinen konsequenten monistischen Standpunkt scharf betont und den Gegensatz zu der dualistischen, heute noch herrschenden Weltanschauung klar hervorgehoben. Ich stütze mich dabei auf die Zustimmung von fast allen modernen Naturforschern, welche überhaupt Neigung und Mut zum Bekenntnis einer abgerundeten philosophischen Überzeugung besitzen. Ich möchte aber von meinen Lesern nicht Abschied nehmen, ohne versöhnlich darauf hinzuweisen, daß dieser schroffe Gegensatz bei konsequentem und klarem Denken sich bis zu einem gewissen Grade mildert, ja selbst bis zu einer erfreulichen Harmonie gelöst werden kann. Bei völlig folgerichtigem Denken, bei gleichmäßiger Anwendung der höchsten Prinzipien auf das *Gesamtgebiet* des Kosmos – der organischen und anorganischen Natur –, nähern sich die Gegensätze des Theismus und Pantheismus, des Vitalismus und Mechanismus bis zur Berührung. Aber freilich, konsequentes Denken bleibt eine seltene Naturerscheinung! Die große Mehrzahl aller Philosophen möchte mit der rechten Hand das reine, auf Erfahrung begründete *Wissen* ergreifen, kann aber gleichzeitig nicht den mystischen, auf Offenbarung gestützten *Glauben* entbehren, den sie mit der linken Hand festhält. Charakteristisch für diesen widerspruchsvollen Dualismus bleibt der Konflikt zwischen der reinen und der praktischen Vernunft in der kritischen Philosophie des höchstgestellten neueren Denkers, des großen *Immanuel Kant*.

Dagegen ist immer die Zahl derjenigen Denker klein gewesen, welche diesen Dualismus tapfer überwanden und sich dem reinen Monismus zuwendeten. Das gilt ebensowohl für die konsequenten Idealisten und Theisten, wie für die folgerichtig denkenden Realisten und Pantheisten. Die Verschmelzung der anscheinenden Gegensätze, und damit der Fortschritt zur Lösung des fundamentalen Welträtsels, wird uns aber durch das stetig zunehmende Wachstum der Naturerkenntnis mit jedem Jahre näher gelegt. So dürfen wir uns denn der frohen Hoffnung hingeben, daß das *zwanzigste Jahrhundert* jene Gegensätze immer mehr ausgleichen und durch Ausbildung des *reinen Monismus* die ersehnte Einheit der Weltanschauung in weiten Kreisen verbreiten wird. Unser größter Dichter und Denker, *Wolfgang Goethe*, hat dieser Einheitsphilosophie schon im Anfange des neunzehnten Jahrhunderts den vollendetsten poetischen Ausdruck gegeben in seinen unsterblichen Dichtungen: *Faust, Prometheus, Gott und Welt*!

„Nach ewigen, ehernen
Großen Gesetzen
Müssen wir alle
Unseres Daseins
Kreise vollenden.“

Bei der üblichen Verherrlichung von *Kant* (als höchster Autorität!) und seiner „Erkenntnistheorie“ muß man immer zuerst fragen: „Welcher Kant ist gemeint? *Kant* Nr. I, der Begründer der monistischen Kosmogenie, der *kritische* Ergründer der ‚reinen Vernunft‘? – oder *Kant* Nr. II, der Verfasser der dualistischen ‚Kritik der Urteilskraft‘, der *dogmatische* Erfinder der ‚praktischen Vernunft‘ ?“ *Kant* I behauptete „die Verfassung und den *mechanischen* Ursprung des ganzen Weltgebäudes nach Newtonschen Grundsätzen“, und stellte den Satz auf, daß „der Mechanismus allein eine wirkliche Erklärung aller Erscheinungen einschließe“. *Kant* II dagegen vertrat „die notwendige Unterordnung des Prinzipes des Mechanismus unter das *teleologische*, in Erklärung eines Dinges als Naturzweck“; es sei „ungereimt, zu hoffen, daß wir die organisierten Wesen und deren innere Möglichkeit nach bloßen mechanischen Prinzipien der Natur erklären können“. Kant I, der kritische Naturphilosoph, wies überzeugend nach, daß die drei Zentraldogmen der Metaphysik: Gott, Freiheit und Unsterblichkeit, für die „*reine* Vernunft" unzugänglich und unbeweisbar seien. Kant II dagegen, der dogmatische Glaubensheld, behauptete, daß diese drei mystischen Phantasiegebilde unentbehrliche „Postulate der *praktischen* Vernunft" seien. Dieser durchgreifende Gegensatz zwischen zwei unversöhnlichen Prinzipien, zwischen der theoretischen reinen Erkenntnis und den praktischen Glaubenssätzen, zieht sich durch die ganze lange Gedankenarbeit Kants von Anfang bis zum Ende durch und ist nie zum Ausgleich gelangt. Alle neueren unbefangenen Geschichtsschreiber der Philosophie, insbesondere Überweg-Heinze, A. Lange, A. Rau, Vaihinger – ja selbst Paulsen! – haben diesen unheilvollen Zwiespalt übereinstimmend anerkannt; er muß von vornherein unser Mißtrauen gegen eine „Erkenntnistheorie" erregen, die sich auf einer so dualistischen Grundlage aufbaut (vgl. *H. Schmidt*, „Der Kampf um die Welträtsel" S. 46–48).

Gerade diese vielberufene *Erkenntnistheorie* nun ist es, die von den eifrigen dualistischen Gegnern der „Welträtsel" meinem Monismus als sicherste Waffe entgegengehalten wird. Ihr gegenüber kann ich mich nur darauf berufen, daß die ganze neuere Naturwissenschaft seit dreihundert Jahren, seit *Bacon* und *Newton*, die unbefangene *Erfahrung*, die „voraussetzungslose" Erforschung der durch Sinnestätigkeit erkannten Tatsachen, als Ausgangspunkt aller sicheren Erkenntnis festhält, also a posteriori verfährt. *Kant* hingegen schließt umgekehrt a priori, aus der inneren Selbstbetrachtung seiner Vernunft, auf die Existenz und Beschaffenheit der Außenwelt. Die „Anfangsgründe der Naturwissenschaft" sind für Kant „metaphysisch" und transzendental, für unsere monistische Weltanschauung hingegen physikalisch und empirisch. Ebenso verhält es sich mit der Mathematik; ihre festen und unanfechtbaren Grundsätze bestehen nach Kant vor aller Erfahrung und unabhängig von ihr; nach unserer Überzeugung sind dieselben (– wie schon

Stuart Mill u. a. gezeigt haben –) die letzten, abstrakten Ergebnisse von Vernunftschlüssen, die durch eine lange Kette von Erfahrungen im Laufe der Kulturentwickelung allmählich errungen wurden.

Ja, *Entwickelung* ist auch hier das Zauberwort, welches alle „Welträtsel" (– bis auf das *eine* letzte, das Substanzproblem! –) zur Lösung führt. Wie sich der graue Rindenmantel unseres Großhirns, des wichtigsten Seelenorgans, im Laufe der Tertiärzeit aus der einfacheren Großhirnrinde unserer Primatenahnen phylogenetisch entwickelt hat, so sind auch dessen physiologische Funktionen gleichzeitig aus der niederen Seelentätigkeit der letzteren bis zu den Anfängen des Zählens und Messens bei den niederen Naturvölkern fortgeschritten und von diesen später hoch hinauf zu der Mathematik der Kulturvölker.

Kant *oder* Darwin! So muß es auf diesem Gebiete der Erkenntnistheorie jetzt heißen. *Entweder* gibt es, wie Kant II behauptet, zwei verschiedene Welten, eine empirische (durch Erfahrung und Verstand erkennbare und eine intelligible (nur dem Glauben und dem Gemüt zugängliche) Welt; – *oder* diese beiden Welten sind eine und dieselbe, wie uns die von Darwin neu begründete Entwickelungstheorie lehrt. Gemäß dieser letzteren gilt der Mechanismus der Natur, der alles nach festen Gesetzen bewirkt, auch für das gesamte, auf Gehirntätigkeit beruhende Seelenleben des Menschen; es gibt keine „absolute Freiheit".

Vielleicht ist die Zeit nicht mehr fern, wo man sich überzeugen wird, daß die sogenannte „kritische Philosophie" in Wahrheit rein *dogmatisch* ist. Ein *Dogma*, d. h. ein subjektiver, von aller Erfahrung unabhängiger Glaubenssatz, ist die „intelligible Welt" von Kant, jenes unbekannte „Jenseits", in dem die „ewigen Ideen" von Plato wohnen, die „unsterblichen Seelen" und der „persönliche Gott." Ein *Dogma* ist das rätselhafte „Ding an sich", das hinter allen Erscheinungen stecken soll, und von dessen Existenz auch Kant selbst nichts weiß. Ein *Dogma* ist der kategorische Imperativ, der ein unbedingtes und allgemein gültiges Sittengesetz für alle verschiedenen Menschenrassen aufstellen will. Ein *Dogma* ist die Behauptung, daß die Anfangsgründe der Naturwissenschaft metaphysisch und a priori gegeben seien. Und so ist dogmatisch jenes ganze große Lehrgebäude der praktischen Vernunft, welches den durch die reine Vernunft gefundenen Wahrheiten widerspricht, aber trotzdem als „kritische" Weltweisheit verherrlicht wird.

Die Autorität von *Kant* hat sich seit hundert Jahren in der deutschen Philosophie eine ähnliche Vorherrschaft errungen, wie sie im Mittelalter *Aristoteles* besaß. In unzähligen Schriften wird der Schild dieser dualistischen Autorität den Ansprüchen der monistischen Naturwissenschaft entgegengehalten. Aber die wichtigste und zugleich dankbarste Aufgabe dieser „Kantstudien" hat noch niemand gelöst, nämlich auf einem Druckbogen in knapper und klarer Form die fundamentalen Widersprüche der beiden Weltanschauungen von Kant gegenüberzustellen: links auf acht Seiten die monistischen Erkenntnisse der empirischen Welt durch die reine Vernunft von Kant I; rechts auf acht Seiten die dualistischen Prinzipien der intelligiblen Welt durch die praktische Vernunft von Kant II. Die nachstehende Tabelle (S. 485) gibt nur eine kurze Übersicht über die wichtigsten inneren Widersprüche oder Antinomien dieser höchstgestellten Philosophie.

DIE ANTINOMIEN VON IMMANUEL KANT

Übersicht über die wichtigsten inneren Widersprüche in der Weltanschauung des höchstgestellten neueren Philosophen

---

Kant I, der Physiker (Monist) (*„Kant, der Alles-Zermalmer“*)	Kant II, der Metaphysiker (Dualist) (*Kant, der Alles-Verschleierer*)
1. Es gibt nur *eine Welt*, in der alles nach *festen* Gesetzen, gleich denen der Gravitation, geschieht; ihr „letzter Grund“ bleibt überall unerkennbar.	1. Es gibt *zwei Welten*, eine erkennbare Natur (Mundus sensibilis) und eine nicht erkennbare Geisteswelt (Mundus intelligibilis – Lucus a non lucendo!!).
2. Im Weltall herrscht allgemein das feste *Naturgesetz*, nirgends die Willkür der absoluten Freiheit.	2. In der *Natur* herrscht absolute Notwendigkeit, in der *Geisteswelt* absolute Freiheit.
3. Nur in der *Erfahrung* ist Wahrheit! – „Das Innerliche der Materie, oder das Ding an sich, ist eine bloße Grille“ (!!), ein negativer, inhaltloser Grenzbegriff!	3. Die Natur ist durch Erfahrung nur als *Erscheinung* erkennbar. Das Ding an sich, das ihr eigentliches innerstes Wesen bildet, ist uns verborgen und unerkennbar.
4. Eine immaterielle Geisterwelt ist unserer Erfahrung ganz unzugänglich, ein Luftgebilde der *Phantasie*.	4. Von der Existenz der immateriellen Geisterwelt überzeugt uns der *Glaube*, („das moralische Bewußtsein in uns“!)
5. Es gibt *keine* positiven, der reinen Vernunft zugänglichen *Beweise* für das Da-	5. Von Gott können wir uns weder positive noch negative Vorstellungen machen;

sein Gottes; der inhaltleere Glauben an ihn (ohne mögliche Vorstellung!) ist bloße *Dichtung*.

6. Es gibt *keine* positiven, der reinen Vernunft zugänglichen Beweise für die *Unsterblichkeit* der Seele.

7. Es gibt *keine* positiven, der reinen Vernunft zugänglichen Beweise für die *Freiheit des Willens*; der kategorische Imperativ ist ein Dogma.

8. Ich mußte den *Glauben* (das Dogma) aufgeben, um zum *Wissen* (der kritischen Vernunft) Platz zu bekommen.

Kant I, der Atheist,
mit reiner Vernunft

wir müssen aber an seine *Existenz glauben* (ohne bestimmte vernünftige Vor-, stellung! auf Grund „innerer Erfahrung").

6. Die Seele muß *unsterblich* sein, weil unser *Bewußtsein* (Ahnung!) uns davon überzeugt.

7. Das „moralische Gesetz in uns" (der *kategorische Imperativ*) überzeugt uns von der Freiheit des Willens und ist allgemein gültige Norm.

8. Ich mußte das *Wissen* (die reine Vernunft) aufgeben, um zum *Glauben* (der praktischen Vernunft) Platz zu bekommen.

Kant II, der Theist,
mit reiner Unvernunft

ERKENNTNIS-THEORIE

Gegensatz der beiden Wege zur Erkenntnis der Wahrheit

Monistische Erkenntnis-Theorie

1. Die Erkenntnis ist ein natürlicher Vorgang, kein Wunder.

2. Die Erkenntnis ist als Naturprozeß dem universalen Substanzgesetz unterworfen.

3. Die Erkenntnis ist ausschließlich ein physiologischer Vorgang, dessen anatomisches Organ das Gehirn ist.

4. Der Teil des menschlichen Gehirns, in welchem Erkenntnis ausschließlich zustande kommt, ist ein räumlich begrenztes Gebiet in der Großhirnrinde, das Denkorgan oder Phronema.

5. Das Erkenntnisorgan oder Phronema besteht aus den Assozionszentren und ist durch besonderen histologischen Bau verschieden von den angrenzenden sensorischen und motorischen Zentren der Großhirnrinde,

Dualistische Erkenntnis-Theorie

1. Die Erkenntnis ist ein übernatürlicher Vorgang, ein Wunder.

2. Die Erkenntnis ist als transzendenter Vorgang unabhängig vom Substanzgesetz.

3. Die Erkenntnis ist teilweise oder ganz kein physiologischer Vorgang, sondern ein autonomer geistiger Prozeß.

4. Der Teil des menschlichen Gehirns, der scheinbar als Organ der Erkenntnis fungiert, ist tatsächlich nur das Instrument, das den geistigen Prozeß zur äußeren Erscheinung bringt.

5. Das Erkenntnisorgan oder Phronema (die Summe der Assozionszentren) hat bloß die Bedeutung eines Teiles des Geistes-Instrumentes, ebenso wie die angrenzenden und damit verbundenen sensorischen und motori-

mit denen es in Verbindung und Wechselbeziehung steht.	schen Zentren; sie werden vom „Geiste“ regiert.
6. Die zahlreichen Zellen, welche das Phronema zusammensetzen – die Phronetalzellen – sind die Elementar-Organelle des Erkenntnis-Prozesses; auf ihrer normalen physikalischen Beschaffenheit und chemischen Zusammensetzung beruht die Möglichkeit der Erkenntnis.	6. Die zahlreichen Phronetalzellen, als die mikroskopischen Elementarteile des Phronema, sind zwar unentbehrliche Werkzeuge des Erkenntnisvorgangs, aber nicht dessen reale Faktoren, sondern bloß feinere Bestandteile des Instrumentes, abhängig vom immateriellen Geiste.
7. Der physikalische Erkenntnisvorgang besteht in der Verknüpfung oder Assozion von Vorstellungen, deren Urquellen stets die äußeren, direkt oder indirekt von den Sinnesherden zugeführten sinnlichen Eindrücke sind.	7. Der metaphysische Erkenntnisvorgang besteht in der Verbindung oder Assoziation von Vorstellungen, die nur teilweise auf Sinneseindrücke, teilweise auf übersinnliche, transzendente Vorgänge zurückzuführen sind.
8. Die Erkenntnisse sind also ursprünglich alle durch die Erfahrung mittelst der Sinnesorgane erworben; teilweise direkt (die unmittelbare Erfahrung, Beobachtung und Experiment der Gegenwart) –, teilweise indirekt (die historischen, mittelbar überlieferten Erfahrungen der Vergangenheit). Alle Erkenntnisse (auch die mathematischen) sind ursprünglich empirischen Ursprungs, a posteriori.	8. Die Erkenntnisse zerfallen also in zwei Klassen, die empirischen Erkenntnisse a posteriori, durch Erfahrung gewonnen, und die transzendenten Erkenntnisse a priori, unabhängig von aller Erfahrung. Zu den letzteren gehört vor allem die Mathematik, deren Lehrsätze sich durch absolute Sicherheit von den empirischen Wahrheiten unterscheiden. Den Vorrang behaupten die Erkenntnisse a priori.

STELLUNG DER PSYCHOLOGIE IM SYSTEM DER BIOLOGISCHEN WISSENSCHAFTEN

Biologie

(Organismenkunde = Naturgeschichte der Lebewesen im weitesten Sinne)
I. Protistik, II. Botanik, III. Zoologie, IV. Anthropologie

Drei Hauptzweige in der Biologie (A, B, C)

- A. Morphologie
  Formenlehre
  - Anatomie
    Organlehre
  - Histologie
    Gewebelehre
- C. Biogenie
  Entwickelungslehre
  - Ontogenie
    Keimes-
    geschichte
  - Phylogenie
    Stammes-
    geschichte
- B. Physiologie
  Funktionslehre
  - Physiologie der animalen
    Funktionen
    (Empfindung und Bewegung)
    - Ästhematik
      Sinneslehre
    - Phoronomie
      Bewegungs-
      lehre
    - Psychologie
      Seelenlehre
  - Physiologie der vegetalen
    Funktionen
    (Ernährung und
    Fortpflanzung)
    - Trophonomie
      Lehre vom
      Stoffwechsel
    - Gonimatik
      Lehre von
      der Zeugung
    - Kleronomie
      Vererbungslehre

ÜBERSICHT ÜBER DIE HAUPTSTUFEN IN DER ENTWICKELUNG DES SEELENLEBENS

Fünf psychologische Gruppen der organischen Welt	Fünf Bildungsstufen der Seelenorgane
V. Der Mensch, die höheren Wirbeltiere und Gliedertiere, wahrscheinlich auch die höheren Weichtiere.	V. Nervensystem mit höchst entwickeltem Zentralorgan; Neuropsyche mit Bewußtsein.
IV. Niedere Wirbeltiere, die große Mehrzahl der wirbellosen Tiere.	IV. Nervensystem mit einfachem Zentralorgan: Neuropsyche ohne Bewußtsein.
III. Niederste wirbellose Tiere (Gasträa, Spongien). Die meisten Pflanzen.	III. Nervensystem fehlt. Vielzellige Gewebeseele. Histopsyche ohne Bewußtsein.
II. Zönobien von Protisten: Zellvereine von Protozoen (Sphaerozoum, Carchesium) und Protophyten (Volvocina).	II. Psychoplasma zusammengesetzt. Gesellige Zellseele oder Zönobialseele (Cytopsyche socialis).
I. Einzellige Protisten: Solitäre Protozoen und Protophyten.	I. Psychoplasma einfach. Einsame Zellseele (Cytopsyche solitaria).

GEGENSATZ
DER FUNDAMENTALEN PRINZIPIEN

im Gebiete der monistischen und dualistischen Philosophie

1. MONISMUS *(einheitliche Weltanschauung)*: Materielle Körperwelt und immaterielle Geisteswelt bilden ein einziges, untrennbares und allumfassendes Universum, ein Substanzreich.

1. DUALISMUS *(zweiheitliche Weltanschauung)*: Materielle Körperwelt und immaterielle Geisteswelt sind zwei völlig getrennte Gebiete (voneinander ganz unabhängig).

2. PANTHEISMUS (und *Atheismus*) Deus intramundanus: Welt und Gott bilden eine einzige große Substanz (Materie und Energie sind untrennbare Attribute).

2. THEISMUS (und *Deismus*), Deus *extramundanus*: Welt und Gott sind zwei verschiedene Substanzen (Materie und Energie sind nur teilweise verknüpft).

3. GENETISMUS (= *Evolutionismus*), Genetik, *Entwicklungslehre*: Der Kosmos (= Universum) ist ewig und unendlich, ist niemals erschaffen und entwickelt sich nach ewigen Naturgesetzen.

3. KREATISMUS (= *Demiurgik*), *Schöpfungslehre*: Der Kosmos (= Universum) ist weder ewig noch unendlich, sondern einmal (oder mehrmal) von Gott, dem Ewigen, aus Nichts erschaffen.

4. NATURALISMUS (und *Rationalismus*): Die Erkenntnis *aller* Erscheinungen (ebenso in der *Natur* wie im *Geistesleben*) geschieht ausschließlich auf *empirischem* Wege (durch die Arbeit unserer Sinnesorgane und unseres Gehirns). Alle sogenannte *Offenbarung* oder Transzendenz beruht auf bewußter oder unbewußter *Täuschung*.

4. SUPRANATURALISMUS (und *Mystizismus*): Die Erkenntnis der *Naturerscheinungen* geschieht auf *empirischem* Wege, durch Beobachtung, Versuch und Assozion der Vorstellungen. Die Erkenntnis der *Geisteserscheinungen* dagegen ist auf übernatürlichem Wege möglich, durch göttliche Mitteilung, Inspiration oder *Offenbarung*.

5. SUBSTANZGESETZ. Das *Substanzgesetz* hat ganz *allgemeine Geltung*, ebenso im Gebiete der *Natur* wie des *Geistes* – ohne Ausnahme! – Auch bei den höchsten geistigen Funktionen (Vorstellen und Denken) ist die Arbeit der bewirkenden Nervenzellen ebenso notwendig mit materiellen Veränderungen ihrer Substanz (des Nervenplasma) verknüpft wie bei jedem anderen Naturprozeß Kraft und Stoff aneinandergebunden sind.	5. GEISTERGLAUBE. Das *Substanzgesetz* in seinen *beiden Teilen* (Erhaltung der Materie und der Energie) hat nur Geltung für das Gebiet der *Natur*; nur hier sind Stoff und Kraft unzertrennlich aneinander gebunden. – Im Gebiete des *Geistes* dagegen ist die Tätigkeit der immateriellen Seele frei, nicht an physikalische und chemische Veränderungen in der Substanz ihrer Organe geknüpft (Spiritismus und Geisterspuk).
6. MECHANISMUS (und *Hylozoismus*): Es gibt *keine besondere Lebenskraft*, welche den physikalischen und chemischen Kräften unabhängig und selbständig gegenübersteht.	6. VITALISMUS (und *Teleologie*): Die *Lebenskraft* (Vis vitalis) wirkt in der organischen Welt zweckmäßig, unabhängig von den physikalischen und chemischen Kräften.
7. PSYCHOLOGIE. Die monistische Psychologie ist als empirische Naturwissenschaft ein Zweig der Biologie, und zwar der Physiologie, gestützt auf Anatomie, Physik und Biogenie.	7. PSYCHOMYSTIK. Die dualistische Psychologie als spekulative Geisteswissenschaft ist unabhängig von der Biologie; sie schöpft ihre Erkenntnisse aus innerer Selbstbetrachtung (Gefühle und Ahnungen).
8. THANATISMUS (*Sterblichkeitsglaube*): Die Seele des Menschen ist kein selbständiges, unsterbliches Wesen, sondern auf natürlichem Wege aus der Tierseele entstanden, ein Komplex von Gehirnfunktionen.	8. ATHANISMUS (*Unsterblichkeitsglaube*): Die Seele des Menschen ist ein selbständiges, unsterbliches Wesen, übernatürlich erschaffen, teilweise oder ganz unabhängig von den Gehirnfunktionen.

ANMERKUNGEN UND ERLÄUTERUNGEN

1. Kosmologische Perspektive (S. 27f.). Der geringe Spielraum, welchen unser menschliches Vorstellungsvermögen uns bei Beurteilung großer Dimensionen in Raum und Zeit gestattet, ist ebenso eine reiche Fehlerquelle von anthropistischen Illusionen wie ein mächtiges Hindernis der geläuterten monistischen Weltanschauung. Um sich der unendlichen Ausdehnung des *Raumes* bewußt zu werden, muß man einerseits bedenken, daß die kleinsten sichtbaren Organismen (Bakterien) riesengroß sind gegenüber den unsichtbaren Atomen und Molekeln, welche weit jenseits der Sichtbarkeit auch bei Anwendung der stärksten Mikroskope liegen; andererseits muß man die unbegrenzten Dimensionen des Weltraumes erwägen, in welchem unser Sonnensystem nur den Wert eines einzelnen Fixsternes hat und unsere Erde nur einen winzigen Planeten der mächtigen Sonne darstellt. – In entsprechender Weise werden wir uns der unendlichen Ausdehnung der *Zeit* bewußt, wenn wir uns einerseits an die physikalischen und physiologischen Bewegungen erinnern, die innerhalb einer Sekunde sich abspielen, und andererseits an die ungeheure Länge der Zeiträume, welche die Entwickelung der Weltkörper in Anspruch nimmt. Selbst der verhältnismäßig kurze Zeitraum der „*organischen Erdgeschichte*“ (innerhalb deren das organische Leben auf unserem Erdball sich entwickelt hat) umfaßt nach neueren Berechnungen weit über hundert Millionen Jahre, d. h. mehr als 100000 Jahrtausende!

Allerdings lassen die geologischen und paläontologischen Tatsachen, auf welche sich diese Berechnungen gründen, nur sehr unsichere und schwankende Zahlenangaben zu. Während wohl die meisten sachkundigen Autoritäten gegenwärtig für die Länge der organischen Erdgeschichte 100–200 Millionen Jahre als wahrscheinlichste Mittelzahl annehmen, beläuft sich dieselbe nach anderen Schätzungen nur auf 25–50 Millionen; nach einer genauen geologischen Berechnung der neuesten Zeit auf *mindestens vierzehnhundert Jahrmillionen.* Vgl. meinen Cambridge-Vortrag über den Ursprung des Menschen, 1898, S. 51: Wenn wir auch ganz außerstande sind, die *absolute Länge* der phylogenetischen Zeiträume annähernd sicher zu bestimmen, so besitzen wir dagegen andererseits sehr wohl die Mittel, die *relative Länge* derselbe ungefähr abzuschätzen. Nehmen wir hundert Millionen Jahre als Minimalzahlen, so würden sich dieselben auf die fünf Hauptperioden der organischen Erdgeschichte etwa folgendermaßen verteilen:

I. *Archozoische Periode* (Primordialzeit), vom Beginn des organischen Lebens bis zum Ende der kambrischen Schichtenbildung; Zeitalter der Schädellosen . . . . 52 Millionen.

II. *Paläozoische Periode* (Primärzeit), vom Beginn der silurischen bis zum Ende der permischen Schichtenbildung; Zeitalter der Fische . . . . 34 Millionen.

III. *Mesozoische Periode* (Sekundärzeit), vom Beginn der Triasperiode bis zum Ende der Kreideperiode; Zeitalter der Reptilien . . 11 Millionen.

IV. *Zänozoische Periode* (Tertiärzeit), vom Beginn der eozänen bis zum Ende der pliozänen Periode; Zeitalter der Säugetiere . . . . . 3 Millionen.

V. *Anthropozoische Periode* (Quartärzeit), vom Beginn der Diluvialzeit (in welchen wahrscheinlich die Entwickelung der menschlichen Sprache fällt) bis zur Gegenwart; Zeitalter des Menschen, mindestens 100000 Jahre = 0,1 Millionen.

Um die ungeheure Länge dieser phylogenetischen Zeiträume dem menschlichen Auffassungsvermögen näher zu bringen und namentlich die relative Kürze der sogenannten „Weltgeschichte" (d. h. der Geschichte der Kulturvölker!) zum Bewußtsein zu bringen, hat einer meiner Schüler, Dr. *Heinrich Schmidt* (Jena) die angenommene Minimalzahl von hundert Jahrmillionen durch *chronometrische Reduktion* auf *einen* Tag projiziert. Durch diese „verjüngende Projektion" verteilen sich die 24 Stunden des „Schöpfungstages" folgendermaßen auf die fünf phylogenetischen Perioden:

I. *Archozoische Periode* (52 Jahrmillionen) = 12 Std. 30 Min. (= von Mitternacht bis $^1/_2$1 Uhr mittags).

II. *Paläozoische Periode* (34 Jahrmillionen) = 8 Std. 5 Min. (= von $^1/_2$1 Uhr mittags bis $^1/_2$9 Uhr abends).

III.	*Mesozoische Periode* (11 Jahrmillionen) (= von $^{1}/_{2}9$ Uhr bis $^{1}/_{4}12$ Uhr abends).	=	2 Std. 38 Min.
IV.	*Zänozoische Periode* (3 Jahrmillionen) (= von $^{1}/_{4}12$ Uhr abends bis 2 Min. vor Mitternacht).	=	43 Min.
V.	*Anthropozoische Periode* (0,1–0,2 Jahrmillionen)	=	2 Min.
VI.	*Kulturperiode*, sogenannte „Weltgeschichte“ (6000 Jahre)	=	5 Sek.

Wenn man also nur die Minimalzahl von 100 Jahrmillionen (nicht die Maximalzahl von 1400!) für die Zeitdauer der organischen Entwickelung auf unserem Erdball annimmt und diese auf 24 Stunden projiziert, so beträgt davon die sogenannte „*Weltgeschichte*“ nur *fünf Sekunden* (*Prometheus*, Jahrg. X, 1899 [Nr. 492]).

2. Neovitalismus (S. 66). Nachdem die mystische Lehre von der übernatürlichen „*Lebenskraft*“ durch den Darwinismus ihren Todesstoß erhalten hatte und bereits glücklich überwunden schien, ist dieselbe neuerdings wieder aufgelebt und hat sogar zahlreiche Anhänger wieder gewonnen. Der Physiologe *Bunge*, der Pathologe *Rindfleisch*, der Botaniker *Reinke* und andere haben den wiedererstandenen Wunderglauben an die immaterielle und intellektuelle Lebenskraft mit großem Erfolg verteidigt. Den größten Eifer haben dabei einige meiner früheren Schüler bewiesen. Diese „modernsten“ Naturforscher sind zu der Überzeugung gelangt, daß die Entwickelungslehre und insbesondere der Darwinismus eine haltlose Irrlehre ist, und daß „*Geschichte überhaupt keine Wissenschaft*“ ist. Einer derselben hat sogar die Diagnose gestellt, daß „*alle Darwinisten an Gehirnerweichung leiden*“. Da nun trotz des Neovitalismus die große Mehrzahl der modernen Naturforscher (wohl mehr als neun Zehntel!) in der Entwickelungslehre den größten Fortschritt der Biologie im 19. Jahrhundert erblickt, wird man wohl diese bedauerliche Tatsache durch eine furchtbare zerebrale Epidemie erklären müssen. Alle diese albernen Verdammungsurteile von seiten unklarer und einseitig gebildeter Spezialisten schaden unserer modernen Entwicklungslehre und Geschichtswissenschaft ebensowenig wie die Bannflüche des Papstes.

Der Neovitalismus wird in seiner ganzen Dürftigkeit und Haltlosigkeit klar, wenn man ihn den *Tatsachen der Geschichte* in der ganzen organischen Welt gegenüberstellt. Diese historischen Tatsachen der „Entwickelungsgeschichte“ im weitesten Sinne, die Fundamente der Geologie, der Paläontologie, der Ontogenie usw. sind in ihrem natürlichen *Zusammenhang* nur durch unsere monistische *Entwickelungslehre* erklärbar, und diese verträgt sich weder mit dem alten noch mit dem neuen Vitalismus. Daß gerade jetzt der letztere an Ausdehnung gewinnt, erklärt sich zum Teil auch aus der bedauerlichen *allgemeinen Reaktion* im geistigen und politischen Leben, welche die beiden letzten Dezennien in höchst unvorteilhafter Weise auszeichnet. In Deutschland insbesondere hat der sogenannte *„neue Kurs“* höchst depravierende byzantinische Zustände nicht nur im politischen und kirchlichen Leben, sondern auch in Kunst und Wissenschaft hervorgerufen. Indessen bedeutet diese moderne Reaktion im großen und ganzen doch nur eine vorübergehende Episode.

3. Teleologie von Kant (S. 345). Durch die erstaunlichen Fortschritte der modernen Biologie ist die *teleologische Naturerklärung* von *Kant* vollkommen widerlegt worden. Die Physiologie hat inzwischen den Beweis geführt, daß alle Lebenserscheinungen auf chemische und physikalische Prozesse zurückzuführen sind, und daß es zu ihrer Erklärung weder eines persönlichen *Schöpfers* als Werkmeister noch einer rätselhaften, zweckmäßig bauenden *Lebenskraft* bedarf. Die Zellentheorie hat uns gezeigt, daß alle verwickelten Lebenstätigkeiten der höheren Tiere und Pflanzen von den einfachen physikalisch-chemischen Vorgängen im Elementarorganismus der mikroskopischen *Zellen* abzuleiten sind, und daß die materielle Grundlage derselben das *Plasma* des Zellenleibes ist. Das gilt ebenso von den Erscheinungen des Wachstums und der Ernährung wie von denjenigen der Fortpflanzung, Empfindung und Bewegung. Das biogenetische Grundgesetz lehrt uns, daß die rätselhaften Erscheinungen der Keimesgeschichte (die Entwickelung der Embryonen wie die Verwandlung der Jugendformen) auf *Vererbung* von entsprechenden Vorgängen in der Stammesgeschichte der Ahnen beruhen. Die Deszendenztheorie aber hat das Rätsel gelöst, wie die Vorgänge in dieser Stammesgeschichte, die physiologischen Tätigkeiten der Vererbung und Anpassung, im Laufe langer Zeiträume einen beständigen Wechsel der Artformen, eine langsame *Transformation* der Spezies bedingen. Die *Selektions*theorie endlich führt den klaren Nachweis, wie bei diesen phylogenetischen Vorgängen die zweckmäßigsten Einrichtungen rein mechanisch, durch Auslese des Nützlichsten

entstehen. *Darwin* hat damit ein mechanisches Erklärungsprinzip der organischen Zweckmäßigkeit zur Geltung gebracht, welches schon vor mehr als 2000 Jahren *Empedokles* geahnt hatte; er ist damit der „*Newton der organischen Natur*“ geworden, dessen Möglichkeit *Kant* entschieden bestritten hatte.

Diese historischen Verhältnisse, die ich schon vor 40 Jahren (im 5. Kapitel der Natürlichen Schöpfungsgeschichte) hervorgehoben hatte, sind so interessant und wichtig, daß ich sie hier nochmals betonen wollte. Es erscheint dies nicht nur deshalb angemessen, weil die moderne Philosophie mit besonderem Nachdruck den „*Rückgang auf Kant*“ verlangt, sondern auch, weil daraus hervorgeht, daß selbst die größten Metaphysiker blind in schwere Irrtümer bei Beurteilung der wichtigsten Fragen verfallen können. *Kant,* der nüchterne und klare Begründer der „kritischen Philosophie“, erklärt mit größter Bestimmtheit die Hoffnung auf eine Entdeckung für „ungereimt“, welche schon 70 Jahre später von *Darwin* tatsächlich gemacht wurde, und er spricht dem Menschengeiste für alle Zeit eine bedeutungsvolle Einsicht ab, welche derselbe durch die Selektionstheorie des letzteren tatsächlich erlangte. Man sieht, wie gefährlich das kategorische „*Ignorabimus*“ ist!

Angesichts der übertriebenen Verehrung, welche *Kant* in der neueren deutschen Philosophie gezollt wird, und welche bei vielen „*Neu-Kantianern*“ in eine unbedingte, abgöttische Anbetung übergeht, wird es uns gestattet sein, hier die menschlichen Unvollkommenheiten des großen Königsberger Philosophen zu beleuchten und die verhängnisvollen Schwächen seiner „kritischen“ Weltweisheit. Seine dualistische, mit den Jahren immer zunehmende Richtung zur *transzendentalen Metaphysik* war bei *Kant* schon durch die mangelhafte und einseitige Vorbildung auf der Schule und der Universität bedingt. Seine dort erlangte akademische Bildung war überwiegend *philologisch, theologisch* und *mathematisch*; von den Naturwissenschaften lernte er nur Astronomie und Physik gründlich kennen, zum Teil auch Chemie und Mineralogie. Dagegen blieb ihm das weite Gebiet der *Biologie*, selbst in dem bescheidenen Umfange der damaligen Zeit, *größtenteils unbekannt*. Von den organischen Naturwissenschaften hat er weder Zoologie noch Botanik, weder Anatomie noch Physiologie studiert; daher blieb auch seine Anthropologie, mit der er sich lange Zeit beschäftigte, höchst unvollkommen. Hätte *Kant* statt Philologie und Theologie mehrere Jahre *Medizin* studiert, hätte er sich in den Vorlesungen über

Anatomie und Physiologie eine gründliche Kenntnis des *menschlichen Organismus*, in dem Besuche der Kliniken eine lebendige Anschauung von dessen Veränderungen angeeignet, so würde nicht nur die *Anthropologie*, sondern die gesamte Weltanschauung des „kritischen“ Philosophen eine ganz andere Form gewonnen haben. *Kant* würde sich dann nicht so leichten Herzens über die wichtigsten, schon damals bekannten biologischen Tatsachen hinweggesetzt haben, wie es in seinen späteren Schriften (seit 1769) geschah.

Nach Vollendung seiner Universitätsstudien mußte *Kant* sich neun Jahre hindurch sein Brot als Hauslehrer verdienen, vom 22. bis 31. Lebensjahre, also gerade in jener wichtigsten Periode des Jünglingslebens, in welcher nach aufgenommener akademischer Bildung die selbständige Entwicklung des persönlichen und wissenschaftlichen Charakters für das ganze folgende Leben sich entscheidet. Hätte *Kant*, der den größten Teil seines Lebens in Königsberg festsaß und niemals die Grenzen der Provinz Preußen überschritt, damals größere Reisen ausgeführt, hätte er seinem lebhaften geographischen und anthropologischen Interesse durch *reale Anschauungen* lebendige Nahrung zugeführt, so würde diese Erweiterung seines Gesichtskreises auf die Gestaltung seiner idealen Weltanschauung sicher in höchst wohltätiger Weise realistisch eingewirkt haben. Auch der Umstand, daß *Kant* niemals verheiratet war, kann bei ihm wie bei anderen philosophierenden Junggesellen als Entschuldigung für mangelhafte und einseitige Bildung angesehen werden. Denn der weibliche und der männliche Mensch sind zwei wesentlich verschiedene Organismen, die erst in ihrer gegenseitigen Ergänzung das volle Bild des normalen Gattungsbegriffes „*Mensch*“ ausgestalten.

4. Kritik der Evangelien (S. 413). *S. E. Verus, Vergleichende Übersicht (Vollständige Synopsis) der vier Evangelien* in unverkürztem Wortlaut. Leipzig 1897. *Schlußwort:* „Jede Schrift muß aus dem Geist ihrer Zeit verstanden und beurteilt werden. Die ‚*Evangelien*‘-*Dichtungen* entstammen einer ganz *unwissenschaftlichen* Zeit und Kreisen *voll rohen Aberglaubens*; sie sind für ihre Zeit, nicht für die gegenwärtige oder gar für ‚alle Zeiten‘ geschrieben worden, aber auch nicht als Geschichtsbücher, sondern als Erbauungsschriften, zum Teil als kirchliche Streitschriften. Nur das Interesse der Kirche, ihrer Priesterschaft und der mit ihnen verbundenen gesellschaftlichen Einrichtungen verlangte es, den Ursprung jener Schriften auf

‚Apostel' (Matthäus, Johannes) oder ‚Apostelschüler' (Markus, Lucas) zurückzuführen, und reicht allein schon hin, auf ganz einfache natürliche Weise ihr jahrhundertelang fortbestehendes Ansehen zu erklären, das man gern auf übernatürliche Einflüsse zurückzuführen pflegt."

„Die ursprüngliche Form dieser Dichtungen hat in den ersten Jahrhunderten mannigfache Veränderungen erlitten und ist gegenwärtig nicht mehr festzustellen. Die Sammlung der Schriften des Neuen Testaments hat sich nur langsam gebildet, und über ihre Anerkennung ist zum Teil erst nach Jahrhunderten ein Einverständnis erzielt worden. Alles, was an Glaubenssatzungen aus den Schriften jener kritiklosen Zeit hergeleitet wird, beruht auf Willkür, Irrtum, wenn nicht bewußter Fälschung.

„Zu jeder Zeit großen Druckes haben die Juden auf einen Retter (*Messias*) gehofft. So begrüßt Jesaias 45, 1, nach Ablauf der babylonischen Gefangenschaft (597–538), den Perserkönig *Cyrus* (einen Nichtjuden), der dem Volke die Freiheit schenkte, als Messias. Ein Hoherpriester Josua führte die Juden in die Heimat zurück, und die Sage schuf einen älteren Josua, der als Moses Nachfolger sein Volk nach Kanaan gebracht hätte. Nach der Zerstörung Jerusalems (70 u. Z.) erklärte der gelehrte Jude Josephus, der Menschheit bleibe nunmehr ein größerer Tempel, der nicht von Menschenhänden gebaut sei, und sah in Kaiser *Vespasian* einen Messias, der der ganzen Welt die wahre Freiheit bringe. Aber auch im weiten Römerreich träumte mancher Dichter und Denker von einem ‚*Weltheiland*', und in wenigen Jahrzehnten traten eine ganze Reihe von ‚Messiassen' auf. Zu jenen beiden Josuas schuf das poetisch tätige Volksgemüt einen dritten Josua (griechisch *Jesus*).

„Das Leben eines solchen, besonders eines schwärmerisch angelegten Armenfreundes, Wundertäters und Weltheilands war nicht eben allzu schwer zu beschreiben: Erlebnisse, Taten, Reden lieferten (von den damals im Morgenlande seit Jahrhunderten allgemein verbreiteten Krischna- und Buddhasagen ganz abgesehen) Vorbilder des Alten Testaments: ein Moses, ein Elias, ein Elisa, hinter denen er natürlich nicht zurückbleiben durfte, Worte der Psalmen und der Propheten. Vielfach nahmen dabei die Verfasser bildlich Gemeintes buchstäblich. Die Kirchenväter hielten noch manche Wundererzählung für ein Gleichnis, während die Kirche jetzt so ziemlich alles, auch das Wunderlichste, buchstäblich genommen haben will.

„Das Bild des Messias gestaltete sich ganz allmählich aus. In den nachweislich vor den ‚Evangelien'-Dichtungen entstandenen *Paulus-Briefen* findet sich von ihm nichts als Tod und Auferstehung. Aus wörtlich aufgefaßten Prophetenstellen dichtete man dann Lehre und Heiltätigkeit hinzu. Zuletzt erst fragte man sich: wo, wie, von wem ist er geboren? wie lange hat er gelebt? u. a. Sobald einmal das Beispiel einer solchen Dichtung (wie die später ‚Nach Markus' dann ‚Evangelium nach Markus' genannte) gegeben war, ergoß sich eine Flut ähnlicher Dichtungen, zum Teil geschmackloser Zerrbilder, zum Teil in den Grenzen einer Art Möglichkeit gehaltener Lebensbilder. Jede Gegend, ja jede bedeutendere Gemeinde hatte ihr Evangelium, und oft nannte sich dieses nach einem bekannt gewordenen Namen; unter solchem fremdem Namen zu schreiben, galt für durchaus erlaubt.

„Diese ‚Evangelien'-Dichtungen versetzen ihren Helden in die erste Hälfte des 1. Jahrhunderts unserer Zeitrechnung. Aber weder jüdische Schriftsteller (wie Philo und Josephus) noch römische und griechische (wie Tacitus, Sueton, Plinius, Dio Cassius) dieser und der nächstfolgenden Zeit kennen einen solchen ‚*Jesus von Nazareth*' oder die aus seinem Leben erzählten Vorfälle; ja, nicht einmal eine Stadt Nazareth ist bekannt."

5. Christus und Buddha (S. 430). Dem ausgezeichneten Werke von *S. E. Verus*: „Vergleichende Übersicht der vier Evangelien" (Einzig vorhandene Quelle für ein Leben Jesu, Leipzig 1897) entnehme ich folgende Mitteilung: „Professor *Rudolf Seydel* hat in mehreren fleißigen Arbeiten, die auch von namhaften theologischen Gelehrten, wie Professor *Pfleiderer*, anerkannt werden, die „*Evangeliendichtungen*" mit den verschiedenen, nachweislich vor unserer Zeitrechnung entstandenen, indischen und chinesischen Lebensbeschreibungen *Buddhas* verglichen und folgendes als *zweifellos* festgestellt: Die Grundlage des Lebens der beiden „*Religionsstifter*" bildet ein belehrendes und heilendes Wanderleben, meist in Begleitung von Schülern, bisweilen unterbrochen von Ruhepausen (Gastmäler, Wüsteneinsamkeit); daneben Predigten auf Bergen und Aufenthalt in der Hauptstadt nach feierlichem Einzuge. Aber auch in vielen Einzelheiten und ihrer Reihenfolge zeigt sich eine überraschende Übereinstimmung.

„*Buddha* ist ein fleischgewordener Gott, als Mensch königlicher Abkunft. Er wird auf übernatürliche Weise gezeugt und geboren, seine Geburt auf wunderbare Weise vorher verkündet.

Götter und Könige huldigen dem Neugeborenen und bringen ihm Geschenke dar. Ein alter Brahmane erkennt in ihm sofort den Erlöser von allen Übeln. Friede und Freude zieht auf Erden ein. Der junge Buddha wird verfolgt und wunderbar gerettet, feierlich im Tempel dargestellt, als zwölfjähriger Knabe von den Eltern mit Sorgen gesucht und mitten unter den Priestern wiedergefunden. Er ist frühreif, übertrifft seine Lehrer und nimmt zu an Alter und Weisheit. Er fastet und wird versucht. Er nimmt ein Weihebad im heiligen Flusse. Einzelne Schüler eines weisen Brahmanen gehen zu ihm über. Berufungswort ist ‚*Folge mir*'. Einen Schüler weiht er nach indischem Brauch unter einem Feigenbaum. Unter den Zwölfen sind drei Musterschüler und einer ein ungeratener. Die früheren Namen der Schüler werden geändert. Daneben findet sich ein weiterer Kreis von achtzig Schülern. Buddha sendet seine Schüler, mit Unterweisungen versehen, zwei und zwei aus. Ein Mädchen aus dem Volke preist seine Mutter selig. Ein reicher Brahmane möchte ihm folgen, kann sich aber nicht von seinen Gütern trennen; ein anderer besucht ihn nachts. Seiner Familie gilt er nichts; er findet aber bei Vornehmen und bei Frauen Anhang."

„Buddha tritt als Lehrer mit Seligpreisungen auf; besonders gern spricht er in Gleichnissen. Seine Lehren zeigen (oft sogar in der Wahl der Worte) überraschende Ähnlichkeit; er lehnt Wunder ab, verachtet irdische Güter, empfiehlt Demut, Friedfertigkeit, Feindesliebe, Selbsterniedrigung und Selbstüberwindung, ja Enthaltung von geschlechtlichem Verkehr. Er lehrt auch sein Vordasein. In seinen Todesahnungen betont er, daß er heim, in den Himmel gehe, und in den Abschiedsreden ermahnt er die Schüler, verheißt ihnen einen Fürsprech (‚Tröster') und weist auf eine allgemeine Weltzerstörung hin. Heimatlos und arm zieht er umher als Arzt, Heiland, Erlöser. Die Gegner werfen ihm vor, daß er die Gesellschaft der ‚Sünder' bevorzuge. Noch kurze Zeit vor seinem Tode ist er bei einer ‚Sünderin' zu Gaste geladen. Ein Schüler bekehrt ein Mädchen aus verachteter Klasse an einem Brunnen. Zahlreiche Wunder bestätigen seine Gottheit (er wandelt auf dem Wasser u. a.). Feierlich zieht er in die Residenz ein und stirbt unter Wunderzeichen: die Erde bebt, die Enden der Welt stehen in Flammen, die Sonne erlischt, ein Meteor fällt vom Himmel. Auch Buddha fährt zur Hölle und zum Himmel."

Zusatz (1908). Die kritischen Theologen der neuesten Zeit, gestützt auf die überraschenden Entdeckungen der vergleichen-

35*

den Religionsgeschichte, sind zu der Überzeugung gelangt, daß die Persönlichkeit Christi ein Idealgebilde der religiösen Dichtung ist, und daß *Jesus als Person* überhaupt *niemals existiert* hat. Vgl. die Schriften von *Albert Kalthoff* und von *Promus* über „die Entstehung des Christentums“ sowie „die Weltreligionen in ihrem geschichtlichen Zusammenhange“ von *Karl Vollers* (Jena, Eugen Diederichs).

NACHWORT

zur zehnten, revidierten und verbesserten Auflage der „Welträtsel" (1908)

Das Buch über die „Welträtsel", welches im Herbste 1899 erschien, und in welchem ich die Ergebnisse meiner langjährigen Studien über „Monistische Philosophie" zusammenfaßte, hat eine weite Verbreitung gefunden und eine starke, mir ganz unerwartete Wirkung ausgeübt. Nachdem der ersten großen Ausgabe bald eine billige kleine Volksausgabe gefolgt war, sind im Laufe von acht Jahren 230000 Exemplare abgesetzt worden, ungefähr ebensoviel von der englischen Übersetzung in Großbritannien und Nordamerika. Starke Verbreitung hat das Buch auch in Frankreich und Italien, in Skandinavien und Japan gefunden. Im ganzen sind achtzehn verschiedene Übersetzungen erschienen.*)

Dieser überraschende Erfolg der „Welträtsel" erklärt sich wohl großenteils durch das stetig wachsende Bedürfnis weiter Bildungskreise nach einer klaren, einheitlichen *Weltanschauung.* Die Gewinnung einer solchen wird von Tag zu Tag schwieriger durch das erstaunliche Wachstum der emsigen Spezialforschung und die damit verknüpfte vielfache Arbeitsteilung in allen einzelnen Wissensgebieten. Je mehr sich hier der denkende Beobachter in der unübersehbaren Masse von besonderen Einzelheiten zu verlieren droht, desto lebhafter wird auf der anderen Seite sein Bedürfnis nach der Gewinnung einheitlicher Gesichtspunkte und einer allgemeinen Übersicht über das ganze Erkenntnisgebiet. Eine solche wahre *Philosophie* kann nur auf naturwissenschaftlicher Grund-

*) Zusatz vom August 1918. Die Zahl der verschiedenen Übersetzungen ist im ganzen auf 24 gestiegen. Von den drei deutschen Originalausgaben sind im ganzen 340000 Exemplare gedruckt.

lage fest ruhen, auf kritischer Zusammenfassung aller allgemeinen Ergebnisse der Erfahrungswissenschaften. Zu einer solchen *echten „Naturphilosophie“* ist jeder denkende und wissenschaftlich gebildete Mensch berechtigt; sie ist nicht das privilegierte Eigentum einer bevorzugten Gelehrtenklasse.

Schon während des ersten Jahres nach dem Erscheinen meines Buches wurden mehr als hundert verschiedene Besprechungen desselben in zahlreichen Zeitschriften sowie in einem Dutzend größeren Broschüren veröffentlicht. Eine übersichtliche Zusammenstellung und kritische Vergleichung derselben gab im Herbst 1900 mein trefflicher Schüler, Dr. *Heinrich Schmidt* (Jena), in seiner Broschüre „*Der Kampf um die Welträtsel*“ (Bonn, zweite Auflage, 1900). Später ist die Zahl der Gegenschriften noch bedeutend gestiegen, nachdem Übersetzungen des Buches in die englische, französische, italienische und spanische Sprache erschienen waren und auch in vielen anderen Ländern starken Absatz gefunden hatten. Gegenwärtig mag die Anzahl der verschiedenen Besprechungen, die zum großen Teil sehr scharfe Angriffe enthalten, wohl mehrere Hundert betragen.

Meine zahlreichen Gegner tun mir viel zu viel Ehre an, wenn sie immer den *Monismus*, wie ich ihn 1892 in meiner Altenburger Rede entworfen und in den „Welträtseln“ ausgeführt habe, als Privatansicht meiner Person behandeln. Derselbe ist vielmehr der Ausdruck der klaren *einheitlichen Weltanschauung der modernen Naturwissenschaft* am Schlusse des neunzehnten Jahrhunderts. Was ich hier als mein persönliches Bekenntnis formuliert habe, das ist in derselben (– oder in einer sehr ähnlichen –) Form die innerste Überzeugung der großen Mehrzahl der denkenden modernen Naturforscher – wohlverstanden der *denkenden*! Denn es gibt auch in der riesigen Maschinenwerkstätte der modernen Naturforschung eine Masse gedankenloser Tagelöhner, die zwar ihre kleine Spezialarbeit vortrefflich ausführen, aber nach dem großen Ganzen des Betriebes gar nicht fragen. Es gibt selbst unter den angesehenen und verdienten Naturforschern nicht wenige, denen die Gewinnung einer bestimmten Weltanschauung ganz gleichgültig ist, die nur neue Tatsachen, keine Begriffe finden wollen. Wer in solcher Resignation auf eine wissenschaftliche Begründung seiner Weltanschauung überhaupt verzichtet, sich aber gleichzeitig einem beliebigen „Glauben“ unbedenklich in die Arme wirft, mit dem ist natürlich nicht weiter zu verhandeln.

Durch Tausende von Gesprächen, die ich im Laufe eines halben Jahrhunderts mit gebildeten Männern und Frauen der verschiedensten Berufskreise gehabt habe, bin ich zu der festen Überzeugung gelangt, daß der *Monismus* schon jetzt viel mehr Anhänger besitzt, als man gewöhnlich annimmt – und Tausende von zustimmenden Briefen, die in den acht Jahren seit Erscheinen der „Welträtsel“ an mich gerichtet wurden, haben diese Überzeugung bestätigt. Ganz besonders gilt das von den Kreisen der denkenden Naturforscher und Naturfreunde; sicher die größere Hälfte, wahrscheinlich mehr als dreiviertel derselben steht auf dem Boden meiner „Welträtsel“. Meine Gegner bestreiten dies und weisen auf die geringe Zahl von namhaften Naturkundigen hin, die sich meinem „Bekenntnis“ öffentlich angeschlossen haben. Die Erklärung dieser Erscheinung ist aber sehr einfach: Erstens fühlen überhaupt viele denkende Naturforscher gar kein Bedürfnis, ihre innerste Überzeugung anderen mitzuteilen – dagegen ist nichts zu sagen. – Zweitens sind zahlreiche treffliche Gelehrte (darunter mehrere meiner nächsten Freunde) der Ansicht, daß man diese höchsten und wertvollsten Ergebnisse der Wissenschaft für sich behalten müsse und nicht dem „Volke“ preisgeben dürfe, weil dieses Mißbrauch damit treiben könne – eine esoterische Auffassung, der ich nicht zustimmen kann, und die schon von *Lessing* schlagend widerlegt worden ist; vollends heute, wo das Licht der Naturforschung in alle dunklen Winkel leuchtet und vermöge ihrer praktischen Verwertung alle Volkskreise erhellt, halte ich es für ganz vergeblich, der Verbreitung naturphilosophischer Erkenntnis Schranken ziehen zu wollen. – Drittens endlich (und das ist das wichtigste!) ist die große Mehrzahl der überzeugten Monisten, durch äußere Gründe gezwungen, ihre wahre Weltanschauung zu verleugnen und demgemäß zu handeln. In den beiden größten und einflußreichsten deutschen Staaten, in Preußen und Bayern, ist die Reaktion auf dem Gebiete des höheren Geisteslebens beständig im Steigen begriffen; die Unterrichts-Ministerien werden von dem orthodoxen Klerus beherrscht; Pfarrer, welche nur wenig von den befohlenen Glaubensformen abweichen, werden abgesetzt; Lehrer, welche die Entwickelungslehre in die Schule einführen wollen, werden ihrer Stellung beraubt. – Wer will von diesen armen ehrlichen Männern verlangen, daß sie ihre Lebensstellung dem Bekenntnis ihrer Weltanschauung opfern? Und was würde durch dieses Martyrium erreicht? Man kann diesen Gewissenszwang, der vielen tausend Trägern der Bildung und Gesittung auferlegt wird, und der in vieler Beziehung demoralisierend wirkt, auf das tiefste bedauern; allein das läßt sich vorläufig leider nicht ändern!

Wenn mein Monismus vielfach als „Materialismus" verdächtigt wird, so ist das nur in einem gewissen Sinne richtig, nur insofern, als in meinem allgemeinen Substanzbegriffe stets Stoff und Kraft, Materie und Energie untrennbar verbunden sind. Ich kenne keine „tote und rohe Materie", *keine Substanz ohne Empfindung.* Die einfachste chemische Erscheinung (z. B. Wahlverwandtschaft) und das einfachste physikalische Phänomen (z. B. Massenanziehung) sind nicht begreiflich ohne die Annahme, daß das Vermögen der Empfindung und Bewegung ebenso ein untrennbares Attribut der Substanz ist wie die ausgedehnte und raumerfüllende Materie (Masse und Äther). Wenn man aber im Sinne aufgeklärter Theologie „Gott" als die Summe aller Kräfte und Wirkungen betrachtet, so kann man auch behaupten, daß mein Monismus mit dem reinsten *Monotheismus* zusammenfällt.

Was ferner die *Religion* betrifft, so ist es eine offenkundige Unwahrheit, wenn viele meiner Gegner mich ohne weiteres als einen Feind derselben hinstellen. Es war mein vollkommener Ernst, wenn ich 1892 in meiner Altenburger Rede den „Monismus als Band zwischen Religion und Wissenschaft“ zu begründen versuchte; und ebenso war es meine volle Überzeugung, wenn ich im achtzehnten Kapitel der „Welträtsel“ „unsere monistische Religion“ und im neunzehnten „unsere monistische Sittenlehre“ auf dem Grunde unserer modernen Entwickelungslehre festzustellen versuchte. Der Unterschied dieser monistischen Religion und Ethik von allen anderen Formen derselben besteht nur darin, daß wir als festes Fundament derselben ausschließlich die *reine Vernunft* in Anspruch nehmen, die Weltanschauung auf Grund der Wissenschaft, der Erfahrung und des vernünftigen Glaubens (der wissenschaftlichen Hypothese). Im Gegensatze dazu stehen alle Religionsformen, welche sich auf sogenannte „*Offenbarungen*“ stützen, d. h. auf übernatürliche Erscheinungen, welche der wissenschaftlichen Erfahrung und der reinen Vernunft widersprechen, mithin dem weiten Phantasiegebiete der *Dichtung* angehören oder dem Bereiche des unvernünftigen Glaubens, d. h. des „Aberglaubens“.

Das Christentum in dieser Beziehung zu betrachten – wenn auch nur vorübergehend – war unvermeidlich, wenn ich meinem Buche einen gerundeten Abschluß geben wollte; und so war ich denn gezwungen, im siebzehnten Kapitel der „Welträtsel“ eine allgemeine Übersicht über „den wachsenden Gegensatz zwischen moderner Naturerkenntnis und christlicher Weltanschauung“ zu geben; ich mußte den neuen Glauben der Vernunft und den alten Glauben der Offenbarung gegenüberstellen. Wenn daraufhin viele meiner Gegner mich schlechthin als „Feind des Christentums“ denunzieren, so entspricht das nicht der Wahrheit. Denn ich habe stets den wahren Kern seiner reinen Sittenlehren anerkannt, vor allem das ethische Grundgesetz oder die „Goldene Regel“, das auch den Kern unserer monistischen Ethik bildet. Zwar war dasselbe nicht neu (wie ich im neunzehnten Kapitel gezeigt habe); aber es bleibt das hohe Verdienst des Christentums, das Gebot der Menschenliebe und Selbstverleugnung mehr als alle anderen Religionen betont und zu einem der wichtigsten Kulturfaktoren erhoben zu haben. Im Laufe von fast zwei Jahrtausenden hat sich der ethische Wert des echten Christentums – trotz aller Verunstaltungen durch seine „Kirche" und deren Diener – so vielseitig fruchtbar bewährt und ist so eng mit den verschiedensten Einrichtungen des höheren Kulturlebens verwachsen, daß es in der Hauptsache deren Grundlage auch in der Zukunft bilden wird.

Anders ist der Wert des *dogmatischen Christentums*, welchem als Hauptpflicht der blinde Glaube an einen bunten *orientalischen Sagenkreis* gilt, an Wunder und Zaubermärchen und an Legenden von übernatürlichen Erscheinungen, welche im Lichte der reinen Vernunft als unmöglich erscheinen. Dieses dogmatische Lehrgebäude ist im Laufe des neunzehnten Jahrhunderts haltlos zusammengebrochen. Die scharfsinnige Kritik der Kirchengeschichte hat gelehrt, daß die Lehren des Alten und Neuen Testamentes auf Traditionen von sehr verschiedenem Alter und Werte beruhen. Die Archäologie des Orients hat nachgewiesen, daß ein großer Teil der Bibel von Babel stammt, und daß der Monotheismus der Hebräer schon lange vor Moses in Babylon Wurzel hatte. Die kritischen Forschungen nach dem „Leben Jesu" haben uns überzeugt, daß diese herrliche Idealfigur des christlichen Trinitätsglaubens nicht der „Sohn Gottes", sondern ein edler Mensch von höchster sittlicher Vollkommenheit war (– vorausgesetzt die historische Existenz seiner Person, die doch von *Kalthoff*, *Promus* und anderen kritischen Theologen erfolgreich bestritten wird! –). Die fortgeschrittene Kosmologie und Astronomie hat das geozentrische Himmelsbild des Altertums ebenso zerstört wie die moderne Biologie das anthropozentrische Menschenbild des Christentums. Endlich hat uns die Entwickelungslehre bewiesen, daß das Menschengeschlecht weiter nichts ist als ein spät aus Primatenahnen entstandener Zweig des Säugetierstammes, und daß die Seele der einzelnen Personen ebensowenig unsterblich sein kann wie die der anderen Wirbeltiere.

Dieser fundamentale Gegensatz der modernen Wissenschaft gegen den christlichen Wunderglauben ist nicht nur durch die unbefangenen Forschungen der verschiedensten historischen und philosophischen Autoritäten zur Gewißheit geworden, sondern auch durch die kritischen Untersuchungen der bedeutendsten christlichen Theologen selbst; ich erinnere nur an die bahnbrechenden Deutschen *David Strauß* und *Ludwig Feuerbach*, neuerdings an *Albert Kalthoff*, den Franzosen *Ernst Renan* und den Engländer *Stewart Ross*. Der letztere hatte 1896 unter dem Pseudonym *Saladin* eine besonders scharfe „kritische Untersuchung des jüdisch-christlichen Religionsgebäudes auf Grund der Bibelforschung" gegeben. Daß ich mich in meinem siebzehnten, besonders hart angegriffenen Kapitel mehrfach auf diese Autorität bezogen hatte, ist mir von meinen theologischen Gegnern zum allerschwersten Vorwurf gemacht worden. Wie weit dieser sachlich berechtigt ist, vermag ich nicht zu entscheiden, da die spezielle Theologie mir zu fern liegt. Ich kann nur entgegnen, daß erstens *Saladin* unzweifelhaft ein sehr vielseitig gebildeter Theologe ist, und daß andererseits seine unumwundene Kritik der Bibel, besonders der klare Nachweis unzähliger Irrtümer und Widersprüche in diesem „Wort Gottes", dem unbefangenen gesunden Menschenverstand ohne weiteres einleuchtet. Wer sich über den vielgeschmähten Saladin (zu dem ich selbst keinerlei persönliche Beziehungen besitze) näher unterrichten will, lese die kürzlich erschienene Denkschrift: *In Memoriam Saladin* (geb. 1844, gest. 1906). – Ein Ritter vom Geist, ein mutiger Kämpfer gegen Lüge, Aberglauben und Verdummung" (Hamburg, Artushof 1907). Die gemeinen Schmähungen, elenden Verdächtigungen und persönlichen Verleumdungen, welche die dualistischen Metaphysiker und die frommen Theologen gegen jenen mutigen Bekenner dcr Wahrheit und ehrlichen Förderer der Aufklärung geschleudert haben, stehen auf einer Stufe mit den maßlosen Angriffen, welche 1900 *Friedrich Paulsen* und *Friedrich Loofs*, neuerdings *Johannes Reinke*, *Eberhard Dennert* und andere Vorkämpfer des Aberglaubens gegen meinen Monismus und dessen Darstellung in den „Welträtseln" gerichtet haben. Eine Antwort auf diese verächtlichen Angriffe ist schon deshalb überflüssig, weil jene fanatischen Verteidiger der christlichen Offenbarung sich *niemals* auf eine ernste wissenschaftliche *Widerlegung* unserer einheitlichen, auf Naturerkenntnis gegründeten Weltanschauung einlassen. Dasselbe ist von dem kürzlich gegründeten „*Keplerbunde*" zu erwarten, den sie unserem „*Monistenbunde*" entgegenstellen; auch für ihn soll die unerschütterliche Grundlage der Wahrheit die Bibel bleiben.

Unzweifelhaft besitzen viele Sagen und Legenden der „Biblischen Geschichte" (– nicht alle! –) einen hohen ethischen und namentlich pädagogischen Wert, ebenso wie viele Mythen und Erzählungen anderer Religionen und wie diejenigen des klassischen Altertums. Auch sind die Phantasiegebilde derselben von höchster Bedeutung für alle Zweige der Kunst, der Dichtkunst und der Tonkunst ebenso wie der bildenden Kunst. Wir verdanken ihnen eine Fülle der herrlichsten Schöpfungen des Menschengeistes; und für unser *Gemüt* ist diese *Idealwelt* eine unerschöpfliche Quelle der Erbauung und des Trostes inmitten unseres unvollkommenen realen Lebens. Aber dieselben Idealgebilde bergen in sich die höchsten Gefahren, wenn sie als reale *Wahrheiten* gepredigt werden, von deren Anerkennung Seligkeit oder Verdammnis abhängt; und wenn sie zur Grundlage oder gar zur Voraussetzung der *Wissenschaft* gemacht werden. Dann gleitet die letztere unaufhaltsam auf der schiefen Ebene der Mystik in die Arme des Aberglaubens.

Vollends verderblich werden diese Idealgebilde der *Dichtung*, wenn sie als übernatürliche „Offenbarungen" gedeutet und von der praktischen Vernunft zu politischen und weltlichen Zwecken gemißbraucht werden. Dann entwickelt sich jenes verderbliche Übergewicht der geistlichen über die weltliche Macht, jene furchtbare Herrschaft der Kirche, welche den Staat lediglich zu ihren egoistischen Zwecken ausbeutet. Je höher und anspruchsvoller sich die einheitliche Organisation der Kirche erhebt, desto gefährlicher wird sie für den von ihr bedrohten Kulturstaat. Das lehrt vor allem die Geschichte des *Papismus* oder Ultramontanismus, der großartigsten und erfolgreichsten Hierarchie.

Die mächtigste Waffe gegen diese Kulturgefahr bleibt die Aufklärung und Bildung des Volkes; kein Weg führt sicherer zu derselben als derjenige der unbefangenen Naturerkenntnis, und vor allem ihrer jüngsten herrlichsten Frucht: der *Entwickelungslehre*. Wenn in diesem heißen Kampfe der laute Ruf erschallt: „Völker Europas, wahrt Eure heiligsten Güter“, – so können wir von unserem monistischen Standpunkt aus darunter nur die Wahrung der *Vernunft* gegenüber dem Aberglauben verstehen. Unser *Monismus* ist im Sinne von *Goethe* zugleich der reinste Monotheismus. In diesem Sinne mag auch diese neue Ausgabe der Welträtsel – als ein ehrliches und offenes „Glaubensbekenntnis der reinen Vernunft“ – dazu dienen, in weiten Kreisen die veredelnde Bildung des Volkes zu heben und den Kultus unserer idealen Gottheit zu fördern, der Dreieinigkeit des *Wahren, Guten und Schönen*!

Jena, am 2. Dezember 1907.

Ernst Haeckel